GWYDDONIAETH GYFUN

3YDD ARGRAFFIAD

Ffiseg

ar gyfer yr Haen Uwch

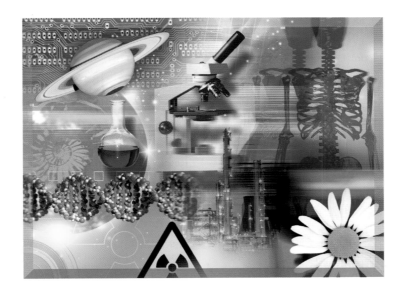

Stephen Pople

Addaswyd i'r Gymraeg gan Sian Owen

Cyhoeddwyd dan nawdd Cynllun Cyhoeddiadau Cyd-bwyllgor Addysg Cymru
â chymorth ariannol Awdurdod Cymwysterau, Cwricwlwm ac Asesu Cymru

DREF WEN

Ffiseg ar gyfer yr Haen Uwch

Cyhoeddwyd y cyfieithiad hwn o *New Coordinated Science: Physics*, a gyhoeddwyd yn wreiddiol yn y Saesneg yn 2001, trwy gydweithrediad Gwasg Prifysgol Rhydychen

Cyhoeddwyd gan Dref Wen Cyf.
28 Church Road, Yr Eglwys Newydd, Caerdydd CF14 2EA

Comisiynwyd â chymorth ariannol
Awdurdod Cymwysterau, Cwricwlwm ac Asesu Cymru

Cyhoeddwyd dan nawdd
Cynllun Cyhoeddiadau Cyd-bwyllgor Addysg Cymru

Manylion Catalogio Cyhoeddi y Llyfrgell Brydeinig

Mae cofnod catalog ar gael

ISBN 1 855966 41 7

Argraffwyd yn yr Emiradau Arabaidd Unedig

Cydnabyddiaethau

Dymuna'r cyhoeddwr ddiolch i'r canlynol am eu caniatâd caredig i atgynhyrchu'r lluniau a restrir:

t8 Corbis/Dave G Houser; **t10** OUP; **t12** SPL (chwith), NASA (de); **t13** SPL/P Parviainen; **t14** Eye Ubiquitous/K Wilton; **t15** SPL/A Tsiaras; **t18** Corbis/Paul A Souders; **t23** Powerstock Zefa/G Montgomer; **t24** Greg Evans; **t26** Austin J Brown; **t30** Allsport/M Hewitt (uchaf), Alton Towers (canol chwith a de, a chwith isaf), Hawlfraint y Goron (de isaf); **t31** OUP (uchaf ac isaf), Volvo Concessionaires (canol); **t32** Rolls Royce; **t33** James Davis; **t34** British Petroleum (uchaf), Rex Features (isaf); **t35** Austin J Brown (uchaf), Porsche Cars Great Britain (canol), Powerstock Zefa (isaf); **t36** Allsport UK (chwith), Colorsport (de); **t37** Allsport UK (uchaf), Colorsport (isaf); **t40** NASA (uchaf), Allsport UK (isaf); **t41** Allsport UK/D Klein; **t42** Rex Features/Today; **t46** James Davis (chwith), Corel Professional Photos (de); **t47** Holt Studios/M Mayer (chwith), Mary Evans/A Hartingue (de uchaf), Robert Harding/I Griffiths (de isaf); **t50** Corbis/Charles a Josette Lenars; **t54** Colorsport/A Cowie; **t56** Space Frontiers; **t59** Ardea/Y Arthus-Bertrand; **t61** SPL/M Bond (chwith), SPL/C Molloy (canol), Eye Ubiquitous/Selby (de); **t62** SPL/S Fraser (uchaf), Stone/A Levenson (isaf); **t64** SPL/G Parker; **t66** Eye Ubiquitous/J Burke; **t67** SPL/D Ducros; **t69** Powerstock Zefa; **t72** Barnaby's Picture Library (chwith), OSF/M Birkhead (de); **t74** Allsport UK/B D Vandystadt (chwith uchaf), FLPA/S McCutcheon (de uchaf), OUP (chwith isaf), Derek Fordham (de isaf); **t75** J Allan Cash; **t76** Corel Professional Photos (chwith uchaf), Colorsport (de uchaf), BMIHT (isaf chwith a de); **t77** OUP (uchaf chwith a de), Garden Picture Library/B Challinor (isaf); **t78** Sally a Richard Greenhill (chwith), Bubbles/J Farrow (chwith); **t79** British Petroleum; **t82** Corbis/Michael a Patricia Fogden; **t84** Photocall (chwith uchaf), Oxford Lasers (de uchaf), Ann Ronan/Image Select/Arsyllfa Llynges UDA (chwith isaf), Robert Harding (de isaf); **t85** Barclaycard (uchaf), OUP (canol), Oxford Lasers (isaf); **t86** OUP; **t88** OUP; **t91** SPL/D Parker (chwith), SPL/Dr K F R Schiller (de); **t92** FLPA/S McCutcheon; **t94** OUP; **t95** OUP; **t101** OUP (chwith), SPL/A Syred (de); **t102** FLPA/H Binz; **t103** Odeon Cinemas; **t104** OUP (uchaf ac isaf), Robert Harding (canol); **t105** Environmental Images/M Bond (chwith), Stock Market (de uchaf), Topham Picturepoint (de isaf); **t106** Redferns/M Hutson (chwith), Redferns/E Roberts (de); **t107** Eye Ubiquitous/J Waterlow; **t108** Eye Ubiquitous/P Schewt (chwith uchaf), Eye Ubiquitous/R D Battersby (de uchaf), Eye Ubiquitous/Skjold (chwith isaf), Eye Ubiquitous/D Woodward (de isaf); **t109** Redferns/L Morris; **t110** OSF/Press-Tige; **t111** SPL/H Schneebeli; **t115** Dr Tony Waltham; **t116** Dr Tony Waltham; **t120** SPL; **t123** SPL/M F Chillmaid (uchaf), Eye Ubiquitous/R Donaldson (isaf); **t124** John Birdsall (chwith), OUP (de); **t126** Ardea/P Morris; **t128** OUP (uchaf ac isaf); **t129** SPL/Tek Image; **t130** Danlers (chwith), OUP (de uchaf, canol ac isaf); **t132** Britstock-IFA/ICS (uchaf), OUP (isaf); **t133** Chris Honeywell; **t137** OUP; **t138** OUP (chwith a de); **t142** Braun Electric UK; **t144** Grid Cenedlaethol (uchaf), Milepost 92 1/2 (canol), FLPA/A J Roberts (chwith isaf), OUP (de isaf); **t145** OUP (chwith a de uchaf), Andrew Lambert (canol ac isaf); **t146** OUP; **t147** OUP; **t148** OUP (chwith a de); **t150** OUP; **t151** SPL/K Kent; **t154** John Wang/Getty Images; **t156** OUP; **t157** OUP; **t159** OUP (chwith a de); **t160** OUP (chwith uchaf ac isaf), Boxmag Rapid (de uchaf), J P Browett (de isaf); **t162** OUP (chwith, canol a de); **t164** OUP; **t166** Robert Harding (chwith), SPL/Eurelios/C Pouedras; **t167** Mary Evans Picture Library; **t169** Redferns/S Stockwell (uchaf), OUP (isaf); **t170** OUP (uchaf, canol uchaf a de), Bwrdd Canolog Cynhyrchu Trydan (canol isaf); **t172** OUP (chwith a de); **t174** Pŵer Cenedlaethol; **t176** OSF/M Chillmaid (chwith uchaf), Powerstock Zefa (de isaf); **t177** Awdurdod Gwastraff Gogledd Llundain (chwith uchaf a de), SPL/J Mead (de isaf); **t180** NASA; **t182** Camera Press/L Wilson; **t185** SPL/Fermilab; **t186** SPL/D Parker; **t188** Awdurdod Ynni Atomig y DU (chwith), Bwrdd Cenedlaethol Gwarchod Radiolegol (de); **t189** James Davis; **t190** Frank Spooner/Gamma (chwith), J Hoffmann (de), Collections/R Deane (isaf); **t191** OUP (uchaf ac isaf); **t192** Getty Images; **t194** SPL/M Dohrn; **t195** Awdurdod Ynni Atomig y DU (chwith); **t196** Awdurdod Ynni Atomig y DU; **t197** SPL/M Bond; **t199** SPL/Adran Ynni UDA (chwith), NASA (de); **t202** NASA; **t204** SPL/J Sanford; **t208** SPL/NASA (uchaf), SPL/L Pesek (isaf); **t209** SPL/J Lodriguss; **t211** SPL/GE Astro Space (chwith uchaf), SPL/PLI (de uchaf), SPL/NASA (chwith isaf); **t213** SPL/NASA; **t214** SPL/Celestial Image; **t215** SPL/Arsyllfa Ddeheuol Ewrop; **t216** SPL/F Zullo (chwith), SPL/D Nunuk (de); **t218** SPL/Arolwg Daearegol UDA (chwith), SPL/ESA/PLI (de uchaf), SPL/NASA (de isaf); **t219** SPL/M Bond (chwith), SPL/V Habbick Visions (de); **t222** Hulton-Deutsch/Corbis; **t226** Allsport UK; **t228** Photographers' Library (chwith), OUP (de); **t230** James Davis; **t231** SPL/P Goeigheluck; **t232** Camera Press/Curtis; **t234** Image Bank/A Choisnet.

Dymuna'r cyhoeddwyr gydnabod cymorth Brian Arnold wrth baratoi'r cwestiynau dull arholiad.

Tynnwyd y dyluniadau gan: Jeff Edwards, Clive Goodyer, Nick Hawken, Jan Lewis, Art Construction, Chartwell Illustrators ac Oxford Computer Illustration.

Llun clawr gan Gary Thompson.

Sicrhawyd y caniatâd i gynnwys yr holl ddeunydd uchod yn addasiad Cymraeg y gyfrol gan Zooid Pictures Ltd.

CYFLWYNIAD

Gofyn cwestiynau yw hanfod gwyddoniaeth. Ffiseg yw'r wyddor sy'n gofyn cwestiynau am y byd ffisegol o'n cwmpas, y defnydd ymarferol a wnawn ohono, a rhai o'r materion cymdeithasol sy'n deillio o hynny.

Bydd y llyfr hwn yn ddefnyddiol i chi os ydych yn astudio ffiseg fel rhan o gwrs gwyddoniaeth TGAU Sengl neu Ddwyradd.

Mae popeth yn y llyfr hwn wedi cael ei drefnu i'ch helpu i ddod o hyd i bethau yn rhwydd a chyflym. Cafodd ei ysgrifennu mewn Unedau o ddwy dudalen.

- **Defnyddio'r dudalen gynnwys**
  Os ydych am gael gwybodaeth am destun eang, chwiliwch amdano yn y rhestr gynnwys.

- **Defnyddio'r mynegai**
  Os ydych yn chwilio am fanylion penodol, chwiliwch am y gair mwyaf tebygol yn y mynegai. Mae'r mynegai yn rhoi rhif y dudalen lle cewch wybodaeth am y gair hwnnw.

- **Defnyddio'r cwestiynau**
  Mae gofyn cwestiynau a'u hateb yn ffordd dda iawn o ddysgu. Mae yna gwestiynau ar ddiwedd pob pennod. Ar ddiwedd y llyfr mae set ychwanegol o gwestiynau tebyg i'r rhai a gewch mewn arholiad. Cewch hefyd atebion i gwestiynau rhifiadol, ac awgrymiadau ar gyfer y rhai sy'n gofyn am atebion byrion.

- **Help i adolygu**
  Yn ogystal â'r cwestiynau, er mwyn eich helpu i adolygu, mae yna nodiadau adolygu, rhestr o dermau pwysig, a chrynodeb ar ddiwedd pob pennod.

Mae ffiseg yn bwnc pwysig a chyffrous. Mae o'ch cwmpas ym mhobman; mewn sioeau ffair, yn y caeau, ar ffermydd, mewn ffatrïoedd. Mae'n digwydd yn nyfnderoedd y Ddaear ac ym mhellteroedd y gofod. Byddwch yn dod ar draws ffiseg ym mhobman.

Gobeithio y bydd y llyfr hwn yn eich helpu i astudio, y byddwch yn mwynhau ei ddefnyddio, ac y byddwch yn cytuno â mi erbyn diwedd eich cwrs fod ffiseg yn gyffrous!

Stephen Pople

Gorffennaf 2001

Nodyn: Mae'r *Pynciau Pellach* wedi eu cynnwys er mwyn ateb gofynion statudol ychwanegol y cwricwlwm cenedlaethol ar gyfer disgyblion yng Nghymru a Gogledd Iwerddon.

Cynnwys

Trywyddau

Nid yw trefn y cynnwys a roddir mewn manyleb bob amser yn addas ar gyfer pob disgybl. Mae'r 'trywyddau' hyn yn dangos ffyrdd gwahanol y gallwch chi ymdrin â'r deunydd. Cawsant eu cynllunio er mwyn eich helpu chi i ddod i ddeall y pwnc mewn adrannau bychain, hawdd eu trafod. Maent yn gwneud hynny trwy awgrymu pa grwpiau o unedau sy'n berthnasol i bynciau arbennig a thrwy dynnu eich sylw at y cysylltiadau rhyngddynt. Maent yn arbennig o ddefnyddiol wrth adolygu, gan eu bod yn eich helpu i grynhoi ac adolygu adrannau rhesymegol o'r deunydd ar y tro. Os digwydd ichi fod wedi colli rhywfaint o'r gwaith, gallant hefyd fod o help i lenwi'r bylchau.

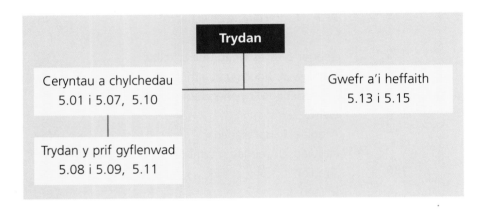

Trydan

Ceryntau a chylchedau
5.01 i 5.07, 5.10

Gwefr a'i heffaith
5.13 i 5.15

Trydan y prif gyflenwad
5.08 i 5.09, 5.11

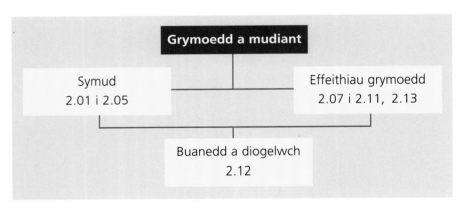

Grymoedd a mudiant

Symud
2.01 i 2.05

Effeithiau grymoedd
2.07 i 2.11, 2.13

Buanedd a diogelwch
2.12

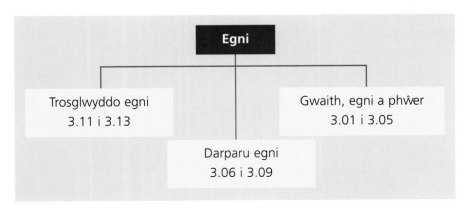

Egni

Trosglwyddo egni
3.11 i 3.13

Gwaith, egni a phŵer
3.01 i 3.05

Darparu egni
3.06 i 3.09

Y Ddaear yn y gofod

- Lloerenni
8.04
- Cysawd yr Haul
8.02 i 8.03
- Yr Haul, y Ddaear, a'r Lleuad
8.01
- Sêr a galaethau
8.05 i 8.07

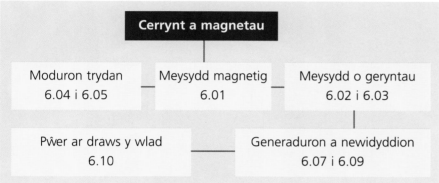

Cerrynt a magnetau

- Moduron trydan
6.04 i 6.05
- Meysydd magnetig
6.01
- Meysydd o geryntau
6.02 i 6.03
- Pŵer ar draws y wlad
6.10
- Generaduron a newidyddion
6.07 i 6.09

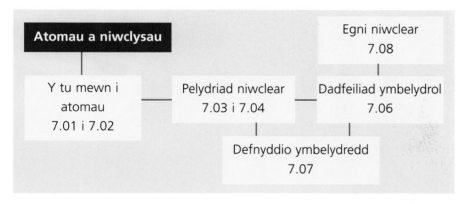

Atomau a niwclysau

- Egni niwclear
7.08
- Y tu mewn i atomau
7.01 i 7.02
- Pelydriad niwclear
7.03 i 7.04
- Dadfeiliad ymbelydrol
7.06
- Defnyddio ymbelydredd
7.07

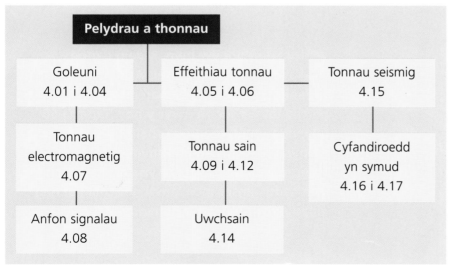

Pelydrau a thonnau

- Goleuni
4.01 i 4.04
- Effeithiau tonnau
4.05 i 4.06
- Tonnau seismig
4.15
- Tonnau electromagnetig
4.07
- Tonnau sain
4.09 i 4.12
- Cyfandiroedd yn symud
4.16 i 4.17
- Anfon signalau
4.08
- Uwchsain
4.14

Pennod 1
Unedau a mesur

Cloc seryddol yw hwn. Mae'n dangos llawer mwy na'r amser. Arno gwelwn safleoedd yr Haul a'r Lleuad mewn perthynas â'r sêr yn awyr y nos. Tan tua 50 mlynedd yn ôl, roedd yn rhaid i wyddonwyr ddibynnu ar glociau mecanyddol fel hwn i fesur amser. Heddiw mae yna glociau atomig sy'n cadw amser mor fanwl nes colli llai nag eiliad mewn miliwn o flynyddoedd. ■

Unedau mesur

Unedau SI - system gyffredin o fesur

Pa unedau fyddech chi'n eu defnyddio i fesur:

- hyd?
- màs?
- amser?

Mae sawl dewis. Ond mewn gwaith gwyddonol, mae bywyd yn haws os yw pawb yn defnyddio yr un system unedau. Heddiw, mae'r rhan fwyaf o wyddonwyr yn defnyddio'r **System SI** (o'r Ffrangeg, *Système International d'Unités*). Mae hon yn dechrau â'r metr, y cilogram, a'r eiliad. Mae llawer o unedau eraill wedi eu seilio ar y rhain.

Hyd

Y **metr** (**m**, yn fyr) yw uned SI hyd.

Mae'r siart yn dangos rhai o'r unedau hyd mawr a bach sy'n seiliedig ar y metr.

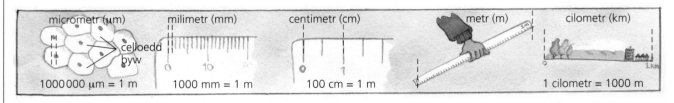

micrometr (µm)	milimetr (mm)	centimetr (cm)	metr (m)	cilometr (km)
celloedd byw				
1000 000 µm = 1 m	1000 mm = 1 m	100 cm = 1 m		1 cilometr = 1000 m

---

Màs

Màs yw maint y mater sydd mewn rhywbeth. Yn y labordy, mae'n aml yn cael ei fesur â chlorian. Weithiau gelwir màs yn 'bwysau'. Mae hyn yn anghywir. Mae'r gwahaniaeth rhwng màs a phwysau yn cael ei egluro yn nes ymlaen.

Y **cilogram** (**kg**) yw uned SI màs.

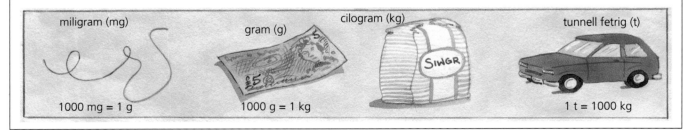

miligram (mg)	gram (g)	cilogram (kg)	tunnell fetrig (t)
1000 mg = 1 g	1000 g = 1 kg		1 t = 1000 kg

Amser

Yr **eiliad** (**s**) yw uned SI amser.

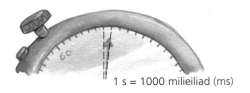

1 s = 1000 milieiliad (ms)

Cyfaint

Cyfaint yw maint y gofod y mae rhywbeth yn ei lenwi. Uned SI cyfaint yw **metr ciwbig (m³)**. Mae hon yn uned braidd yn fawr i'w defnyddio bob dydd, felly yn aml byddwn yn defnyddio litr, mililitr, neu gentimetr ciwbig yn ei lle.

Mae yna 1000 mililitr mewn 1 litr, a 1000 centimetr ciwbig mewn 1 litr. Felly mae 1 mililitr yr un fath ag 1 centimetr ciwbig.

Mesur cyfaint

Os yw siâp rhywbeth yn syml, gellir cyfrifo ei gyfaint. Er enghraifft:

cyfaint bloc petryalog = hyd × lled × uchder

Gellir mesur cyfaint hylifau sydd tua litr neu lai gan ddefnyddio silindr mesur. Wrth arllwys yr hylif i'r silindr, mae'r darlleniad ar y raddfa yn rhoi'r cyfaint.

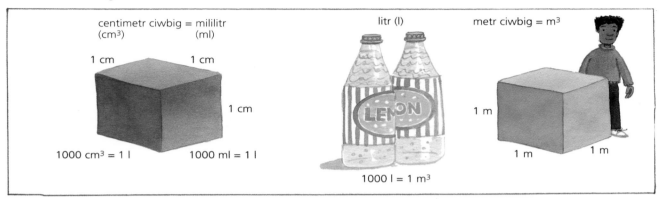

centimetr ciwbig = mililitr (cm³) (ml)
1 cm 1 cm 1 cm
1000 cm³ = 1 l 1000 ml = 1 l

litr (l)

metr ciwbig = m³
1 m 1 m 1 m

1000 l = 1 m³

Cwestiynau

1 Copïwch a chwblhewch y tabl:

	Uned	Yn fyr
Hyd	?	m
?	cilogram	?
Amser	?	?

2 Beth yw ystyr y canlynol:
mm, t, mg, ms, l, cm?

3 Pa un yw'r mwyaf?
  a 1600 g neu 1.5 kg?
  b 1450 mm neu 1.3 m?

4 *10, 100, 1000, 100 000, 1 000 000*
Pa un o'r rhain yw
  a nifer y mg mewn 1 g?
  b nifer y mm mewn 1 cm?
  c nifer y cm mewn 1 km?
  ch nifer y cm mewn 1 m?
  d nifer y mm mewn 1 km?

5 Ysgrifennwch werth
  a 1 m mewn mm
  b 1.5 m mewn mm
  c 1.534 m mewn mm
  ch 1652 mm mewn m

6 Ysgrifennwch werthoedd
  a 2.750 m mewn mm **b** 1.600 km mewn m
  c 6.500 g mewn mg **ch** 150 cm mewn m
  d 1750 g mewn kg

7 Pa un yw'r un od ym mhob un o'r blychau?

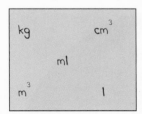

kg   cm³
   ml
m³   l

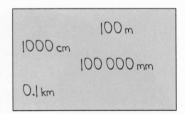

100 m
1000 cm
100 000 mm
0.1 km

8 Beth yw cyfaint yr hylif yn y silindr mesur yn y diagram?
Rhowch yr ateb:
  a mewn cm³
  b mewn litrau

9 Beth yw cyfaint bloc o fetel sydd â hyd 3 cm, lled 2 cm ac uchder 4 cm?
Beth fyddai cyfaint bloc sydd ddwywaith yr hyd, y lled a'r uchder?

ml
1000
500

Rhagor am unedau

Enwau a symbolau

Mae unedau fel metr, cilogram ac eiliad yn cael eu hysgrifennu bob tro mewn llythrennau 'bach', heb briflythyren. Felly hefyd eu symbolau (y byrfoddau, neu'r fersiynau 'byr'):

Uned	Symbol (yn fyr)	Yn mesur...
metr	m	hyd
cilogram	kg	màs
eiliad	s	amser

Mae rhai unedau wedi eu henwi ar ôl gwyddonwyr enwog – fel Isaac Newton, Blaise Pascal, ac André Ampère:

Uned	Symbol (yn fyr)	Yn mesur...
newton	N	grym
pascal	Pa	gwasgedd
amper	A	cerrynt

Wrth ddefnyddio enw rhywun ar gyfer uned, dydych chi *ddim* yn rhoi priflythyren ar y dechrau. Ond *mae* gan y symbol briflythyren.

Syr Isaac Newton (1642–1727). Cafodd uned grym ei henwi er cof amdano.

Dwysedd

Gellir gwneud unedau newydd trwy gyfuno rhai eraill. Un enghraifft yw **dwysedd**:

Dwysedd dŵr yw 1000 cilogram y metr ciwbig (kg/m^3). Mae hynny'n golygu bod pob metr ciwbig o ddŵr â màs o 1000 cilogram. Mae dwyseddau rhai defnyddiau eraill i'w gweld yn y siart ar y dde. Mae dwysedd aer yn gallu amrywio yn ôl faint y mae'r aer wedi ei wasgu.

Weithiau bydd pobl yn dweud bod 'plwm yn drymach na dŵr'. Ond nid yw hynny bob amser yn wir. Mae darn bach o blwm yn ysgafnach na bicer mawr yn llawn dŵr! Fodd bynnag, mae plwm yn fwy dwys na dŵr: mae mwy o gilogramau ohono wedi eu gwasgu i bob metr ciwbig.

Dwysedd cyfartalog y Ddaear yw 5520 kg/m^3. Mae hyn tua dwywaith dwysedd y creigiau ger yr wyneb, felly mae'n rhaid bod gan graidd y Ddaear ddwysedd uchel – haearn yn bennaf, mae'n debyg.

Pa mor ddwys?

Y defnydd lleiaf dwys rydych yn debygol o'i weld o'r Ddaear yw'r nwy sy'n tywynnu'n wan yng nghynffon comed. Mae'n ymestyn am filiynau o gilometrau y tu ôl i'r gomed. Mae mor denau fel bod llai na chilogram o nwy ym mhob *cilo*metr ciwbig.

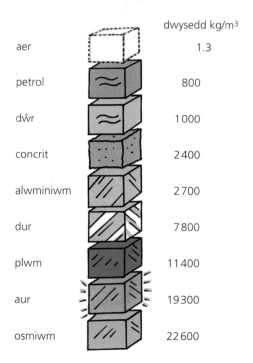

	dwysedd kg/m³
aer	1.3
petrol	800
dŵr	1000
concrit	2400
alwminiwm	2700
dur	7800
plwm	11400
aur	19300
osmiwm	22600

Y sylwedd mwyaf dwys ar y Ddaear yw'r metel prin osmiwm. Mae tua dwywaith mor ddwys â phlwm. Petai'r llyfr hwn wedi ei wneud o osmiwm byddai'n pwyso cymaint â bwced yn llawn dŵr.

Unedau gwahanol ar gyfer dwysedd

Wrth wneud gwaith labordy, nid kg/m³ yw'r uned fwyaf defnyddiol bob tro. Wrth fesur màs mewn gramau, a chyfaint mewn centimetrau ciwbig (mililitrau), mae'n haws cyfrifo'r dwysedd mewn g/cm³. Mae newid i kg/m³ yn hawdd:

$$1 \text{ g/cm}^3 = 1000 \text{ kg/m}^3$$

Er enghraifft, dwysedd dŵr yw 1 g/cm³.

Uned	Symbol (yn fyr)	Yn mesur...
folt	V	foltedd
metr	m	hyd
wat	W	pŵer
cilogram	kg	màs
joule	J	egni

Cwestiynau

1 Pa rai o'r unedau uchod sydd wedi eu henwi ar ôl gwyddonwyr? Sut gwyddoch chi?

2 Dwysedd alwminiwm yw 2700 kg/m³. Beth yw màs:
  a 1 m³ o alwminiwm? b 10 m³ o alwminiwm?

3 Defnyddiwch wybodaeth o'r siart dwysedd ar y chwith i'ch helpu i ateb y canlynol:
  a Pa un sydd â'r mwyaf o fàs, 1 m³ o betrol ynteu 1 m³ o ddŵr?
  b Pa un sydd â'r mwyaf o gyfaint (sy'n cymryd y mwyaf o le), 1 kg o betrol ynteu 1 kg o ddŵr?

4 Isod, pa floc, W neu Y, sydd fwyaf o ran:
  a màs? b cyfaint? c dwysedd?

5 Defnyddiwch y siart dwysedd ar y chwith i'ch helpu i benderfynu o ba ddau ddefnydd y gallai bloc W a bloc Y fod wedi eu gwneud.

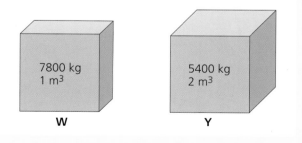

Pwyso a mesur

Dros y canrifoedd, mae pobl wedi defnyddio amrywiaeth eang o unedau ar gyfer mesur. Dyma enghreifftiau.

Gwir bob gair!

Yn wreiddiol roedd **troedfedd** (uned hyd) yr un hyd â throed Rhufeiniwr. Ond nid oedd traed pawb yr un hyd! Felly yn y 12fed ganrif cafodd troedfedd ei diffinio gan ddeddf a gyhoeddwyd gan Harri'r Cyntaf yn Lloegr, sef cyfanswm lled 36 tywysen haidd.

Mae morwyr a pheilotiaid yn dal i ddefnyddio'r **not** (uned cyflymder). Tua 1.15 m.y.a., neu tua 0.5 metr yr eiliad yw not. Yn wreiddiol roedd cyflymder ar y môr yn cael ei fesur trwy adael i raff â chlymau arni ollwng yn raddol o'r llong, a mesur sawl cwlwm oedd yn gadael y llong o fewn cyfnod penodol.

Un **erw** (uned arwynebedd) oedd yr arwynebedd y gallai pâr o ychen ei aredig mewn diwrnod.

Lled llaw gyfartalog yw un **dyrnfedd** (uned hyd). Mae'n dal i gael ei ddefnyddio i fesur taldra ceffylau.

Y system fetrig

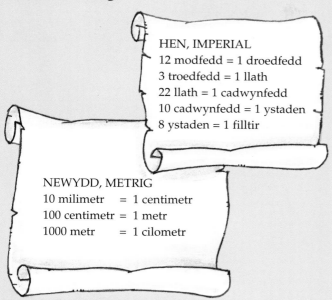

HEN, IMPERIAL
12 modfedd = 1 droedfedd
3 troedfedd = 1 llath
22 llath = 1 cadwynfedd
10 cadwynfedd = 1 ystaden
8 ystaden = 1 filltir

NEWYDD, METRIG
10 milimetr   = 1 centimetr
100 centimetr = 1 metr
1000 metr   = 1 cilometr

Bellach defnyddiwn unedau sy'n seiliedig ar y system fetrig. Cafodd hon ei chyflwyno gan wyddonwyr yn Ffrainc yn y 1790au, ar ôl y Chwyldro Ffrengig. Roedd y system hon yn rhoi trefn ar yr holl unedau dryslyd eraill trwy seilio popeth ar y rhif 10.

Cafodd **metr** (uned hyd) ei ddiffinio fel un deugain miliwnfed rhan o gylchedd y Ddaear. Y metr safonol oedd bar â dau farc arno, a oedd yn cael ei gadw ym Mharis.

Cafodd **gram** (uned màs) ei ddiffinio fel màs un centimetr ciwbig o ddŵr.

Mae'r unedau yn bwysig

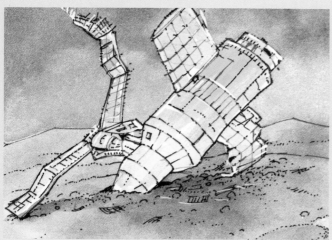

Mae defnyddio'r unedau cywir yn bwysig. Cafodd chwiliedydd gofod drud iawn ei ddinistrio trwy daro wyneb y blaned Mawrth oherwydd bod y rheolwyr ar y Ddaear wedi rhoi'r data glanio mewn metrau, tra bod y cyfrifiadur wedi ei raglennu mewn troedfeddi.

Gosod safonau newydd

Nid yw diffiniadau gwreiddiol y system fetrig yn ddigon manwl ar gyfer gwaith gwyddonol y dyddiau hyn. Er enghraifft, bydd bar metr 'safonol' yn ehangu a chyfangu rhywfaint wrth i'w dymheredd amrywio, felly nid yw'n safonol o gwbl mewn gwirionedd! Dyna pam y bu'n rhaid i wyddonwyr ddatblygu ffyrdd newydd, gwell o ddiffinio unedau. Dyma, er enghraifft, ddiffiniad modern y metr:

Un metr yw'r pellter mae goleuni yn ei deithio trwy wactod mewn amser o $\frac{1}{299\,792\,458}$ eiliad.

Wrth gwrs, er mwyn diffinio'r metr fel hyn, rhaid i chi gael diffiniad manwl ar gyfer eiliad. Mae hynny braidd yn gymhleth, ond mae'n seiliedig ar ba mor aml y mae math arbennig o atom cesiwm yn dirgrynu.

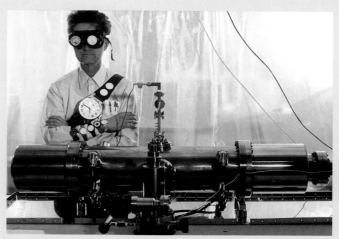

Coeliwch neu beidio, cloc yw hwn – cloc cesiwm atomig. Allwch chi ddim gweld faint o'r gloch yw hi trwy edrych arno ond mae hwn mor gywir, byddai'n colli neu'n ennill llai nag eiliad mewn 300 000 mlynedd. Dyma'r cloc safonol ar gyfer gosod pob cloc arall.

- Mae gwyddonwyr yn defnyddio unedau SI, sy'n seiliedig ar y system fetrig. Er enghraifft, mae metr yn uned. Y *maint* y mae'r metr yn ei fesur yw hyd.

  Chwiliwch am yr unedau canlynol ym mynegai'r llyfr hwn. Beth mae pob un yn ei fesur?

  newton   joule   amper   wat

Cwestiynau am Bennod 1

1 Copïwch a chwblhewch y tabl isod.

Mesuriad	Uned	Symbol
hyd	?	?
màs	?	?
?	?	s
?	amper	?
tymheredd	?	?
arwynebedd	—	?
?	—	m³
?	newton	?

2 a Sawl mg sydd mewn 1 g?
   b Sawl g sydd mewn 1 kg?
   c Sawl mg sydd mewn 1 kg?
   ch Sawl mm sydd mewn 4 km?
   d Sawl cm sydd mewn 5 km?

3 Ysgrifennwch werthoedd:
   a 300 cm mewn   m
   b 500 g mewn   kg
   c 1500 m mewn   km
   ch 250 ms mewn   s
   d 0.5 s mewn   ms
   dd 0.75 km mewn   m
   e 2.5 kg mewn   g
   f 0.8 m mewn   mm

4 Gallwch gyfrifo cyfaint bloc petryalog trwy ddefnyddio'r hafaliad:

   cyfaint = hyd × lled × uchder

   Gan ddefnyddio'r wybodaeth hon, copïwch y tabl isod a'i lenwi.

Hyd	Lled	Uchder	Cyfaint y bloc petryalog
2 cm	3 cm	4 cm	?
5 cm	5 cm	?	100 cm³
6 cm	?	5 cm	300 cm³
?	10 cm	10 cm	500 cm³

5

m	t	g	km	cm³
kg	ml	kg/m³		s

Pa rai o'r rhain sydd:
   a yn unedau màs?
   b yn unedau hyd?
   c yn unedau cyfaint?
   ch yn uned amser?
   d yn uned dwysedd?

6

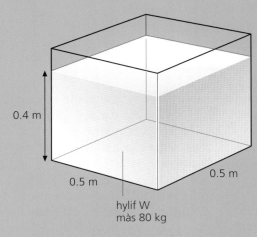

0.4 m
0.5 m
0.5 m
hylif W
màs 80 kg

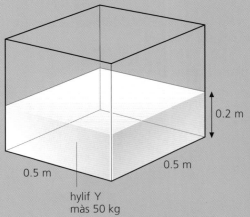

0.2 m
0.5 m
0.5 m
hylif Y
màs 50 kg

Yn y diagram uchod, mae'r tanciau yn cynnwys dau hylif gwahanol, W ac Y.
   a Beth yw cyfaint y ddau hylif mewn m³?
   b Petai gennych chi 1 m³ o hylif W, beth fyddai ei fàs?
   c Pa hylif sydd â'r dwysedd mwyaf?
   ch Defnyddiwch y siart dwyseddau ar dudalen 13 i'ch helpu i benderfynu tybed pa hylifau yw W ac Y.

16

Grymoedd a mudiant

Mae'r ferch hon yn neidio bynji oddi ar bont sydd 180 metr uwchben ceunant. Heb ddim i weithio yn erbyn ei chwymp, byddai'n taro'r dŵr ar ôl 6 eiliad, ar gyflymder o 60 metr yr eiliad (135 m.y.a.). Ond, mae hi'n arafu wrth ddisgyn oherwydd gwrthiant yr aer sy'n rhuthro heibio iddi. Yna, yn y pen draw, bydd tyniad rhaff y bynji yn ei dal a'i stopio.

Symud

Buanedd

Bydd yr heddlu yn defnyddio 'gwn' radar i fesur buanedd car. Ond mae yna ddull symlach. Mesurwch y pellter rhwng dau bwynt ar ffordd – dau bostyn lamp, efallai. Mesurwch yr amser y mae car yn ei gymryd i deithio rhwng y pwyntiau hyn. Yna cyfrifwch y buanedd:

$$\text{buanedd cyfartalog} = \frac{\text{pellter a deithiwyd}}{\text{amser a gymerwyd}}$$

Er enghraifft, buanedd cyfartalog car sy'n teithio 50 metr mewn 5 eiliad yw 10 metr yr eiliad – sef 10 m/s yn fyr.

Ar y rhan fwyaf o deithiau, mae buanedd car yn amrywio, felly mae'r buanedd gwirioneddol ar unrhyw adeg fel arfer yn wahanol i'r buanedd cyfartalog. Er mwyn dod o hyd i'r gwir fuanedd, rhaid i chi ddarganfod y pellter a gafodd ei deithio yn yr amser byrraf y gallech ei fesur.

Cyflymder

Fel buanedd, mae cyflymder yn cael ei fesur mewn metrau yr eiliad (m/s). Mae'r cyflymder yn dangos ar ba fuanedd y mae gwrthrych yn teithio. Ond mae hefyd yn dangos cyfeiriad y teithio:

$$\frac{\text{cyflymder}}{\text{cyfartalog}} = \frac{\text{pellter a deithiwyd i gyfeiriad arbennig}}{\text{amser a gymerwyd}}$$

Ar ddiagramau, gallwch ddefnyddio saeth i ddangos cyflymder:

10 m/s
———————————→

Neu gallwch ddefnyddio + neu – i ddangos y cyfeiriad. Er enghraifft:

+10 m/s (10 m/s i'r dde)
–10 m/s (10 m/s i'r chwith)

Fectorau yw'r enw ar werthoedd fel cyflymder, sydd â chyfeiriad yn ogystal â maint.

Beth yw ystyr

Buanedd cyson o 10 m/s	Mae pellter o 10 metr yn cael ei deithio bob eiliad	
Cyflymder cyson o +10 m/s	Mae pellter o 10 metr yn cael ei deithio bob eiliad (i'r dde)	
Cyflymiad cyson o 5 m/s²	Mae'r buanedd yn cynyddu 5 metr/eiliad bob eiliad	
Arafiad cyson o 5 m/s²	Mae'r buanedd yn gostwng 5 metr/eiliad bob eiliad	

Cyflymiad

Gan gychwyn o fod yn llonydd, gall car rali gyrraedd cyflymder o 50 m/s mewn 10 s neu lai. Mae'r cyflymder yn cynyddu'n gyflym iawn. Mae ganddo **gyflymiad** uchel.

Fel cyflymder, mae cyflymiad yn fector. Mae'n cael ei gyfrifo fel hyn:

$$\text{cyflymiad} = \frac{\text{cynydd mewn cyflymder}}{\text{amser a gymerwyd}}$$

Sut i gyfrifo

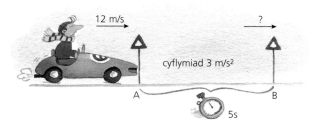

12 m/s   ?

cyflymiad 3 m/s²

A   B
5s

Enghraifft Mae'r car yn y diagram yn mynd heibio i'r pwynt A ar gyflymder o 12 m/s. Mae gan y car gyflymiad o 3 m/s². Beth yw cyflymder y car wrth iddo fynd heibio'r pwynt B, 5 s yn ddiweddarach?

Mae'r car yn ennill 3 m/s ychwanegol o gyflymder bob eiliad.

Felly, mewn 5 s, bydd y car yn ennill 15 m/s ychwanegol o gyflymder ar ben ei gyflymder gwreiddiol o 12 m/s.

Felly ei gyflymder terfynol wrth fynd heibio i B yw 12 m/s + 15 m/s, sy'n 27 m/s.

Er enghraifft, os bydd car yn ennill 50 m/s o gyflymder ychwanegol mewn 10 eiliad:

$$\text{cyflymiad} = \frac{50}{10} \text{ m/s yr eiliad}$$
$$= 5 \text{ m/s yr eiliad}$$

ac, yn fyr, byddwn yn ysgrifennu 5 m/s².

Mae **arafiad** yn groes i gyflymiad. Os oes gan gar arafiad o 5 m/s², yna mae'n *colli* 5 m/s o fuanedd bob eiliad.

Gallwn ysgrifennu hyn mewn ffordd arall:

cyflymder terfynol = cyflymder gwreiddiol + cyflymder ychwanegol, neu

cyflymder terfynol
= cyflymder gwreiddiol + (cyflymiad × amser)

Gallwn ysgrifennu'r hafaliad uchod mewn symbolau:

$$v = u + at$$

lle mae
v yn cynrychioli'r cyflymder terfynol, a y cyflymiad, u y cyflymder gwreiddiol, t yr amser a gymerwyd.

Yn achos y car,

$$v = 12 + (5 \times 3) \text{ m/s}$$
$$= 12 + 15 \quad \text{ m/s}$$
$$= 27 \text{ m/s}$$

Mae'r hafaliad yn gweithio ar gyfer arafiad hefyd. Y cyfan sy'n rhaid ei wneud yw galw'r arafiad yn gyflymiad negatif. Er enghraifft, mae arafiad o 5 m/s² yn gyflymiad o − 5 m/s².

Cwestiynau

1 a Mae car yn teithio 500 m mewn 20 s; beth yw ei fuanedd cyfartalog?
  b Pam, fel arfer, nad yw gwir fuanedd car yr un fath â'i fuanedd cyfartalog?

← 10 m/s

2 Pa mor bell y bydd y car ar y dde yn teithio mewn **a** 1 s? **b** 5 s? **c** 10 s?
  ch Faint o amser mae'n ei gymryd i deithio 90 m?

3 Mae gan gar gyflymiad cyson. Mae'r siart yn dangos ei fuanedd yn cynyddu. Copïwch a chwblhewch.

Ar ôl	1s	2s	3s	4s	5s	?
Buanedd	4m/s	8m/s	?	16m/s	?	28m/s

Cyflymiad cyson = ? m/s²

4 Copïwch a chwblhewch:
  Mae gan feic modur _____ cyson o 3 m/s².
  Mae hyn yn golygu y bydd ei _____ yn cynyddu _____ bob _____.

5 Wrth yrru ar hyd y llain awyr mae gan awyren gyflymiad cyson o 3 m/s².
  a Faint o gyflymder y bydd hi'n ei ennill mewn 10 s?
  b Os oes gan yr awyren gyflymder o 20 m/s wrth fynd heibio i bostyn, beth yw ei chyflymder 10 s yn ddiweddarach?

6 Mae beic modur yn cymryd 8 s i gynyddu ei gyflymder o 10 m/s i 30 m/s. Beth yw ei gyflymiad cyfartalog?

7 Mae gan yrrwr rali 5 s i stopio ei char, sy'n teithio ar 20 m/s. Beth yw ei harafiad cyfartalog?

Graffiau mudiant

Gallwch ddysgu llawer wrth edrych ar graffiau mudiant. Gallant ddangos pa mor bell y mae rhywbeth wedi teithio, pa mor gyflym y mae'n symud, a'r holl newidiadau a ddigwyddodd i'r buanedd.

Graffiau pellter-amser

Dychmygwch fod car yn teithio ar hyd ffordd. Mae polyn lamp wrth ymyl y ffordd. Bob eiliad, mesurir pellter y car o'r polyn. Caiff y darlleniadau pellter ac amser eu nodi ar siart, a'u defnyddio i blotio graff.

Dyma ganlyniadau pedair taith bosibl. Prin fod un yn daith o gwbl.

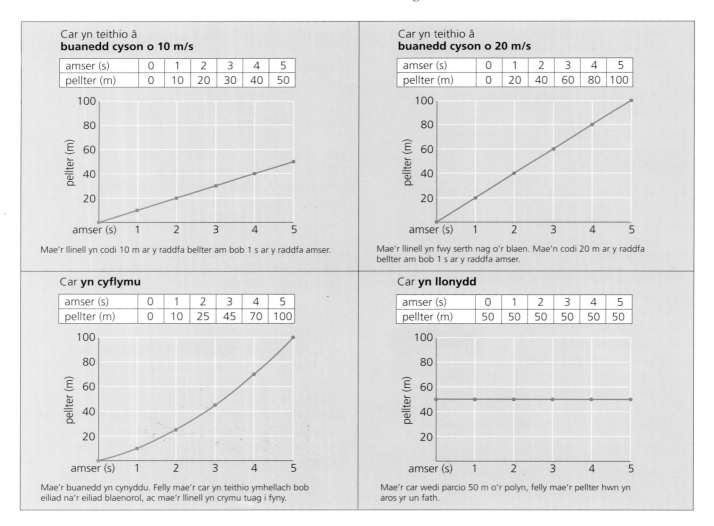

Car yn teithio â buanedd cyson o 10 m/s

amser (s)	0	1	2	3	4	5
pellter (m)	0	10	20	30	40	50

Mae'r llinell yn codi 10 m ar y raddfa bellter am bob 1 s ar y raddfa amser.

Car yn teithio â buanedd cyson o 20 m/s

amser (s)	0	1	2	3	4	5
pellter (m)	0	20	40	60	80	100

Mae'r llinell yn fwy serth nag o'r blaen. Mae'n codi 20 m ar y raddfa bellter am bob 1 s ar y raddfa amser.

Car yn cyflymu

amser (s)	0	1	2	3	4	5
pellter (m)	0	10	25	45	70	100

Mae'r buanedd yn cynyddu. Felly mae'r car yn teithio ymhellach bob eiliad na'r eiliad blaenorol, ac mae'r llinell yn crymu tuag i fyny.

Car yn llonydd

amser (s)	0	1	2	3	4	5
pellter (m)	50	50	50	50	50	50

Mae'r car wedi parcio 50 m o'r polyn, felly mae'r pellter hwn yn aros yr un fath.

Graffiau buanedd-amser

Peidiwch â chymysgu rhwng y rhain a graffiau pellter–amser.
Efallai fod y siapiau yn debyg, ond mae eu hystyr yn wahanol iawn.

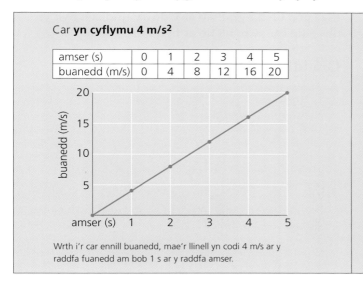

Car **yn cyflymu 4 m/s²**

amser (s)	0	1	2	3	4	5
buanedd (m/s)	0	4	8	12	16	20

Wrth i'r car ennill buanedd, mae'r llinell yn codi 4 m/s ar y raddfa fuanedd am bob 1 s ar y raddfa amser.

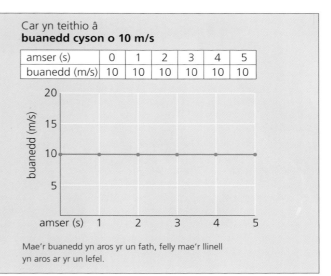

Car yn teithio â **buanedd cyson o 10 m/s**

amser (s)	0	1	2	3	4	5
buanedd (m/s)	10	10	10	10	10	10

Mae'r buanedd yn aros yr un fath, felly mae'r llinell yn aros ar yr un lefel.

Cwestiynau

1 Mae beic modur yn mynd heibio i bolyn lamp. Bob eiliad, mae ei bellter oddi wrth y polyn yn cael ei fesur:

amser (s)	0	1	2	3	4	5	6	7	8	9
pellter (m)	0	3	10	22	34	46	54	56	56	56

   a Plotiwch graff pellter-amser.
   b Marciwch ar eich graff y rhannau lle mae'r beic modur:
   yn cyflymu; yn teithio ar fuanedd cyson; yn arafu; wedi stopio.
   c Pa mor bell y mae'r beic modur yn teithio yn y 7 eiliad cyntaf?
   Beth yw ei fuanedd cyfartalog dros y cyfnod hwn?
   ch Faint o amser mae'r beic modur yn ei gymryd i deithio o 10 m i 46 m? Pa mor bell mae'n teithio?
   Beth yw ei fuanedd cyfartalog dros y pellter hwn?

2 Mae'r graff yn dangos graff buanedd-amser ar gyfer beic modur arall.

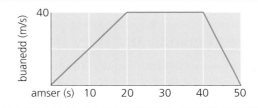

   a Beth yw buanedd mwyaf y beic modur?
   b Am faint o eiliadau y mae'r beic modur yn aros ar y buanedd mwyaf?
   c Am faint o eiliadau y mae'r beic modur yn symud mewn gwirionedd?
   ch Faint o fuanedd y mae'r beic modur yn ei ennill yn yr 20 eiliad cyntaf?
   Faint o fuanedd y mae'n ei ennill bob eiliad?
   d Beth yw arafiad y beic modur yn ystod y 10 eiliad olaf?

3 Mae merch yn cymryd 10 munud i yrru i'w gwaith. Mae hi'n stopio i brynu papur ar y ffordd, mae set o oleuadau traffig ar y daith, a darn byr o draffordd. Lluniwch graff buanedd-amser nodweddiadol ar gyfer ei thaith, a pheidiwch â gadael iddi dorri unrhyw derfannau buanedd.
   (Mae 1 m/s tua 2 filltir yr awr.)

4 Mae bachgen yn sglefrio unwaith o gwmpas llawr iâ hirgrwn. Mae'n cyflymu wrth fynd ar hyd y llawr sglefrio, ond yn arafu ar bob pen. Mae'n disgyn unwaith. Lluniwch graff buanedd-amser ar ei gyfer.

Rhagor o graffiau mudiant

Mae'r llithren hon yn fwy serth mewn rhai mannau nag eraill. Fel hyn mae llawer o graffiau yn edrych hefyd ond, ar graff syml, bydd y goledd yr un fath ym mhob rhan, ac yn hawdd i'w fesur.

Dod o hyd i'r graddiant

Ar graff, gallwn rannu faint y mae'r llinell yn ei godi ar y raddfa fertigol â faint y mae'n ei godi ar y raddfa lorweddol i gael y **graddiant**:

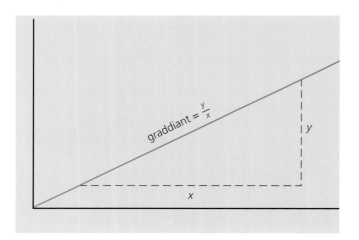

Ar graff llinell syth fel hwn, yr un yw gwerth y graddiant lle bynnag y byddwn yn mesur x ac y. I ddarganfod gwerthoedd x ac y, mae'n rhaid defnyddio rhifau'r raddfa ar y ddwy echelin, ac nid mesur yr hyd ar y papur ei hun.

Mae pob un o'r graffiau ar y ddwy dudalen hyn yn disgrifio car sy'n teithio ar hyd ffordd syth.

Graddiant graff pellter–amser

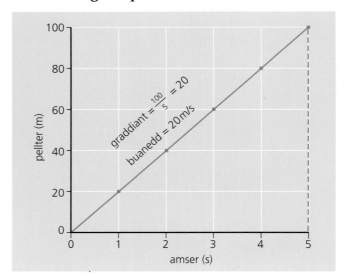

Yn y graff uchod, mae'r graddiant yn dangos faint o bellter ychwanegol sy'n cael ei deithio bob eiliad. Felly:

Mae graddiant graff pellter–amser yn rhoi'r buanedd.

Graddiant graff buanedd–amser

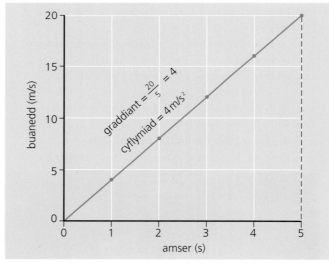

Yn y graff uchod, mae'r graddiant yn dangos faint y mae'r buanedd yn cynyddu bob eiliad. Felly:

Mae graddiant graff buanedd–amser yn rhoi'r cyflymiad.

Arwynebedd o dan graff buanedd–amser

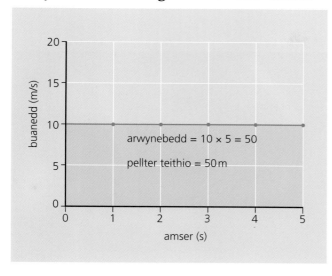

Edrychwch ar y graff buanedd–amser uchod. Mae'r car yn teithio ar fuanedd cyson o 10 m/s am 5 eiliad. Felly mae'n teithio pellter o 10 × 5 m, neu 50 m.

Ffordd arall o gael y canlyniad hwn yw cyfrifo yr arwynebedd o dan y graff. Ond, wrth wneud hyn, cofiwch ddefnyddio'r rhifau ar ddwy raddfa'r graff. Nid dod o hyd i'r 'gwir' arwynebedd ar y papur yw'r dasg. Mae'r un syniad yn gweithio ar gyfer llinellau graff sy'n goleddu, neu sy'n crymu:

> Mae'r arwynebedd o dan graff buanedd–amser yn rhoi'r pellter teithio.

Dyma enghraifft arall. Yma, er mwyn darganfod y pellter teithio mae'n rhaid gwybod mai arwynebedd triongl = $\frac{1}{2}$ × sail × uchder:

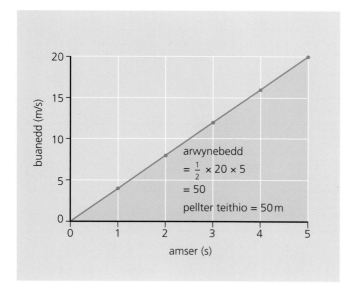

Graffiau cyflymder–amser

Mae buanedd a chyflymder yn cael eu mesur mewn m/s. Y gwahaniaeth rhwng y ddau yw bod cyflymder yn rhoi cyfeiriad y teithio hefyd, yn aml gan ddefnyddio + neu –.

Mewn achosion syml, er enghraifft, lle bo car yn dal i deithio yn yr un cyfeiriad ar hyd ffordd syth, mae graff cyflymder–amser yn edrych yn union yr un fath â graff buanedd–amser. Gallwn ei ddefnyddio i ddarganfod cyflymiad neu bellter yn yr un ffordd yn union. Yr unig adeg y mae'r ddau graff yn edrych yn wahanol yw pan fo'r car yn newid cyfeiriad ar ryw bwynt.

Graffiau dadleoliad–amser

Yr enw ar y pellter sy'n cael ei deithio mewn cyfeiriad penodol yw **dadleoliad**. Mae dadleoliad yn fector, a gallwn ddefnyddio + neu – i ddangos ei gyfeiriad. Mewn achosion syml, lle nad oes newid cyfeiriad, mae graff dadleoliad–amser yn edrych yn union yr un fath â graff pellter–amser. Mae'r graddiant yn rhoi'r cyflymder.

Cwestiynau

1 Pa wybodaeth a rhoddir:
 a gan raddiant graff pellter–amser?
 b gan raddiant graff buanedd–amser?
 c gan yr arwynebedd o dan graff buanedd–amser?
2 Mae'r graff buanedd–amser isod yn dangos car sy'n teithio ar hyd ffordd syth.
 a Beth yw'r cyflymiad yn ystod y 10 s cyntaf?
 b Beth yw'r arafiad yn ystod y 5 s olaf?
 c Beth yw'r pellter teithio yn ystod y 10 s cyntaf?
 ch Beth yw cyfanswm y pellter teithio?
 d Faint o amser mae'r daith gyfan yn ei gymryd?
 dd Beth yw'r buanedd cyfartalog dros y daith gyfan?

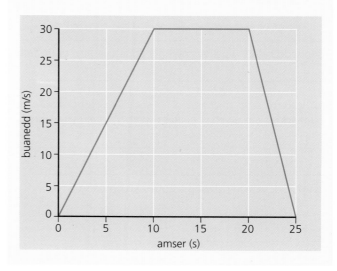

Amseru â thâp

Mae'r llun ar y dde yn dangos 'blwch du', sy'n cofnodi manylion hedfan awyren. Mae'n cadw cofnod o fudiant yr awyren yn ei gof electronig.

Mae'r ddwy dudalen hyn yn sôn am gofnodi symudiad hefyd, ond ar dâp papur. Mae darn o dâp papur yn ddigon tebyg i graff ac yn gallu dangos cofnod cyflawn o'r ffordd y mae rhywbeth yn symud. Nid mudiant awyren sy'n mynd i gael ei astudio gennym yma ond, yn hytrach, troli yn symud ar fainc yn y labordy.

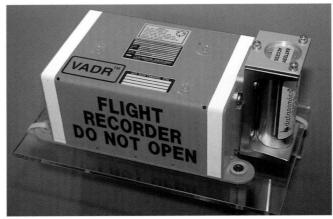

Mae 'blwch du' yn cofnodi manylion mudiant awyren.

Arbrofi â throli

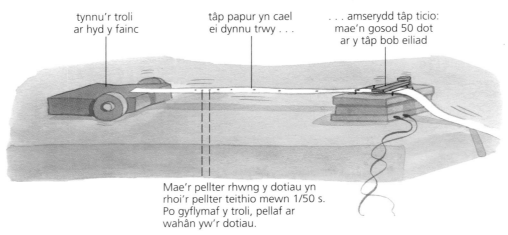

tynnu'r troli ar hyd y fainc

tâp papur yn cael ei dynnu trwy . . .

. . . amserydd tâp ticio: mae'n gosod 50 dot ar y tâp bob eiliad

Mae'r pellter rhwng y dotiau yn rhoi'r pellter teithio mewn 1/50 s. Po gyflymaf y troli, pellaf ar wahân yw'r dotiau.

Tapiau enghreifftiol

cychwyn

buanedd cyson: y pellter rhwng y dotiau yn aros yr un fath

buanedd cyson uwch: y pellter rhwng y dotiau yn fwy nag o'r blaen

cyflymiad: y pellter rhwng y dotiau yn cynyddu

cyflymiad —— —— —— —— —— —— yna —— —— —— —— —— arafiad

26

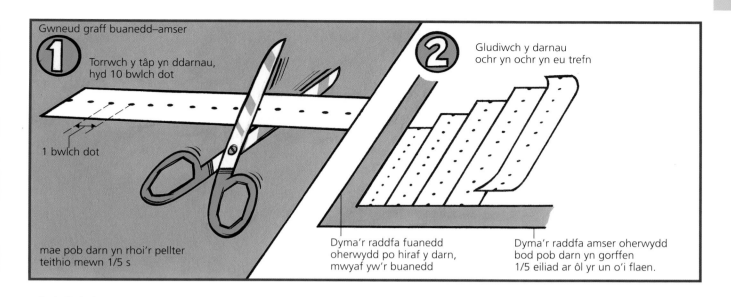

Gwneud graff buanedd–amser

① Torrwch y tâp yn ddarnau, hyd 10 bwlch dot

1 bwlch dot

mae pob darn yn rhoi'r pellter teithio mewn 1/5 s

② Gludiwch y darnau ochr yn ochr yn eu trefn

Dyma'r raddfa fuanedd oherwydd po hiraf y darn, mwyaf yw'r buanedd

Dyma'r raddfa amser oherwydd bod pob darn yn gorffen 1/5 eiliad ar ôl yr un o'i flaen.

Cwestiynau

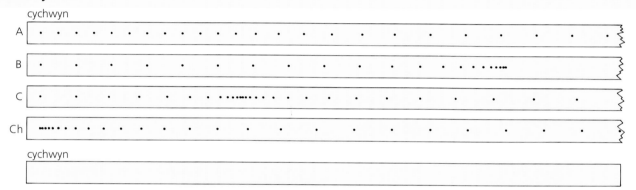

cychwyn

A
B
C
Ch

cychwyn

1 Pa un o'r tapiau uchod sy'n dangos
a cyflymiad, yna buanedd cyson?
b arafiad nes stopio, yna cyflymiad?
c buanedd cyson, yna cyflymiad, yna buanedd cyson uwch?

2 Mae troli sy'n teithio ar fuanedd cyson yn colli buanedd, yn stopio, yna'n cyflymu. Copïwch y tâp gwag uchod. Marciwch batrymau'r dotiau y byddech yn disgwyl eu gweld.

3 Yn y cwestiynau sy'n dilyn, rhaid i chi wneud mesuriadau ar y tâp papur a ddangosir isod. Roedd yr amserydd tâp ticio yn gwneud 50 dot ar y tâp papur bob eiliad. Yr enw ar y pellter o un dot i'r nesaf yw **bwlch dot**.

a Faint o amser a gymerodd yr amserydd i wneud 5 bwlch dot?

b Sawl bwlch dot sydd rhwng A a B?

c Faint o amser a gymerodd y tâp i symud o A i B?

ch Defnyddiwch bren mesur mm i fesur y pellter o A i B.

d Beth oedd buanedd cyfartalog (mewn mm/s) y troli rhwng A a B?

dd Mesurwch y pellter o C i Ch, yna cyfrifwch fuanedd cyfartalog y troli rhwng C ac Ch.

e Cafodd rhan CCh ei gwneud union un eiliad ar ôl rhan AB.
Beth oedd y cynnydd ym muanedd y troli yn yr amser hwn?

f Mae cyflymiad o 1 mm/s^2 yn golygu bod y buanedd yn cynyddu 1 mm/s bob eiliad.
Beth oedd cyflymiad y troli mewn mm/s^2?

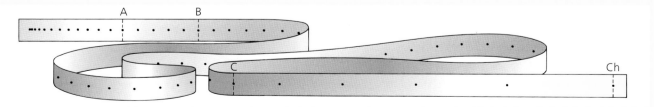

Disgyn dan effaith disgyrchiant

23 Mawrth 1944

Peilot yn fyw ar ôl syrthio 3½ milltir

Dihangfa wyrthiol o awyren ar dân

Neidio i'w farwolaeth, neu gael ei losgi'n fyw. Dyna oedd y dewis a wynebai'r Is-gapten Nicholas Alkemade pan aeth ei awyren Lancaster ar dân 10 000 troedfedd uwchben Oberkirchen, yn yr Almaen. Ni allai gyrraedd ei barasiwt, felly penderfynodd neidio. Ar ôl disgyn 3½ milltir, trawodd ganghennau coeden ffynidwydd ar dros 100 m.y.a. cyn glanio mewn lluwch o eira. Yn rhyfeddol, gallodd godi a cherdded, prin wedi ei anafu.

Pan adawodd yr Is-gapten Alkemade ei awyren i ddechrau, roedd yn disgyn tua'r ddaear gyda chyflymiad o 10 m/s². Yn fuan iawn roedd yr aer a oedd yn rhuthro heibio wedi lleihau'r cyflymiad hwn. Fel arall, byddai wedi taro'r ddaear ar dros 700 m.y.a. (tua 300 m/s).

Mae gwrthiant aer yn arafu rhai pethau yn fwy nag eraill. Nid yw'n arafu fawr ddim ar graig sy'n disgyn. Ond mae'n arafu llawer ar bluen. Heb wrthiant aer, byddai gan bopeth sy'n disgyn yn agos at y Ddaear yr un cyflymiad, sef 10 m/s². Hwn yw **cyflymiad disgyn yn rhydd, g**.

Felly, heb wrthiant aer, byddai unrhyw beth sy'n cael ei ollwng yn cyflymu fel hyn:

0 s   dim buanedd

ar ôl 1 s   10 m/s   cyflymiad disgyn yn rhydd, *g*, yw 10 m/s² ar gyfer popeth

ar ôl 2 s   20 m/s

ar ôl 3 s   30 m/s

ac yn y blaen.

Graffiau mudiant

Fel hyn y byddai'r graff buanedd–amser yn edrych ar gyfer gwrthrych sy'n disgyn yn rhydd ger wyneb y Ddaear, gan gymryd nad oes gwrthiant aer i'w arafu:

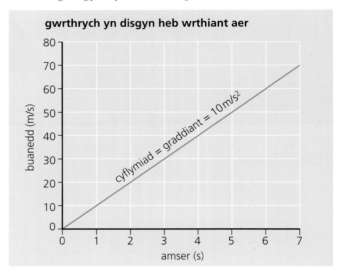

Mae graddiant graff buanedd–amser yn rhoi'r cyflymiad. Yn yr achos hwn, y graddiant yw *g*, 10 m/s².

Yn ymarferol, mae yna wrthiant aer. Felly mae gan wrthrych sy'n dechrau disgyn gyflymiad *g*, ond mae hwn yn lleihau wrth i'r gwrthrych gyflymu ac wrth i'r gwrthiant aer gynyddu. Yn y diwedd, bydd y cyflymiad yn lleihau i ddim, a bydd gan y gwrthrych fuanedd cyson, sef y **buanedd terfynol**. Mae hwn i'w weld isod. Mae rhagor am fuanedd terfynol yn nes ymlaen yn y llyfr.

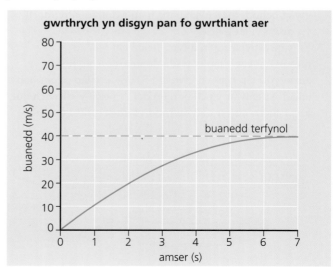

Mesur g

I ddod o hyd i werth ar gyfer *g*, gallwn ollwng pêl fetel, mesur yr uchder *h* y mae'n disgyn, a'r amser *t* a gymerodd, ac yna defnyddio'r wybodaeth i gyfrifo'r ateb, fel y dangosir isod.

Mae'r gwaith cyfrifo hwn yn defnyddio mesuriadau uchder ac amser nodweddiadol, ac yn tybio nad yw gwrthiant aer yn cael unrhyw effaith amlwg.

Yn y labordy, gellir cynnal yr arbrawf yn fwy manwl gywir trwy ddefnyddio'r offer ar y dde.

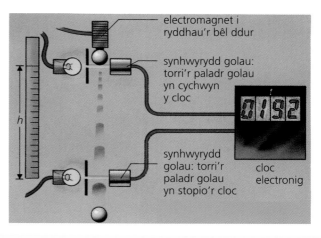

electromagnet i ryddhau'r bêl ddur

synhwyrydd golau: torri'r paladr golau yn cychwyn y cloc

synhwyrydd golau: torri'r paladr golau yn stopio'r cloc

cloc electronig

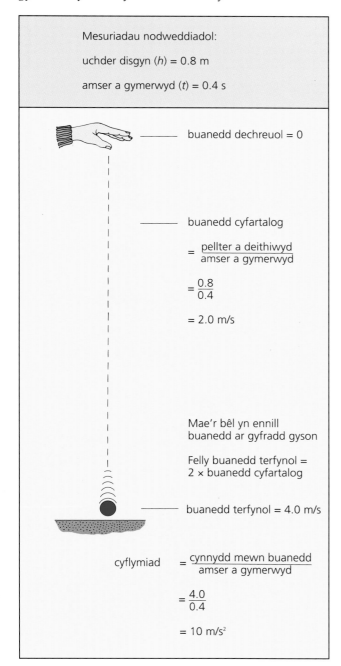

Mesuriadau nodweddiadol:

uchder disgyn (*h*) = 0.8 m

amser a gymerwyd (*t*) = 0.4 s

buanedd dechreuol = 0

buanedd cyfartalog

$$= \frac{\text{pellter a deithiwyd}}{\text{amser a gymerwyd}}$$

$$= \frac{0.8}{0.4}$$

$$= 2.0 \text{ m/s}$$

Mae'r bêl yn ennill buanedd ar gyfradd gyson

Felly buanedd terfynol = 2 × buanedd cyfartalog

buanedd terfynol = 4.0 m/s

$$\text{cyflymiad} = \frac{\text{cynnydd mewn buanedd}}{\text{amser a gymerwyd}}$$

$$= \frac{4.0}{0.4}$$

$$= 10 \text{ m/s}^2$$

Cwestiynau

Cymerwch fod $g = 10 \text{ m/s}^2$.

1 CYWIR ynteu ANGHYWIR?
   Heb wrthiant aer:
   a Mae carreg drom yn disgyn yn gyflymach na charreg ysgafn.
   b Yn agos at y Ddaear, mae pethau sy'n disgyn i gyd yn cyflymu ar yr un gyfradd.
   c Wrth eu gollwng o'r un uchder, mae carreg drom yn cymryd yn union yr un amser i gyrraedd y ddaear â charreg ysgafn.

2 Copïwch y siart, gan lenwi'r wybodaeth goll am y garreg sy'n disgyn:

amser (s)	0	1	2		?	?
buanedd (m/s)	0	10	?		40	50
buanedd a enillir bob eiliad = ?						
cyflymiad = ?						

3 Mae'r bêl fetel isod yn disgyn am 5 eiliad.
   a Beth yw ei chyflymiad?
   b Beth yw ei buanedd?
   c Beth yw ei buanedd cyfartalog?
   ch Beth yw ei phellter disgyn?

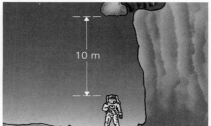

10 m

4 Mae'r gofodwr uchod ar blaned lle mae cyflymiad disgyn yn rhydd yn 1 m/s² yn unig. Mae'n cymryd 4 eiliad iddo symud i'r ochr. A fydd yn llwyddo i osgoi'r graig sy'n disgyn?

Camp a chwymp

Mae'r ceir hyn yn gallu cyrraedd buanedd o 60 m.y.a. mewn tua 3 eiliad. Dyna gyflymiad o 10 m/s^2, yr un faint â chyflymiad disgyn yn rhydd, g.

Petaech chi yn sedd y gyrrwr, byddech yn teimlo'r cyflymiad fel gwthiad yn eich cefn – gwthiad mor gryf â'ch pwysau eich hun.

Gallwch deimlo effeithiau cyflymiad uchel ar y reidiau hyn wrth i chi deithio'n gyflym iawn o amgylch troeon tynn.

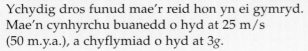

Ychydig dros funud mae'r reid hon yn ei gymryd. Mae'n cynhyrchu buanedd o hyd at 25 m/s (50 m.y.a.), a chyflymiad o hyd at 3g.

Gall cyflymiad uchel dynnu gwaed o'ch pen i'ch traed a gwneud i chi lewygu. Ond nid ar y reid hon. Mae eistedd â'ch pengliniau i fyny yn rhwystro'r gwaed rhag rhuthro i'ch traed.

Dyma reid 3g. Efallai mai ar bwynt uchaf y siglen y byddwch yn teimlo fwyaf ofnus. Ond ar y gwaelod y cewch eich gwthio gadarnaf i'ch sedd.

Ar gyfer reid 5g fel hon, mae angen sgil a gwerth miliwn o bunnau o hyfforddiant. A siwt arbennig sy'n gwasgu eich corff yn dynn er mwyn gostwng llif y gwaed o'ch pen.

Os bydd car arall yn taro cefn eich car chi, gall cynhalydd pen eich cadw rhag cael niwed difrifol i'ch gwddf. Mae'n sicrhau bod eich pen yn cyflymu ymlaen ar yr un gyfradd â gweddill eich corff.

Felly pam nad ydym yn adeiladu ceir cryfach? Mewn gwrthdrawiad, mae'n fwy diogel i'r teithwyr os *yw* blaen y car yn plygu. Mae'n golygu arafiad is a llai o berygl niwed. Ond rhaid i'r corff metel ffurfio 'cawell' cryf o amgylch y teithwyr rhag iddynt gael eu gwasgu.

Y ffordd fwyaf diogel i deithio yw tuag yn ôl. Os bydd awyren yn ceisio glanio mewn argyfwng, gall yr arafiad fod yn uchel iawn. Seddi yn wynebu tuag yn ôl sy'n amddiffyn y teithwyr orau. Dyma pam mae'r llu awyr yn eu gosod fel hyn yn eu hawyrennau teithwyr. Ond nid yw cwmnïau hedfan yn gwneud hyn.

Mae'r rhan fwyaf o beiriannau ffair wedi eu cynllunio i fod yn ddiogel. Os bydd un darn metel yn torri, mae digon ar ôl i'ch cynnal. Ond allwch chi feddwl am reidiau ffair lle mae eich diogelwch yn dibynnu ar gryfder un darn metel yn unig?

Os yw seddi'n wynebu tuag yn ôl yn fwy diogel, pam nad oes yr un cwmni hedfan wedi mynd ati i'w gosod? Allwch chi awgrymu rhesymau?

Ar beiriannau ffair, gallwch deimlo cyflymiad o 3*g* neu fwy. Ond heb gynhalydd pen, ni fyddai cyflymu fel hyn yn ddiogel. Pam?

2.07 Grymoedd ar waith

Gwthiad neu dyniad yw grym. Mae'n fector. Mae Rolls Royce yn defnyddio peiriant profi fel hwn yn y llun i fesur grym mawr iawn – gwthiad peiriant jet tuag ymlaen. Enghreifftiau eraill o rymoedd yw:

- pwysau – tyniad disgyrchiant tuag i lawr;
- tensiwn – y grym mewn llinyn neu raff wedi ymestyn;
- ffrithiant – y grym sy'n ceisio atal defnyddiau rhag llithro dros ei gilydd;
- gwrthiant aer – un math o ffrithiant.

Fel pob grym, mae grym peiriant jet yn cael ei fesur mewn uned o'r enw **newton** (**N**). Nodir isod werthoedd rhai grymoedd cyffredin.

Uned fwy ar gyfer grym yw **cilonewton** (**kN**):
$$1 \text{ kN} = 1000 \text{ N}$$

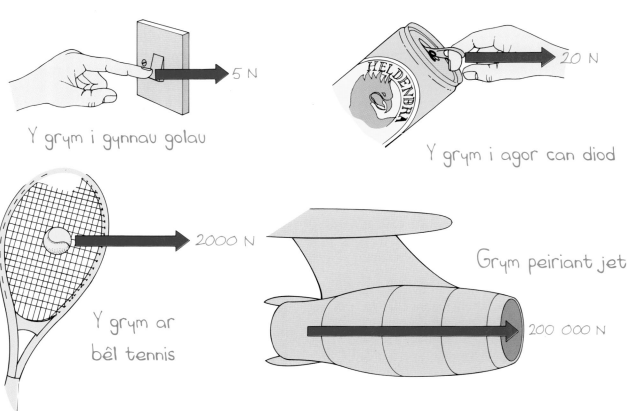

Y grym i gynnau golau — 5 N

Y grym i agor can diod — 20 N

Y grym ar bêl tennis — 2000 N

Grym peiriant jet — 200 000 N

Gellir mesur grymoedd bach â **chlorian sbring** (neu **newtonmedr**). Po fwyaf y grym, mwyaf y mae'r sbring yn cael ei estyn, ac uchaf y darlleniad ar y raddfa.

Cyfuno grymoedd

Ar y Ddaear, ychydig iawn o bethau sydd â dim ond un grym yn gweithredu arnynt. Fel arfer, mae yna o leiaf ddau ac yn aml ragor. Pan fo dau neu ragor o rymoedd yn gweithredu trwy'r un pwynt, yr enw ar eu heffaith gyda'i gilydd yw'r **grym cydeffaith** (neu'r **cydeffaith**). Mewn geiriau eraill, y cydeffaith yw'r grym a fyddai, ar ei ben ei hun, yn cael yr un effaith â'r holl rymoedd eraill yn gweithredu gyda'i gilydd.

Mae'r siart isod yn rhoi enghreifftiau o gydeffaith dau rym. Yn y cyntaf, mae'r ddau rym yn gyfartal ond yn ddirgroes, ac yn canslo ei gilydd. Felly nid oes grym cydeffaith.

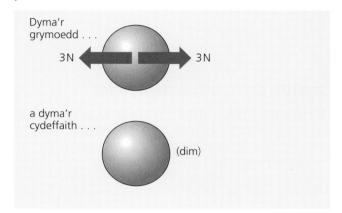

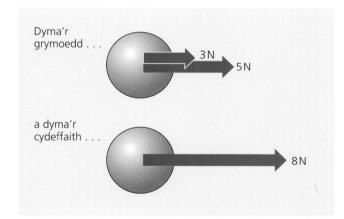

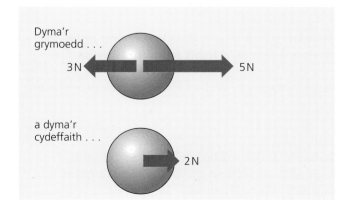

Mae nifer o rymoedd yn gweithredu ar y ferch hon. Mae eu cydeffaith yn ei thynnu ymlaen.

Cwestiynau

1 a Pa uned a ddefnyddir i fesur grym?
   b Yn y diagram ar y dudalen gyferbyn, beth yw grym y peiriant jet mewn kN?

2 Cyfrifwch gydeffaith pob pâr o rymoedd isod. (Cofiwch roi maint y cydeffaith, a dweud i ba gyfeiriad y mae'n gweithredu.)

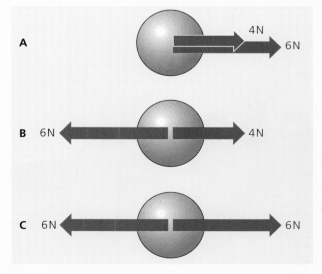

3 Edrychwch ar y llun ar frig y dudalen. Nodwch o ble y daw pob grym sy'n gweithredu ar y ferch wrth iddi gael ei thynnu.

2.08 Grym, màs a chyflymiad

Mae grym yn cael ei fesur mewn newtonau (N).

Mae màs yn cael ei fesur mewn cilogramau (kg).

Mae cyflymiad yn cael ei fesur mewn metrau yr eiliad sgwâr (m/s^2). Er enghraifft:

os yw buanedd car yn cynyddu 2 m/s bob eiliad, yna ei gyflymiad yw 2 m/s^2.

Gall gymryd hanner awr i dancer enfawr fel hwn gyrraedd ei fuanedd llawn – a hanner awr i'w stopio pan fydd y peiriannau'n cael eu troi tuag yn ôl. Fel pob màs, mae'r tancer yn gwrthsefyll unrhyw newid mewn cyflymder – hynny yw, mae'n gwrthsefyll cyflymiad. Er mwyn gwneud i fàs gyflymu, mae'n rhaid bod grym arno.

Wrth gwrs, mae nifer o rymoedd ar y rhan fwyaf o bethau, felly y peth pwysig mewn gwirionedd yw maint y grym *cydeffaith* – y grym sydd â'r un effaith â'r holl rymoedd eraill yn gweithredu gyda'i gilydd.

Cysylltu grym, màs a chyflymiad

Mae yna gysylltiad rhwng y grym sydd ar rywbeth, ei fàs, a'r cyflymiad a gynhyrchir. Dyma enghreifftiau (cofiwch, mae 'grym' yn golygu 'grym cydeffaith' mewn gwirionedd):

Os yw'r grym hwn …	yn gweithredu ar y màs hwn …	yna dyma'r cyflymiad …
1 N	1 kg	1 m/s^2
2 N	2 kg	1 m/s^2
4 N	2 kg	2 m/s^2
6 N	2 kg	3 m/s^2

Ym mhob achos, mae yna hafaliad sy'n cysylltu'r grym, y màs a'r cyflymiad:

$$\text{grym} = \text{màs} \times \text{cyflymiad}$$

Mewn symbolau: $F = ma$

Weithiau gelwir y berthynas hon rhwng grym, màs a chyflymiad yn **ail ddeddf mudiant Newton**.

Gellir aildrefnu'r hafaliad $F = ma$ mewn dwy ffordd:

$$a = \frac{F}{m} \qquad\qquad m = \frac{F}{a}$$

Byddech yn defnyddio'r hafaliad ar y chwith, er enghraifft, petaech yn gwybod y màs a'r grym, ond angen cyfrifo'r cyflymiad.

Grym bach ar fàs mawr – ychydig iawn o gyflymiad.

Cyfrifo cyflymiad

Enghraifft *Beth yw cyflymiad y car bach isod?*

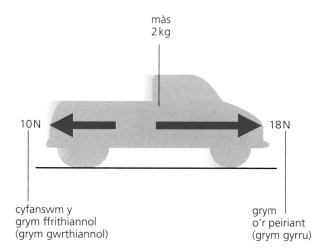

I ddechrau, cyfrifwch y grym cydeffaith ar y car. Mae grym o 18 N i'r *dde*, wedi ei gyfuno â grym o 10 N i'r *chwith*, yn gywerth â grym o (18–10) N i'r *dde*. Felly, y grym cydeffaith yw 8 N.

Wedyn, defnyddiwch yr hafaliad $F = ma$ i ddod o hyd i'r cyflymiad, a. I wneud hyn, mae angen yr hafaliad ar y ffurf:

$$a = \frac{F}{m}$$

Felly $a = \dfrac{8}{2} = 4$ (yn syml, gan anghofio'r unedau)

Felly cyflymiad y car yw 4 m/s^2.

Diffinio'r newton

Pan fo grym o 1 newton yn gweithredu ar fàs o 1 cilogram mae'n cynhyrchu cyflymiad o 1 m/s^2. Nid damwain yw canlyniad syml fel hwn. Dyna sut cafodd y newton ei *ddiffinio*.

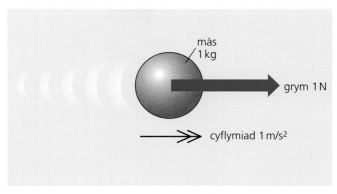

1 newton yw'r grym sydd ei angen i roi cyflymiad o 1 m/s^2 i fàs o 1 cilogram.

Cwestiynau

1

Pa rym sydd ei angen i wneud i'r graig gyflymu ar:
a 2 m/s^2?   **b** 0.5 m/s^2?   **c** 4 m/s^2?

2 Mewn arbrawf gyda throli 0.5 kg, mae rhywun yn mesur y grym tynnu, yn cyfrifo'r cyflymiad, yn ysgrifennu'r gwerthoedd '10' a '5', ond yn anghofio nodi pa un yw pa un.
Allwch chi benderfynu, a nodi'r unedau cywir?

3

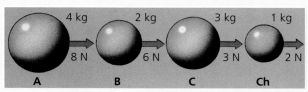

a Pa fasau sydd â'r un cyflymiad?
b Pa fàs sydd â'r cyflymiad mwyaf?
c Pa fàs sydd â'r cyflymiad lleiaf?

4 Dyma'r tri cherbyd mwyaf pwerus o'u bath. Os nad oes ffrithiant:
a Pa un sydd â'r cyflymiad gorau?
b Pa un sy'n dod yn olaf?

Boeing 747:
màs 400 000 kg
grym o'r peiriannau 800 000 N

Porsche 911:
màs 1300 kg
grym o'r peiriant 7800 N

Honda 1000:
màs 300 kg
grym o'r peiriant 3000 N

5 Edrychwch ar lun y cerbyd yn y broblem gyflymiad ar frig y dudalen hon.
Beth fyddai cyflymiad y car:
a heb rym gwrthiannol?
b gyda grym gwrthiannol o 6 N yn unig?
c gyda grym gwrthiannol o 18 N?

Taro'n sydyn

O'r ffordd!

Dyma brif flociwr y Chicago Bears. Ei waith yw rhuthro trwy'r llinellau amddiffyn, gan greu bylchau i'r cefnwyr allu rhedeg trwodd. Màs yw cyfrinach ei lwyddiant. Mae'n 145 cilogram – dwywaith màs dyn cyffredin. Unwaith y bydd yn dechrau rhedeg, mae'n anodd iawn ei stopio.

Dyma rywun arall sydd angen màs yn ogystal â chryfder. Wrth iddi wthio'r pwysyn ymlaen, mae yna wthiad tuag yn ôl ar ei chorff, sy'n ei harafu ac yn lleihau buanedd y pwysyn. Po fwyaf o fàs sydd ganddi, lleiaf yw effaith y gwthiad hwn tuag yn ôl.

Pwy sy'n ennill dros 1500 metr?

1.5 m/s 7 m/s 12 m/s 15 m/s

30 m.y.a.

Mae'r nofwyr yn araf oherwydd bod gwrthiant dŵr yn llawer uwch na gwrthiant aer. Y beicwyr yw'r cyflymaf, ac maent hyd yn oed yn gyflymach os oes cerbyd arall o'u blaen i ostwng y gwrthiant aer. Y buanedd uchaf erioed ar feic oedd 63 metr/eiliad (140 m.y.a.) – y tu ôl i gar â tharian wynt ar y cefn.

Braich gyflym

Fyddech chi'n gallu cyfrifo buanedd y raced o'r llun hwn?
Os na fyddech chi, pam?

Grym penelin

Mae chwaraewr proffesiynol yn defnyddio raced â'i llinynnau yn dynn i'w helpu i daro'r bêl yn gyflym iawn. Mae'n ceisio taro'r bêl yn agos at ganol y raced. Fel arall, bydd y grymoedd yn gallu niweidio ei benelin.

Mae chwaraewr cyffredin yn defnyddio raced â llinynnau sy'n llai tynn. Mae'r llinynnau yn ymestyn mwy wrth daro'r bêl, gan ostwng y buanedd. Ond, os na fydd y bêl yn taro canol y raced, bydd y grymoedd ar y penelin yn fach ac yn llai niweidiol.

Eglurwch pam:

- y gall rhedwyr deithio'n gyflymach na nofwyr;
- y gall beicwyr deithio'n gyflymach na rhedwyr.

Mewn rasys cyflym yn y gemau Olympaidd, mae angen i gystadleuwyr gadw eu gwrthiant aer mor isel â phosibl. Ceisiwch ddarganfod sut y gall y rhain ostwng eu gwrthiant aer:

- beicwyr sbrint;
- sglefrwyr cyflym;
- nofwyr.

Disgrifiwch beth sy'n digwydd i fuanedd raced tennis o ddechrau taro'r bêl i ddiwedd y symudiad.

Gwnewch restr o'r chwaraeon, gemau neu athletau lle mae digon o fàs:

- yn fantais;
- yn anfantais.

Pwysau: tyniad disgyrchiant

A yw disgyrchiant bob amser yn tynnu pethau tuag i lawr? Nid yn ôl y cartwnwyr. Yn aml, maen nhw'n dangos pethau sy'n ymddangos yn rhesymol, ond sy'n amhosibl oherwydd eu bod yn torri rheolau ffiseg. Cerdded oddi ar glogwyn yw'r un amlwg. Nid yw'r cymeriad yn disgyn nes iddo sylweddoli nad oes dim o dan ei draed.

Grym disgyrchiant

Rhowch rywbeth i hongian wrth glorian sbring a gallwch fesur tyniad y Ddaear tuag i lawr arno. **Grym disgyrchiant** yw'r enw ar y tyniad hwn.

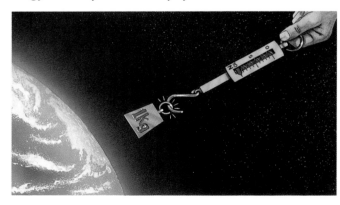

Does neb yn siŵr beth sy'n achosi grym disgyrchiant. Ond gwyddom sawl peth amdano:
• Mae pob màs yn atynnu ei gilydd.
• Po fwyaf y masau, cryfaf y tyniad.
• Po agosaf y masau, cryfaf y tyniad.

Mae'r tyniad rhwng masau bach yn llawer rhy wan i'w fesur – llai na miliwnfed rhan o newton rhyngoch chi a'r person agosaf atoch, er enghraifft. Ond mae màs y Ddaear mor enfawr fel bod tyniad disgyrchiant yn ddigon cryf i ddal y rhan fwyaf o bethau yn gadarn ar y ddaear.

Pwysau

Enw arall ar rym disgyrchiant y Ddaear yw **pwysau**. Gan mai grym yw pwysau, y newton yw uned pwysau. Ar y Ddaear, mae pob cilogram o fater yn pwyso 10 newton. Mae **cryfder y maes disgyrchiant**, sef g, yn 10 newton am bob cilogram (N/kg).

pwysau (N) = màs (kg) × g

Mae pobl yn aml yn defnyddio'r gair 'pwysau' wrth sôn am 'fàs' mewn gwirionedd. Nid yw'r person yn y diagram yn 'pwyso' 50 cilogram. Ei *fàs* sy'n 50 kg, a 500 newton yw ei *bwysau*.

A oes cysylltiad?

Ar y Ddaear, cyflymiad disgyn yn rhydd yw 10 m/s². Mae grym disgyrchiant o 10 newton ar bob cilogram.

Mae cysylltiad rhwng y ddwy ffaith hyn. Ceisiwch ddefnyddio'r hafaliad $F = m \times a$ i gyfrifo cyflymiad y ddau fàs isod.

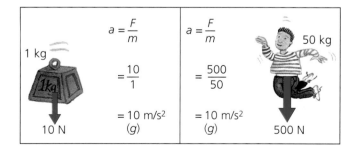

Yn y ddau achos, mae'r cyflymiad yr un fath: g.
Felly gallwch feddwl am g:
– fel cyflymiad o 10 m/s².
– fel cryfder maes disgyrchiant o 10 N/kg.

Sut i golli pwysau yn gyflym

Ewch i'r Lleuad. Neu hyd yn oed yn well, ewch yn bell i'r gofod, ymhell o bob planed.

Gan fod màs a maint pob planed yn wahanol, byddai eich pwysau yn amrywio o un rhan o'r Bydysawd i'r llall. Meddyliwch am berson â'i fàs yn 50 kg:

	màs	pwysau
ymhell yn y gofod	50 kg	dim
ger wyneb y Lleuad	50 kg	80 N
ger wyneb Iau	50 kg	2700 N
ger twll du (seren wedi cwympo, a'i thyniad disgyrchiant mor fawr nes atal hyd yn oed goleuni rhag dianc)	50 kg	100 miliwn miliwn N

Ni fyddai teithio yn y gofod yn newid nifer y cilogramau. Gall pwysau amrywio, ond mae màs yn aros yn gyson. Ar y Lleuad, er enghraifft, mae tyniad disgyrchiant yn llawer llai nag ar y Ddaear. Ond yr un faint o fater sydd mewn rhywbeth. Ac mae yr un mor anodd cyflymu neu arafu.

Cwestiynau

1 Copïwch y canlynol, a llenwch y bylchau:
   a Enw arall am _____ disgyrchiant ar rywbeth yw _____ .
   b Mae pwysau yn cael ei fesur mewn _____ .
   c Mae pob màs yn _____ ei gilydd. Po agosaf y masau, _____ y tyniad rhyngddynt.
2 Ysgrifennwch bwysau'r masau canlynol ar y Ddaear:

    2 kg   4 kg   0.5 kg

3 'Mae bag o siwgr yn pwyso un kilogram.' Dyma frawddeg ddigon cyffredin. Ond mae'n anghywir. Pam mae'n anghywir? Beth sy'n gywir?

4

A	B
$g = 10$ m/s^2	$g = 10$ N/kg

Disgrifiwch mewn geiriau beth mae A a B yn ei ddweud wrthych am fàs un cilogram.

5 Mae estroniaid yn glanio ar nifer o blanedau, gan gynnwys y Ddaear. Dyma wybodaeth am yr estroniaid:

estron	màs (kg)	pwysau (N)
A	40	80
B	20	200
C	10	200
Ch	20	40

   a Pa un a laniodd ar y Ddaear?
   b Pa ddau a laniodd ar yr un blaned?
   c Rhaid i'r estroniaid neidio o'u llong ofod ar ôl glanio. Pa un fydd yn disgyn â'r cyflymiad mwyaf?
   ch Petai'r holl estroniaid yn dod i'r Ddaear, pa un fyddai'n pwyso leiaf?
6 Mae talp 10 cilogram o graig yn pwyso 16 N ar y Lleuad.
   a Beth yw cyflymiad disgyn yn rhydd ar y Lleuad?
   b Beth yw cryfder y maes disgyrchiant ar y Lleuad?
   c Beth fyddai pwysau'r graig ar y Ddaear?

Grymoedd cytbwys

Cafodd y llong ofod *Pioneer 10* ei lansio tua 30 mlynedd yn ôl. Erbyn hyn mae hi'n bell yn y gofod. Does dim angen peiriannau i'w chadw i symud. Heb rymoedd i'w harafu, bydd yn dal i symud am byth.

Syr Isaac Newton oedd y cyntaf i ddisgrifio sut y byddai pethau'n symud heb rymoedd yn gweithredu arnynt. Mae **deddf mudiant gyntaf Newton** yn dweud:

> Os nad oes grym yn gweithredu ar rywbeth:
>
> os yw'n llonydd, bydd yn parhau'n llonydd; os yw'n symud, bydd yn parhau i symud ar fuanedd cyson mewn llinell syth.

Ffrithiant yn arafu

Ar y Ddaear, mae cerbydau sydd heb bŵer yn stopio cyn hir – mae grymoedd ffrithiant yn eu harafu. **Ffrithiant** yw'r grym sy'n ceisio atal defnyddiau rhag llithro dros ei gilydd. Mae yna ffrithiant rhwng eich dwylo wrth i chi eu rhwbio, a ffrithiant rhwng eich esgidiau a'r llawr wrth i chi gerdded.

Mae brêc yn defnyddio ffrithiant. Wrth frecio ar gefn beic, mae ffrithiant rhwng y bloc brêc rwber ac ymyl yr olwyn yn arafu'r olwyn. Pan fo defnyddiau yn llithro dros ei gilydd fel hyn, mae ffrithiant yn eu cynhesu. Hefyd, mae'r wynebau yn treulio.

Pioneer 10

Ffrithiant llifyddol

Gelwir hylifau a nwyon yn **llifyddion**. Mae'r rhain yn gallu achosi ffrithiant hefyd. Pan fydd car yn teithio'n gyflym ar draffordd, gwrthiant aer yw'r grym ffrithiannol mwyaf sy'n tynnu yn ei erbyn. Mae ffrithiant llifyddol yn cynyddu gyda buanedd. Felly, yn achos car sy'n symud, mae mwy o fuanedd yn golygu mwy o wrthiant aer.

Defnyddio ffrithiant

Mae angen ffrithiant er mwyn i'ch esgidiau gydio yn y ddaear.

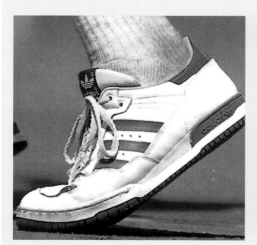

Lleihau ffrithiant

Wrth gynllunio cyrff ceir, rhaid sicrhau bod llif yr aer mor llyfn â phosibl. Mae llai o wrthiant aer yn golygu gwastraffu llai o danwydd.

Grymoedd yn cydbwyso

Mae sawl grym yn gweithredu ar y rhan fwyaf o bethau. Er enghraifft, mae popeth yn teimlo tyniad disgyrchiant, ac mae ffrithiant yn ceisio arafu pethau sy'n symud. Weithiau, bydd y grymoedd sy'n gweithredu ar rywbeth yn cydbwyso ac yn canslo ei gilydd. Yna bydd y peth yn ymddwyn fel pe na bai grym o gwbl arno, gan ufuddhau i ddeddf gyntaf Newton.

grym tuag i fyny o'r planc

Wrth i'r dyn sefyll ar y planc, mae'r pren yn pantio, nes bod y 'sbring' sydd yn y pren yn cynhyrchu digon o rym tuag i fyny i wrthsefyll ei bwysau. Yna mae'r grymoedd yn canslo ei gilydd, ac felly mae'r dyn yn llonydd. Nid oes cymaint o 'sbring' yn y ddaear ag sydd yn y planc, ond mae'r ddaear hefyd yn cynhyrchu grym tuag i fyny sy'n cyfateb i'ch pwysau wrth i chi sefyll arni.

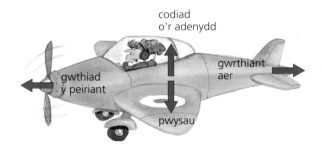

Mae'r awyren yn symud trwy'r aer ar fuanedd uchel. Mae pwysau'r awyren yn cael ei gydbwyso gan godiad yr adenydd. Ac mae'r gwrthiant aer yn cael ei gydbwyso gan wthiad y peiriant. Mae'r grymoedd yn canslo ei gilydd, felly mae'r awyren yn dal i symud ar fuanedd cyson mewn llinell syth.

Petai'r gwthiad yn *fwy* na'r gwrthiant aer, byddai buanedd yr awyren yn *cynyddu*, ac ni fyddai'n aros ar fuanedd cyson.

Buanedd terfynol

Wrth i'r ferch blymio trwy'r awyr, mae'r gwrthiant aer yn cynyddu wrth i'w buanedd gynyddu. Yn y diwedd, mae'r gwrthiant aer yn ddigon i gydbwyso ei phwysau. Os yw'n pwyso 500 newton, mae'r gwrthiant aer yn cynyddu i 500 newton. Mae'n stopio cyflymu ac yn disgyn ar ei buanedd mwyaf, sef ei **buanedd terfynol**. Fel arfer mae hyn tua 60 m/s, er bod y gwir werth yn dibynnu ar amodau'r aer, yn ogystal â maint, siâp a phwysau'r plymiwr.

Os yw'r gwrthiant aer yn cydbwyso pwysau'r plymiwr, pam nad yw'n aros yn llonydd? Fyddai yna ddim gwrthiant aer oni bai ei bod yn symud.

Ond mae'n rhaid bod ei phwysau yn fwy na'r gwrthiant aer os yw'n teithio tuag i lawr. Nac ydy. Petai hynny'n wir, byddai ei buanedd yn cynyddu, yn hytrach nag aros yn gyson.

Cwestiynau

Cymerwch fod $g = 10$ N/kg

1 Os nad oes grymoedd o gwbl yn gweithredu ar rywbeth, beth sy'n digwydd iddo os yw:
   a yn llonydd   b yn symud?
2 Dywedwch a yw ffrithiant yn DDEFNYDDIOL ynteu'n BROBLEM ym mhob un o'r achosion hyn:
   a   teiar car ar y ffordd;
   b   llafnau sled ar eira;
   c   llong yn symud trwy ddŵr;
   ch blociau brêc ar olwyn beic;
   d   esgidiau ar balmant;
   dd plymiwr awyr yn disgyn trwy'r aer;
   e   llaw rhywun yn dal tyrnsgriw;
   f   olwyn yn troelli ar echel.
   Pa rai sy'n enghreifftiau o ffrithiant llifyddol?
3 Mae plymiwr awyr sy'n pwyso 600 N yn disgyn trwy'r aer ar fuanedd cyson o 50 m/s.
   a   Tynnwch lun y plymiwr gan ddangos y grymoedd sydd arno.
   b   Pa enw a roddir ar ei fuanedd cyson?
   c   Beth yw'r gwrthiant aer arno, mewn newtonau?
   ch Beth yw ei fàs?
   d   Pam mae'n colli buanedd wrth agor ei barasiwt?

Buanedd a diogelwch

Mae damweiniau fel hyn yn gallu digwydd oherwydd bod pobl yn gyrru'n rhy gyflym ac yn cadw'n rhy agos at y car o'u blaenau pan fo amodau'r ffordd yn wael. Gall perfformiad y teiars a'r breciau fod yn bwysig hefyd.

Pellter stopio

Mewn argyfwng, efallai y bydd yn rhaid i yrrwr car adweithio'n gyflym a defnyddio'r brêc i stopio'r car. Mae'r **pellter stopio** yn dibynnu ar ddau beth:

- Y **pellter meddwl**. Dyma pa mor bell y bydd y car yn symud *cyn* y brecio, tra bo'r gyrrwr yn dal i adweithio.

- Y **pellter brecio**. Dyma'r pellter y mae'r car yn symud, *ar ôl* brecio.

Ar gyfartaledd, mae gyrrwr yn cymryd mwy na hanner eiliad i adweithio a phwyso pedal y brêc. Dyma **amser adweithio** y gyrrwr. Yn ystod yr amser hwn, nid yw'r car yn arafu o gwbl. Er enghraifft:

Os yw car yn teithio ar fuanedd o 20 m/s (metr yr eiliad), ac amser adweithio y gyrrwr yn 0.6 eiliad (s):

$$\text{pellter teithio} = \text{buanedd} \times \text{amser}$$

Felly: pellter meddwl = buanedd × amser adweithio
$$= 20 \times 0.6$$
$$= 12$$
Felly mae'r pellter meddwl yn 12 m.

Mae'r siart isod yn dangos y pellter stopio ar gyfer car ar wahanol fuaneddau. Gwerthoedd cyfartalog ar gyfer ffordd sych yw'r rhain. Gall y pellter stopio fod yn *uwch* mewn gwirionedd. Dyma rai o'r rhesymau:

Gall amser adweithio'r *gyrrwr* fod yn arafach, oherwydd:

- blinder;
- tywydd gwael yn effeithio ar ba mor hawdd yw gweld;
- effeithiau alcohol neu gyffuriau.

Gall y *brêc* gymryd mwy o amser i stopio'r car, oherwydd:

- glaw neu rew ar y ffordd;
- llwyth trwm yn y car;
- breciau neu deiars wedi treulio.

Brecio, ffrithiant a llithro

Er mwyn stopio'n sydyn, rhaid i gar golli buanedd yn gyflym. I wneud hyn, mae angen grym brecio mawr. Y ffrithiant rhwng y teiars a'r ffordd sy'n rhoi'r grym. Ond mae yna ben draw i faint o ffrithiant ('gafael') a ddaw o'r teiars. Wrth frecio'n rhy galed, bydd yr olwynion yn 'cloi' (stopio troi) a'r car yn llithro.

Mae'r car hwn yn llithro am nad oes digon o ffrithiant rhwng y teiars a'r ffordd.

Nodweddion diogelwch

Mewn gwrthdrawiad, mae'r car yn stopio, ond mae'r teithwyr yn dal i symud . . . nes bod rhywbeth yn eu stopio hwythau hefyd. Efallai mai'r llyw neu'r ffenestr flaen sy'n eu stopio, ac mae taro yn erbyn pethau felly yn ddigon i achosi anaf drwg a hyd yn oed ladd. Dyna pam mae nodweddion diogelwch mewn ceir modern:

Gwregysau Mae'r rhain yn cadw'r teithwyr rhag taro'r ffenestr flaen neu rannau caled eraill y tu mewn i'r car.

Bagiau aer Mae'r rhain yn agor mewn gwrthdrawiad ac yn glustog o aer rhwng y teithwyr ac effeithiau unrhyw wrthdrawiad.

Ardal dolcio Mae rhan flaen y car yn 'ardal dolcio'. Y syniad yw ei bod yn chwalu'n fwy graddol mewn gwrthdrawiad fel bod y gwregysau a'r bagiau aer yn gallu gwneud eu gwaith yn llai chwyrn. Hynny yw, mae arafiad y teithwyr yn llai.

Colli egni

Fel popeth sy'n symud, mae gan car sy'n symud **egni cinetig** (egni mudiant). Er mwyn stopio, rhaid iddo golli'r holl egni hwnnw – ar ffurf gwres yn y breciau neu lithriad y teiars, neu trwy daro rhywbeth.

Rydym yn cyfrifo egni cinetig (mewn jouleau) fel hyn:

$$\text{egni cinetig} = \tfrac{1}{2} \times \text{màs} \times \text{buanedd}^2$$

O'r hafaliad gwelwn: os yw car yn dyblu ei fuanedd, yna mae ganddo *bedair* gwaith cymaint o egni cinetig i'w golli. Felly bydd angen tua phedair gwaith cymaint o bellter brecio. Egni cinetig mawr fel hyn sy'n gwneud gwrthdrawiadau ceir cyflym mor ddinistriol.

Cwestiynau

1 Ar gyfer car, beth yw ystyr y rhain?
  a pellter meddwl   **b** pellter brecio
  c pellter stopio

2 Rhowch *ddau* reswm pam y gall y pellter meddwl fod weithiau yn fwy na'r arfer.

3 Disgrifiwch *dair* nodwedd mewn car modern sy'n gwneud gwrthdrawiad yn llai niweidiol i'r teithwyr.

4 Teithio'n fwy araf yw'r peth mwyaf diogel i'w wneud. Pa rai o'r rhain sy'n llai os yw car yn symud yn arafach? (Gallwch ddewis mwy nag un ateb.)
  A Amser adweithio'r gyrrwr
  B Pellter meddwl
  C Pellter brecio
  Ch Perygl anafiadau difrifol

5 Yn y siart ar y dudalen gyferbyn, beth yw'r pellter meddwl ar
  a 25 m/s?   **b** 30 m/s?

6 Mae alcohol yn arafu adweithiau pobl. Os yw amser adweithio gyrrwr yn 2 eiliad:
  a beth fydd ei amser meddwl ar 25 m/s?
  b Gan ddefnyddio gwybodaeth o'r siart ar y dudalen gyferbyn, amcangyfrifwch ei bellter stopio ar 25 m/s.

2.13 Arwaith ac adwaith

Dyma barau o rymoedd:

grym tuag yn ôl ar y cwch

grym tuag ymlaen ar yr esgid

grym tuag yn ôl ar y gwn

grym tuag ymlaen ar y bwled

Nid yw unrhyw rym yn gallu bodoli ar ei ben ei hun. Mae *pob* grym yn gwthio neu'n tynnu rhwng *dau* beth. Felly maen nhw *bob amser* yn digwydd mewn parau. Mae un grym yn gweithredu ar un peth. Mae ei bartner hafal ond dirgroes yn gweithredu ar y llall.

Syr Isaac Newton oedd y cyntaf i sylweddoli bod grymoedd yn digwydd mewn parau. Mae ei **drydedd ddeddf mudiant** yn dweud:

Am bob arwaith mae yna adwaith hafal a dirgroes.

neu

Pan fydd A yn gwthio ar B, mae B yn gwthio ar A gyda grym hafal ond dirgroes.

Os yw grymoedd bob amser yn digwydd mewn parau, pam nad ydyn nhw'n canslo ei gilydd?
Mae'r grymoedd ym mhob pâr yn gweithredu ar ddau beth *gwahanol*, ac *nid* ar yr un peth.

Pam nad yw'r llawr yn symud yn ôl pan fydd rhywun yn symud ymlaen arno?
Mae hynny yn digwydd. Ond mae'r Ddaear mor enfawr fel na allwn weld effaith grym mor fach.

Creigiau, rocedi a jetiau – parau o rymoedd ar waith

Mae symud yn y gofod yn ddigon hawdd os oes craig wrth law.

Cynhyrchir pâr o rymoedd pan fydd y gofodwr yn gwthio'r graig â'i droed.
Mae un grym yn gwthio'r gofodwr i'r chwith.
Mae grym hafal yn gwthio'r graig i'r dde.
Mae gan y gofodwr lai o fàs na'r graig. Felly mae'n teimlo effaith grym mwy.
Mae'n ennill mwy o fuanedd na'r graig.

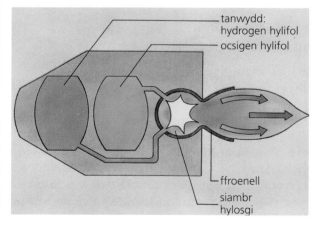

tanwydd: hydrogen hylifol
ocsigen hylifol
ffroenell
siambr hylosgi

Syniad tebyg sydd mewn peiriant roced. Ond màs mawr o nwy sy'n cael ei wthio, nid craig. Mewn peiriant roced, cymysgir tanwydd ac ocsigen hylifol yn y siambr hylosgi. Mae'r tanwydd yn llosgi'n ffyrnig yn yr ocsigen, gan newid yn nwy ac ehangu.

Cynhyrchir grymoedd anferth, sy'n gwthio'r peiriant a'r tanwydd sy'n llosgi oddi wrth ei gilydd. Mae un grym yn gwthio'r tanwydd llosg yn ôl. Mae grym hafal ond dirgroes yn gwthio'r roced ymlaen.

Sut y gall roced gyflymu trwy'r gofod os nad oes ganddo rywbeth i wthio yn ei erbyn?
Mae gan y roced rywbeth i wthio yn ei erbyn – màs enfawr o danwydd sy'n llosgi. Tanwydd ac ocsigen hylifol yw dros 90 y cant o fàs roced.

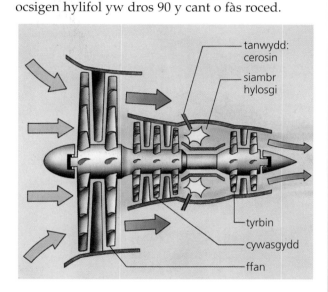
tanwydd: cerosin
siambr hylosgi
tyrbin
cywasgydd
ffan

Nid yw peiriant jet yn defnyddio ocsigen hylifol. Yn hytrach, mae'n defnyddio cyfres o ffaniau, sy'n cael eu galw'n **gywasgydd**, i dynnu masau mawr o aer o'r atmosffer.
Mae tyrbin yn gyrru'r cywasgydd.
Mae'r tyrbin yn ddigon tebyg i felin wynt. Mae'n cael ei droi wrth i nwyon sy'n gadael y peiriant chwythu trwyddo yn gyflym.

Mae'r rhan fwyaf o'r aer sy'n cael ei dynnu i mewn gan y peiriant jet yn cael ei wthio'n syth allan gan y ffan enfawr ar y tu blaen, ac nid yw'n mynd trwy'r siambrau hylosgi. Mae hyn yn golygu llai o sŵn ac yn defnyddio llai o danwydd. Gall ffan fawr wthio dros chwarter tunnell o aer o'r peiriant bob eiliad.

Cwestiynau

1 Mae un grym ym mhob pâr ar goll yn y diagramau isod. Copïwch y diagramau. Darluniwch a labelwch y grymoedd sydd ar goll.

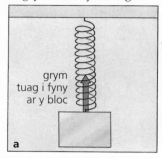
grym tuag i fyny ar y bloc
a

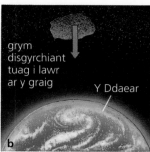
grym disgyrchiant tuag i lawr ar y graig
Y Ddaear
b

2 Gwnewch air â llythrennau cyntaf yr atebion isod. Cewch hwn bob tro gydag arwaith.

a [?] Mae'r cywasgydd yn tynnu _____ o'r atmosffer.

b [?] Am _____ ddeddf mudiant Newton mae hyn yn sôn.

c [?] Wrth i'r gofodwr _____ y graig â'i droed, cynhyrchir pâr o rymoedd.

ch [?] Lle mae adwaith, mae hwn i'w gael.

d [?] Enw cyntaf Newton.

dd [?] Hwn sy'n gyrru'r cywasgydd.

e [?] Mae tanwydd ac ocsigen hylifol yn cymysgu yn y siambr _____.

3 Mae peiriannau jet a pheiriannau roced yn gwthio masau enfawr o nwy.Pam nad yw peiriant jet yn gallu gweithio yn y gofod? Pam nad yw awyrennau yn defnyddio peiriannau roced?

4 Edrychwch ar y diagram o ofodwr yn gwthio ar y graig. Petai gan y gofodwr fwy o fàs na'r graig, pa effaith fyddai hyn yn ei gael?

5 Dyma fenyw yn sefyll ar blanc. Mae ei phwysau yn cael ei gydbwyso'n union gan rym tuag i fyny o'r planc. Yn ôl Dafydd, mae hyn yn enghraifft o drydedd ddeddf mudiant Newton.
 Mae Siwan yn anghytuno.
 Pwy sy'n iawn? A pham?

Syniadau'n newid

Ar y Ddaear, mae ein profiadau o ddydd i ddydd yn awgrymu bod angen grym i gadw rhywbeth yn symud. Yn y pen draw mae hyd yn oed y garreg lefn uchod yn stopio symud ar y rhew. Ond, mae ffrithiant yn cymhlethu pethau. Bellach gwyddom y bydd gwrthrych, heb *unrhyw* rym yn gweithredu arno, yn dal i symud ar fuanedd cyson mewn llinell syth. Yn araf iawn y datblygodd syniadau fel y rhain. Wrth ddod i ddeall pethau fel hyn, daethom hefyd i ddeall rhagor am ddisgyrchiant a symudiad y planedau a lleuadau.

Syniadau o'r Hen Roeg

Ganwyd Aristoteles yng ngwlad Groeg yn 384 CC. Fel athronwyr eraill ei gyfnod, roedd ei syniadau wedi eu seilio ar y pethau a ddylai ddigwydd mewn Bydysawd perffaith (yn ei farn ef) yn hytrach nag ar ganlyniadau arbrofion. Serch hynny, cafodd ei syniadau lawer o ddylanwad.

Credai Aristoteles mewn gwahanol fathau o 'symudiad naturiol'. Roedd mater wedi ei wneud o bedair elfen: daear, dŵr, tân ac aer. Byddai daear a dŵr yn disgyn yn naturiol, a byddai tân ac aer yn codi yn naturiol. Doedd dim angen gwneud dim i hyn ddigwydd. Roedd yn *digwydd* ohono'i hun. Yn y 'nefoedd', roedd yr Haul, y Lleuad a'r planedau yn troi o gwmpas y Ddaear. Roedd y rhain wedi eu gwneud o bumed elfen, sef 'ether', a oedd â mudiant cylchol naturiol.

Galileo yn herio Aristoteles

Nid oedd neb wedi herio fawr ar syniadau Aristoteles tan ddechrau'r 1600au, pan gyflwynodd Galileo Galilei syniadau newydd am y cysylltiad rhwng grym a mudiant. Arbrofodd trwy rolio peli i lawr llethrau gan ddiddwytho y dylai pob gwrthrych sy'n disgyn, boed drwm neu ysgafn, ennill buanedd ar yr un gyfradd gyson.

Dywedir bod Galileo wedi ymchwilio i'r deddfau mudiant trwy ollwng pelenni magnel o ben tŵr enwog Pisa. Mae'n annhebygol iawn fod hyn yn wir. Ond, fe gafodd Galileo ei eni yn Pisa, yn yr Eidal (ym 1564), a bu'n astudio ac yn darlithio yno.

Gyda thelesgop syml, a adeiladodd Galileo ei hun, bu'n edrych ar y blaned Iau a gweld lleuadau yn cylchdroi o'i chwmpas. Dyma'r dystiolaeth gyntaf nad y Ddaear oedd yng nghanol pob mudiant 'nefol'. Bryd hynny, roedd y rhain yn syniadau dadleuol iawn, ac roedd yr Eglwys yn gryf yn eu herbyn.

Newton â'r ateb cywir (bron)!

Mae ein syniadau ni heddiw am fudiant yn dod yn bennaf oddi wrth Isaac Newton, a gyhoeddodd ei ddeddfau mudiant ym 1687. Mae ein diffiniad o rym yn seiliedig ar ei ail ddeddf: grym = màs × cyflymiad. Sylweddolodd Newton hefyd nad oedd rheolau y 'cyrff nefol' yn wahanol i'r rhai oedd yn rheoli popeth arall. Mae mudiant y Lleuad o gwmpas y Ddaear yn cael ei reoli gan yr un grym ag sy'n gwneud i bethau ddisgyn i'r llawr – disgyrchiant. Mewn geiriau eraill, mae *pob* màs yn atynnu ei gilydd. Y sôn yw mai gwylio afal yn disgyn oddi ar goeden yr oedd Newton pan feddyliodd am hyn.

Efallai mai cwymp afal o goeden a ysbrydolodd Newton, ond cynhyrchodd hafaliadau mathemategol am ddisgyrchiant sy'n dal i gael eu defnyddio heddiw.

A 'Heb rym arno, bydd gwrthrych sy'n symud yn cadw buanedd cyson.'
B 'Heb rym arno, bydd gwrthrych sy'n symud yn colli buanedd.'

- Pa un o'r syniadau hyn sy'n gywir, yn eich barn chi?

- Pa wyddonydd awgrymodd y syniad yn y lle cyntaf? Ai Aristoteles, Galileo, Newton ynteu Einstein?

- Pa gysylltiad a welai Newton rhwng afal yn disgyn a'r Lleuad?

Einstein yn herio Newton

Mae'n debyg mai Einstein yw'r gwyddonydd mwyaf enwog o'r cyfan, er bod ei syniadau yn anodd iawn i'w deall i'r rhan fwyaf o bobl!

Ym 1905, cyflwynodd Einstein ei ddamcaniaeth arbennig ar berthnasedd. Datblygodd hi er mwyn egluro arsylwadau mewn arbrofion ar fuanedd goleuni. Un o'i ragfynegiadau yw fod pethau yn ennill màs wrth gyflymu. Ar fuanedd arferol, nid yw'r effaith yn ddigon mawr i ni sylwi arni, ond yn agos at fuanedd goleuni, mae'r effaith yn fawr. Mae deddfau mudiant Newton yn tybio nad yw màs yn newid. Fodd bynnag . . .

. . . ar fuanedd o'r math yma, mae gwaith cyfrifo sy'n defnyddio deddfau Newton yn rhoi canlyniadau sy'n hen ddigon cywir.

Cwestiynau am Bennod 2

1 Mae gwrthrych bach yn disgyn o ben adeilad uchel. Dewiswch eiriau o'r rhestr i gwblhau'r brawddegau isod.

> **gwasgedd   disgyrchiant   gwrthiant aer**
> **cyflymu   disgyn â buanedd cyson   arafu**

Pwysau y gwrthrych yw grym y _____ sy'n gweithredu arno. Pan ollyngir y gwrthrych i ddechrau, mae'n _____. Po gyflymaf y bydd yn disgyn, mwyaf y _____ sy'n gweithredu arno. Yn y pen draw bydd y gwrthrych yn _____.

2 Mae car, màs 600 kg, yn llonydd. Yna mae'n cyflymu i 25 m/s mewn 5 eiliad.
  a Cyfrifwch gyflymiad y car.
  b Cyfrifwch y grym sydd ei angen i achosi'r cyflymiad hwn.
  c Bydd angen i'r grym gwthio o beiriant y car fod yn fwy na'r gwerth a gyfrifwyd yn **b**. Eglurwch hyn.

3 Dyma ddiagram o dîm bobsled ar ddechrau taith.

  a Wrth i'r tîm wthio'r bobsled, mae eu grymoedd yn achosi iddo gyflymu. Enwch un man lle mae ar y tîm angen **i** llawer iawn o ffrithiant a **ii** cyn lleied o ffrithiant â phosibl.
  b Beth mae'r tîm yn ei wneud ar y ffordd i lawr er mwyn lleihau unrhyw rymoedd gwrthiannol?
  c Pam mae ar y tîm angen llawer o ffrithiant ar ddiwedd y daith?

4 Mae'r tabl isod yn dangos sut mae pellter stopio car yn dibynnu ar ei fuanedd.

Pellter stopio (m)	0	4	12	22	36	52	72
Buanedd (m/s)	0	5	10	15	20	25	30

  a Ysgrifennwch DDAU ffactor, ar wahân i'r buanedd, sy'n effeithio ar bellter stopio car.
  b Defnyddiwch yr wybodaeth yn y tabl i lunio graff o bellter stopio yn erbyn buanedd.
  c Y buanedd uchaf a ganiateir mewn stad o dai yw 12.5 m/s. Defnyddiwch eich graff i amcangyfrif pellter stopio car â'r buanedd hwn.
  ch Disgrifiwch sut y mae'r pellter stopio yn newid wrth i fuanedd car gynyddu.

5 Mae'r diagram isod yn dangos y grymoedd llorweddol sy'n gweithredu ar rywun ar gefn beic.

grym gwrthiannol

grym gyrru

Disgrifiwch fudiant y beiciwr:
  a os yw'r grym gwrthiannol yn fwy na'r grym gyrru.
  b os yw'r grym gyrru yn fwy na'r grym gwrthiannol.
  c os yw'r grym gyrru yr un faint â'r grym gwrthiannol.
  ch Awgrymwch ddwy ffordd y gallai'r beiciwr leihau'r grym gwrthiannol.

6 Mae merch yn neidio o hofrennydd sy'n hofran. Mae hi'n aros am rai eiliadau cyn agor ei pharasiwt. Mae'r tabl yn dangos y newid yn ei buanedd gydag amser, o'r eiliad y mae'n neidio.

Amser (s)	0	1	2	3	4	5	6	7	8
Buanedd (m/s)	0		20	30	22	14	12	9	9

  a Copïwch a chwblhewch y tabl, gan lenwi'r rhif coll.
  b Plotiwch y graff buanedd yn erbyn amser.
  c Ar ôl sawl eiliad y mae'r ferch yn agor ei pharasiwt? Sut mae eich graff yn dangos hynny i chi?
  ch Wrth i'r ferch ddisgyn, mae grym tuag *i lawr* yn gweithredu arni, a grym tuag i *fyny*.
    i Beth sy'n achosi'r grym tuag i lawr?
    ii Beth sy'n achosi'r grym tuag i fyny?

iii Ar ôl 2 eiliad, pa un o'r ddau rym hyn yw'r mwyaf?

iv Ar ôl 8 eiliad, sut mae'r ddau rym yn cymharu?

d Sut y byddech chi'n disgwyl i'ch graff newid petai parasiwt y ferch yn fwy o faint? (Gallech ateb hwn trwy dynnu brasluniau i ddangos sut y byddai'r graff yn newid.)

7 a Mae car yn cyflymu o 0 i 40 m/s mewn 20 s. Beth yw cyflymiad cyfartalog y car? Pam mai'r cyflymiad *cyfartalog* yw hwn?

b Mae trên yn arafu o 60 m/s i 30 m/s mewn 20 s. Beth yw arafiad y trên? Beth yw cyflymiad y trên?

c Mae roced fechan ar noson tân gwyllt yn cyflymu o fod yn llonydd i 40 m/s mewn 4 s. Beth yw ei chyflymiad?

8 a Mae gofodwr, màs 100 kg, yn symud oddi wrth ei long ofod gan ddefnyddio peiriant bach ar ei gefn i'w wthio ymlaen. Y grym mwyaf y gall y peiriant ei gynhyrchu yw 20 N. Beth yw'r cyflymiad mwyaf y gall y gofodwr ei gyrraedd?

b Mae llinynnau catapwlt yn rhoi cyfanswm o 2 N o rym ar garreg, gan wneud iddi gyflymu ar gyfradd o 10 m/s². Cyfrifwch fàs y garreg.

c Mae roced, màs 100 000 kg, yn cyflymu 2 m/s². Cyfrifwch y grym sy'n cael ei roi gan y roced.

9 Mae Emma a Jên yn cael ras. Mae'r graff yn dangos sut y mae buanedd y ddwy yn newid gydag amser.

a Pwy sy'n cyrraedd y buanedd uchaf?

b Pwy sydd â'r cyflymiad mwyaf ar ddechrau'r ras?

c Ar ôl sawl eiliad y mae buanedd Jên yn fwy na buanedd Emma?

ch Beth yw buanedd mwyaf Emma?

d Ar y dechrau, cyflymiad Emma yw 2 m/s². Beth mae'r gwerth hwn yn ei ddweud am y ffordd y mae ei buanedd yn newid?

dd Beth yw cyflymiad Jên dros y 4 eiliad cyntaf?

e Pa bellter y mae Jên yn ei deithio yn y 4 eiliad cyntaf?

10 Ym mhob achos sy'n dilyn, penderfynwch a ddylai'r grym ffrithiannol fod mor *isel* â phosibl neu mor *uchel* â phosibl.

a Esgidiau mewn cyswllt â'r palmant.

b Blociau brêc yn gwasgu yn erbyn ymyl olwyn beic.

c Dwylo yn dal llyw beic.

ch Sgîs yn llithro dros eira.

d Teiars car mewn cyswllt â wyneb ffordd.

dd Olwyn yn troi ar ei hechel.

11 Mae'r graff isod yn disgrifio mudiant bws wrth iddo deithio o un pentref i'r llall.

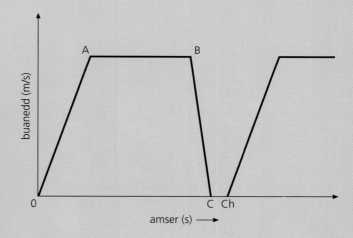

a Disgrifiwch yn fanwl beth sy'n digwydd rhwng O ac A, A a B, B ac C, C ac Ch.

b Lluniwch fraslun o graff cyflymiad/amser ar gyfer taith y bws.

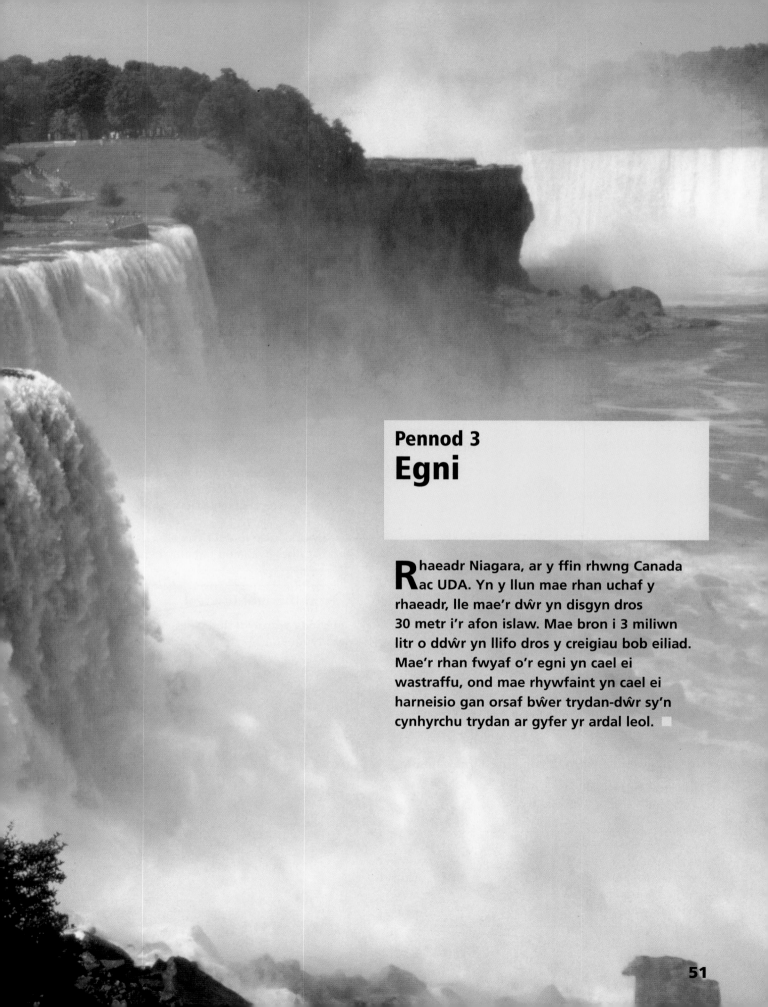

Pennod 3
Egni

Rhaeadr Niagara, ar y ffin rhwng Canada ac UDA. Yn y llun mae rhan uchaf y rhaeadr, lle mae'r dŵr yn disgyn dros 30 metr i'r afon islaw. Mae bron i 3 miliwn litr o ddŵr yn llifo dros y creigiau bob eiliad. Mae'r rhan fwyaf o'r egni yn cael ei wastraffu, ond mae rhywfaint yn cael ei harneisio gan orsaf bŵer trydan-dŵr sy'n cynhyrchu trydan ar gyfer yr ardal leol.

Gwaith ac egni

Pwy sy'n gwneud y mwyaf o waith?

Mewn iaith bob dydd, mae 'gwaith' yn gallu golygu unrhyw beth o ysgrifennu traethawd i balu'r ardd. I wyddonwyr a pheirianwyr, mae gwaith yn golygu rhywbeth arbennig:

Mae gwaith yn cael ei wneud pryd bynnag y mae grym yn symud.

Uned gwaith yw'r **joule** (J).

Gwneir 1 joule o waith pan fydd grym o 1 newton yn symud dros bellter o 1 metr (yng nghyfeiriad y grym).

Dyma'r hafaliad ar gyfer cyfrifo gwaith:

gwaith a wneir = grym × pellter symud
(yng nghyfeiriad y grym)

Er enghraifft:

Gwneir 6 J o waith pan fo grym 2 N yn symud 3 m
Gwneir 12 J o waith pan fo grym 4 N yn symud 3 m
Gwneir 24 J o waith pan fo grym 4 N yn symud 6 m
ac yn y blaen.

Unedau gwaith mwy yw'r **cilojoule** a'r **megajoule**:

1 cilojoule (kJ) = 1000 J
1 megajoule (MJ) = 1 000 000 J

Gwaith a wneir ...	
wrth gau drws	5 J
wrth daflu pêl	20 J
wrth ddringo'r grisiau	1 kJ
wrth lwytho lori	1 MJ

Egni

Mae egni gan bethau os gallant wneud gwaith. Mae egni gan lond tanc o betrol, felly hefyd sbring wedi'i estyn. Gellir defnyddio'r rhain i wneud i rywbeth symud. Fe allwch chi feddwl am yr egni fel addewid o waith i'w wneud yn y dyfodol.

Mae sawl gwahanol fath o egni:

Egni cinetig

'Egni mudiant' yw hwn. Mae gan bopeth sy'n symud egni cinetig.

Egni potensial

Egni wedi'i storio yw hwn – er enghraifft, yr egni sydd gan rywbeth oherwydd iddo gael ei symud o'i safle arferol neu ei siâp arferol.

Ar y dde, mae rhai o'r enwau a ddefnyddir i ddisgrifio gwahanol fathau o egni potensial.

Egni thermol (gwres)

Dyma'r egni sy'n dod o bethau poeth wrth iddynt oeri.

Mae popeth wedi ei wneud o ronynnau bach (atomau neu foleciwlau). Mae'r rhain yn symud yn ddi-baid, felly mae ganddynt egni. Po uchaf y tymheredd, cyflymaf y maent yn symud, a'r mwyaf o egni sydd ganddynt.

Mathau o egni potensial

Mae gan graig ar ben clogwyn **egni potensial disgyrchiant**. Mae'r egni yn cael ei ryddhau pan fydd disgyrchiant yn gwneud i'r graig ddisgyn.

Mae gan sbring wedi'i estyn **egni potensial elastig**.

Mae **egni cemegol** gan fwydydd, tanwyddau a batrïau. Mae'r egni yn cael ei ryddhau gan adweithiau cemegol – er enghraifft, trwy losgi tanwydd.

Mae gwifrau yn cludo **egni trydanol** i lampau a dyfeisiau eraill.

Mae defnyddiau ymbelydrol yn storio **egni niwclear** – egni a ryddheir oherwydd newidiadau yn niwclysau (canol) yr atomau.

Egni pelydrol

Mae **goleuni** a **sain** yn fathau o egni sy'n pelydru (lledaenu) oddi wrth eu ffynhonnell.

Faint o egni?

Uned egni yw'r joule (J).
100 000 joule yw'r egni fyddai'n dod o...

llond llwy de o betrol

un siocled

llond llwy de o siwgr

dau sglodyn tatws

10 batri tortsh

llond cwpan o de poeth wrth iddo oeri

car sy'n teithio 30 m.y.a. yn arafu nes stopio

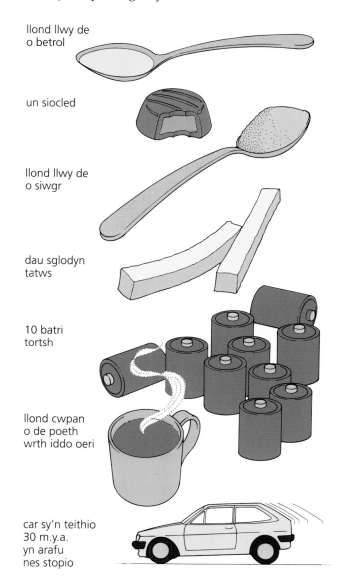

Cwestiynau

1 Faint o waith sy'n cael ei wneud pan fydd:
   a grym 6 N yn symud 3 m?
   b grym 12 N yn symud 0.5 m?
   c grym 10 N yn symud 10 mm?
2 Yn y siart 'Faint o egni?' uchod, pa eitemau sydd ag
   a egni CEMEGOL?
   b egni THERMOL?
   c egni CINETIG?
3 Pa un sy'n debygol o ryddhau y mwyaf o egni :
   a llosgi llond can o betrol, neu ei ollwng?
   b dal afal sy'n disgyn, neu ei fwyta?

Newidiadau egni

Codwr pwysau trwm a'i fwydlen ddyddiol:

I grawnffrwyth	I bowlen o greision ŷd
7 peint o laeth	12 wy
8 stecen	I kg caws
30 tafell o fara	I kg menyn
4 tun o bysgod	2 dun o ffa pob
I pwdin reis	I jar o fêl

egni cemegol → egni cinetig → egni potensial disgyrchiant → egni cinetig → egni thermol (gwres)

Nid yw bwydlen y codwr pwysau yn ddiet iach i'r rhan fwyaf o bobl ond rhywbeth tebyg i hyn y byddech chi'n ei fwyta petaech yn torri'r record am godi pwysau yn y gemau Olympaidd. Defnyddir llawer o'r bwyd i adeiladu'r cyhyrau. Ond mae peth ohono'n darparu egni ar gyfer y codi pwysau. Bydd y codwr pwysau yn defnyddio tua 4000 J i godi'r pwysau uwch ei ben. Mae'r egni yn cael ei storio yn ei gorff ar ffurf egni cemegol. Ond, wrth godi'r pwysau, mae'n cael ei newid yn ffurfiau eraill. Wrth i'r pwysau daro'r ddaear, mae'r gwrthdrawiad yn gwneud i'r gronynnau (atomau a moleciwlau) symud yn gyflymach. Mae hyn yn golygu bod y ddaear, yr aer a'r pwysau i gyd ychydig yn gynhesach nag o'r blaen. Mae'r 4000 J o egni wedi newid yn egni thermol (gwres).

O'r cam cyntaf i'r olaf, mae'r *math* o egni yn newid, ond mae cyfanswm *maint* yr egni yn aros yr un peth. Dyma enghraifft o **ddeddf cadwraeth egni**:

> Gall egni newid o un math i fath arall, ond ni ellir ei wneud na'i ddinistrio.

Newid egni a gwneud gwaith

Gwneir gwaith bob tro y bydd egni yn cael ei drawsnewid o un ffurf i ffurf arall. Er enghraifft:

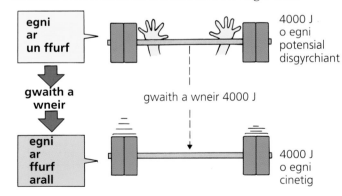

egni ar un ffurf → gwaith a wneir → egni ar ffurf arall

4000 J o egni potensial disgyrchiant

gwaith a wneir 4000 J

4000 J o egni cinetig

Wedi i'r pwysau gael eu gollwng, mae 4000 J o egni potensial wedi newid yn 4000 J o egni cinetig: gwneir 4000 J o waith yn cyflymu'r pwysau yn ystod y cwymp:

> gwaith a wneir = egni a drawsnewidir

Weithiau mae gwyddonwyr yn sôn am egni yn cael ei **drosglwyddo** yn hytrach na'i drawsnewid, ond mae'n golygu yr un peth.

Trawsnewidyddion egni

Mae trawsnewidydd egni yn newid egni o un math i fath arall.

Mae'r codwr pwysau yn drawsnewidydd egni. Rydych chithau hefyd. Mae pob un o'r rhain hefyd:

 mae haearn smwddio yn newid egni trydanol yn egni thermol (gwres)

 mae brêc yn newid egni cinetig yn egni thermol (gwres)

 mae teleffon yn newid egni sain yn egni trydanol

… yna'n egni sain

 mae siglen yn newid egni cinetig yn egni potensial yn egni cinetig yn egni potensial yn …

Mae'r rhan fwyaf o drawsnewidyddion yn colli peth o'u hegni ar ffurf gwres. Er enghraifft, i wneud 4000 J o waith, rhaid i'r codwr pwysau ryddhau tua 25 000 J o egni stôr trwy 'losgi' bwyd y mae wedi ei fwyta. Mae 21 000 J dros ben. Mae hynny'n ei wneud yn boeth – a dyna pam mae'n chwysu.

Wrth symud, mae pethau yn aml yn colli egni oherwydd gwrthiant aer – sef ffrithiant. Mae'r siglen yn araf golli ei hegni ar ffurf gwres. Wrth wthio trwy'r aer, mae'r siglen yn arafu a'r gronynnau aer (moleciwlau) yn cyflymu.

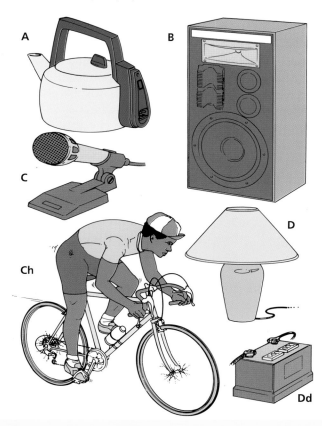

Cwestiynau

1 Pa drawsnewidydd egni ar y dde uchod sy'n:
   a newid egni CEMEGOL yn egni CINETIG?
   b newid egni TRYDANOL yn egni THERMOL?
   c newid egni CEMEGOL yn egni TRYDANOL?
   ch newid egni TRYDANOL yn egni PELYDROL?
   d newid egni TRYDANOL yn egni SAIN?

2 Wrth neidio â pholyn dros far 7 metr o uchder, mae gan yr athletwr 3500 J o egni. Faint o egni cinetig fydd ganddo yn union cyn taro'r ddaear (gan dybio nad oes yna ffrithiant)?

3 Dyma ffordd anarferol o ddisgrifio'r hanner awr cyntaf yn niwrnod rhywun:
   codi am 7.00 a.m.
   ennill egni cemegol
   ennill egni thermol
   gadael y tŷ
   egni cinetig yn codi
   neidio ar gerbyd
   egni potensial disgyrchiant yn codi
   egni cinetig yn codi
   egni cinetig yn disgyn i sero
   egni potensial disgyrchiant yn disgyn i sero
   Ailysgrifennwch hwn er mwyn dangos beth allai fod yn digwydd i'r person mewn gwirionedd.

3.03 **Egni a gwaith cyfrifo**

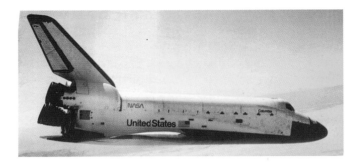

Mae'r Wennol Ofod yn symud yn uchel a chyflym uwchben y Ddaear, gan deithio tua 8 cilometr yr eiliad. Mae ganddi lawer iawn o egni potensial disgyrchiant ac egni cinetig. Wrth iddi ddychwelyd i atmosffer y Ddaear, mae'r egni hwnnw yn newid yn egni gwres. Ond faint o egni? Petaech chi yn cynllunio'r miloedd o deils gwrth-wres sy'n amddiffyn arwyneb y Wennol, byddai'n bwysig eich bod yn gwybod hynny.

Gellir cyfrifo egni potensial disgyrchiant ac egni cinetig, ond mae'n haws dechrau â rhywbeth ysgafnach ac arafach na'r Wennol Ofod, er enghraifft carreg yn cael ei chodi, neu ei thaflu.

Cyfrifo egni potensial disgyrchiant (EPD)

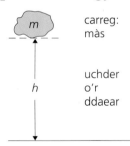

Os bydd gwrthrych yn cael ei ddal uwchben y ddaear, gellir cyfrifo ei egni potensial disgyrchiant mewn jouleau (J) fel hyn:

$$EPD = mgh$$

lle mae
m yn cynrychioli màs y gwrthrych (kg)
g yn gryfder maes disgyrchiant y Ddaear (10 N/kg)
h yn uchder uwchben y ddaear, mewn metrau (m)

Er enghraifft, os oes carreg, màs 2 kg, wedi ei chodi 5 m uwchben y ddaear, fel yn y blwch ar y dde:

$$EPD = mgh = 2 \times 10 \times 5 = 100J$$

Yr un fath, ni waeth pa lwybr

Wrth gyfrifo egni potensial disgyrchiant, yr uchder codi yn erbyn disgyrchiant sy'n bwysig, nid gwir bellter symud.

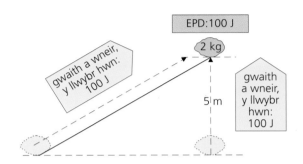

Os yw'r garreg yn cael ei chodi, mae'n ennill yr un faint o egni potensial wrth gael ei chodi'n syth neu ei thynnu i fyny'r llethr. Mae'n cymryd llai o rym i dynnu'r garreg i fyny'r llethr. Ond mae'r pellter yn fwy. Canlyniad: gwneir yr un gwaith ar y ddau lwybr.

Pam mae'r hafaliad yn gweithio

Mae pwysau yn rym, sy'n cael ei fesur mewn newtonau (N).
Ar y Ddaear, mae pob cilogram (kg) yn pwyso 10 newton: mae gan y Ddaear **gryfder maes disgyrchiant** o 10 N/kg. Gelwir y gwerth hwn yn g.

Màs y garreg yw 2 kg.
Felly ei phwysau = 2 × 10 = 20 N.
Felly, y grym sydd ei angen i'w chodi yw 20 N.

Mae'r gwaith a wneir wrth godi'r garreg 5 m yn cael ei gyfrifo fel hyn:
Gwaith a wneir = grym × pellter = 20 × 5 = 100 J.
Felly yr EPD a enillir = 100 J.
I gael yr ateb hwn, rydych wedi lluosi'r màs (2 kg) â g (10 N/kg) ac yna luosi'r canlyniad hwnnw â'r uchder (5 m). Felly rydych wedi lluosi m ag g ag h.

Cyfrifo egni cinetig (EC)

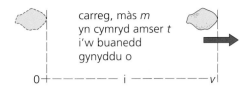

carreg, màs *m*
yn cymryd amser *t*
i'w buanedd
gynyddu o

Gallwch ddefnyddio'r hafaliad hwn i gyfrifo egni rhywbeth:

$$EC = \tfrac{1}{2}mv^2$$

lle mae *m* yn cynrychioli màs y gwrthrych (kg), a *v* ei fuanedd mewn metrau yr eiliad (m/s).

Nid oes ffordd syml o ddangos pam mae'r hafaliad yn gweithio! Ond dyma sut i'w ddefnyddio:

Os oes gan garreg, màs 2 kg, fuanedd o 3 m/s:

$$EC = \tfrac{1}{2} \times 2 \times 3^2 \, J = 9 \, J$$

Os oes gan garreg, màs 2 kg, fuanedd o 6 m/s:

$$EC = \tfrac{1}{2} \times 2 \times 6^2 \, J = 36 \, J$$

Felly, os yw buanedd rhywbeth yn *dyblu*, bydd ganddo *bedair gwaith* cymaint o egni cinetig.

Adio egni

Beth sy'n digwydd os yw'r garreg 2 kg yn cael ei chodi 5 m o'r ddaear *ac* yn cael ei thaflu ar 6 m/s? Mae gan y garreg 100 J o egni potensial *a hefyd* 36 J o egni cinetig. Dyna gyfanswm o 136 J. Nid yw cyfeiriad y symudiad yn effeithio ar y cyfanswm hwn.

Yn union cyn i'r garreg daro'r ddaear, bydd yr holl egni (136 J) yn egni cinetig (gan gymryd nad yw'r garreg yn colli egni oherwydd gwrthiant aer). Yr un egni cinetig fydd gan y garreg ar y diwedd – a'r un buanedd – o gael ei thaflu tuag i fyny, i lawr, neu i'r ochr. Nid yw cyfeiriad y taflu yn gwneud unrhyw wahaniaeth.

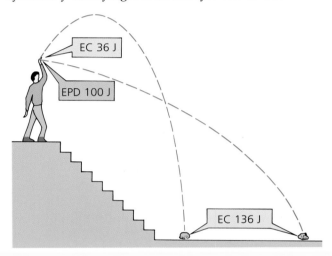

EC 36 J

EPD 100 J

EC 136 J

Cwestiynau

Cymerwch fod *g* = 10 N/kg, ac nad oes gwrthiant aer.

1

pêl droed: màs 0.4 kg

buanedd: 5 m/s

A

uchder o'r ddaear: 8 m

pêl tennis: màs 0.05 kg
buanedd: 20 m/s

B

uchder o'r ddaear: 2 m

Ar gyfer y naill bêl a'r llall, defnyddiwch yr wybodaeth yn y diagram i gyfrifo:

a yr egni potensial disgyrchiant;
b yr egni cinetig;
c yr egni cinetig yn union cyn cyrraedd y ddaear.

2 Dyma wybodaeth am Wennol Ofod mewn orbit:

màs:	100 tunnell fetrig
buanedd:	8 km/s
uchder o'r ddaear:	100 km

a Beth yw'r màs mewn kg?
b Beth yw'r buanedd mewn m/s?
c Beth yw'r uchder o'r ddaear mewn metrau?
ch Beth yw egni potensial disgyrchiant y Wennol Ofod?
d Beth yw ei hegni cinetig?
dd Faint o egni y mae'n rhaid iddi ei golli cyn glanio ac aros yn llonydd ar y ddaear?
e Beth sy'n digwydd i'r egni hwn?

Effeithlonedd a phŵer I

Effeithlonedd

Fel y rhan fwyaf o beiriannau, mae'r peiriant dynol yn defnyddio tanwydd yn wastraffus. Os ydych yn reidio'n galed ar feic, am bob 100 joule o egni a ddaw o'ch bwyd, dim ond tua 15 joule a ddefnyddir i weithio. Mewn geiriau eraill, am bob 100 joule o egni i mewn, eich egni defnyddiol allan yw 15 joule yn unig. Mae'r gweddill yn cael ei golli ar ffurf gwres. Yn wyddonol, eich **effeithlonedd** yw 0.15, neu 15%.

$$\text{effeithlonedd} = \frac{\text{allbwn egni defnyddiol}}{\text{mewnbwn egni}}$$

Am bob 100 J o egni a roddir mewn . . .		y gwaith a wneir yw . . .	yr effeith-lonedd yw . .
peiriant petrol		25 J	25%
peiriant diesel		35 J	35%
modur trydan		80 J	80%
peiriant dynol		15 J	15%

Mae effeithlonedd y modur trydan yn uchel, ond rhaid cynhyrchu'r trydan ar ei gyfer, a gall effeithlonedd y broses honno fod cyn ised â 25%.

Nid bai'r bobl sy'n gwneud y peiriannau yw'r effeithlonedd isel. Maent bob amser yn chwilio am ffyrdd o leihau ffrithiant mewn peiriant a gwella'r ffordd mae'r tanwydd yn llosgi. Ond oherwydd y ffordd y mae atomau a moleciwlau yn ymddwyn, mae yna ben draw i gyfran y gwres y gellir ei newid yn egni cinetig.

Pŵer

Mae peiriant car bychan yn gallu gwneud yr un faint o waith â pheiriant mawr, ond mae'n cymryd mwy o amser i wneud hynny. Mae gan y peiriant mawr fwy o **bŵer**: gall wneud mwy o jouleau o waith bob eiliad.

Rydym yn mesur pŵer mewn **watiau** (**W**). Mae peiriant sydd ag allbwn pŵer defnyddiol o 1000 wat yn gallu gwneud 1000 joule o waith defnyddiol bob eiliad. Hynny yw, ei allbwn egni defnyddiol yw 1000 joule yr eiliad.

$$\text{pŵer} = \frac{\text{gwaith a wneir}}{\text{amser a gymerir}}$$

Yma mae'r pŵer mewn watiau (W), y gwaith mewn jouleau (J) a'r amser mewn eiliadau (s).

Yn yr hafaliad uchod, yn lle 'gwaith a wneir' gallwn roi 'egni a drawsnewidir'.

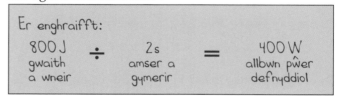

Er enghraifft:
800 J gwaith a wneir ÷ 2 s amser a gymerir = 400 W allbwn pŵer defnyddiol

Dyma ddwy uned fwy ar gyfer pŵer:

1 cilowat (kW) = 1000 wat (W)
1 megawat (MW) = 1000 000 wat (W)

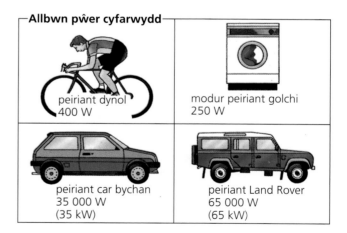

Allbwn pŵer cyfarwydd

peiriant dynol 400 W

modur peiriant golchi 250 W

peiriant car bychan 35 000 W (35 kW)

peiriant Land Rover 65 000 W (65 kW)

Gellir defnyddio gwerthoedd pŵer i gyfrifo effeithlonedd:

$$\text{effeithlonedd} = \frac{\text{allbwn pŵer defnyddiol}}{\text{mewnbwn pŵer}}$$

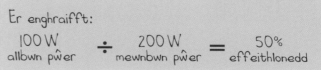

Er enghraifft:
100 W allbwn pŵer ÷ 200 W mewnbwn pŵer = 50% effeithlonedd

Tybiwch fod $g = 10$ N/kg.
Mewn geiriau eraill, ar y Ddaear, mae pob cilogram (kg) o fàs â phwysau o 10 newton (N).

Sut i fesur eich allbwn pŵer		*Enghraifft*
1 Mesurwch eich màs . . . . . . cyfrifwch eich pwysau		màs = 40 kg pwysau = 400 N
2 Mesurwch uchder y grisiau . . . . . . cyfrifwch y gwaith a wnewch wrth ddringo'r grisiau $$\textbf{gwaith a wneir} = \textbf{grym} \times \textbf{pellter}$$ $$= \text{pwysau} \times \text{uchder codi}$$		uchder y grisiau = 3 m gwaith a wneir = 400 × 3 m = 1200 J
3 Mesurwch yr amser a gymerwch i ddringo'r grisiau . . . . . . cyfrifwch eich pŵer cyfartalog $$\textbf{pŵer} = \frac{\textbf{gwaith a wneir}}{\textbf{amser a gymerir}}$$		amser a gymerir = 4 s pŵer cyfartalog $= \dfrac{1200}{4}$ = 300 W

Cwestiynau

Cymerwch fod $g = 10$ N/kg.

1 Y tsita yw'r creadur cyflymaf ar y tir. Ar ei gyflymaf, mae gan y tsita cyffredin allbwn pŵer o 1000 W, ac effeithlonedd o 15%.

Mae'n bosibl mai Meic yw'r creadur arafaf ar y tir. Pan fydd yn gweithio yn yr ardd (sef yn anaml iawn), mae ei allbwn pŵer yn 100 W, a'i effeithlonedd yn 5%.
Cyfrifwch:

a y gwaith defnyddiol a wneir gan y tsita mewn 1 eiliad;

b yr amser y mae Meic yn ei gymryd i wneud yr un faint o waith.

Wrth agor ei gadair yn yr ardd, mae Meic yn cael 2000 J o egni o'r bwyd y mae wedi ei fwyta.

c Cyfrifwch y gwaith defnyddiol y mae'n ei wneud.

ch Beth sy'n digwydd i weddill yr egni a ryddheir?

2 Màs sgïwraig yw 50 kg. Mae hi'n cymryd 40 eiliad i ddringo 20 m (yn fertigol) i ben llethr.
Cyfrifwch:

a ei phwysau;

b y gwaith a wneir wrth iddi ddringo'r llethr;

c ei hallbwn pŵer cyfartalog.

ch Pam y bydd yn rhaid iddi mewn gwirionedd wneud mwy o waith na'r hyn rydych chi wedi ei gyfrifo?

Effeithlonedd a phŵer II

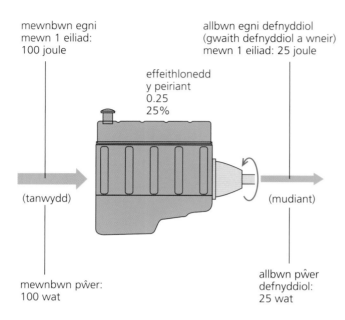

mewnbwn egni
mewn 1 eiliad:
100 joule

allbwn egni defnyddiol
(gwaith defnyddiol a wneir)
mewn 1 eiliad: 25 joule

effeithlonedd
y peiriant
0.25
25%

(tanwydd)

(mudiant)

mewnbwn pŵer:
100 wat

allbwn pŵer
defnyddiol:
25 wat

Mae'r diagram uchod yn eich atgoffa o'r berthynas rhwng gwaith, egni, pŵer ac effeithlonedd.

Gwastraffu gwres

Mae peiriant yn cael egni o danwydd trwy ei losgi. Felly mae'r egni yn cael ei ryddhau ar ffurf gwres. Ond nid yw'r holl wres yn gallu cynhyrchu mudiant. Mewn peiriant car, er enghraifft, mae'r gwres mawr mewn lle cyfyng yn gwneud i nwyon ehangu a gwthio pistonau. Ond wrth i'r nwyon ehangu, maent yn oeri, ac mae'r egni sydd ar ôl wedi gwasgaru gormod i fod yn ddefnyddiol. Felly mae'n cael ei wastraffu.

Mae peiriant car yn gwastraffu mwy o egni nag y mae'n gallu ei ddarparu ar ffurf mudiant. Collir yr egni ar ffurf gwres, a dyna pam mae angen system oeri.

Yn ardaloedd gwyllt Awstralia, mae rhai gyrwyr yn defnyddio gwres o beiriant eu cerbyd i goginio bwyd.

Problem ar effeithlonedd a phŵer

Enghraifft Mae'r craen isod yn codi bloc 100 kg o goncrit trwy uchder fertigol 16 metr mewn 20 eiliad. Mewnbwn pŵer y modur yw 1000 wat. Cyfrifwch y canlynol (gan dybio bod g = 10 N/kg, ac nad yw olwynion y pwli yn gwastraffu unrhyw bŵer):

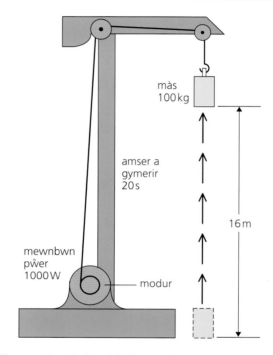

màs
100 kg

amser a
gymerir
20 s

16 m

mewnbwn
pŵer
1000 W

modur

a Allbwn pŵer defnyddiol y modur.
b Effeithlonedd y modur.

a Gan fod g yn 10 N/kg, mae'r bloc 100 kg yn pwyso 1000 N. Felly mae angen grym o 1000 N i godi'r bloc.

Wrth godi'r bloc:

gwaith a wneir = grym × pellter
= 1000 × 16 = 16 000 J

$$\text{allbwn pŵer defnyddiol} = \frac{\text{gwaith defnyddiol a wneir}}{\text{amser a gymerwyd}}$$

$$= \frac{16\,000}{20} = 800$$

Felly allbwn pŵer defnyddiol y modur yw 800 W.

b effeithlonedd $= \dfrac{\text{allbwn pŵer defnyddiol}}{\text{mewnbwn pŵer}} = \dfrac{800}{1000} = 0.8$

Felly effeithlonedd pŵer y modur yw 0.8, neu 80%.

Effeithlonedd isel – popeth yn iawn

Weithiau, nid yw effeithlonedd isel yn broblem. Er enghraifft, meddyliwch am set radio. Cyfran fechan iawn o'i phŵer sy'n cael ei newid yn sain. Ond mae ein clustiau mor sensitif fel mai ychydig iawn o bŵer sydd ei angen o seinydd i ni allu clywed seiniau cryf iawn.

Wat neu ddau o bŵer sydd ei angen ar set radio fel yr un ar y dde. Mae'n defnyddio llai o egni mewn wythnos nag a fyddai sychwr gwallt yn ei ddefnyddio mewn hanner awr.

Effeithlonedd goleuni

Dyma fylbiau egni isel, sydd ag effeithlonedd uchel.

Effeithlonedd isel sydd gan fwlb ffilament fel hwn.

Nid yw effeithlonedd isel set radio yn broblem.

Mae bylbiau golau cyffredin yn cynnwys ffilament bach (gwifren denau) o dwngsten sy'n mynd yn boeth iawn a thywynnu'n wynias pan fo cerrynt yn llifo trwyddo. Nid yw bylbiau fel hyn yn effeithlon iawn. Maent yn rhyddhau llawer mwy o egni ar ffurf gwres nag ar ffurf goleuni.

Nwy sy'n tywynnu mewn bylbiau egni isel, yn hytrach na ffilament. Mae ganddynt effeithlonedd uchel. Gall bwlb 20 wat egni isel roi cymaint o oleuni â bwlb ffilament 100 wat. Mae defnyddio bylbiau egni isel yn ffordd dda o arbed arian ar eich bil trydan – a helpu'r amgylchedd trwy wastraffu llai o egni.

Mae tiwbiau fflwroleuol yn gweithio yn yr un ffordd â bylbiau egni isel. Maent yn effeithlon iawn hefyd.

Cwestiynau

1 Edrychwch ar y diagram cyntaf ar y dudalen gyferbyn.
   a Faint o egni y mae'r peiriant yn ei wastraffu mewn un eiliad?
   b Beth sy'n digwydd i'r egni hwn?
2 Os dywed rhywun eu bod wedi dyfeisio peiriant â'i effeithlonedd yn 100%, pam na ddylech eu credu?
3 Awgrymwch reswm dros bob un o'r rhain:
   a Dylai effeithlonedd bylbiau golau fod mor uchel â phosibl.
   b Effeithlonedd isel sydd gan radio, ond nid yw hynny'n bwysig.
4 Eglurwch pam mae bwlb ffilament yn mynd yn boethach na bwlb egni isel sydd yr un mor llachar.
5 Mewnbwn pŵer y modur isod yw 500 W. Mae'n cael ei ddefnyddio i godi llwyth sy'n pwyso 600 N trwy uchder fertigol o 10 metr mewn 20 eiliad.
   a Faint o waith a wneir wrth godi'r llwyth?
   b Beth yw allbwn pŵer defnyddiol y modur?
   c Beth yw effeithlonedd y modur?

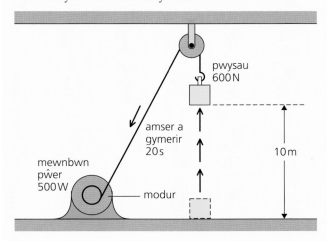

pwysau 600 N

amser a gymerir 20 s

mewnbwn pŵer 500 W

modur

10 m

Egni ar gyfer trydan I

Mae angen llawer iawn o egni ar ddiwydiannau. Trydan sy'n cyflenwi llawer o'r egni hwnnw, trwy gyfrwng **generaduron** mewn **gorsafoedd pŵer**.

Gorsafoedd pŵer thermol

Mae'r diagram isod yn dangos cynllun gorsaf bŵer fawr nodweddiadol. Mae'n cael ei galw'n orsaf bŵer **thermol** gan ei bod yn defnyddio gwres.

Mae'r generadur yn cael ei droi gan y **tyrbinau**, sy'n cael eu troi gan ager dan wasgedd uchel. I gynhyrchu'r ager, mae dŵr yn cael ei wresogi mewn boeler. Daw'r gwres o losgi tanwydd (glo, olew, neu nwy naturiol) neu o **adweithydd niwclear**. Nid llosgi y mae tanwydd niwclear. Caiff ei egni ei ryddhau gan adweithiau niwclear sy'n hollti atomau wraniwm.

Cymylau o ager uwchben tyrau oeri mewn gorsaf bŵer.

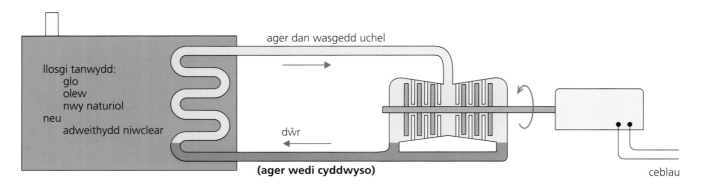

ager dan wasgedd uchel

llosgi tanwydd:
   glo
   olew
   nwy naturiol
neu
   adweithydd niwclear

dŵr

(ager wedi cyddwyso)

ceblau

ffynhonnell egni thermol   **boeler**   **tyrbinau**   **generadur**

Unwaith y mae'r ager wedi mynd trwy'r tyrbinau, mae'n cael ei oeri nes cyddwyso (newid yn ôl yn hylif) fel y gellir ei anfon yn ôl i'r boeler. Mae rhai gorsafoedd pŵer yn defnyddio'r môr neu afon gerllaw i oeri'r ager. Mewn eraill, mae tyrau oeri enfawr lle mae drafftiau aer yn codi ac oeri'r ager. Dyna yw'r tyrau yn y llun ar frig y dudalen hon.

Mae **gorsaf bŵer cylchred gyfun tyrbin nwy** yn llai ac yn haws ei chael i gychwyn gweithio na'r math o orsaf sydd yn y diagram uchod. Nwy naturiol yw'r tanwydd. Edrychwch ym mynegai'r llyfr hwn i gael gweld lle mae rhagor o wybodaeth ynddo am orsaf bŵer o'r fath.

Tyrbin mewn gorsaf bŵer.

Egni'n gwasgaru

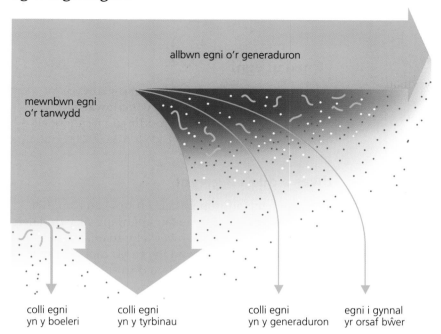

allbwn egni o'r generaduron

mewnbwn egni o'r tanwydd

colli egni yn y boeleri

colli egni yn y tyrbinau

colli egni yn y generaduron

egni i gynnal yr orsaf bŵer

Siart llif nodweddiadol ar gyfer gorsaf bŵer thermol. Mae'r holl egni sy'n cael ei golli ar ffurf gwres. Yr enw ar siart fel hwn yw **diagram Sankey**. Mae trwch pob saeth yn cynrychioli maint yr egni.

Mae gorsafoedd pŵer thermol yn gwastraffu mwy o egni ar ffurf gwres nag y maent yn ei gyflenwi ar ffurf trydan. Mae'r rhan fwyaf o'r gwres gwastraff yn cael ei gludo oddi yno gan y dŵr sy'n oeri. Mae'r siart uchod yn dangos beth sy'n digwydd i'r egni mewn gorsaf bŵer, a lle mae'r colledion yn digwydd.

Bydd peirianwyr yn ceisio gwneud gorsafoedd pŵer mor effeithlon â phosibl. Ond unwaith y mae'r egni ar ffurf thermol (gwres), ni ellir ei ddefnyddio i gyd i yrru'r tyrbinau. Bydd rhywfaint ohono wedi gwasgaru gormod.

Wrth i wres wasgaru, mae'n mynd yn fwy a mwy anodd ei newid yn ffurfiau eraill ar egni. Hynny yw, mae'n mynd yn llai a llai defnyddiol. Er enghraifft: Gallai'r egni crynodedig sydd mewn fflam boeth gael ei ddefnyddio i wneud ager ar gyfer tyrbin. Ond petai'r un faint o egni gwres wedi ei wasgaru trwy danc enfawr yn llawn dŵr, ni fyddai'r dŵr yn cynhesu fawr mwy na gradd neu ddwy. Ni fyddai'r dŵr cynnes hwn yn dda i ddim fel ffynhonnell egni ar gyfer tyrbin.

Cwestiynau

1 Nodwch *bedwar* gwahanol fath o danwydd a ddefnyddir mewn gorsafoedd pŵer thermol.

2 Mewn gorsaf bŵer thermol:
   a i beth y defnyddir yr ager?
   b beth yw gwaith y tyrau oeri?

3 Mae'r tabl ar y dde yn rhoi gwybodaeth am fewnbwn pŵer a cholledion pŵer dwy orsaf bŵer, U ac Y:
   a Ble mae'r rhan fwyaf o egni yn cael ei wastraffu?
   b Ar ba ffurf y mae'r egni hwn yn cael ei golli?
   c Beth yw allbwn pŵer trydanol pob gorsaf? (Gallwch dybio bod y tabl yn dangos yr holl golledion pŵer ym mhob gorsaf.)
   ch Defnyddiwch yr hafaliad hwn i gyfrifo effeithlonedd pob gorsaf bŵer:

$$\text{effeithlonedd} = \frac{\text{allbwn pŵer defnyddiol}}{\text{mewnbwn pŵer}}$$

W = wat 1 MW = 1000000 wat	gorsaf bŵer	
	U glo	Y niwclear
mewnbwn pŵer o'r tanwydd (MW)	5600	5600
colled pŵer (MW):		
– yn yr adweithyddion/boeleri	600	200
– yn y tyrbinau	2900	3800
– yn y generaduron	40	40
pŵer i gynnal yr orsaf (MW)	60	60
allbwn pŵer trydanol (MW)	?	?

Egni ar gyfer trydan II

Problemau llygredd

Mae gorsafoedd sy'n llosgi tanwydd yn rhyddhau nwyon gwastraff sy'n llygru'r atmosffer. Nwy naturiol yw'r 'glannaf' (sy'n llygru leiaf) o'r tanwyddau. Mewn gorsaf bŵer niwclear nid yw'r tanwydd yn llosgi a chynhyrchu nwyon gwastraff. Ond mae adweithiau niwclear yn gwneud gwastraff ymbelydrol.

Gall gorsafoedd pŵer thermol achosi llygredd mewn nifer o ffyrdd:

- Mae'r rhai sy'n llosgi tanwydd yn rhyddhau nwy carbon deuocsid i'r atmosffer. Mae'r carbon deuocsid yn dal egni'r Haul a gall fod yn cyfrannu at **gynhesu byd-eang**.

- Mae'r rhai sy'n llosgi glo yn rhyddhau sylffwr deuocsid, sy'n achosi glaw asid. Gall hwn ddifrodi adeiladau carreg. Un ateb yw llosgi glo sylffwr isel, sy'n ddrud. Ateb arall yw gosod **unedau dadsylffwreiddio** i dynnu'r sylffwr o'r nwyon a ryddheir.

- Mae cludo'r tanwyddau yn gallu achosi llygredd. Er enghraifft, efallai y bydd tancer olew yn gollwng rhywfaint o olew i'r môr.

- Mewn gorsafoedd pŵer niwclear mae'r gwastraff ymbelydrol yn beryglus iawn. Rhaid ei gludo oddi yno a'i storio yn ddiogel mewn cynwysyddion arbennig am flynyddoedd lawer – miloedd o flynyddoedd mewn rhai achosion.

- Prin yw damweiniau niwclear. Ond, pan fyddant yn digwydd, mae'r gwynt yn gallu cario nwy a llwch ymbelydrol am filoedd o gilometrau.

Un o effeithiau glaw asid.

Unedau egni

Yr uned sy'n cael ei defnyddio gan y diwydiant cyflenwi trydan i fesur egni yw'r **cilowat awr** (**kWh**): 1 kWh yw'r egni a roddir gan ffynhonnell bŵer 1 kW mewn 1 awr. (1 kWh = 3 600 000 joule).

Pŵer o ddŵr a gwynt

Mae rhai generaduron yn cael eu troi gan rym dŵr neu wynt yn symud. Mae tair enghraifft ar y dudalen nesaf. Mewn cynlluniau pŵer fel y rhain, nid oes costau tanwydd, na nwyon llygru yn cael eu rhyddhau. Ond, gallant fod yn ddrud i'w hadeiladu, ac angen llawer o dir. O gymharu â thanwyddau ffosil, mae dŵr a gwynt sy'n symud yn ffynonellau egni llawer llai crynodedig:

Gellir cael 1 kWh o egni trydanol trwy ddefnyddio . . .

. . . 0.5 litr o olew (ei losgi)

. . . 5000 litr o ddŵr (yn llifo ar 20 m/s)

Cymharu gorsafoedd pŵer

Ar y dudalen nesaf, mae tabl o wybodaeth am wahanol fathau o orsafoedd pŵer, a chost eu hadeiladu a'u cynnal.

Mae cost ychwanegol yn perthyn i orsafoedd pŵer niwclear: cost eu datgomisiynu (eu cau i lawr a'u tynnu'n ddarnau ar ddiwedd eu hoes waith). Mae hyn yn gallu bod bron cymaint â chost eu hadeiladu yn y lle cyntaf.

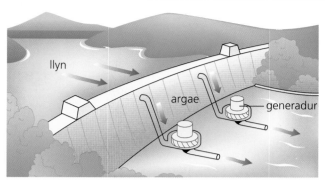

Cynllun pŵer trydan-dŵr Mae dŵr glaw ac afonydd yn llenwi'r llyn y tu ôl i'r argae. Wrth i ddŵr ruthro i lawr o'r argae, mae'n troi tyrbinau sy'n troi generaduron.

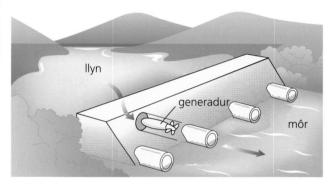

Cynllun pŵer llanw Mae'r llyn y tu ôl i'r argae yn llenwi wrth i'r llanw ddod i mewn, a gwacáu wrth i'r llanw fynd allan. Mae llif y dŵr yn troi'r generaduron.

Fferm wynt Casgliad o **aerogeneraduron** yw fferm wynt – sef generaduron yn cael eu gyrru gan dyrbinau gwynt enfawr ('melinau gwynt').

Gorsaf bŵer (1 MW = 1000000 W)	A glo (heb uned tynnu sylffwr)	B nwy (cylchred gyfun)	C niwclear	Ch fferm wynt	D cynllun llanw mawr
allbwn pŵer (MW)	1800	600	1200	20	6000
effeithlonedd (egni tanwydd → egni trydanol)	35%	45%	25%	–	–
Mae'r canlynol ar raddfa 1-5 cost adeiladu am bob MW o allbwn	2	1	5	3	4
cost tanwydd am bob kWh o allbwn	5	4	2	0	0
llygredd atmosfferig am bob kWh o allbwn	5	3	<1	0	0

Cwestiynau

1 Beth yw'r ffynhonnell egni mewn gorsaf bŵer trydan-dŵr?

1 Yn y tabl uchod, mae gwybodaeth am bum gwahanol gorsaf bŵer, A-D.

  a Effeithlonedd C yw 25%. Beth yw ystyr hyn?

  b Pa orsaf bŵer sydd fwyaf effeithlon? Pa fanteision eraill sydd ganddi?

  c Pa orsaf bŵer gostiodd fwyaf i'w hadeiladu?

  ch Pa orsaf bŵer sydd â'r gost tanwydd uchaf am bob kWh o allbwn?

  d Pa orsaf bŵer sy'n cynhyrchu'r mwyaf o lygredd atmosfferig am bob kWh o allbwn? Beth y gellir ei wneud i leihau'r broblem?

  dd Pam mai 'dim' yw'r ffigur a roddir i ddwy o'r gorsafoedd pŵer am gostau tanwydd ac am lygredd atmosfferig?

3.08 **Ateb y galw**

Pan fydd pobl yn dod adref o'r gwaith a dechrau coginio pryd bwyd, fel y bachgen ar y dde, rhaid i'r cwmnïau sy'n cyflenwi trydan godi eu hallbwn yn gyflym iawn. Mae'r galw am drydan y prif gyflenwad yn amrywio o awr i awr. Mae'r galw uchaf gyda'r nos, ar dywydd oer, a'r galw isaf yng nghanol y nos. Pan fo angen rhagor o bŵer, rhaid bod generaduron ychwanegol ar gael yn gyflym iawn gan y cwmnïau cynhyrchu trydan.

Cyflym ac araf

Gall rhai gorsafoedd pŵer gychwyn cynhyrchu (a chau) yn gyflymach nag eraill.

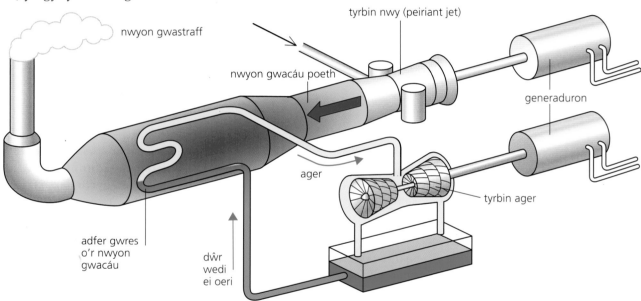

nwyon gwastraff

tyrbin nwy (peiriant jet)

nwyon gwacáu poeth

generaduron

ager

tyrbin ager

adfer gwres o'r nwyon gwacáu

dŵr wedi ei oeri

Mewn **gorsaf bŵer cylchred gyfun tyrbin nwy** (uchod), defnyddir nwy naturiol yn danwydd ar gyfer peiriant jet. Mae llafnau'r peiriant yn troi un generadur. Defnyddir nwyon poeth o'r jet i wneud ager i yrru generadur arall. Mae unedau fel hyn yn rhoi llai o bŵer na mathau mwy, ond gallant fod yn barod yn gyflym iawn.

Mae gorsafoedd pŵer trydan dŵr yn defnyddio dŵr sy'n llifo'n gyflym o lyn i droi eu tyrbinau. Gall y rhain gychwyn yn gyflym iawn hefyd.

Mae gorsafoedd pŵer mawr sy'n llosgi tanwydd yn cymryd mwy o amser i gychwyn. Gorsafoedd pŵer niwclear yw'r arafaf. Os yw'r adweithydd yn 'oer' gall gymryd tua dau ddiwrnod i orsaf niwclear gyrraedd pŵer llawn.

Allbwn amrywiol

Nid yw pob gorsaf bŵer yn gallu rhoi allbwn pŵer cyson:

Mae **gorsafoedd pŵer llanw** yn defnyddio llif y llanw yn y môr i droi eu tyrbinau. Bydd uchafswm eu pŵer yn dibynnu ar uchder y llanw, sy'n amrywio gydol y mis, ac o fis i fis. Hefyd, ar benllanw, pan fo'r llanw 'ar drai', ni fydd pŵer o gwbl.

'Melinau gwynt' enfawr sydd mewn **ffermydd gwynt**, yn troi generaduron. Hyd yn oed yn y safleoedd mwyaf agored, mae cyflymder y gwynt yn amrywio, ac ar ddiwrnodau llonydd nid oes unrhyw bŵer yn cael ei gynhyrchu.

Mae **celloedd solar** yn cynhyrchu trydan trwy amsugno'r egni sydd mewn golau haul. Felly nid oes allbwn o gwbl dros nos. Mae celloedd solar yn ddrud. Pŵer cymharol isel sy'n cael ei gynhyrchu ganddynt. Ond, mewn rhai sefyllfaoedd, nid yw hynny'n bwysig. Weithiau defnyddir rhesi o gelloedd solar fel 'gorsafoedd pŵer' mewn ardaloedd anghysbell, heulog, er enghraifft mewn diffeithdiroedd.

Mae'r rhan fwyaf o loerenni yn cael eu pŵer o gelloedd solar. Mae'r holl gelloedd yn edrych fel 'adenydd' enfawr.

Cynllun pwmpio a storio

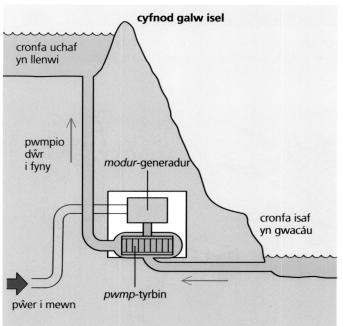

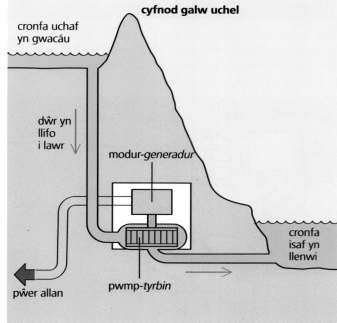

Rhaid i gwmnïau trydan ymateb i'r galw uchaf am bŵer yn ystod y dydd, ond yn y nos efallai y bydd eu generaduron yn segur. Gall **cynllun pwmpio a storio** fel hwn helpu datrys y broblem. Pan fo'r galw am drydan yn isel, defnyddir y pŵer sydd dros ben i bwmpio dŵr i'r gronfa uchaf.

Pan fo'r galw am drydan yn uchel, bydd y dŵr yn cael ei ryddhau, gan lifo i lawr a throi'r tyrbin. Mae'r tyrbin yn gallu gweithio fel arall hefyd, fel pwmp. A phan fydd cerrynt yn cael ei *gyflenwi* i'r generadur, bydd yn gweithio fel modur ac yn gyrru'r pwmp.

Cwestiynau

1 Pam mae hi'n bwysig bod rhai gorsafoedd pŵer yn gallu cychwyn ar fyr rybudd?

2 A Gorsaf bŵer fawr yn llosgi glo
  B Gorsaf bŵer cylchred gyfun tyrbin nwy
  C Gorsaf bŵer niwclear
  Pa un o'r gorsafoedd hyn sy'n cychwyn:
  a yn yr amser byrraf?   **b** yn yr amser hiraf?

3 Enwch *ddau* fath o orsaf bŵer lle mae'r allbwn yn dibynnu ar amodau naturiol, ac na ellir ei warantu.

4 Edrychwch ar ddiagramau y cynllun pwmpio a storio uchod.
  a Pam mae dŵr yn cael ei bwmpio i'r gronfa uchaf?
  b Pryd mae dŵr yn cael ei bwmpio i'r gronfa uchaf?
  c Beth sy'n digwydd pan fydd dŵr yn llifo i lawr i'r gronfa isaf?
  ch Beth yw'r rheswm dros adeiladu cynlluniau fel hwn?

Adnoddau egni

Sut y defnyddir egni yng ngwledydd Prydain

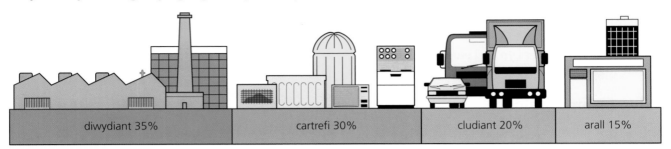

diwydiant 35%	cartrefi 30%	cludiant 20%	arall 15%

Mae angen cyflenwadau enfawr o egni ar ein cymunedau diwydiannol. Daw'r rhan fwyaf ohono trwy losgi tanwyddau mewn gorsafoedd pŵer, ffatrïoedd, cartrefi, a cherbydau.

Daeth yr egni sydd mewn tanwyddau o'r Haul yn wreiddiol. Felly hefyd yr egni sydd yn ein bwyd.

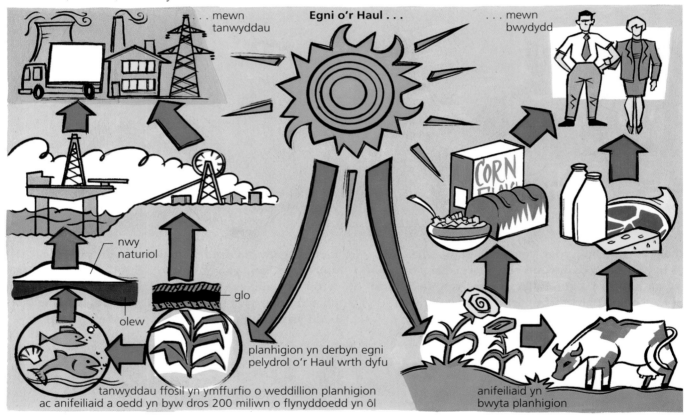

... mewn tanwyddau

Egni o'r Haul ...

... mewn bwydydd

nwy naturiol

glo

olew

planhigion yn derbyn egni pelydrol o'r Haul wrth dyfu

tanwyddau ffosil yn ymffurfio o weddillion planhigion ac anifeiliaid a oedd yn byw dros 200 miliwn o flynyddoedd yn ôl

anifeiliaid yn bwyta planhigion

Mae glo, olew a nwy naturiol yn cael eu galw yn **danwyddau ffosil** oherwydd eu bod wedi ymffurfio o weddillion planhigion a chreaduriaid bach y môr a oedd yn byw filiynau o flynyddoedd yn ôl. Maent wedi cymryd miliynau o flynyddoedd i ymffurfio yn y ddaear, ac nid oes eraill i gymryd eu lle. Felly maent yn adnoddau egni **anadnewyddadwy**.

Ar y gyfradd y maent yn cael eu defnyddio ar hyn o bryd, bydd yr olew a'r nwy naturiol y gwyddom amdanynt yn parhau am tua 50–100 mlynedd, a glo am 200–300 mlynedd.

Mae rhai adnoddau egni yn **adnewyddadwy**. Er enghraifft, mae llawer yn defnyddio coed yn danwydd. Unwaith y bydd wedi ei ddefnyddio, gellir tyfu rhagor.

Pethau yn lle tanwyddau ffosil: crynodeb

Egni gwynt   Tyrbinau gwynt (melinau gwynt) anferth yn troi generaduron trydanol. Gellir gosod nifer o'r *aerogeneraduron* hyn dros ardal eang. Dyna beth yw *fferm wynt*.

O blaid: ffynhonnell egni adnewyddadwy.
Yn erbyn: mae aerogeneraduron yn fawr, costus, swnllyd a'u hallbwn pŵer yn gymharol isel. Dim digon o wynt mewn sawl ardal.

Egni trydan-dŵr   Afonydd yn llenwi llyn y tu ôl i argae. Dŵr yn llifo'n gyflym o'r llyn a throi generaduron.

O blaid: ffynhonnell egni adnewyddadwy.
Yn erbyn: ychydig o ardaloedd yn y byd sy'n addas.

Egni'r llanw   Adeiladu argae ar draws moryd. Llyn y tu ôl i'r argae yn llenwi pan fydd y llanw'n uchel, a gwacáu yn ystod trai. Llif cyflym y dŵr yn troi generaduron. Mudiant y Ddaear yw ffynhonnell egni'r llanw. Mae tyniad disgyrchiant y Lleuad yn achosi 'chwyddau' o ddŵr môr ar wyneb y Ddaear. Wrth i'r Ddaear gylchdroi, mae pob rhan yn mynd i mewn i chwydd ac allan – mae'r llanw yn codi ac yn disgyn.

O blaid: ffynhonnell egni adnewyddadwy.
Yn erbyn: drud iawn i'w sefydlu; ychydig o ardaloedd sy'n addas.

Egni tonnau   Generaduron yn cael eu gyrru gan symudiad 'i fyny ac i lawr' y tonnau ar y môr.

O blaid: ffynhonnell egni adnewyddadwy.
Yn erbyn: anodd eu hadeiladu'n llwyddiannus.

Egni solar   Gall **paneli** solar amsugno egni'r Haul i gynhesu dŵr. Gall **celloedd** solar amsugno egni'r Haul a chynhyrchu trydan.

O blaid: ffynhonnell egni adnewyddadwy.
Yn erbyn: angen heulwen yn ddi-baid.

Egni niwclear   Defnyddiau ymbelydrol yn rhyddhau gwres yn naturiol. Adweithydd niwclear yn cyflymu'r broses. Defnyddir y gwres i gynhyrchu trydan.

O blaid: gall ychydig o danwydd niwclear roi llawer o egni.
Yn erbyn: mae pelydriad niwclear yn hynod beryglus. Mae angen safonau diogelwch uchel. Mae gwastraff o orsafoedd pŵer yn parhau'n ymbelydrol am filoedd o flynyddoedd.

Egni geothermol   Cynhesir dŵr gan greigiau poeth sy'n gorwedd filltiroedd dan wyneb y Ddaear. Daw'r gwres sydd yn y creigiau o ddefnyddiau ymbelydrol sy'n bresennol yn naturiol yn y Ddaear.

O blaid: ffynhonnell egni adnewyddadwy. Cyflenwadau anferth o egni ar gael.
Yn erbyn: rhaid tyllu'n ddwfn, sy'n anodd a drud.

Egni biomas   Defnyddio planhigion sy'n tyfu'n gyflym, neu *biomas*, i wneud alcohol. Defnyddio'r alcohol yn danwydd, fel petrol.

O blaid: ffynhonnell egni adnewyddadwy.
Yn erbyn: angen ardaloedd enfawr o dir i dyfu planhigion; gall hyn ymyrryd â chydbwysedd byd natur.

Cwestiynau

1 Beth yw'r gwahaniaeth rhwng ffynhonnell egni adnewyddadwy ac un anadnewyddadwy?
2 GLO, OLEW, BIOMAS, GWYNT, LLANW, NWY NATURIOL Pa rai o'r rhain sy'n ffynonellau egni adnewyddadwy, a pha rai sy'n anadnewyddadwy?
3 Mae'r egni sydd mewn petrol wedi dod yn wreiddiol o'r Haul. Sut y daeth i'r petrol?
4 Pa adnoddau egni yn y siart uchod sy'n dibynnu ar fudiant dŵr?

3.10 **Arbed egni**

Gwres yn dianc

Mae colli gwres yn gallu costio ymhell dros £500 y flwyddyn mewn biliau tanwydd i un teulu. Ar y dde fe welwch sut mae'r gwres yn dianc o dŷ.

Aer newydd am hen aer

Atal drafftiau a newidiadau aer sy'n arbed fwyaf ar filiau tanwydd. Ond gall hyn beryglu eich iechyd – a hyd yn oed eich bywyd. Os yw ystafelloedd wedi eu selio'n dynn, ni fydd ocsigen newydd yn dod yn lle'r ocsigen a ddefnyddir gan bobl a thanau. A bydd cemegau peryglus yn cronni yn yr aer:

O ran diogelwch, dylai'r aer mewn ystafell newid yn llwyr bob awr. Mewn tŷ drafftiog, gall fod yn 15 newid yr awr. Mae hyn yn dda ar gyfer clirio'r aer, ond mae'n golygu bod cynhesu'r tŷ yn ddrud iawn.

Teuluoedd egni isel

Cafodd y tŷ egni isel hwn ei gynllunio a'i godi yn arbennig ar gyfer y perchennog. Yn y gaeaf, mae pŵer gwresogydd trydan un bar yn ddigon i gynhesu'r tŷ cyfan. Costiodd y tŷ dros £500,000, gan gynnwys y tir a chostau'r pensaer.

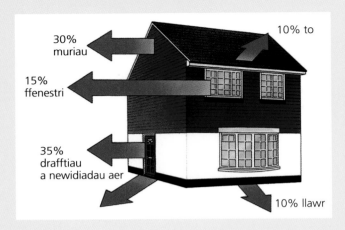

30% muriau

15% ffenestri

10% to

35% drafftiau a newidiadau aer

10% llawr

nwy radon ymbelydrol yn gollwng o'r brics ac o'r ddaear

nwy methan o ddodrefn bwrdd sglodion

mwg sigarét

carbon monocsid o dân nwy

nitrogen deuocsid o gwcer nwy

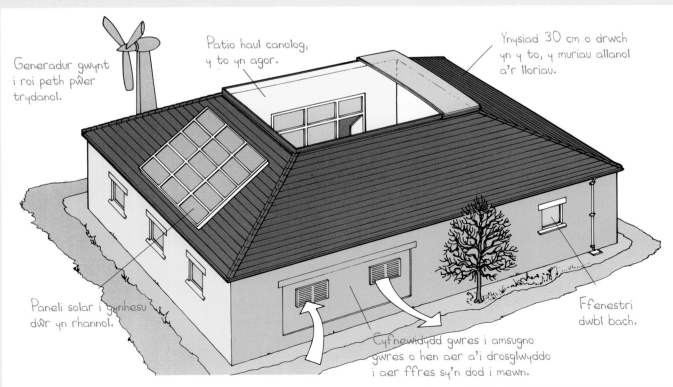

Generadur gwynt i roi peth pŵer trydanol.

Patio haul canolog, y to yn agor.

Ynysiad 30 cm o drwch yn y to, y muriau allanol a'r lloriau.

Paneli solar i gynhesu dŵr yn rhannol.

Cyfnewidydd gwres i amsugno gwres o hen aer a'i drosglwyddo i aer ffres sy'n dod i mewn.

Ffenestri dwbl bach.

Mae'r tŷ teras isod rhwng dau arall. Mae hyn yn helpu atal colli rhywfaint o wres. Ond mae'r tŷ yn dal i fod yn oer a drafftiog. Hoffai'r perchnogion newid y drysau a'r ffenestri am rai modern sy'n ffitio'n iawn. Ond nid ydynt yn gallu fforddio hynny. I arbed egni, un ystafell yn unig sy'n cael ei gwresogi. Mae eu hystafell wely yn oer iawn yn y gaeaf, ond o leiaf gallant dalu'r biliau tanwydd.

Wrth i orsafoedd pŵer gynhyrchu trydan, mae llawer o egni eu tanwydd yn cael ei golli ar ffurf gwres. Mae'r gwres hwn yn cynhesu'r dŵr oeri sy'n llifo trwy'r orsaf bŵer. Fel arfer, caiff yr egni ei wastraffu ond un syniad yw defnyddio'r dŵr cynnes i wresogi adeiladau cyfagos.

Ond mae yna broblem. Nid yw dŵr y gorsafoedd pŵer yn ddigon poeth i wresogi ystafelloedd. Er mwyn cynhyrchu dŵr poethach, byddai'n rhaid i bob gorsaf bŵer golli peth o'i hallbwn pŵer. A byddai hynny'n ei gwneud yn fwy anodd i'r cwmni trydan wneud elw.

Gwastraffu

Beth sy'n achosi'r golled wres fwyaf yn y rhan fwyaf o dai?
Pam y gallai fod yn beryglus rhwystro'r golled hon yn llwyr?

Lluniwch arbrawf labordy i ddarganfod pa un sy'n colli'r mwyaf o wres – tŷ teras, un o bâr, neu dŷ ar ei ben ei hun.

Sut y byddech chi'n trefnu'r arbrawf a beth fyddech chi'n ei fesur?

Wrth gymharu tai, sut y byddech chi'n gwneud yn siŵr bod eich canlyniadau yn rhai 'teg'?

Sut y byddech chi'n addasu eich arbrawf i weld a yw:

• tai mawr yn colli mwy o wres na rhai bach;
• tai â ffenestri mawr yn colli mwy o wres na thai â ffenestri bach?

teras   un o bâr   ar ei ben ei hun

3.11 **Dargludo gwres**

Mae'r bobl hyn yn cerdded ar lo poeth heb losgi. Sut? Dylanwad y meddwl? Efallai, ond gall hyn weithio oherwydd bod glo yn dargludo gwres yn wael iawn. Dim ond am gyfnod byr y mae traed y cerddwr yn cyffwrdd â phob darn o lo. Felly nid oes digon o wres yn llifo ohonynt i niweidio'r croen.

Dargludyddion ac ynysyddion
Mae rhai defnyddiau yn llawer gwell **dargludyddion** egni thermol (gwres) nag eraill. Y term am ddargludyddion gwael yw **ynysyddion**.

Metelau yw'r dargludyddion thermol gorau. Mae anfetelau fel pren a phlastig yn rhai gwael. Gwael yw'r rhan fwyaf o hylifau hefyd. Nwyon yw'r gwaethaf oll. Weithiau gallwch ddweud pa mor dda y bydd rhywbeth yn dargludo trwy ei gyffwrdd. Mae bwlyn drws metel yn teimlo'n oer am ei fod yn dargludo gwres yn gyflym o'ch llaw. Mae teilsen bolystyren yn teimlo'n gynnes am nad yw'n dargludo fawr ddim gwres.

Y term am ddargludydd gwael yw **ynysydd**. Mae llawer o ddefnyddiau yn ynysyddion thermol da oherwydd bod pocedi bach o aer yn gaeth ynddynt.

Sut mae defnyddiau'n dargludo

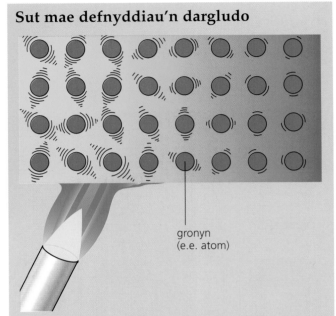

gronyn (e.e. atom)

Wrth i chi wresogi un pen i far metel, mae ei atomau yn ennill egni ac yn symud yn gyflymach. Mae'r symudiad ychwanegol yn cael ei drosglwyddo i atomau eraill, felly mae egni yn cael ei drosglwyddo ar hyd y bar.
Mae atomau yn cynnwys gronynnau bach o'r enw **electronau**. Mewn metelau, mae rhai o'r electronau yn 'rhydd', ac yn gallu symud rhwng yr atomau. Wrth i fetel gael ei wresogi, mae'r electronau rhydd hyn yn cyflymu, yn teithio trwy'r metel, yn taro yn erbyn atomau a gwneud iddynt symud yn gyflymach. Yn y rhan fwyaf o anfetelau, ni all yr electronau symud yn rhydd, felly mae dargludiad yn broses llawer arafach.
Llif o electronau yw trydan – dyna pam mae dargludyddion thermol da fel arfer yn ddargludyddion trydan da hefyd.

Dargludyddion da	Dargludyddion gwael (ynysyddion)	
y gorau'n gyntaf	gwydr	
metelau, e.e.	dŵr	
copr	plastigion	
alwminiwm	rwber	gwlân
haearn	pren	gwlân gwydr (ffibr gwydr)
silicon	defnyddiau ag aer wedi'i ddal	ewyn plastig
graffit	aer	polystyren wedi'i estyn

Mae aer wedi ei ddal dan y plu.

Ynysu'r tŷ

Mewn tŷ, mae ynysu da yn golygu biliau tanwydd is. Dyma rai o'r ffyrdd y mae defnyddiau ynysu yn gallu helpu lleihau colledion gwres:

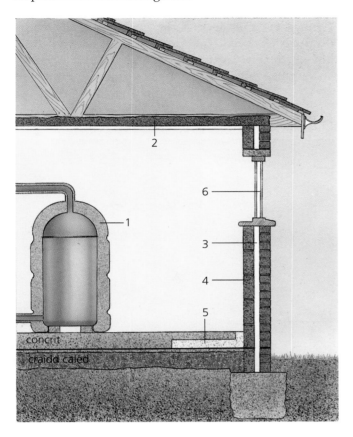

1 Lapio ewyn plastig o gwmpas y tanc dŵr poeth.
2 Ynysu'r atig â gwlân gwydr.
3 Ceudod aer rhwng y muriau mewnol ac allanol.
4 Mur mewnol o flociau concrit awyrog sy'n ynysu'n dda. Mae swigod aer bach wedi eu dal yn y concrit.
5 Ynysydd polystyren dan ymyl y llawr.
6 Ffenestri dwbl. Dwy haen o wydr, gyda haen o aer yn ynysu rhyngddynt.

Gwerthoedd U

I gyfrifo'r gwres tebygol sy'n colli o dŷ, mae angen i'r pensaer wybod **gwerthoedd U** y gwahanol ddefnyddiau. Er enghraifft:

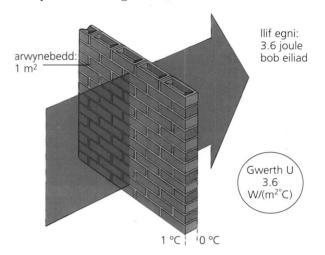

Gwerth U wal frics sengl yw $3.6\,W/(m^2\,°C)$. Hynny yw, bydd wal $1\,m^2$, gyda gwahaniaeth tymheredd o $1\,°C$ ar ei thraws, yn trosglwyddo egni ar gyfradd o 3.6 joule bob eiliad.

Byddai'r llif egni yn fwy petai:
a y gwahaniaeth tymheredd yn fwy;
b yr arwynebedd yn fwy;
c y wal yn deneuach.

Dyma werthoedd U gwahanol ddefnyddiau. Po isaf y gwerth U, gorau yw'r ynysydd.

	Gwerth U $W/(m^2\,°C)$
Wal frics sengl	3.6
Wal ddwbl, â cheudod aer	1.7
Wal ddwbl, ag ewyn ynysu yn y ceudod	0.5
Ffenestr wydr, un haen	5.7
Ffenestr ddwbl	2.7

Cwestiynau

1 Eglurwch pam:
   a Mae gwlân gwydr yn ynysydd da.
   b Mae ffrâm ffenestr alwminiwm yn teimlo'n oerach i'w chyffwrdd na ffrâm ffenestr blastig.
2 Rhowch *dair* ffordd y mae defnyddiau ynysu yn gallu lleihau colledion egni thermol o dŷ.
3 Pam mae metelau yn llawer gwell dargludyddion thermol na'r rhan fwyaf o ddefnyddiau eraill?

4 Defnyddiwch wybodaeth o'r tabl gwerthoedd U uchod i ateb y canlynol:
   a Mae gan ystafell wal allanol ddwbl â cheudod aer. Os rhoddir ffenestr ag un haen o wydr yn y wal, a fydd y golled wres yn *fwy* nag o'r blaen, neu'n *llai*? Eglurwch eich ateb.
   b A fyddai eich ateb yn dal yr un fath petai hi'n ffenestr â gwydr dwbl?

3.12 **Darfudiad**

Oni bai fod y peilot yn gallu dod o hyd i **thermal**, nid yw'r gleider hwn yn debygol o aros yn yr awyr yn hir iawn. Ceryntau o aer cynnes yn codi yw thermalau. Gallant ddigwydd uwchben bryniau, dros ffatrïoedd, neu dan gymylau. Y broblem yw dod o hyd iddynt. Bydd peilot profiadol yn chwilio am adar sy'n cylchdroi. Mae adar wedi hen arfer hofran ar thermalau ers miliynau o flynyddoedd. Mae aer oerach yn suddo, gan wthio aer cynhesach tuag i fyny. Felly ceir cerrynt o aer sy'n cylchdroi, sef **cerrynt darfudiad**. Nid mewn aer yn unig y ceir darfudiad. Gall ddigwydd ym mhob nwy a hylif.

Dyma ddau arbrawf syml i ddangos darfudiad mewn aer ac mewn dŵr:

Mae aer oerach yn llifo i mewn gan wthio'r aer poeth sydd uwchben y gannwyll. Mae'r mwg o'r gwelltyn sy'n llosgi yn dangos y cerrynt aer.

Uwchben fflam y Bunsen mae dŵr poeth yn codi. Mae dŵr oerach yn llifo i mewn i gymryd ei le. Grisialau potasiwm permanganad sy'n lliwio'r dŵr i ddangos y cerrynt.

cerdyn

fflam isel

grisialau porffor

Pam mae aer cynnes yn codi

Wrth gael ei wresogi, mae aer yn ehangu. Felly mae'n llai dwys oherwydd bod yr un màs bellach yn llenwi mwy o gyfaint. Gan ei fod yn fwy dwys, mae aer oer yn suddo, gan wthio'r aer cynhesach tuag i fyny.

Darfudiad tywydd

Mewn cwmwl fel hwn, gall aer cynnes llaith godi ar fuanedd o 30 metr yr eiliad neu fwy. Wrth i'r aer godi, mae'n oeri, a'r lleithder sydd ynddo yn ffurfio cwmwl newydd.

Lleihau darfudiad

Dyma syniad sy'n gweithio ar gyfer cadw wy, neu eich pen, yn gynnes. Pan osodir gorchudd ynysu dros unrhyw arwyneb cynnes, mae llai o gylchrediad aer. Hefyd, nid yw'r aer y tu allan yn cael ei wresogi cymaint. Felly, collir llai o wres trwy ddarfudiad.

Defnyddio darfudiad

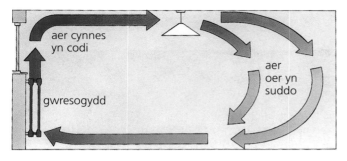

Mae'r rhan fwyaf o'r gwres a ddaw o wresogydd yn cylchdroi trwy ddarfudiad. Mae aer cynnes yn codi uwchben y gwresogydd. Mae'n cludo gwres o gwmpas yr holl ystafell.

Mewn oergell, mae aer oer yn suddo o dan y blwch rhew. Mae hyn yn creu cylchrediad sy'n oeri'r holl fwyd yn yr oergell.

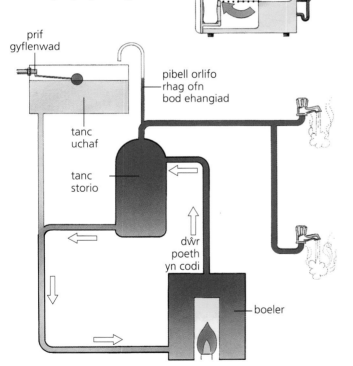

Dyma ddiagram o system syml ar gyfer cyflenwi dŵr poeth i'ch tapiau. Mae dŵr yn cael ei wresogi yn y boeler. Mae'n codi i'r tanc storio. Mae dŵr oerach yn ei wthio o'r ffordd. Caiff hwn ei wresogi hefyd. Ymhen amser, bydd cyflenwad o ddŵr poeth wedi ymgasglu yn y tanc, o'r top i lawr. Mae'r tanc uchaf yn darparu'r gwasgedd i wthio'r dŵr poeth trwy'r tapiau.

Cwestiynau

1 Eglurwch pam:
  a Mae'r blwch rhew ym mhen uchaf yr oergell bob tro.
  b Nid yw oergell yn gweithio'n iawn pan fo'r bwyd wedi ei bacio'n rhy dynn ynddi.
  c Mae gwresogydd yn cynhesu'r holl aer mewn ystafell yn gyflym, er bod aer yn ddargludydd gwres gwael.
  ch Mae dŵr cynnes yn codi pan fydd dŵr oerach o'i gwmpas.

2 Mae'r person hwn yn teimlo drafft pan fo'r goelcerth yn llosgi'n ffyrnig. Pam?

Lluniwch ddiagram i ddangos llif yr aer.

3 Dyma ddau gwpanaid o de poeth newydd eu harllwys:

Mae un wedi ei orchuddio, ond nid y llall.
Dyma sut mae eu tymheredd yn gostwng gydag amser:

AMSER (munudau)	0	2	4	6	8	10
TYMHEREDD â gorchudd (°C)	80	73	66	61	56	52
TYMHEREDD heb orchudd (°C)	80	67	56	48	42	37

  a Plotiwch graff TYMHEREDD (echelin ochr) yn erbyn AMSER (echelin waelod) ar gyfer y ddau gwpan. *Defnyddiwch yr un echelinau ar gyfer y ddau graff.*
  b Beth yw'r gwahaniaeth tymheredd rhwng y ddau gwpan ar ôl 5 munud?
  c Nid yw'r rhan fwyaf o bobl yn hoff o yfed te sy'n oerach na 45 °C. Amcangyfrifwch i'r hanner munud agosaf am faint o amser y gallech adael y te sydd heb ei orchuddio cyn ei yfed.

3.13 Pelydriad thermol

Ei dderbyn ...

Mae'r bobl hyn yn amsugno tonnau electromagnetig o'r Haul. Tonnau isgoch, goleuni, ac uwchfioled yw'r rhain yn bennaf (edrychwch ar yr adran ar donnau electromagnetig). Maent yn cynhesu unrhyw beth (neu unrhyw un) sy'n eu hamsugno. Yr enw arnynt yw 'pelydriad thermol' – neu, yn fyr, 'pelydriad'.

Mae rhai arwynebau yn well nag eraill am amsugno pelydriad thermol:

Yng ngolau haul, mae car du yn cynhesu'n gyflymach na char o unrhyw liw arall. Rhowch eich llaw ar gorff car du i deimlo hyn drosoch eich hun.

... ei ryddhau

Mae'r ferch newydd gwblhau rhedeg marathon ac mae hi'n rhyddhau pelydriad. Po fwyaf mae hi'n ei ryddhau, mwyaf o wres ei chorff sy'n cael ei golli. Felly mae perygl y bydd hi'n cael oerfel. Mae'r haenau arian yn atal hynny – ffordd gyflym, hawdd o gadw'n gynnes.

Mae rhai arwynebau yn well nag eraill am ryddhau neu **allyrru** pelydriad:

Mae sosban ddu yn oeri'n gyflymach na sosbenni eraill. Allwch chi gynllunio arbrawf i roi prawf ar hyn?

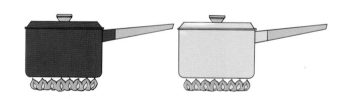

Mae pethau sy'n dda am amsugno pelydriad thermol hefyd yn dda am ei allyrru. Dyma gymharu gwahanol arwynebau:

	amsugno		allyrru	
Arwyneb du, pŵl yw'r gorau am amsugno pelydriad. Ychydig iawn o belydriad sy'n cael ei adlewyrchu o gwbl.	gorau	du pŵl	gorau	Arwyneb du, pŵl yw'r gorau am allyrru pelydriad.
		du sgleiniog		
Arwyneb arian sgleiniog yw'r gwaethaf am amsugno pelydriad. Mae'n adlewyrchu bron yr holl belydriad sy'n ei daro.		gwyn		
	gwaethaf	lliw arian	gwaethaf	Arwyneb arian, sgleiniog yw'r gwaethaf am allyrru pelydriad.

Cadw bwyd yn gynnes

Mae ffoil alwminiwm sgleiniog yn helpu cadw bwyd yn gynnes cyn ei roi ar y bwrdd.

Effaith tŷ gwydr

Mae pelydriad yr Haul yn treiddio'n hawdd trwy wydr y tŷ gwydr gan gynhesu'r planhigion y tu mewn. Mae'r planhigion cynnes yn pelydru gwres hefyd, ond mae'r gwydr yn adlewyrchu rhywfaint ohono yn ôl. Dyna sut y mae tŷ gwydr yn dal gwres yr haul. Mae carbon deuocsid yn atmosffer y Ddaear yn cael effaith debyg – dyna yw'r **effaith tŷ gwydr**.

Cadw diodydd yn boeth (neu'n oer)

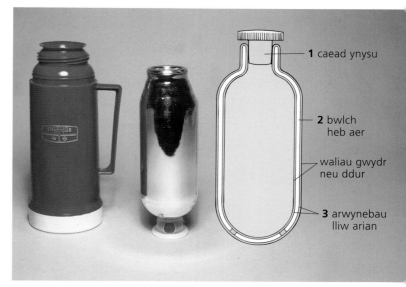

1 caead ynysu

2 bwlch heb aer

waliau gwydr neu ddur

3 arwynebau lliw arian

Mae fflasg wactod fel hon yn gallu cadw diodydd yn boeth (neu'n oer) am oriau. Dyma sy'n arafu llif yr egni ohoni (neu iddi):

1 Caead sy'n rhwystro darfudiad (aer poeth yn codi). Mae'r caead hefyd wedi ei ynysu i atal dargludiad.

2 Cynhwysydd â dwy wal gyda bwlch rhyngddynt. Mae'r aer wedi cael ei dynnu o'r bwlch i leihau dargludiad.

3 Waliau ag arwynebau lliw arian i leihau pelydriad thermol.

Cwestiynau

1

gwyn

du pŵl

du sgleiniog

Pa arwyneb yw'r gorau am:

a amsugno pelydriad thermol?
b allyrru pelydriad thermol?
c adlewyrchu pelydriad thermol?

2 Mae'r tri thegell yr un fath heblaw am yr arwyneb allanol. Mae'r tri yn llawn o ddŵr berwedig.

du pŵl

lliw arian

du sgleiniog

Gadewir i'r tri thegell oeri. Dyma sy'n digwydd i'w tymheredd:

| | Tymheredd mewn °C | | |
	Tegell A	Tegell B	Tegell C
	100	100	100
Ar ôl 5 munud	85	90	80
Ar ôl 10 munud	73	82	65

a Pa degell sydd â wyneb lliw arian?
b Pa degell sydd â wyneb pŵl du?

3 Eglurwch pam:

a Mewn gwledydd poeth, mae'r tai yn aml wedi eu peintio'n wyn.
b Ar ddiwrnod poeth o haf, mae tu mewn car gwyn yn oerach nag un du.
c Wrth ddefnyddio lens i ffocysu pelydrau'r Haul ar bapur newydd, mae'r print yn llosgi'n haws na'r papur gwyn.

3.14 Ymdopi ag oerfel

Mae dwylo'r dyn yn oer. Ond o leiaf mae craidd ei gorff yn gynnes. Ac os bydd ei dymheredd yn gostwng yn is na'r 37 °C arferol, bydd ei system awtomatig o reoli tymheredd yn dechrau gweithio:

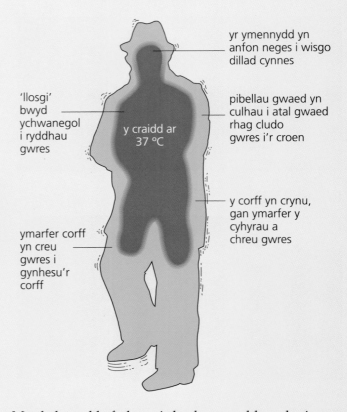

yr ymennydd yn anfon neges i wisgo dillad cynnes

pibellau gwaed yn culhau i atal gwaed rhag cludo gwres i'r croen

y craidd ar 37 °C

'llosgi' bwyd ychwanegol i ryddhau gwres

y corff yn crynu, gan ymarfer y cyhyrau a chreu gwres

ymarfer corff yn creu gwres i gynhesu'r corff

Mewn perygl

Os bydd y corff yn colli gormod o wres, bydd tymheredd y craidd yn dechrau gostwng. Os bydd yn gostwng mwy na 2 °C, ni fydd y corff yn gweithio'n iawn. Enw'r cyflwr yw **hypothermia**.

Mae hypothermia yn arbennig o beryglus i'r henoed. Bob gaeaf, bydd miloedd o bobl hŷn yn marw oherwydd na allant fforddio gwresogi eu cartrefi yn iawn.

Mae babanod hefyd yn ei chael yn anodd ymdopi ag oerfel. Nid yw eu cyrff yn storio cymaint o wres ag oedolion, felly mae colli gwres yn gallu effeithio arnynt yn fwy difrifol. Ac ni allant ymateb i golli gwres yn sydyn oherwydd nad yw eu system rheoli tymheredd wedi datblygu'n llawn.

Goroesi ar y mynyddoedd

Yn y gaeaf a'r gwanwyn, buan iawn y gall diwrnod heulog, mwyn droi'n oer, gwlyb a gwyntog. I lawr yn y dref, dim ond annifyr yw'r tywydd. Ond i'r cerddwyr ar y bryniau, gall fod yn farwol.

Mae dŵr sy'n anweddu oddi ar ddillad gwlyb yn mynd â gwres o'r corff yn gyflym. Ac mae gwynt main yn gwaethygu pethau. Mae gwynt 30 milltir yr awr yn cael yr un effaith oeri â gostyngiad o 40°C yn nhymheredd yr aer. Daw damweiniau â mwy o broblemau. Mae perygl hypothermia yn llawer uwch os yw rhywun wedi ei niweidio ac yn methu symud.

I wynebu'r tywydd, mae'n rhaid i gerddwyr mynyddoedd wisgo'n addas:

cwfl i leihau colli gwres o'r pen

cortyn i gau'r cwfl pen a'r llewys

anorac neu gôt wrth-ddŵr

fflap â stydiau arno yn cuddio'r sip

trowsus gwlân neu wstid (nid jîns, sy'n dal dŵr ac yn cydio yn y croen)

sanau gwlân

esgidiau cryf gwrth-ddŵr, sy'n cynnal y migyrnau

bag 'achub' polythen i'ch diogelu rhag y tywydd petaech yn cael damwain

Goroesi ar y môr

Heb siwt ynysu byddai'r plymiwr hwn ym Môr y Gogledd yn dioddef o hypothermia mewn munudau. Mewn môr oer, mae'r corff dynol yn colli gwres 20 gwaith yn gyflymach nag mewn aer oer.

'Siwtiau sych' wedi eu gwneud o neopren sy'n ynysu orau. Daw rhagor o ynysiad o'r miloedd o swigod nitrogen bach sydd wedi eu dal yn leinin y siwt.

Allwch chi feddwl am resymau pam:

• mae babanod yn storio llai o wres yn eu cyrff nag oedolion?

• mae'r henoed mewn mwy o berygl o hypothermia nag y mae pobl iau?

• mae cerddwr neu ddringwr mewn mwy o berygl o hypothermia ar fynydd os yw wedi cael niwed?

• mae ystafell newid pwll nofio ar dymheredd o 25°C, ond y pwll ei hun yn cael ei gadw ar 30°C?

Cwestiynau am Bennod 3

1 Mae'r diagram isod yn dangos sut y gallai gwres ddianc o dŷ sydd heb ei ynysu.

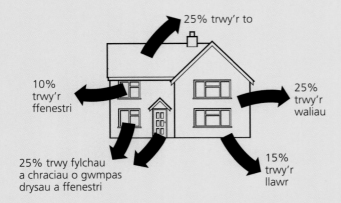

25% trwy'r to

10% trwy'r ffenestri

25% trwy'r waliau

25% trwy fylchau a chraciau o gwmpas drysau a ffenestri

15% trwy'r llawr

a Awgrymwch *bum* dull o leihau'r colledion gwres o'r tŷ hwn.

b Pam mae'n bwysig fod rhywfaint o aer poeth yn dianc trwy'r ffenestri, y drysau a'r simnai?

2 Cyfrifwch y gwaith sy'n cael ei wneud yn y sefyllfaoedd hyn:

a Car yn cael ei wthio 30 m gan rym o 800 N.

b Peiriant torri gwair yn cael ei wthio ar draws lawnt sy'n 20 m o hyd. Mae angen grym o 100 N i wthio'r peiriant.

c Bocs sy'n pwyso 50 N yn cael ei godi oddi ar y llawr i'w roi ar silff 3 m uwchben y ddaear. Pa fath o egni y mae'r bocs yn ei ennill?

2 Cyfrifwch egni cinetig y canlynol:

a carreg, màs 0.1 kg, yn teithio ar gyflymder 20 m/s

b car, màs 500 kg, yn teithio ar gyflymder 100 m/s

c bwled, màs 0.01 kg, yn teithio ar gyflymder 500 m/s.

Mae'r bwled yn **c** yn taro targed pren sefydlog. Beth sy'n digwydd i egni cinetig y bwled?

4 Mae'r diagram isod yn dangos cynllun trydan-dŵr. Mae dŵr yn rhuthro o'r llyn i'r orsaf bŵer. Yn yr orsaf bŵer, mae'r dŵr yn troi tyrbin sy'n gyrru generadur.

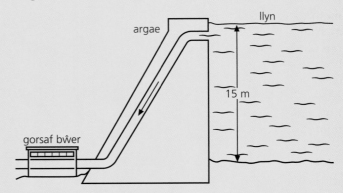

argae

llyn

15 m

gorsaf bŵer

a Pa fath o egni sydd gan y dŵr pan fo'n cyrraedd yr orsaf bŵer?

b Mae rhywfaint o egni'r dŵr yn cael ei wastraffu.

  i Pam mae egni yn cael ei wastraffu?

  ii Beth sy'n digwydd i'r egni sy'n cael ei wastraffu?

5 Mae gweithwyr ar safle adeiladu wedi gosod wins trydan er mwyn codi bwced yn llawn llechi i ben y to. Os yw'r bwced a'r llechi yn pwyso 500 N:

a Beth yw'r grym lleiaf y mae'n rhaid ei ddefnyddio er mwyn codi'r bwced a'r llechi oddi ar y llawr?

b Faint o waith a wneir wrth godi'r llechi 20 m o'r llawr i'r to?

c Pa newidiadau egni sy'n digwydd wrth i'r llechi gael eu codi?

ch Os yw'r llechi yn cael eu codi 20 m mewn 10 s, beth yw pŵer y wins?

d Os 50% yw effeithlonedd y wins, faint o egni mae'n rhaid i'r modur trydanol ei gael i godi'r llechi trwy 20 m?

dd Awgrymwch un neu ddau o resymau pam y gallai effeithlonedd y system fod yn llai na 100%.

e Sut y gallech chi wella effeithlonedd y system?

6 Gyda'r nos, pan fo'r rhan fwyaf ohonom yn cysgu, mae'r galw am drydan yn eithaf isel. Serch hynny, mae'r generaduron yn y gorsafoedd pŵer yn dal i weithio, oherwydd byddai eu diffodd yn dasg wastraffus ac aneffeithlon. Mewn rhai gorsafoedd pŵer, gan fod egni dros ben ar adegau o'r fath, mae'n cael ei ddefnyddio i bwmpio dŵr i fyny llethr i gronfa y tu ôl i argae. Yna, yn ystod y dydd, bydd y dŵr hwnnw'n cael ei ryddhau o'r gronfa a'i ddefnyddio i yrru generaduron yr orsaf islaw pan fo'r galw am drydan yn uchel.

a Pa bwysau o ddŵr y gellir ei bwmpio i uchder fertigol 50 m os oes 2 MJ o egni dros ben gan y generadur?

b Ar ôl ei ryddhau, faint o egni cinetig fydd gan y dŵr hwn wedi iddo ddisgyn
   i 25 m?
   ii 50 m?
   Pa dybiaethau rydych chi wedi eu gwneud?

c Os 40% yn unig yw effeithlonedd y generadur sy'n cael ei yrru gan y dŵr, faint o egni a gollir?

ch Awgrymwch pam, dros gyfnod yn ystod y nos, mae trydan yn rhatach nag yn ystod y dydd.

7 Mewn gwledydd heulog, mae gan rai tai wresogydd solar ar y to. Mae'n cynhesu dŵr ar gyfer y tŷ. Dyma ddiagram o drefniant nodweddiadol.

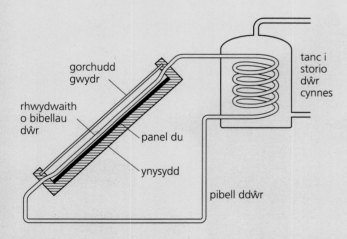

a Pam mae'r panel yn y gwresogydd solar yn ddu?

b Pam mae yna haen o ynysydd y tu ôl i'r panel?

c Sut mae'r dŵr yn y tanc yn cael ei wresogi?

ch Pam mae'r panel solar yn gweithio orau ar ongl, yn hytrach nag yn llorweddol neu'n fertigol?

d Ar gyfartaledd, mae pob metr sgwâr o'r panel solar yn derbyn 1000 joule o egni o'r Haul bob eiliad. Defnyddiwch y ffigur hwn i gyfrifo mewnbwn pŵer (mewn kW) y panel os yw ei arwynebedd yn 2 m².

dd Effeithlonedd y gwresogydd solar yn y diagram yw 60% (mae'n gwastraffu 40% o'r egni solar y mae'n ei dderbyn). Faint fyddai'n rhaid i arwynebedd y panel fod er mwyn iddo allu darparu gwres ar yr un gyfradd, ar gyfartaledd, â gwresogydd troch trydan 3 kW?

e i Beth yw manteision defnyddio gwresogydd solar yn hytrach na gwresogydd troch?
   ii Beth yw'r anfanteision?

8 Mae'r diagram isod yn dangos tanc storio dŵr poeth. Gwresogydd troch trydan yng ngwaelod y tanc sy'n twymo'r dŵr.

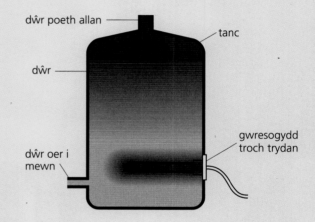

a Sut y gallech chi leihau'r colledion gwres o'r tanc? Pa ddefnyddiau fyddai'n addas ar gyfer y gwaith?

b Pam mae'r gwresogydd yng ngwaelod y tanc yn hytrach nag yn y rhan uchaf?

c Allbwn pŵer y gwresogydd yw 3 kW.
   i Beth yw ystyr y 'k' yn y 'kW'?
   ii Sawl joule o egni gwres y mae'r gwresogydd yn ei ddarparu mewn un eiliad?
   iii Sawl joule o egni gwres y mae'r gwresogydd yn ei ddarparu mewn 7 munud?

9 Mae pentref anghysbell yn defnyddio paneli solar a melinau gwynt yn ffynonellau egni.

a Ysgrifennwch un **fantais** o ddefnyddio'r ffynonellau egni hyn.

b Ysgrifennwch un **anfantais** o ddefnyddio paneli solar.

c Ysgrifennwch un **anfantais** o ddefnyddio melinau gwynt.

Pennod 4
Pelydrau a thonnau

Broga coed o Dde America yw hwn. Mae'n defnyddio'r goden fawr o dan ei wddf i'w llenwi ag aer a chwyddhau sŵn ei lais. Dim ond y gwrywod sy'n gallu gwneud hyn, a gall eu galwadau deithio ddeg gwaith ymhellach na sŵn brogaod eraill. I gynhyrchu'r sain mae aer o'r goden yn cael ei chwythu heibio i ddwy bilen sydd wedi eu hestyn yng ngwaelod ceg y broga, gan wneud iddynt ddirgrynu. ■

Pelydrau goleuni

Mae bron unrhyw beth yn gallu rhoi goleuni.

Rydych yn gweld rhai pethau oherwydd eu bod yn rhoi eu goleuni eu hunain: yr Haul, er enghraifft.

Rydych yn gweld pethau eraill oherwydd bod golau dydd, neu oleuni arall, yn bownsio oddi arnynt. Maent yn **adlewyrchu** goleuni i'ch llygaid: y dudalen hon, er enghraifft.

Pelydrau a phaladr

Mewn diagramau, **pelydrau** yw'r llinellau â saethau. Maent yn dangos i ba gyfeiriad y mae'r goleuni yn teithio. I ddangos **paladr** o oleuni tynnwn lun nifer o belydrau ochr yn ochr.

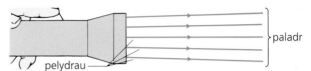

Rhai ffeithiau am oleuni

Mae goleuni yn cludo egni. Nid oes angen batri i'r cyfrifiannell hwn weithio. Dim ond digon o olau haul.

Mae tonnau goleuni yn gallu teithio trwy'r gofod. Fel arall ni fyddai'n bosibl gweld yr Haul a'r sêr. Mae'r tonnau yn teithio'n gyflym iawn – tua 300 000 cilometr yr eiliad.

Mae goleuni yn teithio mewn llinellau syth. Dangosir hyn gan ymyl paladr laser. Gallwch weld llwybr y paladr oherwydd bod llwch yn yr aer yn disgleirio wrth iddo adlewyrchu goleuni.

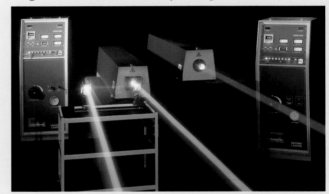

Mae goleuni wedi ei wneud o donnau. Taflwch garreg i bwll ac mae'r crychdonnau yn ymledu ar draws wyneb y dŵr. Mae goleuni yn teithio'n debyg iawn. Ond dirgryniadau trydanol a magnetig yw'r 'crychdonnau'. Ac nid oes arnynt angen dŵr i deithio arno.

Rhan o'r teulu

Mae goleuni yn rhan o deulu mawr o **donnau electromagnetig** (mae rhagor am hyn yn nes ymlaen yn y llyfr). Mae gwahanol ddefnyddiau yn effeithio ar y gwahanol donnau mewn ffyrdd gwahanol. Er enghraifft, mae goleuni yn teithio trwy wydr (yn cael ei drosglwyddo ganddo), yn cael ei adlewyrchu gan fetel, ond yn cael ei amsugno gan huddygl, a dyna pam mae huddygl yn ymddangos yn ddu.

Hologramau

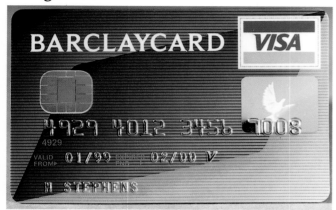

Mae llun yr aderyn ar y cerdyn yn **hologram**. Mae'n edrych yn dri dimensiwn. Ac mae'r lliw yn newid wrth edrych arno o wahanol onglau. Patrwm o donnau goleuni yn adlewyrchu o arwyneb y cerdyn yw'r ddelwedd mewn gwirionedd. Mae'r hologram ar y cerdyn er mwyn ei wneud yn anodd i ffugiwr ei gopïo.

Laserau

Mae **laser** yn rhoi paladr goleuni cryf iawn. Mae'n baladr arbennig o gul. Un lliw sydd iddo.

Bydd llawfeddyg yn defnyddio laser i wneud llawdriniaethau manwl ar lygaid a nerfau. Mae'r paladr cul yn crynhoi gwres a gall hwn selio pibellau gwaed a thorri meinwe yn fanwl gywir.

Defnyddir laser mewn chwaraewr cryno-ddisg (CD). Wrth i'r disg droi, mae goleuni o laser bach yn cael ei adlewyrchu oddi arno yn guriadau. Newidir y curiadau yn signalau trydanol ac yna yn sain. Mae systemau teleffon yn defnyddio curiadau goleuni laser i anfon llais dros bellter mawr trwy **ffibrau optegol**. Edrychwch yn y mynegai i ddarllen mwy am ffibrau optegol.

Mewn nifer o archfarchnadoedd, maent yn nodi pris pob eitem trwy anfon paladr laser dros y cod bar i'w 'ddarllen'. Mae canfodydd yn dal y paladr a adlewyrchir, ac yn newid y 'curiadau' goleuni yn negeseuon trydanol ar gyfer y til.

ISBN 0-9538777-2-8

Cwestiynau

1 Pa rai o'r rhain sy'n rhoi eu goleuni eu hunain?
   A Tudalen mewn llyfr;
   B Yr Haul;
   C Goleuadau traffig.
2 Ysgrifennwch *dri* defnydd ar gyfer laser.
3 Nid yw Anwen yn hollol siŵr bod goleuni yn fath o egni. Mae hi am gael tystiolaeth. Beth allwch chi ei awgrymu?
4 Beth yw cyflymder goleuni yn y gofod?

85

Drychau plân

Nid yw'r drws mor llyfn â'r drych. Mae'n gwasgaru goleuni i bob cyfeiriad.
Mae drychau yn adlewyrchu goleuni mewn ffordd sy'n cynhyrchu delweddau.

Deddfau adlewyrchiad

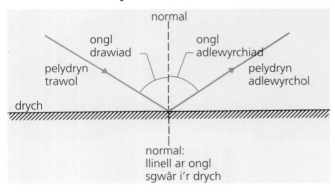

Pan fo pelydryn o oleuni yn cael ei adlewyrchu oddi ar ddrych, mae'n dilyn dwy reol syml:

1 Mae'r ongl adlewyrchiad yn hafal i'r ongl drawiad. Adlewyrchir y pelydryn oddi ar y drych ar yr un ongl ag y mae'n cyrraedd.

2 Mae'r pelydryn sy'n taro'r drych, y pelydryn adlewyrchol, a'r normal i gyd yn gorwedd yn yr un plân. Gallwch dynnu llun y tri ar un darn o bapur gwastad.

Y rhain yw **deddfau adlewyrchiad**.

Sut mae drych plân yn ffurfio delwedd

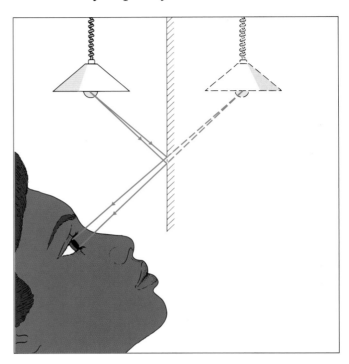

Mae miloedd ar filoedd o belydrau yn dod o'r lamp. Ond i gadw pethau'n syml, dim ond dau a ddangosir yn y llun. Mae'r pelydrau yn cael eu hadlewyrchu i'r llygad. Mae'n ymddangos fel eu bod yn dod o safle y tu ôl i'r drych. Dyma lle y byddech yn gweld delwedd o'r lamp.

Nid yw'r pelydrau yn mynd trwy'r ddelwedd mewn gwirionedd. Dim ond *ymddangos* fel petaent yn dod ohoni y maent. Felly, gelwir y ddelwedd yn **ddelwedd rithwir**. Yn wahanol i'r ddelwedd a gynhyrchir gan daflunydd, ni ellir dangos hon ar sgrîn.

Rhagor o reolau

Pan fydd rhywbeth wedi ei osod o flaen drych plân, bydd ei ddelwedd:

yr un faint;

yr un pellter oddi wrth y drych, ac mewn safle cyfatebol;

wedi ei gwrthdroi yn ochrol – mae'r ochr 'chwith' yn mynd yn 'dde' a'r ochr 'dde' yn 'chwith'. Gelwir hyn yn wrthdroad ochrol.

Dod o hyd i'r ddelwedd

Gallwch ddod o hyd i safle delwedd trwy arbrawf:

1 Rhowch ddrych i sefyll ar draws canol darn o bapur. Tynnwch linell bensil ar hyd cefn y drych. Rhowch bin i sefyll o flaen y drych. Marciwch ei safle.

2 Gosodwch ymyl pren mesur mewn llinell â delwedd y pin yn y drych. Gwnewch hyn eto o safle arall. Marciwch safle ymyl y pren mesur bob tro.

3 Symudwch y drych, y pin a'r pren mesur oddi ar y papur. Darganfyddwch ble byddai'r llinellau pren mesur yn croesi. Dyma safle'r ddelwedd.

Perisgop

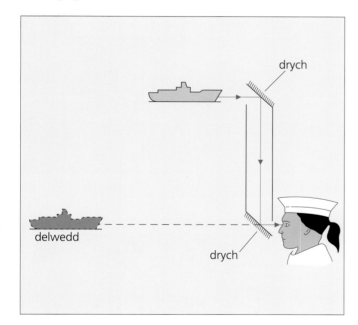

Mae perisgop yn defnyddio dau ddrych i'ch helpu i weld yn uwch nag arfer. Rydych yn gweld delwedd sydd 'ar ei thraed' oherwydd bod un drych yn canslo gwrthdroad ochrol y llall.

Sylwch: mae ambell berisgop yn defnyddio prismau adlewyrchu yn hytrach na drychau. Chwiliwch yn y mynegai i ddarganfod mwy am ymddygiad prismau.

Cwestiynau

1 Copïwch y diagram.

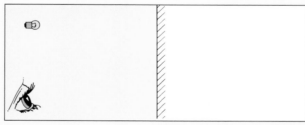

Marciwch safle delwedd y bwlb. Lluniwch ddau belydryn sy'n gadael y bwlb, yn adlewyrchu oddi ar y drych ac yn mynd i'r llygad.

2 Dyma gynllun ystafell.

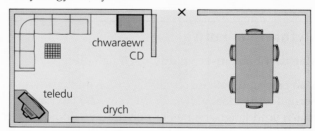

Mae drych ar y wal. Petaech chi'n sefyll wrth y drws, yn X, a fyddech chi'n gallu gweld
a y teledu?   b y chwaraewr CD?

3 Mae merch yn sefyll 10 m o flaen drych mawr, plân.
a Pa mor bell yw'r ferch oddi wrth ei delwedd?
b Pa mor bell y mae'n rhaid iddi gerdded er mwyn bod 5 m oddi wrth ei delwedd?

4.03 Plygu goleuni

Dim poen!

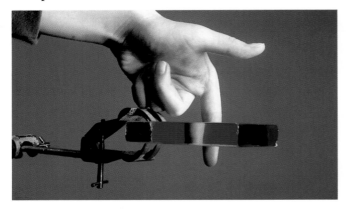

Trowch y bloc gwydr ac mae darn o'ch bys yn symud a dod yn rhydd. Neu mae'n ymddangos felly. Mewn gwirionedd, y pelydrau goleuni sy'n symud, nid y bys.

Dyma sut mae pelydryn goleuni yn mynd trwy floc gwydr:

Mae'r pelydryn yn cael ei **blygu** wrth fynd i'r bloc. Mae plygiant yn digwydd eto wrth iddo adael y bloc. Felly, mae'r bloc yn symud y pelydryn i'r ochr. Yr unig amser na fydd y pelydryn yn plygu yw pan fydd yn taro wyneb y bloc yn 'syth', sef ar ongl sgwâr.

Wrth i oleuni fynd i wydr, dŵr, neu ddefnydd tryloyw arall, mae'n plygu tuag at y normal. Hynny yw:

mae'r ongl blygiant yn llai na'r ongl drawiad.

Wrth i oleuni adael defnydd tryloyw, mae'n plygu oddi wrth y normal.

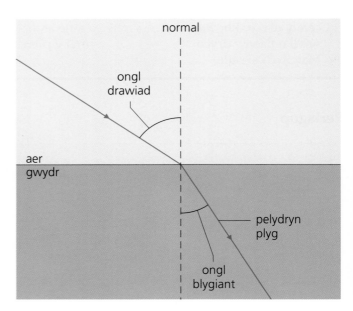

Dyfnach na'i olwg

Mae dŵr bob amser yn ddyfnach na'i olwg:

Mae pelydrau goleuni o'r garreg yn plygu oddi wrth y normal wrth adael y dŵr. Os edrychwch i lawr arni, mae'n ymddangos fel petai'r pelydrau yn dod o bwynt sy'n llai dwfn, a rhywfaint i un ochr. Felly, mae'r garreg yn ymddangos yn nes nag ydyw mewn gwirionedd. Oherwydd hyn, mae pethau'n ymddangos yn fwy o dan ddŵr. Pan fydd gwyddonwyr neu archeolegwyr yn archwilio bywyd tanddwr neu longddrylliad, maent yn goramcangyfrif y meintiau ac yn gorfod mesur i gael manylion cywir.

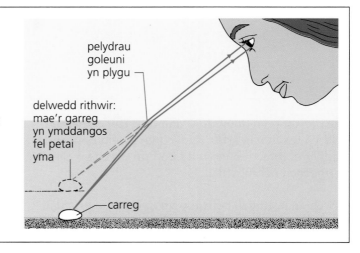

Lliw

Fel hyn y mae lliwiau yn ffurfio:

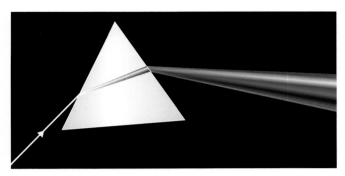

Pan fydd paladr cul o oleuni gwyn yn mynd trwy brism, mae'r paladr yn hollti yn holl liwiau'r enfys. Nid un lliw yn unig yw gwyn, ond cymysgedd o liwiau. Mae'r lliwiau yn cyrraedd y prism gyda'i gilydd ond yn cael eu plygu ar wahanol onglau gan y gwydr. Yr enw ar hyn yw **gwasgariant**.

Yr enw ar yr amrediad o liwiau yw **sbectrwm**. Mae'r rhan fwyaf o bobl yn credu eu bod yn gallu gweld chwe lliw yn y sbectrwm:

coch, oren, melyn, gwyrdd, glas, fioled,

er mai newid yn raddol o un pen i'r llall y mae'r lliw mewn gwirionedd.

Yr hyn sy'n achosi'r gwahanol liwiau hyn yw tonnau goleuni ar wahanol donfeddi. Goleuni coch sydd â'r donfedd hiraf, glas sydd â'r fyrraf.

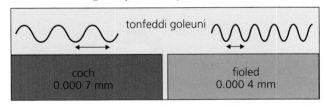

Pam mae goleuni yn plygu

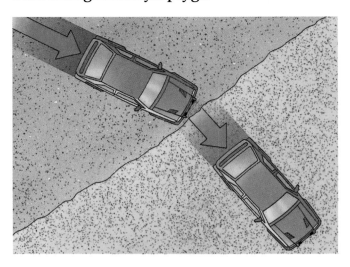

Dychmygwch gar cyflym yn cael ei yrru i dywod ar ongl. Mae un olwyn flaen yn taro'r tywod cyn y llall. Felly mae un ochr y car yn arafu o flaen y llall. Mae llwybr y car yn cael ei blygu. Nid yw goleuni yn solid fel car. Ond mae goleuni yn plygu fel hyn, oherwydd ei fod yn cael ei arafu. Po fwyaf y caiff ei arafu, mwyaf y mae'n plygu.

Mewn aer, mae goleuni yn teithio ar tua 300 000 cilometr/eiliad. Dyma ei fuanedd mewn rhai defnyddiau eraill:

Defnydd	Cyflymder goleuni
Dŵr	225 000 km/s
Gwydr	197 000 km/s
Persbecs	201 000 km/s
Diemwnt	124 000 km/s

(Mae'r cyflymderau hyn yn amrywio ychydig yn ôl y lliw.)

Cwestiynau

1 Copïwch a chwblhewch y diagramau isod. Dangoswch beth sy'n digwydd i bob pelydryn goleuni wrth iddo fynd trwy'r bloc gwydr.

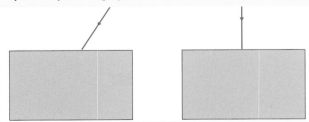

2 Dyma gêm ar gyfer ffair yr ysgol. Gwasgarwch ddarnau 20c ar waelod powlen.

I chwarae, anelwch o'r ochr, a thaflu darn 2c. I ennill, rhaid i'ch darn 2c chi orchuddio darn 20c.
Eglurwch pam nad oes gennych lawer o obaith ennill os yw'r bowlen yn llawn dŵr.

3 Mae'r tabl uchod yn rhoi buanedd goleuni mewn dŵr, gwydr, persbecs a diemwnt.
   a Pa un o'r defnyddiau hyn sy'n plygu goleuni fwyaf?
   b Cymharwch ddŵr â gwydr. Pa un o'r ddau sy'n plygu goleuni fwyaf?
   c Petai'r blociau yng nghwestiwn 1 wedi eu gwneud o bersbecs yn hytrach na gwydr, sut y byddai eich diagramau yn wahanol?

4 Pa liw sy'n cael:
   a ei blygu fwyaf gan brism?
   b ei blygu leiaf gan brism?

Adlewyrchiad mewnol

Gall wyneb mewnol dŵr, gwydr neu unrhyw ddefnydd tryloyw arall weithio fel drych perffaith. Mae'r diagramau isod yn dangos beth sy'n digwydd i dri phelydryn sy'n gadael lamp danddwr ar wahanol onglau. Os yw'r goleuni yn taro'r wyneb ar ongl sy'n fwy na'r **ongl gritigol**, nid oes pelydryn plyg. Mae'r holl oleuni yn cael ei adlewyrchu. Yr enw ar hyn yw **adlewyrchiad mewnol cyflawn**.

Mae gwerth yr ongl gritigol yn dibynnu ar y defnydd. Dyma enghreifftiau:

Ongl gritigol	
dŵr	49°
plastig acrylig	42°
gwydr (pur)	41°
diemwnt	24°

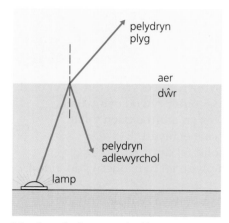

Mae'r pelydryn yn hollti yn belydryn plyg, a phelydryn adlewyrchol gwannach.

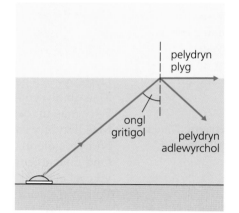

Mae'r pelydryn yn hollti, ond braidd nad yw'r pelydryn plyg yn gadael yr arwyneb.

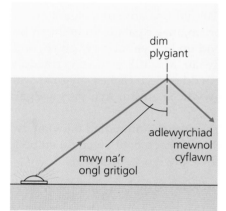

Nid oes pelydryn plyg. Mae wyneb yn dŵr yn gweithredu fel drych perffaith.

Prismau adlewyrchu

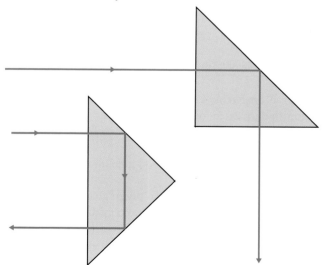

Mae wynebau mewnol y **prismau** hyn yn gweithredu fel drychau perffaith gan fod y goleuni yn eu taro ar 45°. Mae hynny'n fwy na'r ongl gritigol ar gyfer gwydr neu blastig acrylig.

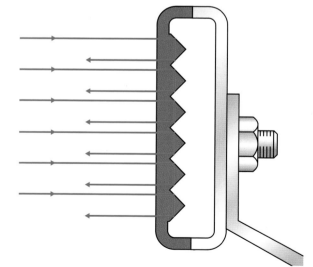

Mae adlewyrchyddion cefn sydd gan geir a beiciau yn cynnwys llawer o brismau bach sy'n defnyddio adlewyrchiad mewnol cyflawn i anfon goleuni yn ôl yn y cyfeiriad dirgroes.

Ffibrau optegol

Rhodenni tenau, hyblyg o wydr neu blastig tryloyw yw ffibrau optegol. Wrth roi goleuni i mewn yn un pen, mae'n teithio i'r pen arall trwy adlewyrchiad mewnol cyflawn oddi ar ochrau'r ffibrau, fel hyn:

Er bod rhywfaint o'r goleuni yn cael ei amsugno wrth deithio trwy'r gwydr neu'r plastig, mae'r goleuni yn dod o'r ffibr bron mor ddisglair ag oedd ar y dechrau – hyd yn oed os yw hyd y ffibr yn rhai cilometrau.

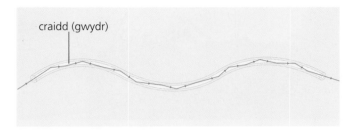

Ffibr optegol sengl   Yn y math a ddangosir yma, mae gorchudd am y ffibr i warchod yr wyneb sy'n adlewyrchu.

Sypyn o ffibrau optegol   Os yw'r ffibrau yn cael eu cadw yn yr un safle cyfatebol ar bob pen, yna gallwch weld llun trwyddynt.

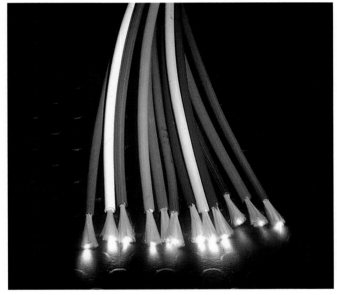

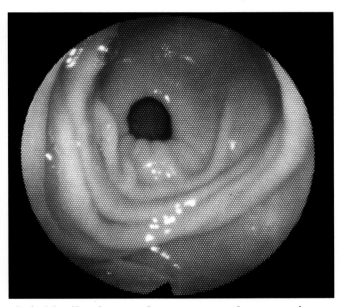

Gall ffibrau optegol gario galwadau ffôn. Mae'r signalau yn cael eu rhoi mewn cod a'u hanfon ar hyd y ffibrau ar ffurf curiadau o oleuni laser. O'u cymharu â cheblau trydan, mae angen llai o orsafoedd i gryfhau'r signalau.

Cafodd y llun hwn ei dynnu trwy **endosgop**, sef cyfarpar a ddefnyddir gan lawfeddyg i edrych y tu mewn i'r corff. Sypyn hir, tenau o ffibrau optegol yw endosgop.

Cwestiynau

1 Ongl gritigol gwydr yw 41°. Eglurwch hyn.
2 **a** Copïwch a chwblhewch y diagramau ar y dde i ddangos i ble y bydd pob pelydryn yn mynd ar ôl taro'r prism.
   b Petai'r prismau ar y dde yn danciau tryloyw siâp triongl yn llawn dŵr, a fyddai yna adlewyrchiad mewnol cyflawn o hyd? Os na fyddai, pam?
3 **a** Rhowch ddwy ffordd ymarferol o ddefnyddio ffibrau optegol.
   b Rhowch ffordd ymarferol arall o ddefnyddio adlewyrchiad mewnol cyflawn.

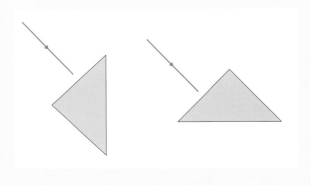

4.05 Tonnau

Difrod yn Alaska

Mae'r llun yn dangos canlyniadau tswnami neu 'don llanw'. Dechreuodd y cyfan gyda daeargryn tanddwr filoedd o gilometrau i ffwrdd. O ganlyniad i hwnnw, dechreuodd tonnau ruthro ar draws y cefnfor. Allan yng nghanol y môr, roedd y tonnau yn fach. Symudai'r llongau i fyny ac i lawr rhyw fetr neu ddau, ond fawr mwy. Ond wrth ddod yn nes at yr arfordir, tyfodd y tonnau yn enfawr nes eu bod yn uwch na'r tai erbyn iddynt daro'r traeth. Wrth iddynt ddisgyn, rhuthrodd y dŵr dros y tir gan gario coed, creigiau a chychod gannoedd o fetrau i'r tir.

Mae tonnau yn cludo egni o un lle i'r llall.

Nid ar draws dŵr yn unig y mae tonnau'n symud. Mae sain, goleuni a signalau radio i gyd yn teithio ar ffurf tonnau.

Mae dau brif fath o donnau. Gallwch eu hastudio trwy ddefnyddio sbring 'Slinky' wedi ei estyn.

Tonnau ardraws

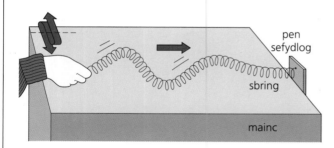

Daliwch i symud un pen y sbring o un ochr i'r llall, a bydd tonnau yn teithio ar hyd y sbring. Mae pob troad yn y sbring yn symud o ochr i ochr, ond ychydig ar ôl yr un o'i flaen. Yr enw ar donnau fel hyn, lle mae'r symudiadau o ochr i ochr (neu i fyny ac i lawr) yw **tonnau ardraws**.

Mae tonnau goleuni a thonnau radio yn donnau ardraws.

Tonnau hydredol

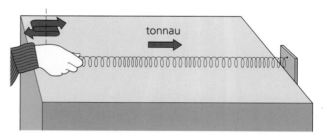

Daliwch i symud un pen y sbring yn ôl ac ymlaen, a bydd tonnau yn teithio ar hyd y sbring. Mae pob ton yn gywasgiad sy'n cael ei ddilyn gan ran wedi ymestyn. Yr enw ar donnau fel hyn, lle mae'r symudiadau yn ôl ac ymlaen, yw **tonnau hydredol**.

Mae tonnau sain yn donnau hydredol.

Tynnu llun tonnau

Gallwch ddangos tonnau ardraws fel hyn.

Ffordd arall o ddarlunio tonnau yw defnyddio llinellau sy'n cael eu galw'n flaendonnau. Meddyliwch am bob blaendon fel pen uchaf ton ardraws, neu'r cywasgiad mewn ton hydredol.

Disgrifio tonnau

Amledd Dyma yw nifer y tonnau sy'n mynd heibio bob eiliad. Mae'n cael ei fesur mewn **hertz (Hz)**. Mae amledd o 100 Hz yn golygu bod 100 ton yn mynd heibio bob eiliad.

Cyfnod Dyma'r amser i un don gyfan fynd heibio. Os oes 100 ton bob eiliad, yna mae un yn cymryd 1/100 eiliad i fynd heibio. Felly:

$$amledd = \frac{1}{cyfnod}$$

Osgled Mae hwn i'w weld yn y diagram.

Tonfedd Dyma'r pellter rhwng blaendonnau . . . neu rhwng rhyw bwynt ar un don a'r un pwynt ar y don nesaf.

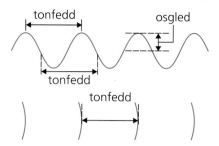

Hafaliad ar gyfer tonnau

Dychmygwch donnau yn teithio ar draws y môr . . .

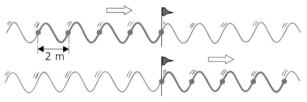

2 m

1 eiliad yn ddiweddarach

buanedd = amledd × tonfedd

Mae'r hafaliad hwn yn wir am bob ton.

Yma, mae 4 ton yn mynd heibio i'r faner mewn un eiliad . . .

felly yr amledd yw 4 Hz.

Mae pob ton yn 2 fetr o hyd . . .

felly y donfedd yw 2 m.

Felly:

Mae'r tonnau yn teithio 8 metr mewn un eiliad . . .

felly y buanedd yw 8 m/s.

Yn yr enghraifft hon,

8	=	4	×	2
m/s		Hz		m

Cwestiynau

1

A

B

a Pa fath o don yw A?
b Gan ddefnyddio pren mesur milimetrau, mesurwch:
   tonfedd A;
   osgled A;
   tonfedd B.
2 Mae tair ton yn teithio ar yr un buanedd, ond mae ganddynt wahanol amleddau a thonfeddi. Copïwch y siart, yna llenwch y bylchau:

	Buanedd (m/s)	Amledd (Hz)	Tonfedd (m)
Ton 1		8	4
Ton 2		16	
Ton 3			1

3 Mae'r tonnau hyn i gyd yn teithio ar yr un buanedd:

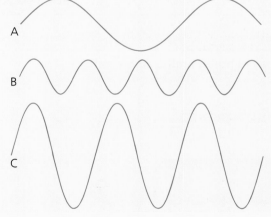

A

B

C

Pa un sydd:
a â'r amledd uchaf?
b â'r donfedd hiraf?
c â'r osgled mwyaf?
ch â'r cyfnod byrraf?

93

Crychdonnau dŵr a goleuni

Tanc crychdonni yw hwn – i astudio tonnau.
Rhaid llenwi'r tanc bas â dŵr.
Mae'r trochwr yn dirgrynu gan anfon crychdonnau ar draws wyneb y dŵr.
Gallwch roi gwahanol siapiau yn y dŵr i adlewyrchu neu blygu y 'paladr' tonnau.

Mae'r crychdonnau yn ymddwyn yn debyg i baladr o oleuni. Dyma un rheswm da dros feddwl bod goleuni wedi ei wneud o donnau.

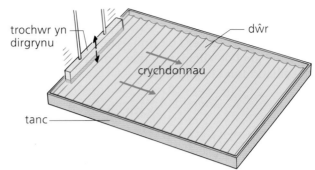

Mewn dŵr

Adlewyrchiad

Mewn goleuni

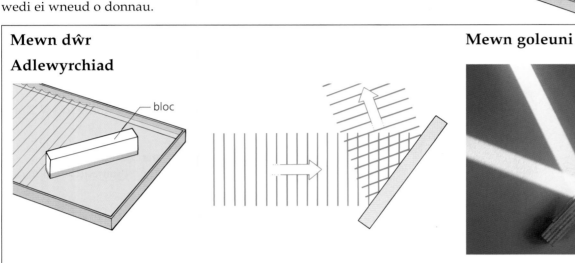
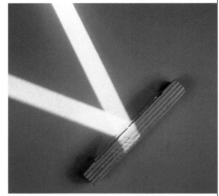

Mae tonnau yn symud tuag at wyneb y bloc.

Mae'r ongl adlewyrchiad yr un faint â'r ongl drawiad – fel yn achos paladr o oleuni.

Dyma baladr goleuni yn cael ei adlewyrchu gan ddrych.

Dyma enghraifft arall o adlewyrchiad:

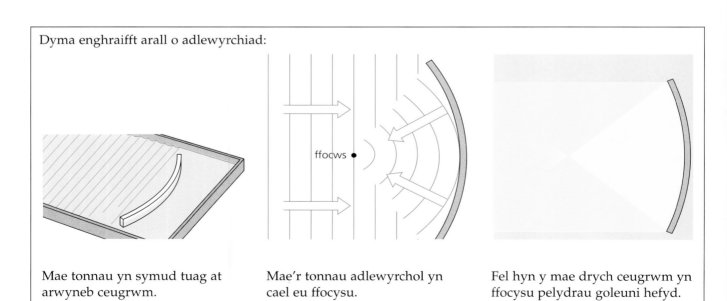

Mae tonnau yn symud tuag at arwyneb ceugrwm.

Mae'r tonnau adlewyrchol yn cael eu ffocysu.

Fel hyn y mae drych ceugrwm yn ffocysu pelydrau goleuni hefyd.

Plygiant

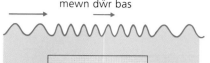
crychdonnau yn arafu mewn dŵr bas

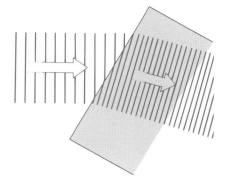

Dyma baladr goleuni yn plygu wrth fynd o aer i wydr.

Mae darn plân o blastig yn gwneud y dŵr yn llai dwfn. Mae hyn yn arafu'r tonnau. Wrth iddynt arafu, maent yn plygu – yn union fel paladr goleuni.

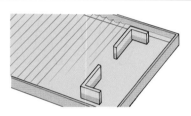

Diffreithiant

Mae tonnau'n plygu wrth fynd trwy agoriad cul. Yr enw ar hyn yw **diffreithiant**. Mae'n gweithio orau os yw lled yr agoriad tua'r un maint â'r donfedd. Nid yw agoriad llydan yn achosi llawer o ddiffreithiant.

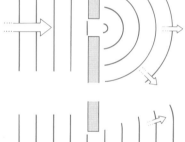

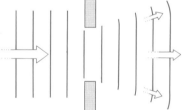

Edrychwch ar olau stryd trwy lenni rhwyd â'u tyllau'n fân. Fe welwch sawl delwedd. Diffreithiant sy'n achosi'r rhain. Mae'r goleuni yn cael ei blygu oddi ar ei lwybr wrth fynd trwy'r tyllau mân yn y defnydd.

Rhaid i'r tyllau fod yn fach iawn i ddiffreithio goleuni. Felly, beth mae hyn yn ei ddweud am donfedd tonnau goleuni?

Cwestiynau

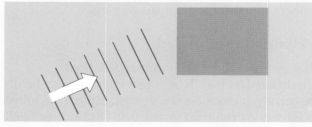

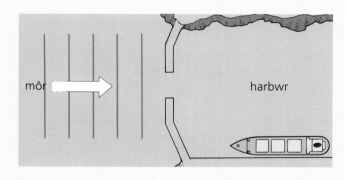

1 Mae tonnau mewn tanc crychdonni yn symud tuag at floc petryalog o blastig. Mae'r dŵr yn gorchuddio'r plastig.
   a Beth sy'n digwydd i fuanedd y tonnau wrth iddynt gyrraedd y plastig? Beth sy'n digwydd i'r tonnau?
   b Copïwch a chwblhewch y diagram i ddangos beth sy'n digwydd i'r tonnau.
   c Yn lle'r plastig, rhoddir bloc arall sy'n ddyfnach na'r dŵr. Lluniwch ddiagram i ddangos beth sy'n digwydd i'r tonnau nawr.

2 a Copïwch a chwblhewch y diagram i ddangos beth sy'n digwydd i'r tonnau wrth iddynt fynd trwy fynedfa'r harbwr.
   b Beth yw'r enw ar hyn?
   c Pa wahaniaeth fyddai yna petai mynedfa'r harbwr yn lletach?

Tonnau electromagnetig

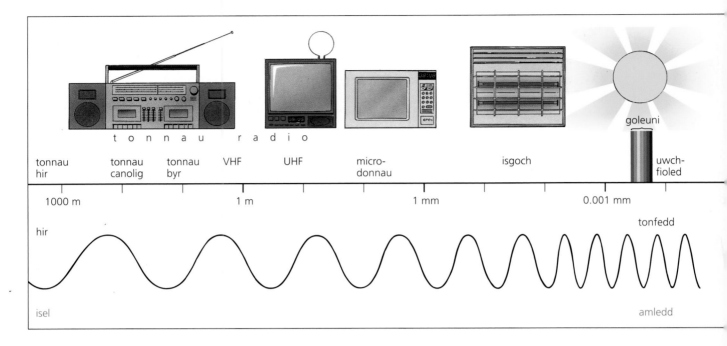

| tonnau hir | tonnau canolig | tonnau byr | VHF | UHF | micro-donnau | isgoch | goleuni | uwch-fioled |

1000 m · 1 m · 1 mm · 0.001 mm

hir · tonfedd

isel · amledd

Tonnau radio

Cynhyrchir tonnau radio trwy wneud i gerrynt ddirgrynu mewn erial. Ni ellir eu gweld na'u clywed. Ond gellir eu hanfon mewn patrwm arbennig sy'n dweud wrth set deledu neu radio pa luniau neu seiniau i'w gwneud.

Defnyddir tonnau hir a chanolig ar gyfer radio AM.

Defnyddir tonnau VHF ar gyfer radio stereo FM.

Defnyddir tonnau UHF ar gyfer y teledu.

Tonnau radio â thonfedd fer iawn yw **micro-donnau**. Fe'u defnyddir ar gyfer radar, ac i anfon signalau i loerenni. Fe'u defnyddir hefyd ar gyfer ffôn symudol, ac i drosglwyddo signalau teledu a theleffon o amgylch y wlad.

Mae'r dŵr mewn bwyd yn amsugno rhai micro-donnau yn dda iawn. Mae hyn yn cynhyrchu gwres. Dyna'r syniad a ddefnyddir mewn popty micro-don. Oherwydd eu bod yn gwresogi fel hyn, mae micro-donnau yn niweidiol i unrhyw gelloedd byw sy'n eu hamsugno.

Pelydriad isgoch

Mae pethau poeth fel tân a gwresogyddion yn rhyddhau pelydriad **isgoch**. Gallwch deimlo'r pelydriad – dyna sy'n cynhesu eich croen. Mae gormod ohono yn llosgi.

Wrth i ddefnydd fynd yn boethach, mae'r tonfeddi isgoch yn mynd yn fyrrach. Pan fydd rhywbeth mor boeth nes troi'n goch, neu'n 'gochias', bydd rhai tonfeddi mor fyr fel y gellir eu canfod â'r llygad.

Mae yna lampau diogelwch sy'n rhyddhau paladr o belydriad isgoch a chanfod eu hadlewyrchiad os oes rhywun o gwmpas. Mewn rhwydwaith teleffon, anfonir cod o lais a data ar hyd ffibrau optegol ar ffurf curiadau o 'oleuni' isgoch. Mae'r teclyn newid sianeli teledu yn gweithio trwy anfon negeseuon isgoch. Gall camera isgoch dynnu lluniau yn y nos.

Pelydriad uwchfioled

Nid yw'r llygad yn gallu canfod pelydriad **uwchfioled**, er bod llawer ohono mewn golau haul. Os oes gennych groen du neu dywyll, caiff yr uwchfioled ei amsugno cyn mynd yn rhy bell. Ond â chroen golau, gall yr uwchfioled fynd yn ddyfnach ac achosi canser y croen. Mae 'lliw haul' yn datblygu wrth i'r croen geisio ei amddiffyn ei hun rhag uwchfioled. Gall uwchfioled niweidio eich llygaid hefyd.

Mae rhai cemegau yn tywynnu wrth amsugno uwchfioled. **Fflwroleuedd** yw'r enw ar hyn. Mewn lampau fflwroleuol, rhoddir haen o bowdr gwyn y tu mewn i'r tiwb. Mae'r powdr yn rhyddhau goleuni wrth amsugno uwchfioled. I gynhyrchu'r uwchfioled anfonir cerrynt trwy nwy yn y tiwb.

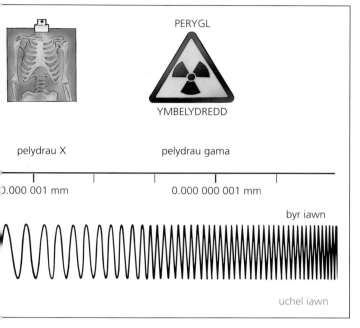

PERYGL

YMBELYDREDD

pelydrau X   pelydrau gama

0.000 001 mm   0.000 000 001 mm

byr iawn

uchel iawn

Mae goleuni yn rhan o deulu o donnau a elwir yn **sbectrwm electromagnetig**. Mae gan y tonnau hyn nifer o bethau yn gyffredin:

- gallant deithio trwy ofod gwag;
- eu cyflymder trwy'r gofod yw 300 000 km/s;
- maent yn grychdonnau ardraws trydanol a magnetig, yn bennaf yn cael eu rhyddhau gan electronau neu foleciwlau wrth iddynt ddirgrynu neu golli egni. (Gronynnau bach wedi'u gwefru yw electronau, y tu mewn i atomau.)

Po fyrraf y donfedd, uchaf yr amledd. Gall amleddau uwch ddarparu mwy o egni wrth gael eu hamsugno, felly maent yn fwy peryglus.

Pelydrau X

Mae **pelydrau X** yn cael eu cynhyrchu mewn tiwb pelydrau X wrth i baladr o electronau daro targed metel. Mae pelydrau X sydd â thonfeddi byr yn dreiddiol iawn, a gallant fynd trwy fetelau trwchus. Mae pelydrau X sydd â thonfeddi hir yn llai treiddiol. Gallant fynd trwy gnawd ond nid trwy esgyrn. Dyna pam y gwelir yr esgyrn ar ffotograff pelydr X.

Gall pelydrau X niweidio celloedd byw yn ddwfn yn y corff, gan achosi canser. Felly ni ddylid dod i gysylltiad â hwy am gyfnod hir. Mae pobl sy'n defnyddio peiriannau pelydr X yn cael eu gwarchod gan haenau plwm. Ond defnyddir pelydr dwys o belydrau X i ddinistrio celloedd canser.

Pelydrau gama

Rhyddheir y rhain gan ddefnyddiau ymbelydrol. Maent yn debyg i belydrau X, ac fe'u defnyddir ar gyfer ffotograffau tebyg i rai pelydr X, ac i drin canser. Gan eu bod yn lladd bacteria niweidiol, fe'u defnyddir hefyd i ddiheintio bwyd ac offer meddygol.

Effaith ïoneiddio

Mae uwchfioled, pelydrau X a phelydrau gama yn achosi **ïoneiddio**: maent yn tynnu electronau oddi ar atomau yn eu llwybr. Mae ïoneiddio yn niweidiol i gelloedd byw.

Cwestiynau

1 Pan fydd y paladr yn mynd o'r ffilament trwy'r prism gwydr, mae'n bosibl canfod dau fath arall o belydriad, yn ogystal â goleuni.
   a Pa fath o belydriad sydd yn X?   b ac yn Y?

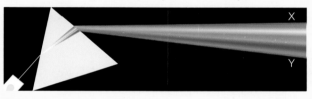

2 Rhowch *ddwy* briodwedd (nodwedd) sy'n gyffredin i bob ton electromagnetig.

3 Enwch un math o don electromagnetig sydd:
   a yn gallu achosi fflwroleuedd;
   b ar waith mewn teclyn newid sianeli teledu;
   c yn cael ei defnyddio ar gyfer radar;
   ch yn gallu mynd trwy fetelau;
   d yn cael ei rhyddhau gan ddefnyddiau poeth;
   dd yn cael ei chanfod gan y llygad;
   e yn achosi ïoneiddio.

4

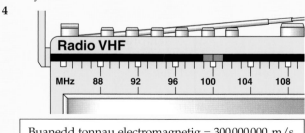

| Buanedd tonnau electromagnetig = 300 000 000 m/s |
| 1 MHz   =   1 000 000 Hz |
| Buanedd   =   amledd × tonfedd |

Defnyddiwch yr wybodaeth uchod i gyfrifo tonfedd y tonnau y mae'r radio yn gallu eu derbyn.

4.08 Anfon signalau

Mae teleffon, radio a theledu i gyd yn ffurfiau ar **delegyfathrebu** – ffyrdd o drawsyrru (anfon) gwybodaeth dros bellter hir. Gellir anfon seiniau, lluniau, testun, neu ddata. Gallwn ddefnyddio gwifrau, goleuni neu donnau radio i'w hanfon.

Yn y system deleffon syml ar y dde, mae'r microffon yn trosi'r wybodaeth sy'n cyrraedd (sef synau llais) yn gerrynt newidiol. Mae'r newidiadau, sef **signalau**, yn mynd trwy wifrau i'r ffôn clust. Yno maent yn cael eu troi yn ôl yn wybodaeth ddefnyddiol (llais eto). Mewn system go iawn, defnyddir **mwyhadur** i gynyddu cryfder y signal.

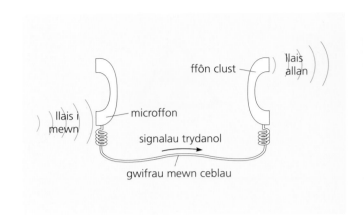

Signalau analog a digidol

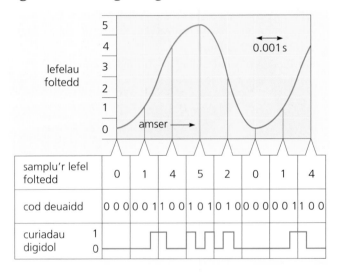

samplu'r lefel foltedd	0	1	4	5	2	0	1	4
cod deuaidd	0 0 0	0 0 1	1 0 0	1 0 1	0 1 0	0 0 0	0 0 1	1 0 0
curiadau digidol 1 0								

Mae'r tonnau sain sy'n mynd i ficroffon yn gwneud i'r cerrynt trwyddo amrywio, fel y gwelwch uchod. Yr enw ar amrywiad parhaus fel hyn yw **signal analog**. Mae'r tabl yn dangos sut y gellir ei drosi yn **signalau digidol** – signalau yn cael eu cynrychioli gan rifau. Mae'r cerrynt yn cael ei **samplu** (ei fesur) yn electronig nifer o weithiau bob eiliad, a'r mesuriadau yn cael eu trosi yn **god deuaidd** (rhifau yn defnyddio'r digidau 0 ac 1 yn unig). Mae'r rhain yn cael eu trawsyrru ar ffurf cyfres o guriadau a'u trosi yn ôl yn signalau analog yn y pen arall, yn y derbynnydd.

Manteision trawsyrru digidol

- Mae ansawdd signalau digidol yn well na rhai analog. Dyma pam: mae signalau yn mynd yn fwy gwan wrth deithio. Yn achos signal analog, mae rhai amleddau yn mynd yn fwy gwan nag eraill, ac mae ymyriant yn difetha'r ansawdd. Yn achos signal digidol, nid yw'r effeithiau hyn yn bwysig gan fod y gyfres o ddigidau 0 ac 1 yn dal i gyrraedd y derbynnydd.
- Mae signalau digidol yn gallu cludo mwy o setiau o wybodaeth bob eiliad ar hyd cebl (neu sianel radio) nag y gall signalau analog.

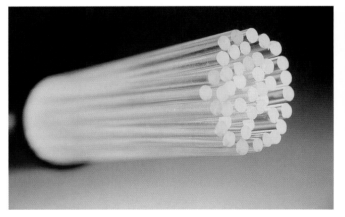

Mae ffibrau optegol yn cludo signalau digidol ar ffurf curiadau neu bwls o isgoch neu oleuni. Mae ceblau ffibrau optegol yn deneuach ac ysgafnach na cheblau trydan, ac yn gallu cludo mwy o signalau, gan golli llai o bŵer.

Defnyddio tonnau radio

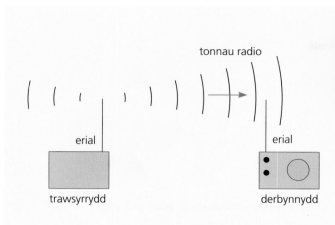

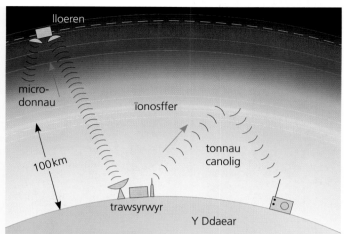

Defnyddir tonnau radio ar gyfer radio, teledu a ffôn symudol. Maent yn cael eu hanfon o **drawsyrrydd** ac yn cynhyrchu cerrynt bach, sydd â'r un amledd, yn erial y **derbynnydd**. Er mwyn cludo'r signalau, rhaid dod o hyd i ffordd o amrywio set o donnau, a elwir yn **gludydd**. Yn achos radio **AM** (modylu osgled), y cryfder sy'n cael ei amrywio. Yn achos radio **FM** (modylu amledd), mae'r amledd yn cael ei amrywio. Nid yw ymyriant yn effeithio cymaint ar yr FM.

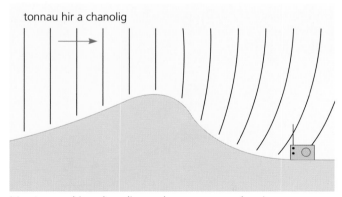

Mae tonnau hir a chanolig yn plygu o gwmpas bryniau. Mae'r radio yn dal i'w derbyn mewn dyffrynnoedd.

Mae tonnau canolig yn cael eu hadlewyrchu gan yr **ïonosffer**, sef haen o ronynnau gwefredig yn yr uwch-atmosffer. Felly mae ganddynt fwy o amrediad. Nid yw amleddau uwch, er enghraifft VHF, UHF a micro-donnau, yn cael eu hadlewyrchu fel hyn ac nid ydynt yn plygu o gwmpas bryniau. Felly rhaid iddynt gael llwybr syth i'ch erial. Gellir anfon micro-donnau ar draws gwlad rhwng erialau a osodir ar ffurf dysglau ar dyrau uchel. Gellir defnyddio lloerenni i drosglwyddo signalau micro-donnau o un rhan o'r Ddaear i ran arall.

Amleddau radio nodweddiadol	
radio AM – tonfedd hir (200 kHz)	0.2 MHz
radio AM – tonfedd ganolig	1 MHz
radio FM (VHF)	100 MHz
teledu UHF	500 MHz
ffôn symudol	900 MHz
teledu lloeren	12 000 MHz
1 megahertz (MHz) = 1 000 000 Hz = 1 miliwn ton yr eiliad	

Cwestiynau

1 Beth yw'r gwahaniaeth rhwng signal *analog* a signal *digidol*?
2 Beth yw gwaith *mwyhadur*?
3 Weithiau bydd systemau ffôn yn defnyddio ffibrau optegol.
   a Ar ba ffurf y mae'r signalau yn teithio ar hyd y ffibr?
   b Rhowch *ddwy* fantais o anfon signalau digidol yn hytrach na rhai analog.
   c Rhowch *ddwy* fantais o ddefnyddio cyswllt ffibrau optegol yn hytrach na chebl sy'n cynnwys gwifrau.

4 Eglurwch pam, wrth ddefnyddio radio mewn dyffryn, y gallech chi gael derbyniad da â thonfedd hir AM, ond bod y derbyniad VHF yn wael.
5 Eglurwch pam mae amrediad tonnau canolig fel arfer yn bellach na thonnau VHF neu UHF.
6 Mae ffôn symudol yn defnyddio amledd o 900 MHz. Defnyddiwch yr wybodaeth ganlynol i gyfrifo tonfedd y tonnau radio:
   buanedd tonnau radio = 300 000 000 m/s
   buanedd = amledd × tonfedd

Tonnau sain

Pan fydd y rhain yn dirgrynu . . .

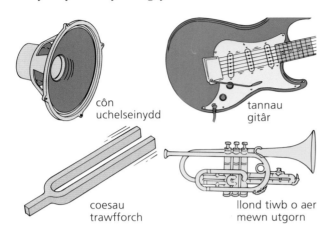

côn
uchelseinydd

tannau
gitâr

coesau
trawfforch

llond tiwb o aer
mewn utgorn

. . . maent yn rhyddhau tonnau sain.

Dirgryniadau yw tonnau sain.
Pan fydd côn uchelseinydd yn dirgrynu bydd yn symud i mewn ac allan yn gyflym iawn. Mae hyn yn estyn a gwasgu yr aer o'i flaen. Mae'r 'estyn' a'r 'gwasgu' yn teithio trwy'r aer ar ffurf tonnau. Wrth iddynt gyrraedd eich clustiau, maent yn gwneud i bilen y glust ddirgrynu ac rydych chi yn clywed sain.

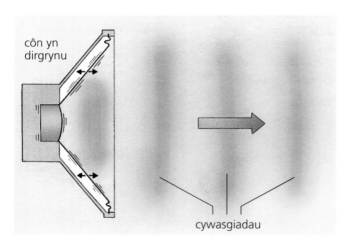

côn yn
dirgrynu

cywasgiadau

Tonnau hydredol yw tonnau sain; mae'r dirgryniadau yn symud yn ôl ac ymlaen.

Yr enw ar y rhannau sy'n cael eu 'gwasgu' yw **cywasgiadau**; yma, mae'r gwasgedd aer yn uwch na'r cyffredin.

Yr enw ar y rhannau sy'n cael eu 'hestyn' yw **teneuadau**; yma, mae'r gwasgedd aer yn is na'r cyffredin.

Gall tonnau sain deithio trwy solidau.
Gallant deithio trwy ddrysau, lloriau, nenfydau, a waliau brics.

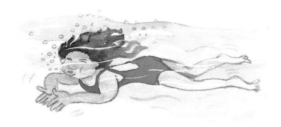

Gall tonnau sain deithio trwy hylifau.
Gallwch glywed sain hyd yn oed pan fyddwch yn nofio dan y dŵr.

Gall tonnau sain deithio trwy bob nwy.
Mae yna aer yn y fflasg hon. Ond, byddech yn dal i glywed y gloch yn canu pa nwy bynnag fyddai yn y fflasg.

Ni all tonnau sain deithio trwy wactod (gofod gwag). Petai'r aer yn cael ei bwmpio o'r fflasg, byddai'r sain yn stopio, er y byddai'r gloch yn dal i weithio. Ni ellir gwneud tonnau sain heb fod rhywbeth yn cael ei wasgu a'i estyn.

Gellir adlewyrchu a phlygu tonnau sain.
Edrychwch ar adran nesaf y bennod hon.

Gellir diffreithio tonnau sain Maent yn gallu plygu o gwmpas gwrthrychau, a dyna pam rydych yn clywed rownd corneli. Po hiraf y donfedd, mwyaf y diffreithiant.

Gweld seiniau

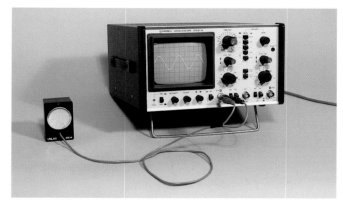

Allwch chi ddim gweld seiniau. Ond gyda microffon ac osgilosgop, gallwch ddangos seiniau ar ffurf tonnau ar sgrîn. Pan fydd tonnau sain yn cyrraedd y microffon, maent yn gwneud i haen fach o fetel ddirgrynu. Mae'r microffon yn newid y dirgryniadau yn ddirgryniadau trydanol. Mae'r osgilosgop yn defnyddio'r rhain i wneud i smotyn ddirgrynu i fyny ac i lawr ar y sgrîn. Ar yr un pryd, mae'r smotyn yn symud yn raddol ar draws y sgrîn. Canlyniad hyn yw **tonffurf**.

Mae'r donffurf yn edrych fel cyfres o donnau ardraws. Mewn gwirionedd, graff ydyw o wasgedd yn erbyn amser. Mae'n dangos sut mae'r gwasgedd aer ger y microffon yn codi a gostwng wrth i donnau sain fynd heibio.

Seiniau wedi eu recordio

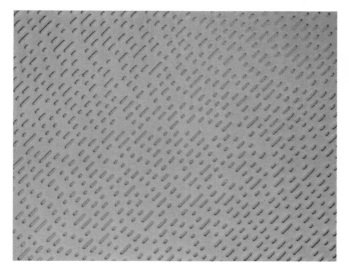

Mae arwyneb **cryno-ddisg (CD)** wedi ei orchuddio â miliynau o godiadau bach iawn, a'r rhain yn ffurfio trac sy'n troi'n sbiral o ganol y disg at allan. Wrth i'r disg droi, mae paladr bach o oleuni laser yn cael ei adlewyrchu gan y codiadau a'r bylchau rhyngddynt. O ganlyniad, mae cyfres o guriadau goleuni yn cael eu canfod a'u newid yn signalau trydanol i'w prosesu. Ar ôl eu prosesu, mae'r signalau yn cynrychioli rhifau. Petaech yn eu plotio, byddai'r graff yn dangos tonffurf y sain a gafodd ei recordio. Nid yw peiriant CD yn plotio graffiau! Ond mae yn prosesu'r signalau rhifau i roi signalau trydanol a fydd yn gwneud i gôn uchelseinydd ddirgrynu.

Y term am recordio gan ddefnyddio rhifau yw recordio **digidol**.

Cwestiynau

1 Mae rhywun yn chwythu chwiban yn agos at ficroffon. Dyma'r donffurf a welir ar sgrîn osgilosgop.

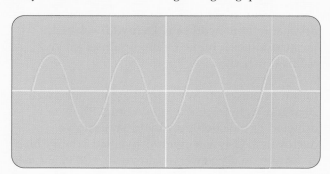

a Defnyddiwch bren mesur milimetrau i fesur osgled y donffurf.

b Tynnwch lun arall o'r donffurf fel bod ganddi osgled o 15 mm. A fyddai'r chwiban a gynhyrchodd hon yn gryfach na'r un flaenorol?

2 Copïwch y brawddegau a llenwch y bylchau:

a _____ sy'n achosi seiniau.

b Ni all tonnau sain deithio trwy _____ .

c Tonnau _____ yw tonnau sain.

ch Pan fydd tonnau sain yn mynd heibio, mae _____ yr aer yn codi a gostwng yn gyflym.

3 Gan ddefnyddio pethau cyfarwydd o amgylch y tŷ, sut y gallech chi ddangos i rywun fod seiniau'n gallu mynd trwy ddefnyddiau solid?

Buanedd sain

Yn ystod storm, fe welwch fflach y fellten ond yn ddiweddarach y daw'r daran – yn ddiweddarach o lawer, gobeithio.

Mae sain yn teithio'n llawer iawn arafach na goleuni. Felly byddwn bob amser yn clywed pethau ar ôl eu gweld. Dros bellter byr, nid ydym yn sylwi ar y gwahaniaeth. Ond os yw'r mellt yn bell i ffwrdd, gall sawl eiliad fynd heibio cyn y daran. Po hiraf yr oedi, pellaf yw'r mellt – tua 3 eiliad am bob cilometr (hanner milltir).

Mewn aer, buanedd sain yw tua 330 metr/eiliad. Mae hyn tua phedair gwaith cyflymach na char rasio, ond yn arafach nag awyren *Concorde*.

Mae buanedd sain yn dibynnu ar dymheredd yr aer. Mae tonnau sain yn teithio'n gyflymach trwy aer poeth na thrwy aer oer. Mae hynny'n golygu, er enghraifft, fod buanedd sain yn newid wrth i'r sain deithio o aer cynnes i aer oerach, ac fel arall. Fel yn achos mathau eraill o donnau, mae'r newid buanedd yn gallu achosi plygiant – newid yng nghyfeiriad y teithio.

Mae buanedd sain yn wahanol trwy wahanol ddefnyddiau. Mae tonnau sain yn teithio'n gyflymach trwy hylifau na thrwy nwyon. Maent yn teithio gyflymaf oll trwy solidau.

buanedd sain

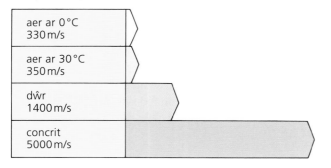

aer ar 0 °C	330 m/s
aer ar 30 °C	350 m/s
dŵr	1400 m/s
concrit	5000 m/s

Atseiniau

Mae arwynebau caled, er enghraifft waliau, yn adlewyrchu tonnau sain. Pan glywch chi **atsain**, rydych yn clywed adlewyrchiad y sain mewn amser byr iawn ar ôl y sain wreiddiol.

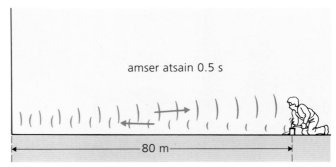

amser atsain 0.5 s

80 m

Mae'r ferch hon 80 metr oddi wrth wal fawr o frics. Mae hi'n taro darn o bren â morthwyl. Bob tro y mae hi'n taro'r pren, mae'n clywed atsain 0.5 eiliad yn ddiweddarach. Dyma'r **amser atsain**.

Gallai ddefnyddio'r wybodaeth hon i gyfrifo buanedd sain:

$$\text{buanedd} = \frac{\text{pellter a deithiwyd}}{\text{amser a gymerwyd}}$$

felly

$$\text{buanedd sain} = \frac{\text{pellter at y wal ac yn ôl}}{\text{amser atsain}}$$

$$= \frac{2 \times 80}{0.5} = \frac{160}{0.5} = 320 \text{ m/s}$$

Rhowch gynnig ar hyn

Os oes wal fawr ar gael i chi, gallwch fynd ati i ddarganfod buanedd sain. Defnyddiwch eich mesuriadau eich hun o bellter ac amser yn yr hafaliad uchod.

I fesur yr amser yn fwy manwl gywir, amserwch 20 atsain yn hytrach nag un yn unig. Rhowch drawiad i'r bloc bob tro y bydd yr atsain yn dychwelyd. Os yw'n cymryd 10 eiliad i daro'r bloc 20 gwaith, mae'r amser atsain yn 10 ÷ 20 eiliad, neu 0.5 eiliad.

Defnyddio atseiniau

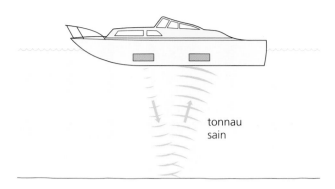

tonnau sain

Defnyddir **seinydd atsain** gan longau i fesur dyfnder y dŵr oddi tanynt. Mae seinydd atsain yn anfon nifer o donnau sain tuag at wely'r môr. Yna mae'n mesur yr amser i'r atseiniau ddychwelyd. Po hiraf yr amser, dyfnaf y dŵr.

Er enghraifft:

Os   – yw'r sain yn cymryd 0.1 eiliad i gyrraedd gwely'r môr a dychwelyd,

a   – buanedd sain mewn dŵr yw 1400 m/s,

yna   – y pellter a deithir = buanedd × amser
$$= 1400 \times 0.1 \text{ m}$$
$$= 140 \text{ m}$$

Ond   – rhaid i'r sain deithio i lawr *ac* yn ôl,

felly   – dyfnder y dŵr yw 70 m.

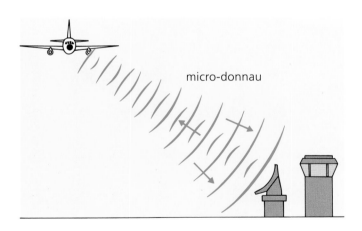

micro-donnau

Mae **radar** yn gweithio'n debyg i seinydd atsain, ond micro-donnau sy'n cael eu hanfon yn hytrach na thonnau sain. Mae'r micro-donnau yn cael eu hadlewyrchu gan awyrennau. Po hiraf yw'r amser a gymerant i ddychwelyd, pellaf yw'r awyren.

Cael gwared ag atsain

Gall atseiniau fod yn boendod. Mewn ystafelloedd gwag, sinemâu a neuaddau cyngerdd, gall seiniau gael eu hadlewyrchu i'r fath raddau nes ei bod yn anodd clywed unrhyw beth yn eglur. Gall carpedi, llenni a chadeiriau meddal helpu datrys y broblem. Mae cynllun neuaddau cyngerdd modern yn gofalu na fydd y seiniau yn diflannu'n rhy sydyn nac yn atseinio gormod.

Cwestiynau

		pellter teithio (m)	amser a gymerir (s)
	roced	900	3.0
	awyren	1000	2.0
	bwled	100	0.5
	meteoryn	3000	0.1

1 Os 330 m/s yw buanedd sain mewn aer, pa rai o'r uchod sy'n teithio yn gyflymach na sain?

2 Os 330 m/s yw buanedd sain mewn aer, pa mor bell y bydd sain yn teithio mewn:
   a 1 eiliad **b** 2 eiliad **c** 10 eiliad **ch** 0.1 eiliad?

3 Mae Jeff yn credu bod ei beiriant casét yn swnio'n fwy eglur yn yr ystafell wely nag yn y gegin. Ai dychmygu y mae Jeff? Neu a allai fod yn gywir? Eglurwch.

4 Mae seinydd atsain mewn llong yn anfon tonnau sain tuag at wely'r môr. 0.2 eiliad yn ddiweddarach, mae'r llong yn canfod adlewyrchiad y tonnau.
   a Faint o amser a gymerodd y tonnau i gyrraedd gwely'r môr?
   b Os 1400 m/s yw buanedd sain mewn dŵr, beth yw dyfnder gwely'r môr?

4.11 Sŵn a dirgrynu

Lefelau sŵn

Sŵn yw'r enw am seiniau diangen. Mae gwyddonwyr yn cadw golwg ar lefelau sŵn trwy ddefnyddio mesuryddion sy'n mesur mewn **decibelau (dB)**. Dangosir gwerthoedd nodweddiadol yn y tabl ar y dde.

	Lefel sŵn (dB)
Stereo personol, yn uchel	150
Gwneud niwed i'r clustiau	140
Cyngerdd roc	110
Clustiau yn teimlo anghysur	90
Cloch teleffon	70
Llais arferol	60
Sibrwd	40

A bod yn fanwl gywir, nid sŵn yw cerddoriaeth fyddarol – er, fe allech chi ddweud mai sŵn yw unrhyw beth nad ydych chi am ei glywed. Ond mae gwrando ar gerddoriaeth o'r fath am oriau maith yn gallu niweidio eich clustiau. Mewn rhai achosion eithafol mae pobl wedi mynd yn fyddar.

Pa sŵn?

Mae rheolau iechyd a diogelwch yn gwarchod gweithwyr rhag sŵn. Ar gyfer rhai swyddi, rhaid i'r cyflogwyr ddarparu gorchuddion clustiau.

Gwrth-sŵn

Mewn rhai awyrennau, defnyddir system 'gwrth-sŵn' i leihau lefel y sŵn yng nghaban y teithwyr. Ar sgrîn osgilosgop, mae gwrth-sŵn yn edrych yr un fath â'r sŵn gwreiddiol ond fod brig y don yn cyfateb i gafn y don sŵn, ac fel arall. O glywed sŵn a gwrth-sŵn gyda'i gilydd, mae'r ddau yn canslo ei gilydd. I greu'r gwrth-sŵn, defnyddir microffonau i gasglu sŵn peiriannau'r awyren, cyn ei brosesu'n electronig a'i anfon trwy uchelseinyddion cudd yn y caban.

Dirgrynu a difrodi

Dirgryniadau sy'n achosi sŵn, ond gall dirgryniadau achosi pethau eraill hefyd:

Mae dirgryniadau traffig trwm yn gallu difrodi hen waliau brics.

Sŵn, cryndod a chraster

Mae dylunwyr ceir yn awyddus iawn i gael gwared ar yr hyn a elwir ganddynt yn 'sŵn, cryndod a chraster'. Mewn car, rydych chi'n eistedd mewn bocs metel, sy'n gallu chwyddhau synau a dirgryniadau o'r peiriant a'r ffordd.

Gan ddefnyddio cyfrifiaduron i fodelu, gall peirianwyr ragfynegi sut y bydd gwahanol rannau'r car yn cynhyrchu neu'n trawsyrru dirgryniadau. Gyda gofal gellir dylunio'r cydrannau sy'n cynnal y peiriant, y daliant a phaneli corff y car, er mwyn lleihau llawer ar y lefelau sŵn, cryndod a chraster.

- Allwch chi feddwl am unrhyw dystiolaeth bod sŵn yn teithio trwy ddefnyddiau solid yn ogystal â thrwy aer?

- Os ydych chi am chwarae eich stereo yn uchel heb darfu ar eich cymdogion, allwch chi awgrymu ffyrdd o leihau maint y sŵn sy'n eu cyrraedd?

- Yn aml mewn sinemâu, dangosir mwy nag un ffilm ar yr un pryd mewn gwahanol stiwdios yn yr un adeilad. Ceisiwch ddarganfod sut y maent yn atal y sŵn o un stiwdio rhag cyrraedd stiwdio arall.

Gallwn ddefnyddio dirgryniadau niweidiol i gracio concrit.

Dianc rhag sŵn?

Mae leinin arbennig ar waliau yr 'ystafell farw' hon. Mae'n amsugno dros 99% o'r egni sain sy'n ei daro. Yma, mae tractor yn yr ystafell er mwyn cynnal mesuriadau manwl gywir ar lefel y sŵn o'i beiriant. Petaech yn sefyll yn yr ystafell eich hun, gallech hyd yn oed glywed bwyd yn symud yn eich stumog a'r gwaed yn pwmpio trwy eich gwythiennau. Efallai fod ychydig o sŵn yn beth da wedi'r cwbl!

4.12 Uchel ac isel, cryf a thawel

Mae'n canu â llais cryfach na hi. Mae'n creu dirgryniadau mwy yn yr aer . . .

. . . ond mae hi'n cyrraedd nodau uwch. Gall ryddhau mwy o donnau sain bob eiliad.

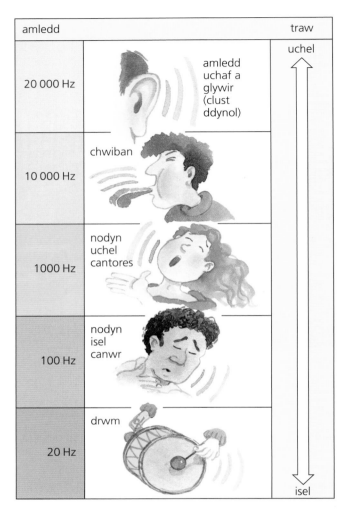

amledd	traw
20 000 Hz	amledd uchaf a glywir (clust ddynol)
10 000 Hz	chwiban
1000 Hz	nodyn uchel cantores
100 Hz	nodyn isel canwr
20 Hz	drwm

uchel

isel

Amledd a thraw

Mae **amledd** sain yn cael ei fesur mewn **hertz (Hz)**. Os yw côn uchelseinydd yn dirgrynu 100 gwaith yr eiliad, mae'n rhyddhau 100 ton sain bob eiliad, a'r amledd yw 100 Hz.

Mae gwahanol amleddau yn swnio'n wahanol i'r glust. Mae amleddau *uchel* yn swnio fel nodau *uchel*:
  maent yn **nodau traw uchel**.

Mae amleddau *isel* yn swnio fel nodau *isel*:
  maent yn **nodau traw isel**. Felly:

  Po uchaf yw amledd y sain, uchaf yw ei draw.

Gall clust ddynol ganfod amleddau o tua 20 Hz i tua 20 000 Hz, ond mae'r terfan uchaf yn gostwng gydag oedran.

Ar y dde, fe welwch wahanol amleddau ar sgrîn osgilosgop. Wrth i'r amledd fynd yn uwch, mae mwy o donnau ar y sgrîn: mae'r tonnau yn nes at ei gilydd.

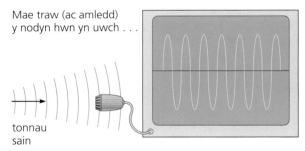

Mae traw (ac amledd) y nodyn hwn yn uwch . . .

tonnau sain

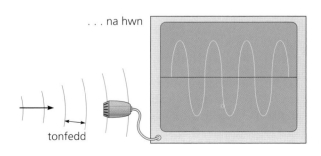

. . . na hwn

tonfedd

Osgled a chryfder sain

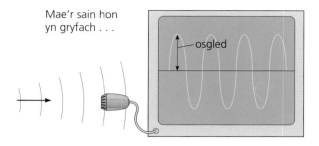

Mae'r sain hon yn gryfach . . .

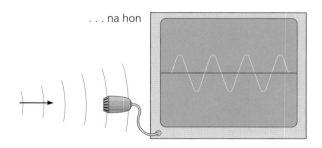

. . . na hon

Yr un amledd sydd gan y seiniau a ddangosir ar sgriniau'r ddau osgilosgop uchod. Ond mae un sain yn *gryfach* na'r llall. Mae'r dirgryniadau yn yr aer yn fwy, ac **osgled** y donffurf yn fwy. Felly:

Po fwyaf yr osgled, cryfaf y sain.

Hafaliad ton

Mae'r hafaliad hwn yn wir am donnau sain, yn union fel y tonnau eraill:

buanedd = amledd × tonfedd
(m/s)   (Hz)   (m)

Dyma enghreifftiau o'r cysylltiad rhwng buanedd, amledd a thonfedd:

buanedd sain	amledd	tonfedd
330 m/s	110 Hz	3.0 m
330 m/s	330 Hz	1.0 m
330 m/s	3300 Hz	0.1 m

O'r enghreifftiau uchod, fe welwch fod hyn yn wir:

Po uchaf yr amledd, byrraf y donfedd.

Seiniau isel *a* chryf.

Cwestiynau

1 *Sain A: 400 Hz   Sain B: 200 Hz*
   Mae seiniau A a B yn cael eu cynhyrchu ar yr un cryfder.
   a I rywun yn gwrando ar y ddwy sain, sut y byddai B yn cymharu ag A?
   b Pa sain sydd â'r donfedd hiraf?

2 Mae microffon yn codi tair gwahanol sain, U, W ac Y, un ar ôl y llall. Dyma'r tonffurfiau ar sgrîn osgilosgop:

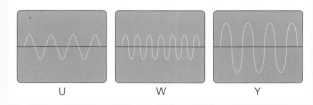

U   W   Y

   a Pa sain sydd â'r osgled mwyaf?
   b Pa sain yw'r cryfaf?
   c Pa sain sydd â'r amledd uchaf?
   ch Pa sain sydd â'r traw uchaf?

3 Defnyddiwch yr hafaliad ton ar y dudalen hon i gyfrifo'r canlynol (cymerwch mai 330 m/s yw buanedd sain mewn aer):
   a Tonfedd sain sydd ag amledd 660 Hz.
   b Amledd sain sydd â thonfedd 2 m.

4.13 Seiniau cerddorol

O fewn amrediad ein clyw ni, fodau dynol, mae'n bosibl amrywio a chymysgu seiniau i greu patrymau cymhleth, ac fe'u galwn yn gerddoriaeth.

Newid nodyn

Po uchaf yw amledd y tonnau sain, uchaf yw traw y nodyn a glywir.

Mae aelodau band dur yn defnyddio drymiau olew sydd wedi eu tiwnio. Fe'u gelwir yn badelli. Mae wyneb pob padell wedi ei siapio'n arbennig i roi nodau gwahanol pan fydd gwahanol rannau'n cael eu taro.

Gyda thrombôn, gallwch godi traw y nodyn trwy leihau hyd y tiwb y mae'r tonnau sain yn teithio trwyddo. Hefyd gallwch newid y traw trwy reoli'r ffordd y mae eich gwefusau'n dirgrynu wrth i chi chwythu.

Ar gitâr, i gael traw uwch rydych yn gwasgu'r tant yn erbyn cribell, gan wneud i ddarn byrrach o'r tant ddirgrynu. Wrth diwnio'r offeryn, rhaid tynhau neu lacio'r tant er mwyn addasu'r traw.

Ar sacsoffon, gellir cael traw uwch trwy agor mwy a mwy o dyllau ar hyd y baril. I wneud hyn, rhaid defnyddio eich bysedd i wasgu liferi, sef y nodau.

Wythfedau

Mae graddfa gerddorol wedi ei seilio ar **wythfedau**. Os yw dau nodyn wythfed oddi wrth ei gilydd, mae amledd un o'r ddau nodyn yn *ddwbl* amledd y llall.

Mae'r allweddellau isod wedi eu tiwnio yn ôl 'traw gwyddonol'. Wrth i fandiau a cherddorfeydd diwnio maen nhw'n defnyddio amleddau sydd ychydig yn wahanol i'r rhain.

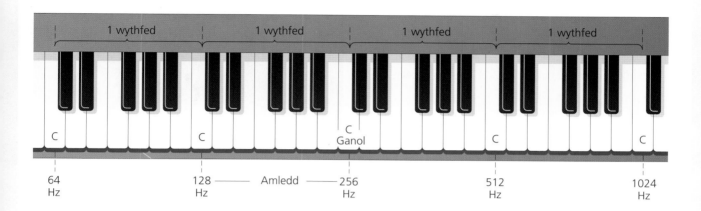

Yr un fath ond gwahanol

Wrth chwarae C Ganol ar gitâr, nid yw'n swnio yn union yr un fath ag C Ganol ar biano. Mae **ansawdd** y ddwy sain yn wahanol. Mae gan y ddwy **amledd sylfaenol** cryf, sy'n rhoi C Ganol. Ond yn gymysg â hwnnw, mae yna amleddau eraill, gwannach, a elwir yn **uwchdonau**. Mae'r rhain yn amrywio o un offeryn i'r llall.

Mewn allweddellau electronig, neu syntheseiddydd, fel yr un ar y dde, mae cyfrifiadur yn gallu cymysgu gwahanol amleddau i gynhyrchu sain gitâr, piano neu unrhyw offeryn arall. Er mwyn swnio'n iawn, rhaid i bob nodyn ddechrau a gorffen yn gywir. Er enghraifft, mae 'plonc' piano yn dechrau'n sydyn a diflannu'n araf: mae'r sain yn **ymosod** am gyfnod byr a **dadfeilio** am gyfnod hirach. Er mwyn swnio fel yr offeryn go iawn, rhaid i'r syntheseiddydd ail-greu'r effaith hon hefyd.

Syntheseiddydd: gall roi unrhyw sain dan haul.

Cordiau

Grwpiau o nodau sy'n asio yn dda yw cordiau. Er enghraifft, mae'r nodau C, E ac G yn ffurfio cord. Mae'r nodau yn asio oherwydd bod cymhareb syml rhwng eu hamleddau:
Mae amledd E yn 5/4 gwaith amledd C.
Mae amledd G yn 3/2 gwaith amledd C.
Nid yw cymarebau cymhleth yn asio cystal. Os chwaraewch chi C a D gyda'i gilydd, mae yna ddiscord.

Gan ddefnyddio gwybodaeth ar y tudalennau hyn neu o rywle arall, allwch chi egluro'r canlynol?

- Mae tant gitâr yn cynhyrchu nodyn uwch wrth i chi ei dynhau.
- Nid yw gitâr yn swnio fel sacsoffon, hyd yn oed os yw'r ddau yn chwarae yr un nodyn.
- Mae syntheseiddydd electronig yn gallu atgynhyrchu sain bron unrhyw offeryn cerdd.

Uwchsain

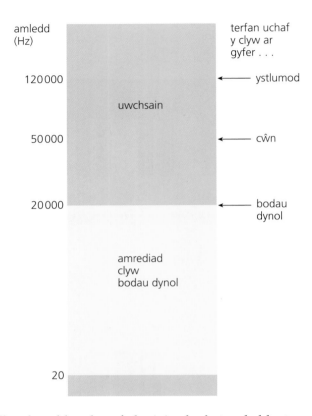

amledd (Hz)

terfan uchaf y clyw ar gyfer . . .

120 000 — ystlumod

uwchsain

50 000 — cŵn

20 000 — bodau dynol

amrediad clyw bodau dynol

20

Mae ystlum yn defnyddio uwchsain i ddod o hyd i bryfed a phethau eraill o'i flaen. Mae'n anfon curiadau uwchsain a defnyddio ei glustiau a'u siâp arbennig i ganfod yr adlewyrchiad.

Gall y glust ddynol ganfod seiniau hyd at amledd o tua 20 000 Hz. Gelwir seiniau sy'n uwch na'r amrediad clyw dynol yn **seiniau uwchsonig**, neu **uwchsain**. I gynhyrchu uwchsain, gellir defnyddio osgiliadau o gylchedau electronig i wneud i risial ddirgrynu ar amledd uchel. Dyma rai ffyrdd o ddefnyddio uwchsain:

Glanhau a thorri

Gellir defnyddio uwchsain i lanhau peiriannau bregus, heb eu tynnu'n ddarnau. Rhoddir y peiriant mewn tanc o hylif, cyn anfon dirgryniadau pwerus o uwchsain trwy'r hylif i symud darnau o faw a saim.

Mewn ysbytai, gellir defnyddio paladr crynodedig o uwchsain i chwalu cerrig mewn arennau a cherrig y bustl heb i'r cleifion orfod cael llawdriniaeth.

Seinydd atsain

Mae llongau yn defnyddio seinydd atsain i fesur dyfnder y dŵr oddi tanynt. Mae seinydd atsain yn anfon curiadau o uwchsain at wely'r môr. Yna mae'n mesur yr amser i bob atsain ddychwelyd (sef y sain wedi ei adlewyrchu). Po hiraf yr amser, dyfnaf y dŵr. Edrychwch dan 'atsain' yn y mynegai i gael rhagor o wybodaeth am hyn.

Profi metel

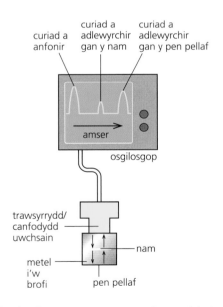

curiad a anfonir

curiad a adlewyrchir gan y nam

curiad a adlewyrchir gan y pen pellaf

amser

osgilosgop

trawsyrrydd/ canfodydd uwchsain

nam

metel i'w brofi

pen pellaf

Gellir dod o hyd i nam mewn metel gan ddefnyddio'r un syniad â seinydd atsain. Uchod, mae curiad uwchsain yn cael ei anfon trwy'r metel. Oherwydd bod nam (bwlch bach) yn y metel, mae *dau* guriad yn cael eu hadlewyrchu'n ôl i'r canfodydd – un gan y nam a'r llall gan ben pellaf y metel. Gellir dangos y curiadau ar osgilosgop.

Sganio'r groth

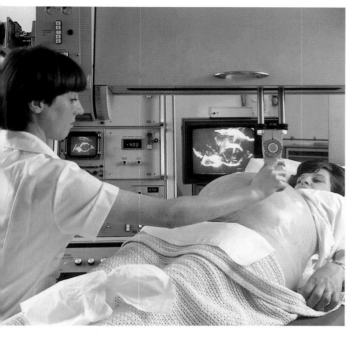

Defnyddir uwchsain i sganio croth y fam feichiog uchod. Mae trawsyrrydd yn anfon curiadau uwchsain i gorff y fam. Mae'r trawsyrrydd yn ganfodydd hefyd ac yn canfod y curiadau a adlewyrchir gan y baban a gwahanol haenau o fewn y corff. Yna mae cyfrifiadur yn prosesu'r signalau a rhoi delwedd ar sgrîn.

Mae hi'n llawer mwy diogel defnyddio uwchsain i 'weld' y tu mewn i'r groth na defnyddio pelydrau X, oherwydd gall pelydrau X niweidio celloedd y baban sy'n tyfu. Hefyd, gall sgan uwchsain ddangos gwahanol haenau o feinweoedd meddal. Nid yw llun pelydr X arferol yn gallu gwneud hynny.

Gellir defnyddio uwchsain i fonitro curiad calon y baban hefyd. Mae symudiad y galon yn newid amledd yr uwchsain a adlewyrchir – yn union fel mae symudiad ambiwlans yn newid amledd y sain a glywch wrth i'w seiren ruthro heibio. Gyda stethosgop arbennig, gall meddyg neu nyrs adnabod y newidiadau amledd sy'n cael eu hachosi gan guriad calon y baban.

Rheoli ansawdd

Yn y byd cynhyrchu, mae'n bwysig sicrhau bod maint ac ansawdd popeth yn cadw'r safon. Y term am hyn yw **rheoli ansawdd**.

Isod, dangosir dull awtomatig o reoli ansawdd wrth gynhyrchu dur wedi'i rolio. Mae canfodydd uwchsain yn anfon signalau i reoli'r bwlch rhwng y ddau roler. Ei waith yw sicrhau nad yw'r dur yn cael ei rolio yn rhy drwchus nac yn rhy denau. Os yw trwch y dur yn newid, mae newid yng nghryfder y neges uwchsain sy'n cyrraedd y canfodydd.

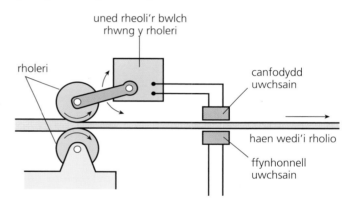

Cwestiynau

1 Beth yw *uwchsain*?
2 **a** I beth y defnyddir *seinydd atsain*?
  b Sut mae seinydd atsain yn gweithio?
3 Mewn ysbytai, gall meddygon ddefnyddio uwchsain i 'weld' y tu mewn i groth mam feichiog.
  a Pam mae'n well gan feddygon ddefnyddio uwchsain i wneud hyn yn hytrach na phelydrau X?
  b Rhowch un ffordd arall o ddefnyddio uwchsain mewn ysbytai.
4 Rhowch *ddwy* ffordd o ddefnyddio uwchsain mewn diwydiant.
5 Edrychwch ar y diagram ar y dudalen gyferbyn, sy'n dangos system i brofi am nam mewn darn o fetel. Disgrifiwch (neu lunio diagram i ddangos) sut y

byddai'r llun ar y sgrîn yn wahanol ar gyfer pob un o'r achosion hyn:
  a Lleoliad y nam yn nes at ben uchaf y metel.
  b Y nam yn yr un lle, ond gwahanol fath o fetel, fel bod buanedd sain ynddo yn uwch.
6 Edrychwch ar y diagram uchod, sy'n dangos proses rholio dur.
  a Petai cynnydd yn nhrwch yr haen ddur sydd wedi'i rholio, sut y byddai hyn yn effeithio ar yr uwchsain sy'n cael ei ganfod gan y canfodydd?
  b Beth fydd yn digwydd yn yr uned reoli o ganlyniad i'r signalau o'r canfodydd?
  c Beth fydd yn digwydd os bydd y dur yn cael ei rolio yn rhy denau?

4.15 Tonnau seismig

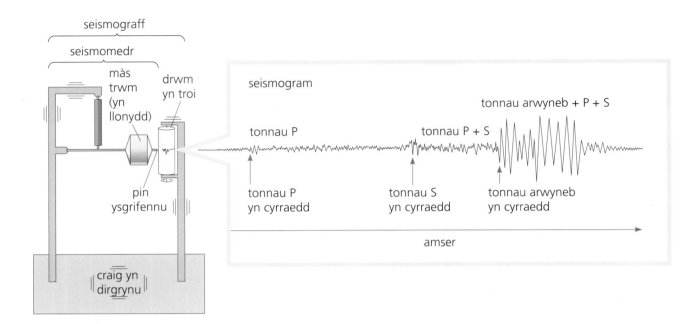

Symudiadau sydyn yn y creigiau tanddaearol sy'n achosi daeargryn. Mae'r dirgryniadau yn anfon **tonnau seismig** (tonnau sioc) trwy'r Ddaear.

Mae tonnau seismig yn mynd yn wannach wrth deithio trwy'r ddaear. Eto, filoedd o gilometrau i ffwrdd, gellir eu canfod a'u cofnodi â dyfais sensitif a elwir yn **seismograff**. Mae dirgryniadau bychan yn y ddaear yn cael eu chwyddhau gan wneud i bin ysgrifennu symud i fyny ac i lawr. Mae'r pin yn llunio graff ar ddrwm sy'n troi yn araf, fel y gwelwch uchod.

Mae'r canlyniadau yn dangos bod gwahanol fathau o donnau seismig. Mae'r rhain yn gadael **canolbwynt** (lleoliad) y daeargryn gyda'i gilydd, ond yn teithio ar wahanol fuanedd gan gyrraedd ar adegau gwahanol.

Tonnau P (tonnau cynradd). Tonnau hydredol yw'r rhain. Dyma'r rhai cyflymaf ac felly byddant yn cyrraedd gyntaf. Maent yn teithio trwy solidau a hylifau yn ddwfn yn y Ddaear ar fuaneddau o sawl cilometr yr eiliad.

Tonnau S (tonnau eilaidd). Tonnau ardraws yw'r rhain. Maent yn cyrraedd ar ôl y tonnau P gan eu bod yn arafach. Gallant fynd trwy solidau yn ddwfn yn y Ddaear, ond nid trwy hylifau fel craig dawdd.

Tonnau arwyneb yw'r arafaf. Y rhain sy'n cyrraedd olaf. Maent yn teithio o gwmpas arwyneb y Ddaear. Maent yn ddinistriol iawn yn ardal y daeargryn ei hun. Gallant achosi craciau enfawr sy'n agor ac yn cau eiliadau'n ddiweddarach.

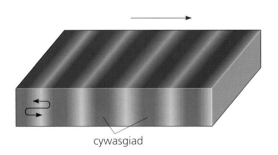

Tonnau hydredol, neu donnau 'gwthio-tynnu' yw tonnau P (cynradd). Mae'r graig yn dirgrynu yn ôl ac ymlaen.

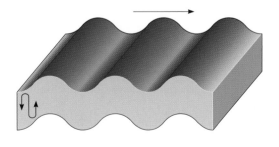

Tonnau ardraws, neu donnau 'ysgwyd' yw tonnau S (eilaidd). Mae'r graig yn dirgrynu i fyny ac i lawr.

Y tu mewn i'r Ddaear: cliwiau seismig

Mae tonnau P ac S yn teithio'n gyflymach mewn craig ddwys. Mae newid graddol yn y dwysedd yn achosi newid graddol yn y buanedd, gan wneud i'r tonnau ddilyn llwybr crwm. Mae hyn yn enghraifft o **blygiant**. Mae newid sydyn yn y dwysedd yn achosi newid sydyn yn y cyfeiriad, a rhywfaint o adlewyrchiad hefyd.

Trwy fesur amser teithio y tonnau P ac S sy'n cyrraedd gwahanol orsafoedd cofnodi seismig o amgylch y Ddaear, gall gwyddonwyr ddarganfod llwybrau'r tonnau trwy'r Ddaear. Mae'r canlyniadau yn rhoi cliwiau i ni am adeiledd a dwysedd mewnol y Ddaear. Dangosir enghreifftiau ar y dde.

- Mae rhywfaint o donnau P ac S yn cael eu hadlewyrchu ar ffin sydd 7-70 km o dan wyneb y Ddaear. Mae hyn yn awgrymu bod gan y Ddaear **gramen** allanol, gyda haen o greigiau dwysach (y **fantell**) oddi tani.

- Mae llwybr crwm y tonnau P ac S trwy'r Ddaear yn awgrymu bod dwysedd y creigiau yn cynyddu gyda dyfnder.

- Mae rhan ganol y Ddaear yn atal y tonnau S. Ni all tonnau S deithio trwy hylifau, felly mae hyn yn awgrymu bod gan y Ddaear **graidd** canolog gyda rhan allanol sy'n hylif.

- Mae yna 'ardal gysgodol' lle na fydd tonnau yn cael eu canfod. Mae hyn yn awgrymu bod y craidd yn plygu tonnau P tuag i mewn.

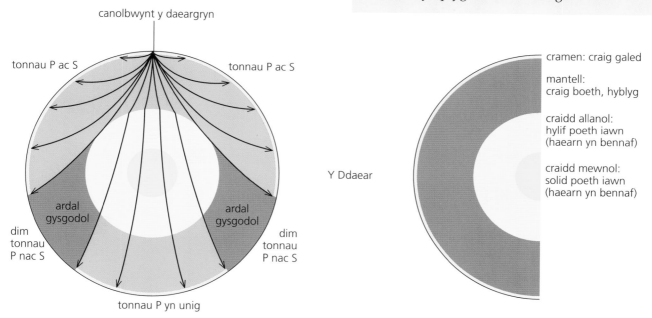

Cwestiynau

1 Gall *tonnau P* a *thonnau S* deithio trwy'r Ddaear.
   a Pa fath yw'r cyflymaf? Sut y gallwch chi ddweud hyn o'r seismogram ar y dudalen gyferbyn?
   b Pa fath sy'n ardraws?

2 Pam mae tonnau seismig yn plygu wrth deithio trwy'r Ddaear?

3 Mae'r graff ar y dde yn dangos buanedd tonnau P ac S ar wahanol ddyfnder i lawr at ganol y Ddaear.
   a Pa un yw'r llinell ar gyfer tonnau P? Sut y gwyddoch chi?
   b Ar ba ddyfnder y mae'r ffin rhwng y fantell a'r craidd allanol?
   c Sut y gallwch chi ddweud bod y craidd allanol yn hylif?

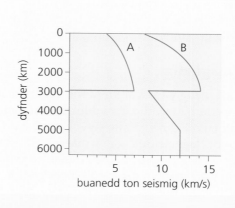

Cyfandiroedd yn symud I

Dangosir y Ddaear fel hyn er mwyn i chi allu gweld pob cyfandir

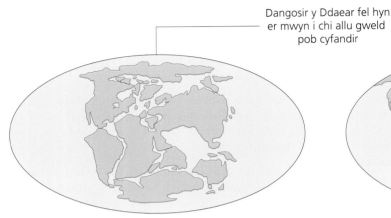

200 miliwn o flynyddoedd yn ôl

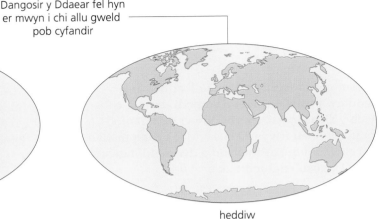

heddiw

Ym 1915, sylweddolodd Alfred Wegener y gallai siapiau'r cyfandiroedd ffitio at ei gilydd fel darnau jig-so. Yn ei ddamcaniaeth am **ddrifft cyfandirol**, awgrymodd fod y cyfandiroedd fel rafftiau mawr sy'n 'arnofio' ar y defnydd dwysach oddi tanynt. Filiynau o flynyddoedd yn ôl, chwalodd un cyfandir enfawr yn ddarnau llai. Byth oddi ar hynny, mae'r darnau wedi symud yn araf oddi wrth ei gilydd.

Ni welai neb ffordd amlwg i'r cyfandiroedd hyn symud, felly cafodd syniad Wegener ei anwybyddu tan y 1960au. Bryd hynny y cafwyd y darnau cyntaf o dystiolaeth o'i blaid. Dyma ddwy enghraifft (edrychwch ar y diagram ar y dde hefyd).

Patrymau creigiau a ffosiliau Mae'r rhain yn cyfateb ar wahanol gyfandiroedd: er enghraifft, ar hyd arfordiroedd Affrica a De America sy'n wynebu Cefnfor Iwerydd.

Lledu gwely'r môr Mae craig dawdd yn llifo o graciau folcanig mewn cefnen ar hyd gwaelod Cefnfor Iwerydd. Mae hwn yn oeri a chaledu gan ffurfio cramen newydd. Felly, yn araf, mae'r Iwerydd yn lledu – ychydig gentimetrau bob blwyddyn.

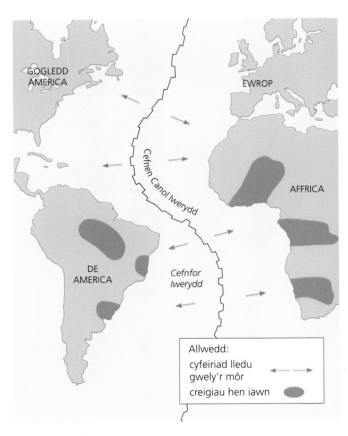

Cliwiau magnetig

Mae maes magnetig y Ddaear yn newid cyfeiriad ar ôl rhai cannoedd o filoedd o flynyddoedd. Pan fydd craig dawdd yn caledu, bydd unrhyw haearn sydd ynddi yn cael ei fagneteiddio gan y maes. Wrth symud tuag allan oddi wrth Gefnen Canol Iwerydd, mae patrwm y creigiau yn dangos i'r maes gildroi droeon – tystiolaeth bod y creigiau hynaf ymhellach allan, a bod gwely'r môr wedi lledu.

Platiau tectonig

Yr enw ar gramen a mantell uchaf y Ddaear yw'r **lithosffer**. Mae gwyddonwyr yn credu iddo ymrannu yn ddarnau mawr, o'r enw **platiau tectonig** – neu 'platiau' yn fyr. Mae'r rhain yn symud yn araf dros y defnydd dwysach, mwy hyblyg sydd oddi tanynt.

Daeargrynfeydd a llosgfynyddoedd

lleoliad daeargryn

Lle bo platiau yn llithro neu'n gwthio yn erbyn ei gilydd, gall daeargryn ddigwydd. Ar y map uchod, mae pob dot yn dangos lle cafwyd daeargryn yn yr 20 mlynedd diwethaf. Gyda'i gilydd, mae'r dotiau yn dangos lle mae'r gwahanol blatiau yn cyfarfod. Mae'r rhan fwyaf o losgfynyddoedd ar ymylon platiau, lle mae'r gramen wedi cracio ac yn wan. Yma mae ffrithiant y platiau yn rhwbio yn erbyn ei gilydd yn gallu cynhyrchu gwres. Mae craig boeth yn y fantell yn troi'n hylif. Yr enw ar y graig dawdd yw **magma**. Mae'r magma yn cael ei wthio allan o losgfynyddoedd ar ffurf **lafa**:

Pam mae platiau yn symud

Mae'r rhan fwyaf o'r graig sydd yn y fantell yn boeth ond heb ymdoddi. Ond, mae'n ddigon hyblyg i allu llifo yn araf iawn, ac mae'n gwneud hynny oherwydd effaith gwres. Daw'r gwres o ddefnyddiau ymbelydrol sy'n bresennol yn naturiol yn y Ddaear, ac mae'n achosi **ceryntau darfudiad** yn y fantell. (Cerrynt darfudiad yw unrhyw lif o ddefnydd sy'n cylchdroi oherwydd gwres. Er enghraifft, mae ceryntau darfudiad yn digwydd yn y dŵr sydd mewn sosban ar blât poeth cwcer oherwydd y gwres sydd oddi tani.)

Cwestiynau

1 Ym 1915, awgrymodd Alfred Wegener y gallai'r cyfandiroedd i gyd fod yn rhan o un cyfandir enfawr, filiynau o flynyddoedd yn ôl. Ar beth y sylwodd i gael y syniad hwn?

2 Rhowch ddau ddarn o dystiolaeth sy'n cefnogi'r syniad bod y cyfandiroedd wedi symud oddi wrth ei gilydd.

3 Beth yw platiau tectonig?

4 Mae'r map ar frig y dudalen hon yn dangos lleoliadau daeargrynfeydd dros yr 20 mlynedd diwethaf.

  a Pam mae daeargrynfeydd yn tueddu i ddigwydd ar hyd y llinellau a ddangosir, yn hytrach nag ym mhobman dros y Ddaear?

  b Pam mae'r rhan fwyaf o ddaeargrynfeydd yn digwydd yn agos at y llinellau a ddangosir gan y dotiau coch?

5 Beth sy'n achosi symudiad araf y platiau?

Cyfandiroedd yn symud II

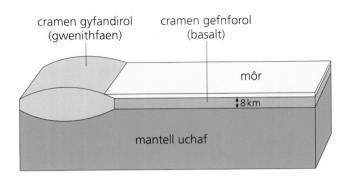

cramen gyfandirol (gwenithfaen)

cramen gefnforol (basalt)

môr

8km

mantell uchaf

Cafodd y plygion hyn eu hachosi gan symudiad platiau.

Mae gan y Ddaear ddau fath o gramen: **cramen gyfandirol**, a **chramen gefnforol** sy'n deneuach ond yn ddwysach o dan y cefnforoedd. Fe'u gwelwch uchod. Am ragor o wybodaeth am ddwysedd y Ddaear, chwiliwch am 'dwysedd' yn y mynegai.

Mewn mannau, mae'r gramen wedi cracio a phlygu (edrychwch ar yr enghraifft ar y dde). Ar un adeg, credai gwyddonwyr fod nodweddion fel hyn wedi ymddangos wrth i'r gramen grebachu pan oedd y Ddaear ifanc, boeth yn oeri. Bellach mae'r esboniadau yn seiliedig ar symudiad platiau.

Mae platiau yn cwrdd ar ffiniau:

Ffiniau adeiladol   Mae'r rhain yn bennaf o dan y cefnforoedd – er enghraifft, mae Cefnen Canol Iwerydd yn ffin adeiladol. Mae'r platiau yn symud oddi wrth ei gilydd ac yn tyfu wrth i fagma (craig dawdd) lifo i fyny trwy graciau ac yna oeri i ffurfio cramen gefnforol newydd.

Ffiniau distrywiol   Mae platiau'n symud at ei gilydd ac mae un yn cael ei **dansugno** (ei gario o dan y llall). Gall gwres o'r ffrithiant doddi'r graig, gan achosi llosgfynyddoedd lle mae'r magma yn cael ei wthio o'r ddaear ar ffurf lafa. Wrth i'r platiau wrthdaro, mae haenau o graig yn cael eu gwthio yn **blygion**, gan ffurfio mynyddoedd. Symudiadau fel hyn a achosodd yr Andes a'u llosgfynyddoedd yn Ne America.

Ffiniau ceidwadol   Mae'r platiau yn llithro heibio i'w gilydd, ac felly'n cadw eu siâp – nid ydynt yn newid. Weithiau bydd dau blât yn dal yn ei gilydd. Wrth iddynt neidio'n rhydd, gallant achosi daeargrynfeydd mawr. Hyn sydd yn achosi'r daeargrynfeydd ar arfordir California, UDA.

ffin adeiladol

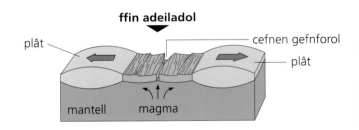

plât

cefnen gefnforol

plât

mantell   magma

ffin ddistrywiol

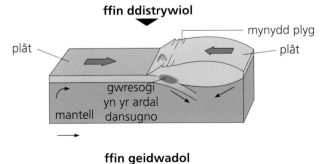

mynydd plyg

plât

plât

gwresogi yn yr ardal

mantell   dansugno

ffin geidwadol

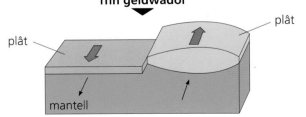

plât

plât

mantell

Creigiau newydd o hen greigiau

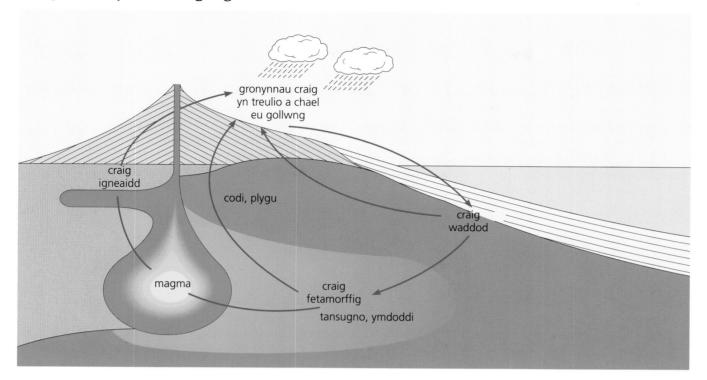

craig igneaidd

gronynnau craig yn treulio a chael eu gollwng

codi, plygu

craig waddod

magma

craig fetamorffig

tansugno, ymdoddi

Dros filiynau o flynyddoedd, gall craig yn y gramen gael ei thansugno, ymdoddi i ffurfio magma, cael ei chodi, ac yna galedu i ffurfio craig newydd. Y term am ailgylchu hen graig i ffurfio craig newydd yw'r **gylchred greigiau**.

Mae tri phrif fath o greigiau yng nghramen y Ddaear:

Creigiau igneaidd, er enghraifft gwenithfaen a basalt. Mae'r rhain wedi eu gwneud o risialau bychain ac yn cael eu ffurfio wrth i fagma oeri ac ymsolido.

Os yw'r magma yn oeri'n *gyflym*, mae'r grisialau yn *fach*. Mae hyn yn digwydd, er enghraifft, pan fydd lafa yn dod o losgfynydd ac oeri. Os yw magma yn oeri'n *araf*, mae gan y grisialau amser i dyfu, a byddant yn *fawr*. Gall hyn ddigwydd i fagma yn ddwfn yn y gramen.

Creigiau gwaddod, er enghraifft tywodfaen a chalchfaen. Mae'r rhain yn ymffurfio wrth i haenau o waddod gael eu gollwng gan ddŵr neu wynt. Yn aml, darnau wedi treulio oddi ar hen greigiau yw'r gwaddod. Wrth i ragor o waddod ymgasglu uwch ei ben, mae'n cael ei gywasgu, ac yn setio fel concrit.

Creigiau metamorffig Yn ddwfn o dan y ddaear, mae gwres neu wasgedd (neu'r ddau) yn gallu ailrisialu creigiau igneaidd a gwaddod. Maent yn troi'n greigiau metamorffig ('wedi newid') sydd fel arfer yn galetach na'r gwreiddiol. Enghreifftiau yw marmor a llechfaen.

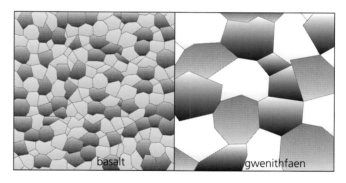

basalt   gwenithfaen

Oerodd y graig hon yn fwy cyflym . . .   . . . na hon.

Cwestiynau

1 Beth yw *magma*?
2 Dyma ddwy ffordd y gall platiau symud:
   tuag at ei gilydd   oddi wrth ei gilydd
   a Pa un o'r rhain sy'n cynhyrchu mynyddoedd plyg?
   b Pa un sy'n cynhyrchu ardal dansugno?
   c Ym mha ffordd arall y gall platiau symud?
3 Pam y gall llosgfynyddoedd ymffurfio uwchben ardal dansugno?
4 Pam rydych yn debygol o ddod o hyd i greigiau metamorffig yn ymyl ardal dansugno?
5 Mae craig igneaidd yn ymffurfio wrth i fagma oeri ac ymsolido. Sut y gallech chi ddweud a wnaeth y magma oeri'n gyflym, neu'n araf?

Cwestiynau am Bennod 4

1 Tonnau ardraws yw tonnau ar wyneb dŵr. Tonnau hydredol yw tonnau sain.
   a Disgrifiwch yn fanwl, gan ddefnyddio diagramau, y gwahaniaeth rhwng ton ardraws a thon hydredol.
   b Mae gan don sain amledd 250 Hz a thonfedd 1.3 m. Cyfrifwch fuanedd y don.
   c Mae gan don ddŵr amledd 30 Hz a thonfedd 10 cm. Cyfrifwch fuanedd y don.

2 Mae'r diagram isod yn dangos pelydryn o oleuni yn teithio trwy ffibr optegol.

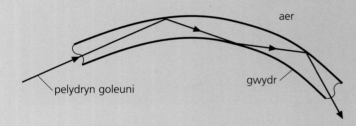

   Eglurwch beth sy'n digwydd i'r pelydryn goleuni bob tro y mae'n taro'r ffin rhwng y gwydr a'r aer.

3 Mae microffon wedi ei gysylltu ag osgilosgop (CRO). Pan gynhyrchir tair gwahanol sain, A, B ac C, o flaen y microffon, dyma'r tonffurfiau a welir ar y sgrîn.

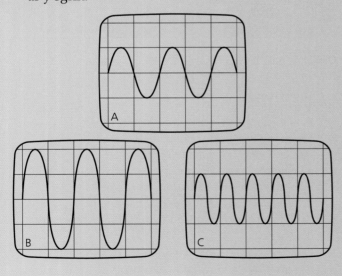

   a Gan gymharu seiniau A a B, sut y byddent yn swnio'n wahanol?
   b Gan gymharu seiniau A ac C, sut y byddent yn swnio'n wahanol?
   c Pa sain sydd â'r osgled mwyaf?
   ch Pa sain sydd â'r amledd uchaf?
   d Amledd sain A yw 220 Hz. Os 330 m/s yw buanedd sain, beth yw tonfedd sain A?
   dd Beth yw amledd sain C?

4 a Sain U: amledd 10 000 Hz.
      Sain W: amledd 30 000 Hz.
      Terfan uchaf clyw dynol: 20 000 Hz.
      i   Beth yw terfan uchaf clyw dynol mewn kHz?
      ii Pa un o'r seiniau uchod sy'n enghraifft o uwchsain?
   b Gall uwchsain deithio trwy rai meinweoedd dynol a gall gwahanol haenau o fewn y corff eu hadlewyrchu.
      i   Disgrifiwch un enghraifft o'r ffordd y defnyddir uwchsain mewn ysbytai.
      ii Ar gyfer paratoi delweddau meddygol, pam mae'n well gan feddygon ddefnyddio uwchsain na phelydrau X os yw hynny'n bosibl?
      iii Disgrifiwch un enghraifft o ddefnyddio uwchsain mewn diwydiant.

5 Copïwch y tabl hwn o'r sbectrwm electromagnetig a llenwch y bylchau.

Math o don		
pelydrau X		
	300 000 m/s	
micro-donnau		popty micro-don

   a Pa un o briodweddau'r tonnau hyn sy'n cynyddu wrth i ni symud i lawr y tabl hwn?
   b Pa un o briodweddau'r tonnau hyn sy'n cynyddu wrth i ni symud i fyny'r tabl hwn o'i waelod?
   c Enwch bum priodwedd neu nodwedd sydd gan y tonnau hyn yn gyffredin.

ch i Enwch **ddwy** ran o'r sbectrwm electromagnetig y gellir eu defnyddio ar gyfer cyfathrebu.

ii Enwch **ddwy** ran o'r sbectrwm electromagnetig sy'n gallu achosi canser mewn pobl.

iii Enwch **ddwy** ran o'r sbectrwm electromagnetig y gellir eu defnyddio i dwymo bwyd.

6 Adeg daeargryn, mae dau fath o donnau seismig yn teithio trwy'r Ddaear.
Tonnau hydredol yw tonnau P.
Tonnau ardraws yw tonnau S.

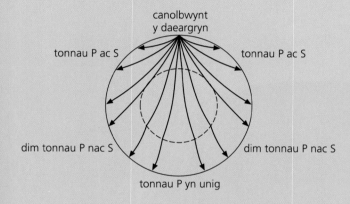

a Beth yw'r gwahaniaeth rhwng tonnau *hydredol* a thonnau *ardraws*? Rhowch un enghraifft o bob un, heblaw tonnau seismig.

b Pam mae tonnau seismig yn teithio trwy'r Ddaear ar hyd llwybrau crwm?

c Pam nad oes tonnau S yn cael eu canfod yr ochr arall i'r Ddaear i ganolbwynt y daeargryn?

ch Eglurwch sut y mae'n bosibl darganfod lle y digwyddodd daeargryn trwy gymharu signalau o nifer o orsafoedd monitro.

7 Mae'r diagram isod yn dangos pelydryn goleuni yn cyrraedd bloc gwydr.

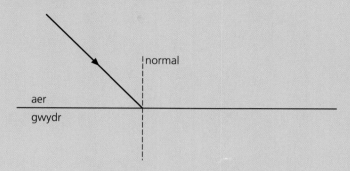

a Copïwch y diagram a lluniwch lwybr y pelydryn trwy'r bloc gwydr.

b Beth sy'n digwydd i'r pelydryn wrth iddo fynd i mewn i'r bloc, ac wrth ddod allan ohono?

c Eglurwch pam mae'r pelydryn yn ymddwyn fel hyn.

ch Lluniwch ddiagram i ddangos beth sy'n digwydd i belydryn goleuni os yw'n taro wyneb y bloc gwydr ar 90°.

8 a Lluniwch ddiagram o don. Labelwch yr osgled a'r donfedd.

b Mae eich diagram yn cynrychioli ton sain. Beth fyddech chi'n ei glywed petai:

i y donfedd yn mynd yn fyrrach?

ii yr osgled yn mynd yn fwy?

iii siâp y don yn newid?

Pennod 5
Trydan

Mae'r gweithiwr sydd yn y cawell yn ddigon diogel, er gwaethaf y gwreichion 2.5 miliwn folt o'r generadur Van de Graaff enfawr. Mae'r trydan yn taro'r barrau metel yn hytrach na mynd rhyngddynt, felly mae'r cawell yn amddiffyn y gweithiwr. Cynhyrchir y gwreichion wrth i wefr drydanol lifo trwy'r aer, ei wresogi, a gwneud iddo oleuo. Gwres a goleuni yw dwy o effeithiau trydan. Mae yna effeithiau eraill hefyd, er nid llawn mor drawiadol â'r arbrawf hwn. ■

Trydan ar waith

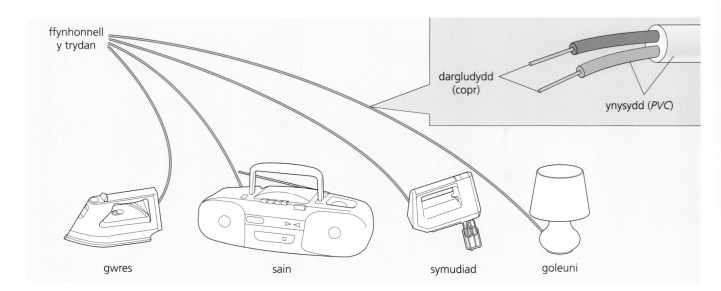

gwres   sain   symudiad   goleuni

Mae trydan yn ffordd hwylus o gael egni. Uchod, fe welwch rai o'r ffyrdd o ddefnyddio'r egni hwnnw.

Wrth i chi gynnau switsh, y 'trydan' yn y gwifrau yw llif o ronynnau bychan a elwir yn **electronau**. Mae'r rhain mor fach nes gallu mynd rhwng atomau'r wifren. Mae electronau yn cario **gwefr** drydanol fechan.

Mae dau fath o wefr drydanol, sef positif (+) a negatif (–). Gwefr *negatif* sydd gan electronau.

Yr enw ar wefr yn llifo yw **cerrynt**. Felly mae llif o electronau yn gerrynt.

Gall cerrynt lifo'n hawdd trwy rai defnyddiau ond nid trwy eraill:

Pam mae metelau yn ddargludyddion da

Mae popeth wedi ei wneud o atomau, a phob atom yn cynnwys electronau. Mewn ynysyddion, mae'r electronau ynghlwm wrth eu hatomau. Ond mewn metelau, mae rhai yn llai caeth ac yn fwy rhydd i symud trwy'r defnydd. Dyna pam mae metelau yn ddargludyddion da.

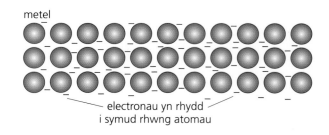

metel

electronau yn rhydd
i symud rhwng atomau

Dargludyddion	Lled-ddargludyddion	Ynysyddion
Defnyddiau sy'n gadael i gerrynt lifo trwodd. Er enghraifft:	Defnyddiau 'yn y canol': dargludyddion gwael pan fyddant yn oer, ond yn ddargludyddion llawer gwell pan fyddant yn gynnes.	Defnyddiau sydd prin yn dargludo o gwbl.
Da *Gwael*		Er enghraifft:
metelau dŵr	Er enghraifft:	plastigion
yn enwedig corff dynol	silicon	e.e. *PVC*
arian daear	germaniwm	polythen
copr		persbecs
alwminiwm		gwydr
carbon		rwber
		aer (sych)
Mae dargludyddion trydan da yn ddargludyddion thermol (gwres) da hefyd.		

Ffynonellau cerrynt

Ein prif ffynonellau cerrynt yw **celloedd**, **batrïau** a **generaduron** trydan. Mae celloedd a batrïau yn darparu cerrynt pan fo'r cemegau y tu mewn yn adweithio. Casgliad o gelloedd yw batri mewn gwirionedd. Ond yn aml byddwn yn defnyddio'r gair batri i olygu un gell.

Batri car yw'r batri mawr uchod. Mae chwe chell o fewn yr un casyn.

Mae generaduron yn darparu cerrynt tra bo siafft yn troi. Daw cerrynt ein prif gyflenwad trydan o eneraduron enfawr mewn gorsafoedd pŵer. Yn aml mae'r generaduron yn cael eu troi gan dyrbinau sy'n cael eu gyrru gan jetiau o ager ar wasgedd uchel o foeler.

Mae'r bylbiau ar y stondin garnifal hon yn derbyn eu cerrynt o eneradur sy'n cael ei droi gan beiriant diesel.

Trydan statig

Os oes gwefr yn casglu ar wyneb ynysydd, mae'n tueddu i aros yno oherwydd nad yw'n gallu llifo i ffwrdd. Yn aml gelwir hyn yn **drydan statig**, neu **wefr electrostatig**. Chwiliwch yn y mynegai i gael rhagor o wybodaeth am hyn.

Cylched gyflawn

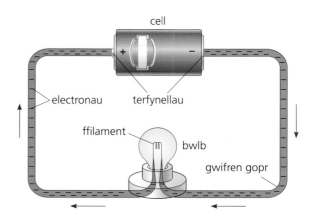

Uchod, mae gwifrau yn cysylltu bwlb a chell. **Cylched** yw'r enw ar y ddolen ddargludo trwy'r gell, y gwifrau a'r bwlb. Mae electronau yn cael eu gwthio o derfynell negatif y gell o gwmpas y gylched i'r pen positif. Rhaid i'r gylched fod yn gyflawn er mwyn i'r electronau lifo.

Cwestiynau

1 Pa air sy'n golygu llif o wefrau?
2 Enwch ddefnydd y gallech ei ddewis ar gyfer:
   a y wifren y tu mewn i gebl trydan
   b yr ynysydd o gwmpas y cebl.
3 Enwch ddyfais sy'n rhoi cerrynt:
   a pan fydd cemegau y tu mewn iddi yn adweithio
   b pan fydd siafft yn troi.
4 Ysgrifennwch ddau beth sydd:
   a â generaduron yn darparu eu cerrynt
   b yn defnyddio cerrynt i gynhyrchu symudiad
   c yn defnyddio cerrynt i gynhyrchu gwres.
5 Pam mai metelau yw'r dargludyddion gorau?
6 Mae'r siart isod yn rhoi gwybodaeth am system stereo symudol a'r celloedd angenrheidiol.
   a Am ba hyd y bydd y stereo yn gweithio ar un set o gelloedd?
   b Beth yw cost gweithio'r stereo am awr?

Nifer y celloedd angenrheidiol	6
Cost pob cell	50c
Egni wedi ei storio ym mhob cell	10000 joule
Egni a ddefnyddir gan y stereo mewn 1 awr	20000 joule

Cylchedau a cherrynt

Mae'r sychwr gwallt a'r cebl yn rhan o gylched anferth sy'n ymestyn y tu hwnt i ffiniau'r tŷ. Mae'r cylchedau ar y tudalennau hyn yn llawer llai. Ond yr un yw'r egwyddor.

Cerrynt

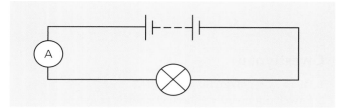

Mae'r gylched uchod yn cynnwys bwlb, gwifren, mesurydd a batri – yn cael eu cynrychioli gan symbolau trydanol.

Mae'r mesurydd yn mesur y cerrynt. **Amedr** yw enw'r mesurydd.

Yr uned ar gyfer mesur cerrynt yw'r **amper** (**A**).

Mae cerrynt o 1 amper yn golygu bod tua 6 miliwn miliwn miliwn o electronau yn llifo o amgylch y gylched bob eiliad (er nad dyma'r ffordd o ddiffinio amper).

Maint y cerrynt mewn offer cyfarwydd

Cerrynt mewn . . .	
. . . bwlb tortsh bach	0.2 A
. . . sychwr gwallt	3 A
. . . bwlb prif olau car	4 A
. . . tegell trydan	10 A

Rhai symbolau trydanol

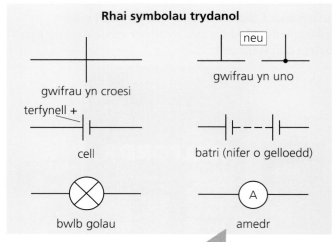

gwifrau yn croesi

neu

gwifrau yn uno

terfynell + cell

batri (nifer o gelloedd)

bwlb golau

amedr

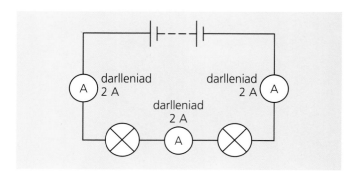

darlleniad 2 A   darlleniad 2 A   darlleniad 2 A

Mae tri amedr a dau fwlb yn y gylched hon. Pan fydd electronau yn gadael y batri, byddant yn llifo trwy bob amedr yn ei dro. Felly yr un yw darlleniad pob amedr.

> Mewn cylched syml, mae'r cerrynt trwy bob rhan yr un fath.

Nid yw rhoi amedrau mewn cylched yn effeithio ar y cerrynt. O safbwynt y gylched, mae'r amedrau yn union fel darnau o wifren gyswllt.

Pa ffordd?

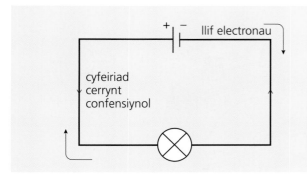

Ar rai diagramau cylched mae yna saethau. Nid y llif sy'n cael ei ddangos. Y cyfan sy'n cael ei nodi yw'r cyfeiriad o'r positif (+) i'r negatif (–) o amgylch y gylched. Gelwir hwn yn **gyfeiriad cerrynt confensiynol**. Mewn gwirionedd, mae'r electronau yn llifo yn y cyfeiriad arall.

Cerrynt a gwefr

Os oes cerrynt yn llifo, yna mae gwefr drydanol yn symud o amgylch cylched.

Yr uned ar gyfer mesur maint y wefr yw'r **coulomb**:

Os oes cerrynt	yn llifo am	yna maint y wefr sy'n symud yw
1 amper	1 eiliad	1 coulomb
2 amper	1 eiliad	2 coulomb
2 amper	3 eiliad	6 coulomb
	. . . ac yn y blaen	

Gallwch ddefnyddio hafaliad i gyfrifo gwefr:

gwefr (coulomb)	= cerrynt (amper)	× amser (eiliad)

Nawr, gwiriwch yr enghreifftiau uchod.

Wrth feddwl am gerrynt fel llif gwefr, yna:

Mae'r cerrynt hwn ...	yn golygu y llif gwefr hwn ...	
1 amper	1 coulomb bob eiliad	
2 amper	2 coulomb bob eiliad	
	. . . ac yn y blaen	

Cwestiynau

1 Beth yw'r darlleniad ar yr amedrau hyn?

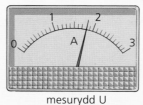 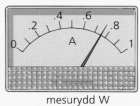

mesurydd U   mesurydd W

2 Copïwch y diagram isod.

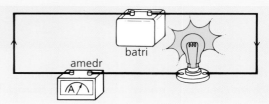

a Beth mae'r saethau ar y diagram hwn yn ei ddangos?
b Nodwch derfynellau positif a negatif y batri. Nodwch gyfeiriad llif yr electronau trwy dynnu llun saeth wrth ymyl y wifren.
c Ail-luniwch y diagram gan ddefnyddio'r symbolau trydanol cywir.

3 Mae cerrynt 3 A trwy'r bwlb hwn.

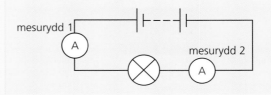

a Beth yw'r cerrynt trwy'r batri?
b Beth yw'r cerrynt trwy fesurydd 1?
c Beth yw'r cerrynt trwy fesurydd 2?

4

Dyfais	Cyfnod gweithio (s)	Cerrynt (A)
Dril trydan	20	2
Cymysgydd bwyd		1
Sychwr gwallt	8	

Cafodd y dyfeisiau trydanol yn y siart eu defnyddio am wahanol gyfnodau.

a Faint o wefr a gymerwyd gan y dril trydan?
b Os cymerodd y cymysgydd bwyd yr un wefr â'r dril trydan, am ba hyd roedd hwnnw'n gweithio?
c Os cymerodd y sychwr gwallt yr un wefr â'r ddau arall, pa gerrynt oedd yn llifo trwyddo?

5.03 **Foltedd**

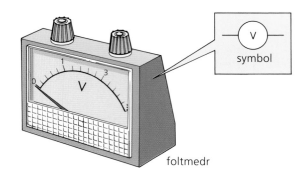

symbol

foltmedr

Pe byddech chi'n ymosod ar y pysgodyn hwn fe fyddech yn cael sioc – mewn mwy nag un ffordd. Pan fydd llysywen drydanol yn synhwyro perygl, mae'n newid ei hun yn fatri byw – gan gynhyrchu electronau sydd â bron i ddwbl egni'r electronau a ddaw o soced y prif gyflenwad.

Egni o fatri

Pan gaiff electronau eu gwthio o fatri, maent yn cario egni.

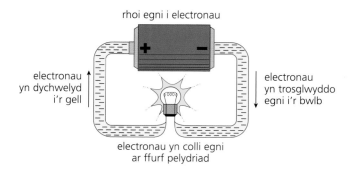

rhoi egni i electronau

electronau yn dychwelyd i'r gell

electronau yn trosglwyddo egni i'r bwlb

electronau yn colli egni ar ffurf pelydriad

Yn y gylched, mae'r electronau yn colli eu holl egni wrth fynd trwy'r bwlb. Mae'r egni yn cael ei newid yn wres a goleuni. Erbyn i'r electronau gyrraedd y batri eto, mae eu holl egni wedi mynd.

Foltedd batri

Mae rhai batrïau yn rhoi mwy o egni nag eraill i electronau. Po uchaf y **foltedd**, mwyaf yr egni a roddir i bob electron.

Term arall am foltedd yw **gwahaniaeth potensial (g.p)**. Yr uned ar gyfer mesur g.p. yw'r **folt (V)**. I fesur foltedd rhaid cysylltu offeryn a elwir yn **foltmedr** ar draws terfynellau'r batri. Mae'r foltedd a gynhyrchir y tu mewn i fatri yn cael ei alw'n **rym electromotif (g.e.m.)** y batri.

Foltedd o amgylch cylched

Isod, mae tri bwlb wedi eu cysylltu â batri 12 folt. Mae'r batri yn rhoi egni i'r electronau.

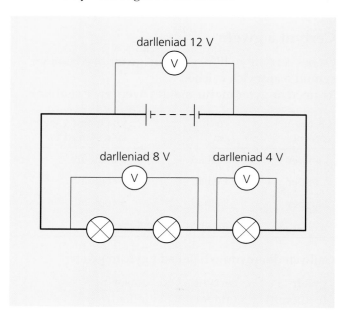

darlleniad 12 V

darlleniad 8 V   darlleniad 4 V

Mae'r electronau yn defnyddio peth o'u hegni yn y bwlb cyntaf, rhywfaint yn yr ail, a'r gweddill yn y trydydd. Cysylltwch foltmedr ar draws unrhyw un o'r bylbiau a bydd yn rhoi darlleniad. Po uchaf y foltedd, mwyaf yr egni y bydd pob electron yn ei ddefnyddio wrth fynd trwy'r rhan honno o'r gylched.

Rhyngddynt, mae'r bylbiau yn rhyddhau'r holl egni a roddir gan y batri:

Mae'r folteddau ar draws y bylbiau yn adio i roi'r un faint â foltedd y batri.

Nid yw cysylltu foltmedr yn effeithio fawr ddim ar y cerrynt sy'n llifo yn y gylched. O safbwynt y gylched, gellir anwybyddu'r foltmedr.

Celloedd mewn cyfres

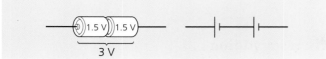

Dyma ddwy gell wedi eu cysylltu mewn **cyfres**. Maent yn rhoi dwywaith foltedd un gell.

Foltedd, gwefr ac egni

Mae cysylltiad pendant rhwng foltedd, gwefr ac egni:

pob coulomb yn cludo 1 J

Foltedd ar draws y gell: 1 folt

Mae'r gell yn rhoi 1 joule (J) o egni i bob coulomb (C) o wefr sy'n cael ei wthio allan ganddi.

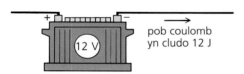

pob coulomb yn cludo 12 J

Foltedd ar draws y batri: 12 folt

Mae'r batri hwn yn rhoi 12 joule o egni i bob coulomb o wefr y mae'n ei wthio allan.

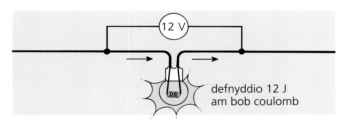

defnyddio 12 J am bob coulomb

Foltedd ar draws y bwlb: 12 folt

Defnyddir 12 joule o egni gan bob coulomb o wefr sy'n mynd trwodd.

Gellir crynhoi'r enghreifftiau uchod â'r hafaliad canlynol:

egni*	=	foltedd	×	gwefr
(J)		(V)		(C)

*dyma'r egni a roddir neu a gollir. Neu gallwch ei alw yn egni a drawsffurfir (neu a drosglwyddir).

Cwestiynau

1 Ym mha ran o'r gylched hon y mae gan yr electronau:
  a y mwyaf o egni;
  b y lleiaf o egni?

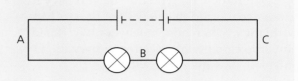

  Beth sy'n digwydd i'r egni y maent yn ei golli?
2 Beth yw'r foltedd ar draws pob trefniant celloedd?

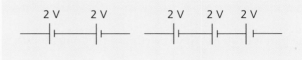

3 a Beth yw darlleniad y foltmedr sydd ar draws bwlb B?

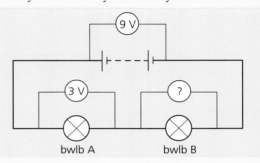

bwlb A   bwlb B

  b Faint o egni y mae'r batri yn ei roi i bob coulomb o wefr y mae'n ei ddarparu?
  c Faint o egni sy'n cael ei golli gan bob coulomb o wefr wrth fynd trwy fwlb A?
4 I ateb y cwestiwn hwn, efallai y bydd yn rhaid i chi chwilio am wybodaeth ar dudalennau eraill.

	A Batri o gelloedd sych	B Batri car	C Batri oriawr
Foltedd (V)	15	12	1.5
Cerrynt mwyaf (A)	6	100	0.01

  a Pa fatri sy'n gallu darparu y mwyaf o electronau bob eiliad?
  b Electronau o ba fatri sydd â'r mwyaf o egni?
  c Faint o wefr y gall y batri car ei ddarparu mewn 10 eiliad?
  ch Faint o egni y gall y batri car ei roi mewn 10 eiliad?

Gwrthiant

Gall cerrynt deithio'n hawdd trwy ddarn o wifren gopr. Ond nid yw'n mynd mor hawdd trwy'r wifren nicrom denau sydd mewn bar tân trydan. Mae **gwrthiant** y wifren hon yn llawer mwy. Rhaid defnyddio egni i wthio electronau trwyddi. O ganlyniad, daw gwres o'r wifren.

Mae gan bob dargludydd rywfaint o wrthiant. Ond:

mae gan wifrau hir fwy o wrthiant na gwifrau byr;

mae gan wifrau tenau fwy o wrthiant na gwifrau trwchus;

mae gan wifren nicrom fwy o wrthiant na gwifren gopr o'r un maint.

I gyfrifo gwrthiant defnyddiwn yr hafaliad hwn

$$\text{gwrthiant} = \frac{\text{foltedd}}{\text{cerrynt}}$$

Yr uned sy'n mesur gwrthiant yw'r **ohm** (Ω).

Er enghraifft:

Os oes foltedd 12 folt ar draws y darn hwn o nicrom, bydd cerrynt 4 amper yn llifo trwyddo. Felly:

$$\text{gwrthiant} = \frac{12}{4} \text{ ohm}$$
$$= 3 \text{ ohm}$$

Os oes foltedd o 12 folt ar draws y darn hwn o nicrom, bydd cerrynt o 2 amper yn llifo trwyddo. Felly:

$$\text{gwrthiant} = \frac{12}{2} \text{ ohm}$$
$$= 6 \text{ ohm}$$

Po *uchaf* y gwrthiant, *lleiaf* y cerrynt sy'n llifo am bob folt sydd ar draws y wifren.

Gwresogyddion . . .

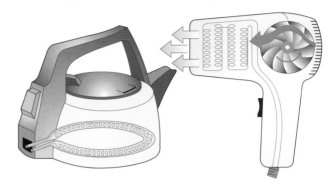

Fel tân trydan, mae gan degell a sychwr gwallt elfennau gwresogi wedi eu gwneud o goiliau gwifren nicrom denau. Mae'r wifren yn rhyddhau gwres wrth i gerrynt fynd trwyddi.

. . . a gwrthyddion

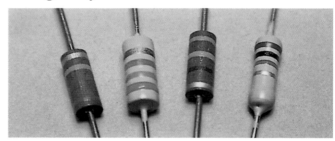

Gwrthyddion yw'r rhain. Mae'r rhain hefyd yn rhyddhau gwres wrth i gerrynt fynd trwyddynt. Ond nid dyna eu gwaith. Mewn rhai cylchedau, fe'u defnyddir i ostwng y cerrynt. Mewn cylchedau radio neu deledu, maent yn rheoli maint y cerrynt a'r foltedd er mwyn i rannau eraill weithio'n iawn.

Mewn **gwrthydd newidiol** mae cyswllt sy'n llithro ar hyd coil o wifren nicrom. Trwy symud y cyswllt, gallwch newid y gwrthiant.
Defnyddir gwrthyddion newidiol fel hyn i reoli'r sain mewn setiau teledu a radio, ac mewn ffyn rheoli cyfrifiadur.

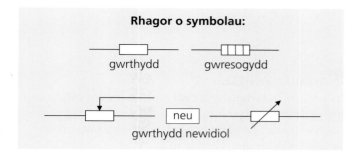

Rhagor o symbolau:

gwrthydd   gwresogydd

neu

gwrthydd newidiol

Mesur gwrthiant – deddf Ohm

Dyma arbrawf i fesur gwrthiant hyd o wifren nicrom pan fo gwahanol geryntau yn llifo trwyddi:

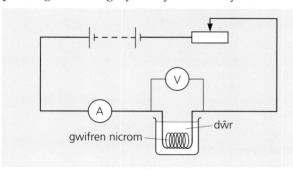

gwifren nicrom   dŵr

Mae'r foltmedr yn mesur y foltedd ar draws y wifren. Mae'r amedr yn mesur y cerrynt sy'n llifo trwyddi. Mae'r dŵr yn cadw'r wifren ar dymheredd cyson. I newid y foltedd ar draws y wifren, rhaid symud y cyswllt llithro ar y gwrthydd newidiol. Mae hyn yn rhoi cyfran wahanol o foltedd y batri i'r wifren. Rhaid cynyddu'r foltedd mewn camau, a mesur y cerrynt bob tro. Er enghraifft:

Foltedd ar draws y wifren (V)	Cerrynt trwy'r wifren (A)	Foltedd ÷ cerrynt (Ω)
3.0	1.0	3
6.0	2.0	3
9.0	3.0	3
12.0	4.0	3
		= gwrthiant

Yma, mae'r foltedd a'r cerrynt mewn *cyfrannedd*. Yr un yw gwerth y gwrthiant bob tro. Fel pob metel arall, mae'r nicrom yn ufuddhau i **ddeddf Ohm**:

> Mae gwrthiant dargludydd metel yn gyson, pa gerrynt bynnag sy'n llifo trwyddo – ar yr amod bod y tymheredd yn gyson.

Effaith tymheredd

Wrth i fetel gynhesu, mae ei wrthiant yn cynyddu – ond ddim llawer fel arfer. Er enghraifft, dim ond cynnydd o tua 1% sydd yna yng ngwrthiant darn o nicrom wrth i'r tymheredd godi 100°C. Ond mae newid mawr yn y tymheredd yn gallu cael cryn effaith ar y gwrthiant:

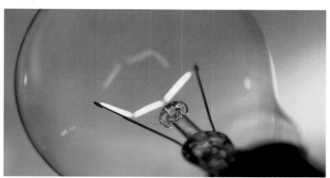

Wrth i'r bwlb hwn gael ei gynnau, mae'r ffilament twngsten yn poethi i 3000°C. Ar y tymheredd hwnnw, mae ei wrthiant tua dwywaith y gwerth pan oedd yn oer.

Cwestiynau

1 Pan fydd tegell wedi ei gysylltu â'r prif gyflenwad 230 V, mae cerrynt 10 A yn llifo trwy'r elfen wresogi. Beth yw gwrthiant yr elfen?

2 Mae darn o wifren nicrom ar dymheredd cyson. Rhoddir gwahanol folteddau ar draws y wifren, a mesurir y cerrynt bob tro. Copïwch y tabl, a llenwch y gwerthoedd coll.

Foltedd (V)	Cerrynt (A)	Gwrthiant (Ω)
8	2	?
4	?	?
2	?	?

3 Mewn bwlb golau car mae ffilament o fetel twngsten. Dyma sut mae'r cerrynt trwy'r bwlb yn cynyddu gyda'r foltedd sydd ar ei draws:

Foltedd (V)	2	4	6	8	10	12
Cerrynt (A)	1.8	2.8	3.5	4.1	4.6	5.0

Plotiwch graff y *cerrynt* (echelin ochr) yn erbyn *foltedd* (echelin waelod). Defnyddiwch eich graff i ddarganfod:
a   y cerrynt sy'n llifo pan fo'r foltedd yn 9 V;
b   gwrthiant y bwlb pan fo'r cerrynt yn 2 A;
c   gwrthiant y bwlb pan fo'r cerrynt yn 4 A;
ch   gwrthiant mwyaf y bwlb.
d   Nodwch ar eich graff y pwynt lle mae'r tymheredd ar ei uchaf.

129

Rhagor am wrthiant

Rheoli cerrynt

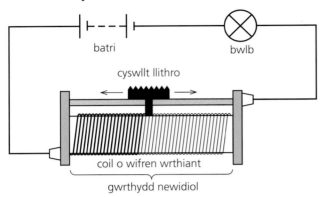

batri   bwlb

cyswllt llithro

coil o wifren wrthiant

gwrthydd newidiol

Uchod, defnyddir gwrthydd newidiol i reoli pa mor llachar yw bwlb. Wrth symud y cyswllt llithro i'r dde, mae mwy o hyd o'r wifren wrthiant yn y gylched. Mae hyn yn lleihau'r cerrynt a gwneud i'r bwlb bylu. Mae yna broblem â'r math hwn o gylched bylu. Wrth i hyd y wifren nicrom leihau a'r cerrynt gynyddu, mae'r wifren yn poethi a gall ryddhau mwy o wres na'r bwlb. Mewn switshis pylu modern, mae yna ffordd glyfar o oresgyn y broblem.

Yn y switsh pylu hwn, dim ond cerrynt bychan sy'n cael ei ddefnyddio gan y gwrthydd newidiol. Ei waith yw rheoli cylched electronig sy'n cynnau'r pŵer, ei ddiffodd, ei gynnau . . . mor gyflym fel nad yw'r bwlb byth yn cael cyfle i gynnau'n llwyr. Mae'r fflachio yn digwydd yn rhy sydyn i chi sylwi arno. Wrth ostwng y switsh, mae'r cyfnodau 'diffodd' yn hirach a'r cyfnodau 'cynnau' yn fyrrach, felly mae'r bwlb yn pylu. Mae dyfais reoli cyflymder mewn modur trydan yn gweithio yn yr un ffordd.

Cydrannau gwrthiant

Yr enw ar y darnau sy'n cael eu rhoi mewn cylchedau yw **cydrannau** trydanol. Dyma dri arall, gydag enghreifftiau o'u gwaith. Mae gwrthiant pob un yn newid yn ôl yr amgylchiadau.

Thermistor

Symbol

Gwrthiant	Uchel pan fo'n oer Isel pan fo'n boeth
Enghraifft o ddefnydd	Mewn cylchedau electronig sy'n canfod newid tymheredd - er enghraifft, mewn larwm tân neu thermomedr.

Gwrthydd goleuni-ddibynnol

 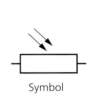

Symbol

Gwrthiant	Uchel mewn tywyllwch Isel mewn goleuni
Enghraifft o'r defnydd	Mewn cylchedau electronig sy'n cynnau lampau yn awtomatig.

Deuod

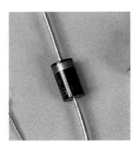

Symbol

Gwrthiant	Uchel iawn mewn un cyfeiriad Isel yn y cyfeiriad arall.
Enghraifft o'r defnydd	Gadael i gerrynt lifo mewn un cyfeiriad yn unig. Defnyddiol mewn addaswyr pŵer ac offer electronig.

Graffiau cerrynt-foltedd

Yn adran flaenorol y bennod hon, mae cylched ar gyfer darganfod sut y mae'r cerrynt trwy wifren nicrom yn dibynnu ar y foltedd ar ei thraws. Gellir defnyddio cylchedau tebyg ar gyfer cydrannau eraill.

Dyma dair enghraifft o'r graffiau a gynhyrchir. Ym mhob achos, gellir dod o hyd i'r gwrthiant (mewn ohmau) ar unrhyw bwynt ar linell y graff trwy rannu'r foltedd (V) â'r cerrynt (A).

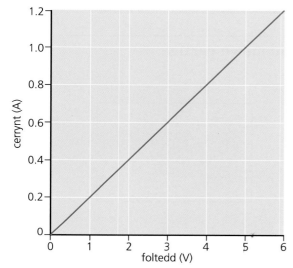

Gwrthydd metel ar dymheredd cyson (er enghraifft, gwifren nicrom)   Mae'r graff yn llinell syth trwy'r tarddbwynt. Yn fathemategol, mae'r cerrynt mewn cyfrannedd â'r foltedd. Mae foltedd ÷ cerrynt yr un fath ar bob pwynt, felly nid yw'r gwrthiant yn newid.

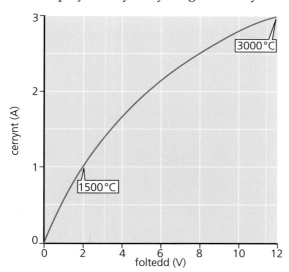

Ffilament twngsten (mewn bwlb)   Wrth i'r cerrynt gynyddu, mae'r tymheredd yn codi a'r gwrthiant yn mynd yn fwy. Nid yw foltedd ÷ cerrynt yr un fath ar bob pwynt. Nid yw'r cerrynt mewn cyfrannedd â'r foltedd.

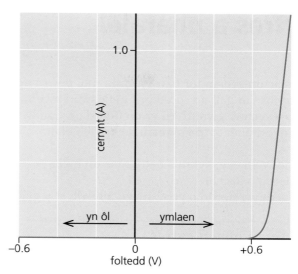

Deuod   Nid yw'r cerrynt mewn cyfrannedd â'r foltedd. Os caiff y foltedd ei gildroi (trwy gysylltu'r deuod y tu chwith yn y gylched brawf), mae'r cerrynt bron iawn yn ddim. I bob pwrpas, mae'r deuod yn 'atal' y cerrynt yn y cyfeiriad dirgroes.

Cwestiynau

1 Yn y diagram cyntaf ar y dudalen gyferbyn, mae gwrthydd newidiol yn rheoli disgleirdeb y bwlb. Beth sy'n digwydd wrth i'r cyswllt llithro gael i symud i'r chwith? Rhowch reswm dros eich ateb.

2 Pa gydran sydd â:
   a gwrthiant uchel mewn tywyllwch ond gwrthiant isel mewn goleuni?
   b gwrthiant isel iawn mewn un cyfeiriad, ond gwrthiant uchel iawn yn y cyfeiriad arall?
   c gwrthiant sy'n lleihau wrth i'r tymheredd godi?

3

Ar y graff mae llinellau A a B ar gyfer dau wahanol ddargludydd. Pa un sydd â'r gwrthiant mwyaf?

4 Edrychwch ar y graff ar gyfer y ffilament twngsten. Cyfrifwch wrthiant y ffilament
   a ar 1500 °C   b ar 3000 °C.

5 Edrychwch ar graff y deuod. Ai yn y cyfeiriad *ymlaen* y mae gan y deuod y gwrthiant mwyaf, neu yn y cyfeiriad *yn ôl*? Eglurwch eich ateb.

Cyfres a pharalel

Sut mae un generadur ffair yn gallu rhoi pŵer i ugain car bach? Sut gall un soced prif gyflenwad bweru dwy lamp a sychwr gwallt? Yn yr un ffordd ag y gallwn ni ddefnyddio un batri i gynnau dau fwlb golau.

Pan fo wedi ei gysylltu â batri, mae un bwlb yn disgleirio'n llachar.
Dyma ddwy ffordd o ychwanegu ail fwlb at y gylched:

Bylbiau mewn cyfres

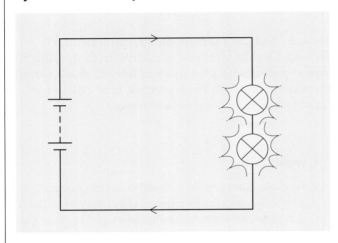

Mae'r bylbiau hyn wedi eu cysylltu mewn **cyfres**. Rhaid iddynt rannu foltedd y batri. Felly mae gan y ddau olau gwan.

Wrth dynnu un bwlb o'r gylched, mae'r gylched yn cael ei thorri. Mae'r bwlb arall yn diffodd.

Switshis

Mae **switsh** yn torri cylched trwy wahanu dau gyswllt.
Yn y gylched ar y dde, mae switshis yn rheoli'r bylbiau.
I ddarganfod pa switsh sy'n rheoli pa fwlb:

dilynwch lwybr â'ch bys o un ochr i'r batri, trwy fwlb, i'r ochr arall.
Bydd eich bys yn mynd trwy switsh. Dyma'r switsh sy'n cynnau a diffodd y bwlb.

Mae dau o'r bylbiau yn cael eu rheoli gan yr un switsh. Allwch chi ddweud pa rai?

Bylbiau mewn paralel

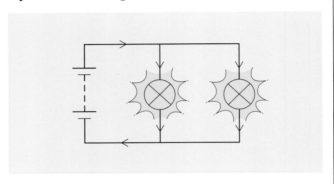

Mae'r bylbiau hyn wedi eu cysylltu mewn **paralel**. Mae gan y ddau gysylltiad uniongyrchol â'r batri. Mae'r ddau yn cael foltedd llawn y batri. Felly mae golau llachar gan bob un. Ond, gyda'i gilydd, mae'r bylbiau yn cymryd dwywaith cymaint o gerrynt ag un bwlb. Tynnir egni o'r batri yn gyflymach, felly mae'r batri yn mynd yn 'fflat' yn gynt.

Os tynnir un bwlb o'r gylched, mae cylched gyflawn o hyd trwy'r bwlb arall. Felly mae ganddo olau llachar o hyd.

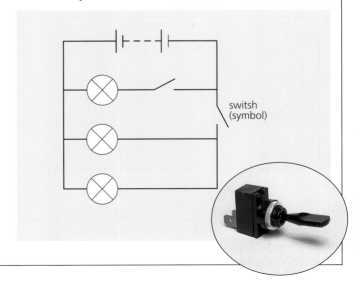

switsh
(symbol)

132

Gwrthyddion mewn cyfres

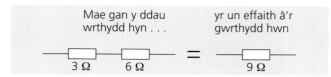

Mae gan y ddau wrthydd hyn . . .		yr un effaith â'r gwrthydd hwn
3 Ω 6 Ω	=	9 Ω

Dyma ddau wrthydd mewn cyfres.
Gyda'i gilydd, maent yn rhoi gwrthiant mwy na'r ddau wrthydd ar eu pen eu hunain. Mae'r effaith yr un fath ag uno dau hyd byr o wifren nicrom i wneud hyd hirach.

I ddarganfod gwrthiant y cyfuniad, adiwch y ddau wrthiant:

gwrthiant y cyfuniad	=	gwrthiant cyntaf	+	ail wrthiant

Mae'r rheol yn gweithio hefyd ar gyfer tri gwrthiant neu ragor.

Os bydd un bwlb yn torri bydd y cyfan yn diffodd. Felly beth wyddoch chi am y ffordd y mae'r goleuadau hyn wedi eu cysylltu?

Gwrthyddion mewn paralel

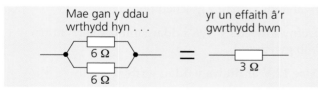

Mae gan y ddau wrthydd hyn . . .		yr un effaith â'r gwrthydd hwn
6 Ω 6 Ω	=	3 Ω

Dyma ddau wrthydd mewn paralel.
Gyda'i gilydd, maent yn rhoi gwrthiant llai na'r ddau wrthydd ar eu pen eu hunain. Mae'r effaith yr un fath â rhoi dau hyd byr o wifren nicrom ochr yn ochr, gan wneud darn lletach o wifren.

Er enghraifft:
Os yw'r ddau wrthiant *yr un fath*, mae gwrthiant eu cyfuniad yn *hanner* gwrthiant un ohonynt.

Rhagor o symbolau

I ddangos a yw switsh wedi ei gynnau neu wedi ei ddiffodd, defnyddir y symbolau hyn weithiau:

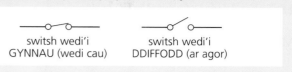

switsh wedi'i GYNNAU (wedi cau)   switsh wedi'i DDIFFODD (ar agor)

Cwestiynau

1 Mae un batri yn rhoi pŵer i nifer o fylbiau. Rhowch *ddwy* fantais o gysylltu'r bylbiau mewn paralel yn hytrach nag mewn cyfres.

2

	O ble y daw'r pŵer	Bylbiau a gysylltir	Foltedd ar draws pob bwlb	Effaith tynnu un bwlb
A	230 V prif gyflenwad	3 bwlb nenfwd	230 V	lleill yn dal i oleuo
B	230 V prif gyflenwad	20 bwlb coeden Nadolig	11.5 V	?
C	12 V batri	2 fwlb golau car	12 V	?

Mae'r siart yn rhoi gwybodaeth am dair gwahanol set o fylbiau: A, B ac C. Ym mhob achos, nodwch ai mewn cyfres y mae'r bylbiau, neu mewn paralel. Yna copïwch a chwblhewch y golofn olaf.

3

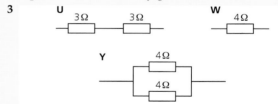

Pa drefniant, **U**, **W** neu **Y**, o'r gwrthyddion, sydd:
a â'r gwrthiant mwyaf?   **b** â'r gwrthiant lleiaf?

4

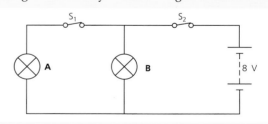

Yn y gylched uchod, a fydd bylbiau A a B wedi'u CYNNAU neu eu DIFFODD pan fydd:
a switsh S_1 yn unig yn cael ei agor?
b switsh S_2 yn unig yn cael ei agor?
Os yw'r ddau switsh ar gau:
c beth yw'r foltedd ar draws bwlb A?
ch beth yw'r foltedd ar draws bwlb B?

Datrys cylchedau

Hafaliadau defnyddiol

Mae'r hafaliad hwn: $\text{gwrthiant} = \dfrac{\text{foltedd}}{\text{cerrynt}}$

yn edrych fel hyn mewn symbolau: $R = \dfrac{V}{I}$

Yn yr hafaliad hwn,

	R yw'r gwrthiant	mewn ohmau
	V yw'r foltedd	mewn foltiau
ac	I yw'r cerrynt	mewn amperau

Gallwch aildrefnu'r hafaliad mewn dwy ffordd:

$$I = \frac{V}{R} \quad \text{a} \quad V = I \times R$$

Mae'r rhain yn ddefnyddiol os ydych yn gwybod y gwrthiant, ond am ddod o hyd i'r cerrynt neu'r foltedd.

Dyma driongl sy'n rhoi y tri hafaliad. I gael yr hafaliad ar gyfer I, cuddiwch I, ac ati . . .

Er enghraifft:

Mae cerrynt 2 A yn llifo trwy wrthydd 6 Ω. I ddarganfod y foltedd ar draws y gwrthydd:

Dewiswch yr hafaliad ar gyfer V a llenwch werthoedd I ac R:

$$V = I \times R$$
$$= 2 \times 6$$
$$= 12\,V$$

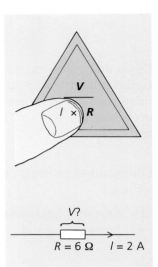

Pan fydd gwrthyddion mewn cyfres . . .

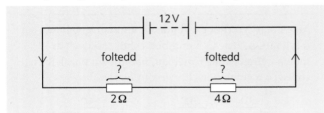

. . . mae'r cerrynt yr un fath trwy bob gwrthydd.

Ond mae'r foltedd yn cael ei rannu.

Problem I ddarganfod y foltedd ar draws pob gwrthydd yn y gylched uchod:

- Yn gyntaf cyfrifwch gyfanswm y gwrthiant yn y gylched:

  $$\text{gwrthiant} = 2\Omega + 4\Omega = 6\Omega$$

- Defnyddiwch $I = V/R$ i ddod o hyd i'r cerrynt yn y gylched:

  $$\text{cerrynt} = 12 \div 6 = 2\,A$$

- Wedyn, gan wybod y cerrynt, defnyddiwch $V = I \times R$ i gyfrifo'r foltedd ar draws pob gwrthydd:

  foltedd ar draws y gwrthydd 2Ω $= 2 \times 2$
  $= 4\,V$

  foltedd ar draws y gwrthydd 4Ω $= 2 \times 4$
  $= 8\,V$

- Gwiriwch eich atebion:
  Dylai'r folteddau ar draws y gwrthyddion adio i roi foltedd y batri (12V). Ydyn nhw?

Pan fydd gwrthyddion mewn paralel . . .

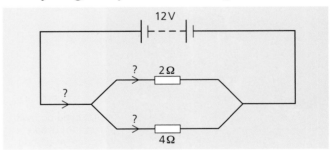

. . . mae'r foltedd yr un fath ar draws pob gwrthydd.

Ond mae'r cerrynt yn cael ei rannu.

Problem I ddarganfod y ceryntau sy'n llifo yng ngwahanol rannau'r gylched hon:

- Defnyddiwch $I = V/R$ i ddarganfod y cerrynt trwy bob gwrthydd:

  Mae 12 V ar draws y ddau wrthydd, felly

  cerrynt trwy'r gwrthydd 2Ω $= 12 \div 2$
  $= 6\,A$
  cerrynt trwy'r gwrthydd 4Ω $= 12 \div 4$
  $= 3\,A$

- Adiwch y ddau gerrynt i gael y cerrynt yn y brif gylched:

  cerrynt yn y brif gylched $= 6\,A + 3\,A$
  $= 9\,A$

Symlach na'r olwg gyntaf ...

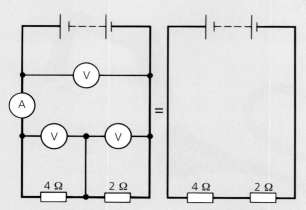

Nid yw'r mesuryddion yn
effeithio ar y gylched.
Felly mae'r gylched
hon yn ymddwyn . . .

. . . yn union fel hon.

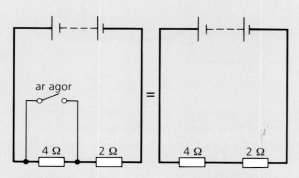

Os yw'r switsh ar agor,
mae'r gylched hon
yn ymddwyn . . .

. . . yn union fel hon.

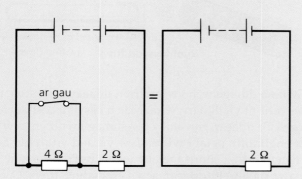

Ond, os yw'r switsh ar gau, mae'r holl gerrynt yn
mynd ar hyd llwybr y 'gylched fer' trwy'r switsh.
Fel petai'r gwrthydd 4 Ω ddim yno.

Cwestiynau

1 Ym mhob un o'r rhain, mae angen cyfrifo'r *gwrthiant*,
y *foltedd* neu'r *cerrynt* coll.

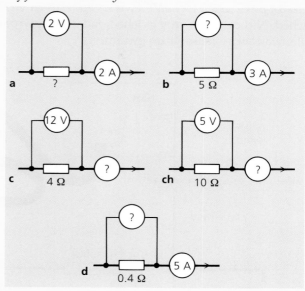

2

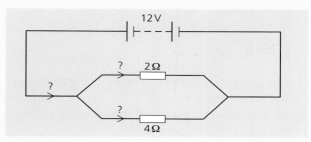

a Yn y gylched uchod, beth yw'r cerrynt trwy'r
gwrthydd 4 Ω?

b Beth yw'r cerrynt trwy'r gwrthydd 2 Ω?

c Pa gerrynt sy'n llifo o'r batri?

ch Ail-luniwch y gylched, gan roi un gwrthydd yn
lle'r ddau wrthydd paralel.
Os yw'r cerrynt o'r batri yn dal i fod yr un fath,
beth yw gwrthiant y gwrthydd hwn?

3

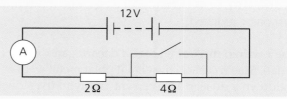

Yn y gylched uchod, beth yw'r darlleniad ar yr amedr
pan fydd y switsh

a ar agor

b ar gau?

Trydan y prif gyflenwad

Wrth roi plwg tegell trydan mewn soced, rydych yn ei roi mewn cylched. Nid oes batri yn y gylched ond, i bob pwrpas, mae'r prif gyflenwad yn gwneud yr un gwaith.

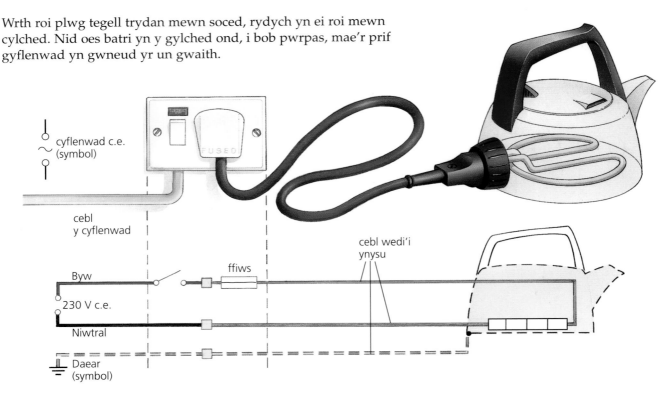

Nid yw'r cerrynt sy'n dod o soced y prif gyflenwad yn llifo i un cyfeiriad yn unig, fel y cerrynt o fatri. Yn hytrach, mae'n cael ei wthio a'i dynnu yn ôl a blaen o gwmpas y gylched 50 gwaith bob eiliad.
Gelwir y cerrynt yn **gerrynt eiledol (c.e.)**.
Amledd y prif gyflenwad yw 50 Hz.
Mae gorsafoedd pŵer yn darparu c.e. oherwydd ei fod yn haws ei gynhyrchu na **cherrynt union (c.u.)**. Ym Mhrydain, foltedd y prif gyflenwad yw 230 V.

Mae'r gwifrau sy'n cysylltu â'r tegell wedi eu hynysu. Maent i gyd wedi eu cynnwys mewn un cebl neu 'fflecs'.
Mae'r wifren fyw yn mynd yn − a + bob yn ail (yn eiledol) wrth i electronau gael eu gwthio a'u tynnu o gwmpas y gylched.

Mae'r wifren niwtral yn cael ei daearu gan y cwmni trydan. Mae'n cael ei chysylltu â phlât metel wedi ei gladdu yn y ddaear. Mae cerrynt yn mynd trwy'r wifren. Ond mae'r foltedd yn sero. Os byddwch yn cyffwrdd â'r wifren niwtral ar ddamwain, ni ddylech gael sioc.

Mae'r switsh ar soced y prif gyflenwad yn cael ei osod yn y wifren fyw. Pwrpas hyn yw sicrhau na fydd yr un o'r gwifrau yn y fflecs yn fyw ar ôl i'r switsh gael ei ddiffodd.

Darn byr o wifren denau yw **ffiws**. Bydd yn gorboethi ac ymdoddi os bydd gormod o gerrynt yn llifo trwyddo. Os bydd nam yn datblygu, bydd y ffiws yn 'chwythu' a thorri'r gylched cyn y gall dim arall orboethi a mynd ar dân. Mae'r ffiws y tu mewn i gynhwysydd bach yn y plwg. Fel y switsh, mae'n cael ei osod yn y wifren fyw.

cynhwysydd ffiws   gwifren ffiws

Gwifren ddiogelwch yw'r **wifren ddaearu.** Fel arfer, nid oes cerrynt yn llifo trwyddi. Mae'n cysylltu corff metel y tegell â'r ddaear, gan atal y tegell rhag mynd yn 'fyw'. Er enghraifft: petai'r wifren fyw yn dod yn rhydd ac yn cyffwrdd â chorff metel y tegell, byddai cerrynt mawr yn llifo i'r ddaear, ac yn chwythu'r ffiws. O ganlyniad, ni fyddai'n beryglus cyffwrdd â'r tegell.

Go brin fod gwifren ddaearu wedi ei chysylltu â'ch sychwr gwallt neu radio. Y rheswm yw bod ganddynt gasyn ynysu plastig, nid un metel. Gan fod y cebl wedi ei ynysu hefyd, mae yna **ynysiad dwbl**.

Plygiau tri phin

Mae plwg yn ffordd syml a diogel o gysylltu pethau â chylched y prif gyflenwad. Ym Mhrydain, plwg gyda thri phin sgwâr a ffiws yw'r math mwyaf cyffredin.

Wrth wifro plwg, gnewch yn siŵr:

- bod y tair gwifren wedi eu cysylltu â'r terfynellau cywir:

brown	i'r **Byw**
glas	i'r **Niwtral**
melyn	
a **gwyrdd**	i'r **Ddaear**

- nad oes darnau o wifrau yn rhydd.
- bod y daliwr yn dal y cebl yn gadarn.
- bod ffiws o'r gwerth cywir yn ei le.

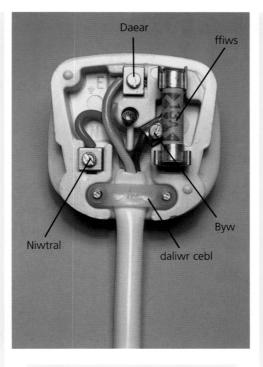

Daear — ffiws — Byw — daliwr cebl — Niwtral

Os bydd ffiws yn chwythu:

- Diffoddwch y switsh a thynnwch y plwg o'r soced.
- Peidiwch â gosod ffiws newydd nes i'r nam gael ei gywiro.

Dewis ffiws

Fel arfer, ffiws 3 A neu 13 A sydd mewn plwg. Mae'r gwerth yn dangos y cerrynt sy'n ddigon i wneud i'r ffiws 'chwythu'.

Os yw teledu yn cymryd cerrynt 0.5 A, dylid gosod ffiws 3 A yn y plwg.

Os yw tegell yn cymryd cerrynt 10 A, dylid gosod ffiws 13 A.

Dylai gwerth y ffiws bob tro fod yn fwy na'r gwir gerrynt, ond mor agos ato â phosibl. Bydd y teledu yn dal i weithio â ffiws 13 A. Ond efallai na fydd yn ddiogel. Os bydd rhywbeth yn mynd o'i le, gallai'r cylchedau orboethi a mynd ar dân heb i'r ffiws chwythu.

Cwestiynau

1 BYW   NIWTRAL   DAEARU

Pa un o'r gwifrau hyn
  a sydd â gorchudd brown?
  b sy'n wifren ddiogelwch?
  c sy'n mynd yn + a - bob yn ail?
  ch sydd â gorchudd glas?
  d sydd â gorchudd melyn a gwyrdd?
  dd sy'n rhan o'r gylched, ond heb fod ar unrhyw foltedd?

2 Copïwch a chwblhewch y tabl i nodi ai ffiws 3 A neu 13 A a ddylai gael ei osod ym mhlwg pob dyfais. Mae'r cyntaf wedi ei wneud.

Dyfais	Cerrynt (A)	Gwerth ffiws (A)
Radio	0.1	3
Sychwr gwallt	4	
Oergell	0.5	
Peiriant casét	0.2	
Gwresogydd ffan	12	
Cymysgydd bwyd	2	

3 Dyma gylched wedi ei gwifro yn anghywir.

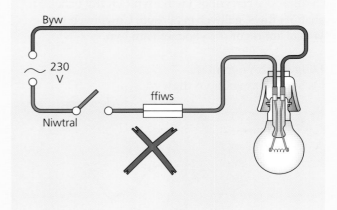

Byw — 230 V — ffiws — Niwtral

Os caiff y bwlb ei dynnu o'i soced, nid yw'r gylched yn ddiogel. Eglurwch pam. Ail-luniwch y gylched, gan ddangos y gwifro cywir.
Petai eich cylched yn darparu cerrynt i wresogydd ffan wedi ei wneud o fetel, byddai'n rhaid gosod gwifren ddaearu. Pam?

Rhagor am y prif gyflenwad

Cysylltu mewn paralel

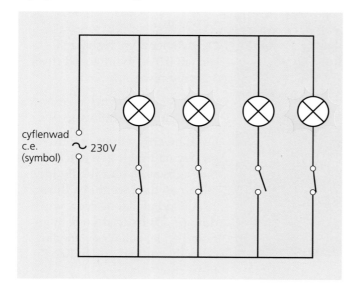

Wrth gysylltu bylbiau mewn paralel, fel yr uchod, mae pob un yn cael foltedd llawn y cyflenwad a gellir cynnau a diffodd pob un ar wahân.

Mewn tŷ, mae cebl cyflenwad y cwmni trydan yn rhannu'n nifer o gylchedau paralel ar gyfer y goleuadau, y cwcer a'r prif socedi. Yn yr **uned defnyddwyr**, sef y 'bocs ffiwsys', mae pob cylched yn mynd trwy ffiws neu **dorrwr cylched**. Switsh awtomatig yw torrwr cylched, sy'n diffodd y cerrynt os yw'n mynd yn rhy uchel. Yn wahanol i ffiws, gallwch ei ailosod. Chwiliwch yn y mynegai am ragor o wybodaeth am hyn.

Switshis dwy ffordd

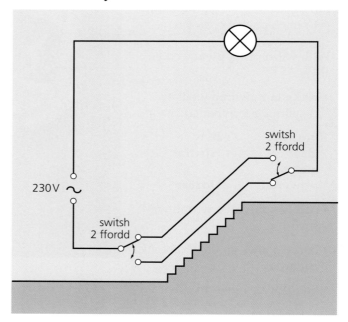

Yn y rhan fwyaf o dai, gallwch oleuo neu ddiffodd goleuadau'r landin gan ddefnyddio switshis ar ben y grisiau neu ar y gwaelod. Nid switshis 'goleuo/diffodd' syml yw'r rhain. Mae ganddynt ddau gyswllt yn hytrach nag un. Maent yn **switshis dwy ffordd**. Os yw'r ddau switsh i fyny neu'r ddau i lawr, bydd cerrynt yn llifo trwy'r bwlb. Ond os yw un switsh i fyny a'r llall i lawr, mae'r gylched yn cael ei thorri. Trwy symud y naill switsh neu'r llall rydych yn cildroi effaith y llall.

Diogelwch yn gyntaf
Os bydd damwain yn digwydd ...

... cyn ceisio helpu, mae'n rhaid i chi:

- ddiffodd y soced;
- tynnu'r plwg o'r soced.

I atal damweiniau ...

Wrth osod cebl ychwanegol i dorri'r lawnt neu ddefnyddio dril, gosodwch dorrwr cylched sy'n llifo i'r ddaear. Mae hwn yn cymharu'r ceryntau yn y gwifrau byw a niwtral. Dylent fod yr un fath. Os ydynt yn wahanol, rhaid bod y cerrynt yn llifo i'r ddaear – trwy eich corff, efallai, gan eich bod yn cyffwrdd â gwifren wedi torri. Mae'r torrwr cylched yn synhwyro'r gwahaniaeth a diffodd y cerrynt cyn i unrhyw niwed ddigwydd.

Rhagor am gerrynt eiledol (c.e.) ac union (c.u.)

Mae'n haws cynhyrchu cerrynt eiledol (c.e.) na cherrynt union (c.u.) fel y math sy'n llifo i un cyfeiriad o fatri.

Gallwch ddefnyddio **osgilosgop** i weld y gwahaniaeth rhwng c.e. ac c.u. Gall hwn blotio graff yn gyflym iawn, drosodd a throsodd, gan ddangos sut mae foltedd cyflenwad yn newid gydag amser:

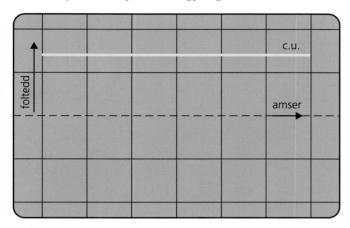

Dyma foltedd c.u. cyson sydd bob amser yn yr un cyfeiriad.

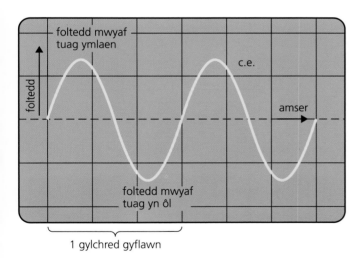

Mae foltedd c.e. yn codi i'r brig (gwerth mwyaf), yn disgyn i sero, yn newid cyfeiriad . . . ac yn y blaen, laweroedd o weithiau bob eiliad.

Ym Mhrydain, 50 **hertz (Hz)** yw **amledd y prif gyflenwad**. Mae hyn y golygu bod 50 cylchred gyflawn yn ôl ac ymlaen bob eiliad.

Yn U.D.A. 60 Hz yw amledd y prif gyflenwad: hynny yw, 60 cylchred bob eiliad. Felly mae pob cylchred yn fyrrach nag â chyflenwad 50 Hz, ac mae'r pwyntiau brig ar yr osgilosgop yn nes at ei gilydd.

Foltedd y prif gyflenwad

Yn Ewrop, dywedwn mai 230 V yw **foltedd y prif gyflenwad**. Efallai fod hynny'n ymddangos braidd yn rhyfedd oherwydd, yn achos c.e., mae'r foltedd yn codi a gostwng trwy'r amser! Ond, mae 230 V yn werth cyfartalog arbennig. Mae'n hafal i'r foltedd c.u. cyson a fyddai'n cynhyrchu yr un effaith wresogi mewn, er enghraifft, tegell, haearn smwddio neu dostydd.

Cwestiynau

1 Mewn tŷ, pam mae'r bylbiau a'r prif ddyfeisiau eraill yn cael eu cysylltu mewn paralel?
2 Beth sydd y tu mewn i *uned defnyddwyr*?
3 a Beth yw gwaith torrwr cylched?
  b Beth yw mantais torrwr cylched o'i gymharu â ffiws?
4

  Copïwch a chwblhewch y diagram uchod i ddangos sut y gellir defnyddio unrhyw un o'r ddau switsh i reoli'r bwlb.
5 Beth yw'r gwahaniaeth rhwng c.e. ac c.u.?
6 Ym Mhrydain, 50 Hz yw amledd y prif gyflenwad. Eglurwch ystyr hyn.
7 Petai yna ddamwain a rhywun yn cael sioc drydan, beth ddylech chi ei wneud cyn mynd i helpu?
8 Isod, dangosir tri chyflenwad c.e., U, W ac Y, ar sgrîn osgilosgop.
  a Pa gyflenwad sydd â'r foltedd brig uchaf?
  b Pa gyflenwad sydd â'r amledd uchaf?

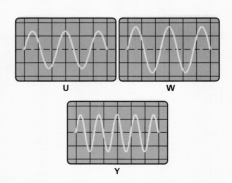

5.10 Pŵer trydanol

Dyma ddwy ddyfais sy'n newid egni trydanol yn egni sain. Ond mae gan beiriant y ferch fwy o **bŵer** na pheiriant y bachgen. Mae'n newid mwy o egni bob eiliad.

> Mae pŵer yn cael ei fesur mewn jouleau yr eiliad, neu watiau (W).

Mae pŵer 1 wat yn golygu bod 1 joule o egni yn cael ei newid bob eiliad.

Pŵer offer cyfarwydd

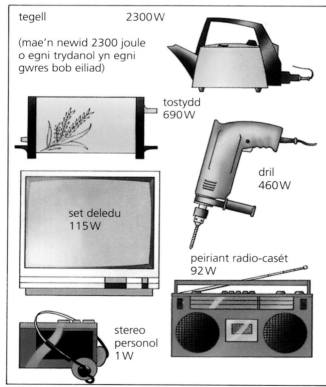

tegell   2300 W

(mae'n newid 2300 joule o egni trydanol yn egni gwres bob eiliad)

tostydd 690 W

dril 460 W

set deledu 115 W

peiriant radio-casét 92 W

stereo personol 1 W

Weithiau rhoddir pŵer mewn **cilowatiau**:

> 1 cilowat (kW) = 1000 wat

Pŵer y tegell yw 2.3 kW.

Hafaliad ar gyfer pŵer trydanol

Gallwch gyfrifo pŵer trydanol trwy ddefnyddio'r hafaliad:

> pŵer   =   foltedd   ×   cerrynt
> (wat)   (folt)   (amper)

Er enghraifft:
Os yw sychwr gwallt 230 V yn cymryd cerrynt 2 A,
pŵer = 230 × 2 = 460 W

- Mae foltedd uwch yn rhoi mwy o bŵer oherwydd bod pob electron yn cludo mwy o egni.
- Mae cerrynt uwch yn rhoi mwy o bŵer oherwydd bod mwy o electronau i golli eu hegni bob eiliad.

Pam mae'r hafaliad yn gweithio

Yn gyntaf, chwiliwch am ystyr *cerrynt* a *foltedd*.

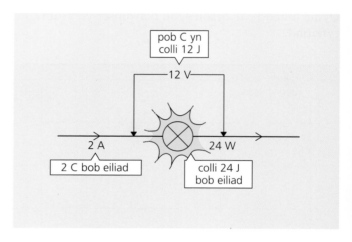

Mae cerrynt 2 A yn llifo trwy'r bwlb hwn. Mae foltedd 12 V ar ei draws:

Felly,
mae 2 coulomb o wefr yn mynd trwy'r bwlb bob eiliad;
mae pob coulomb yn colli 12 joule o egni wrth fynd trwodd.

Mae hyn yn golygu bod 12 × 2 joule o egni yn cael ei newid bob eiliad.
Felly, y pŵer yw 24 joule yr eiliad, neu 24 wat.

I gael yr ateb hwn, rhaid lluosi'r foltedd â'r cerrynt.

140

Rhagor o hafaliadau

Gellir defnyddio symbolau i ysgrifennu hafaliad pŵer:

$$P = V \times I$$

Gallwch aildrefnu'r hafaliad mewn dwy ffordd:

$$V = \frac{P}{I} \quad \text{a hefyd} \quad I = \frac{P}{V}$$

Mae'r rhain yn ddefnyddiol os ydych yn gwybod y pŵer, ond am ddod o hyd i'r foltedd neu'r cerrynt.

Rhagor am ffiwsys

Mae gan degell fwy o bŵer na theledu.
Mae'n cymryd mwy o gerrynt o'r prif gyflenwad.
Mae angen ffiws â gwerth uwch yn ei blwg.

Ar y dde, dangosir sut i ddarganfod ai ffiws 3 A neu 13 A sydd ei angen ar degell 2300 W, ac yna ar deledu 115 W. Cofiwch: rhaid i werth y ffiws fod yn fwy na'r cerrynt trwy'r ddyfais, ond mor agos ato â phosibl.

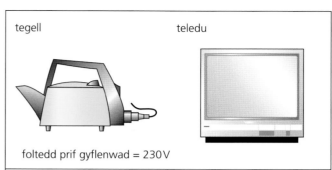

tegell   teledu

foltedd prif gyflenwad = 230 V

pŵer: 2300 W	pŵer: 115 W
cerrynt $I = \dfrac{P}{V}$ $= \dfrac{2300}{230}$ $= 10$ A	cerrynt $I = \dfrac{P}{V}$ $= \dfrac{115}{230}$ $= 0.5$ A
ffiws: 13 A	ffiws: 3 A

Cwestiynau

1 Mae Branwen yn gosod goleuadau mewn ffenestr siop. Y cerrynt mwyaf y gall y cebl at y ffenestr ei gymryd yw 5 A. Os 230 V yw foltedd y prif gyflenwad:

a Beth yw'r pŵer mwyaf y gall y cebl ei gludo?

b Faint o fylbiau golau 100 W y gall Branwen eu goleuo â'r cebl?

2

Foltedd prif gyflenwad 230 V

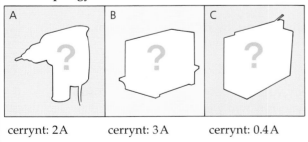

cerrynt: 2 A   cerrynt: 3 A   cerrynt: 0.4 A

Mae'r tair dyfais hyn yn y siart ar y dudalen gyferbyn. Cyfrifwch bŵer pob un. Yna dyfalwch beth yw pob dyfais.

3

Foltedd prif gyflenwad 230 V		
A	460 wat	sugnwr llwch
B	920 wat	haearn smwddio
C	1150 wat	gwresogydd ffan
Ch	23 wat	radio
D	46 wat	peiriant fideo

a Beth yw pŵer pob dyfais mewn cilowatiau?

b Pa gerrynt a gymerir gan bob dyfais?

c Pa ffiws (3 A neu 13 A) y dylid ei roi ym mhob plwg?

4

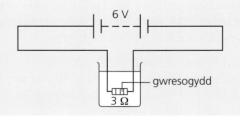

Mae gwresogydd bach yn cynhesu dŵr.

a Beth yw'r cerrynt trwy'r gwresogydd?

b Beth yw pŵer y gwresogydd?

Rhoddir batri gwahanol yn y gylched. Mae gan hwn *ddwywaith* cymaint o foltedd â'r hen fatri.

c Beth yw'r cerrynt trwy'r gwresogydd?

ch Beth yw pŵer y gwresogydd?

Prynu trydan

Mae trydan yn ffordd gyfleus iawn o gael egni. Yn y cartref, cawn yr egni hwnnw mewn gwahanol ffurfiau, gan ddefnyddio cwcer, popty micro-don, gwresogydd isgoch, gwresogydd darfudiad, teledu, radio, cymysgydd bwyd, a llawer o ddyfeisiau eraill.

Mae'n rhaid talu am egni trydanol, a gall fod yn gostus. Mae'r egni i gynnal peiriant casét yn ddi-baid am 24 awr yn costio:

tua 2c,   tuag £20,
ar y bil trydan   wrth brynu batrïau

Cyfrifo'r egni . . . mewn jouleau

Mae gwresogydd sydd â phŵer 1 wat (W) yn newid 1 joule (J) o egni trydanol yn egni gwres bob eiliad.

Felly:

Gydag 1 joule o egni,
gallech ddefnyddio gwresogydd 1 wat am 1 eiliad.

Gyda 6 joule o egni,
gallech ddefnyddio gwresogydd 2 wat am 3 eiliad,
neu wresogydd 6 wat am 1 eiliad.

I gyfrifo egni mewn jouleau, defnyddiwch yr hafaliad:

egni	=	pŵer	×	amser
(joule)		(wat)		(eiliad)

Cyfrifo'r egni . . . mewn cilowat oriau

Yr Unedau egni ar fil trydan yw'r hyn a elwir yn **gilowat oriau (kW awr)**. Mae'r cwmni trydan yn codi swm penodol am bob kW awr a brynir.

Gydag 1 kW awr o egni,
gallech ddefnyddio gwresogydd 1 cilowat am 1 awr.
Gydag 8 kW awr o egni, gallech ddefnyddio gwresogydd 1 cilowat am 8 awr,
neu wresogydd 2 cilowat am 4 awr.

I gyfrifo egni mewn cilowat oriau, defnyddiwch yr hafaliad:

egni	=	pŵer	×	amser
(kW awr)		(cilowat)		(awr)

CWMNI TRYDAN CANOLOG

Rhif cofrestru TAW
338 7449 45

UNEDAU A DDEFNYDDIWYD	PRIS POB UNED (c)	£
1255	10.00	122.50
TÂL CHWARTEROL		12.00
	CYFANSWM	134.50

Cost sychu eich gwallt

Os yw sychwr gwallt yn gweithio am 15 munud,
pŵer   = 1 kW
amser   = 0.25 awr

Felly, gan ddefnyddio'r hafaliad egni,
yr egni a brynwyd   = 1 × 0.25
                     = 0.25 kW awr

Os yw pob kW awr, neu Uned, yn costio 10c,
yna cyfanswm y gost   = 0.25 × 10
                       = 2.5c

Os yw pob cilowat awr o egni yn costio 10c, yna bydd yn costio tua ...

A   5c i wylio'r teledu trwy un gyda'r nos.

B   15c i bobi teisen.

C   30c i olchi un llwyth o ddillad.

Ch 240c i gael gwresogydd ffan trwy'r dydd.

Darllen y mesurydd

Mesurydd egni yw'r 'mesurydd trydan' mewn tŷ.
Mae'n dangos cyfanswm yr egni a ddarparwyd mewn
Unedau (kW awr) oddi ar i'r darlleniad fod yn sero.

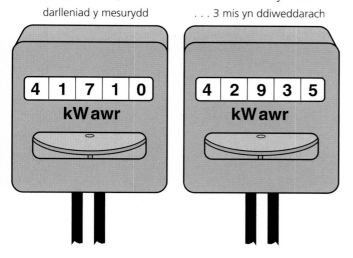

darlleniad y mesurydd   . . . 3 mis yn ddiweddarach

Uchod, fe welwch y darlleniadau ar fesurydd rhywun
ar ddechrau chwarter (cyfnod o dri mis) ac ar ei
ddiwedd. I gyfrifo'r egni a ddarparwyd yn ystod y
chwarter, rhaid cyfrifo'r gwahaniaeth rhwng y ddau
ddarlleniad:

egni a ddarparwyd = 42935 − 41710 = 1225 Uned

Os yw pob Uned yn costio 10c:
cost yr egni a ddarparwyd = 1225 × 10   = 12 250c
                                       = £122.50

Efallai y bydd tâl chwarterol i'w ychwanegu at hyn.
Ond nid yw pob cwmni trydan yn codi tâl chwarterol.

Hafaliad egni arall

Trwy gyfuno'r hafaliad hwn . . .

$$\begin{array}{ccc} \text{pŵer} & = & \text{foltedd} \times \text{cerrynt} \\ \text{(wat)} & & \text{(folt)} \qquad \text{(amper)} \end{array}$$

gyda'r hafaliad hwn . . .

$$\begin{array}{ccc} \text{egni} & = & \text{pŵer} \times \text{amser} \\ \text{(joule)} & & \text{(wat)} \qquad \text{(eiliad)} \end{array}$$

cawn hyn . . .

$$\begin{array}{ccccc} \text{egni} & = & \text{foltedd} & \times \text{ cerrynt } & \times \text{ amser} \\ \text{(joule)} & & \text{(folt)} & \text{(amper)} & \text{(eiliad)} \end{array}$$

Er enghraifft: Os yw gwresogydd 12 V yn cymryd
cerrynt 3 A am 10 eiliad:
egni a ddarperir = 12 × 3 × 10 = 360 joule.

Cwestiynau

1

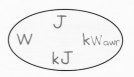

Pa rai o'r rhain sy'n unedau egni?

2

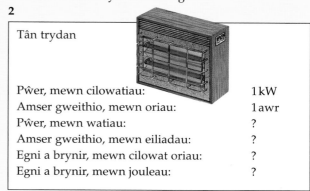

Tân trydan	
Pŵer, mewn cilowatiau:	1 kW
Amser gweithio, mewn oriau:	1 awr
Pŵer, mewn watiau:	?
Amser gweithio, mewn eiliadau:	?
Egni a brynir, mewn cilowat oriau:	?
Egni a brynir, mewn jouleau:	?

  a Copïwch y tabl a llenwch y gwerthoedd coll.
  b Os gallwch brynu 1 kW awr o egni am 10c, sawl
    joule o egni y gallwch ei brynu am 10c?
3 Yn y siart ar y dudalen gyferbyn, faint o egni a brynir
  ym mhob achos (A i Ch)?
  Rhowch eich atebion mewn kW awr.

4

Dyfais	Pŵer	Amser
Radio prif gyflenwad	10 W	16 awr
Blanced drydan	100 W	8 awr

Mae Donna yn hoffi gwrando ar ei radio trwy'r dydd.
Mae ei thad yn gadael ei flanced drydan wedi ei
chynnau trwy'r nos. Mae'r naill yn credu bod y llall
yn gwastraffu trydan. Ond pwy sy'n ychwanegu
fwyaf at y bil? Defnyddiwch yr wybodaeth yn y siart i
gael yr ateb.
5 Os yw pob kW awr o egni yn costio 10c, beth yw cost:
  a Defnyddio tân 2 kW am 5 awr?
  b Defnyddio lamp 100 W am 10 awr?
  c Defnyddio popty micro-don 800 W am 15 munud?
6 Darlleniad mesurydd trydan rhywun yw   36594.
  Dri mis yn ddiweddarach y darlleniad yw   37434.
  Beth fydd y bil trydan chwarterol, os yw egni yn
  costio 10c yr Uned ac nad oes tâl chwarterol?
7 Faint o egni sy'n cael ei ddarparu i fwlb 6 V os yw'n
  cael ei gynnau am un munud ac yn cymryd cerrynt o
  2 A?

143

5.12 Perygl! Trydan

Gall cebl 132 000 folt wthio mwy na digon o gerrynt trwy eich corff i'ch lladd. I atal damweiniau, mae'r ceblau yn cael eu crogi'n uchel yn yr awyr, yn uwch o lawer na thai. Ac mae'r peilonau yn cael eu hadeiladu fel nad yw pobl yn gallu eu dringo. Ond, mae ambell ddamwain wedi digwydd wrth i linyn barcud rhywun gyffwrdd â'r ceblau.

Maes chwarae marwol

Bob blwyddyn, mae rhagor na 50 o blant yn cael eu lladd neu eu niweidio'n ddifrifol wrth chwarae ar reilffyrdd. Mae mwy a mwy o gledrau'n cael eu trydaneiddio, felly mae'r broblem yn gwaethygu. Nid yw cyffwrdd â chledrau byw yn lladd bob tro. Ond gall achosi llosgiadau difrifol wrth i gerrynt lifo trwy freichiau neu goesau i'r ddaear.

Nid yw mellten yn lladd bob tro, ond gall hithau achosi llosgiadau cas hefyd. Mae'r perygl mwyaf ar dir agored, neu'n agos at goeden neu adeilad unig. Ond mae'r siawns o gael eich taro yn dal yn fach iawn – llawer llai nag ennill miliynau ar y loteri, er enghraifft.

Dim ond batri 12 folt yw hwn. Felly nid yw'r rhan fwyaf o bobl yn disgwyl iddo fod yn beryglus. Ond petai sbaner yn mynd ar ddamwain ar draws y gwifrau o'r batri, gallai'r rhuthr o gerrynt fod yn ddigon i'ch llosgi neu achosi tân. Mae mecanig doeth yn datgysylltu'r batri cyn dechrau gweithio.

Peryglon tân

Yn y cartref, mae mwy o berygl oddi wrth dân trydanol nag oddi wrth sioc drydan. Dyma rai o'r rhesymau:

Os yw cebl yn cynnwys hen wifrau sydd wedi treulio a thorri, gall y gwrthiant fod yn uchel ar un pwynt ynddo. Felly bydd gwres yn cael ei ryddhau yno wrth i gerrynt lifo heibio. Gall fod yn ddigon i'r ynysydd ymdoddi ac achosi tân.

Mae pinnau plwg budr yn achosi gwrthiant uchel lle maent yn cysylltu â'r soced. Wrth i gerrynt lifo, gall y plwg orboethi.

Yma, mae gormod o offer wedi eu cysylltu ag un soced. Os bydd yr holl offer yn gweithio yr un pryd, gall roi gormod o lwyth ar gebl y cyflenwad trydan.

Mae defnyddio cebl estyniad hir wedi ei weindio ar ffurf coil yn gallu bod yn berygl tân os oes cerrynt uchel ynddo. Gan fod y cerrynt yn cynhyrchu gwres, os bydd y cebl yn goil tynn, ni fydd y gwres yn gallu dianc yn hawdd a bydd yn cronni yn y coil.

Peryglon eraill

Rhaid defnyddio socedi'r prif gyflenwad yn ofalus. Gallant fod yn beryglus os bydd rhywun yn gwthio gwrthrychau metel i'r tyllau. Mae'n beryglus os oes dŵr yn casglu y tu mewn iddynt hefyd, gan fod dŵr yn dargludo trydan.

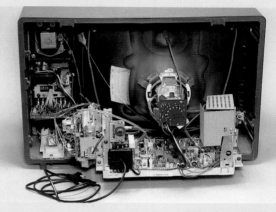

Mae'n debyg mai'r set deledu yw'r ddyfais fwyaf peryglus yn y tŷ. Pan fydd yn gweithio, gall y folteddau y tu mewn iddi gyrraedd 25 000 V neu fwy. Ac mae rhannau y tu mewn iddi yn dal yn 'fyw' hyd yn oed ar ôl i'r set gael ei diffodd.

Er mwyn diogelwch:

PEIDIWCH BYTH ag agor y panel cefn.

Diffoddwch y teledu dros nos neu os ydych yn mynd allan. Peidiwch â gadael y golau 'parod' wedi ei gynnau. Bydd hyn yn arbed egni ac yn cadw'r bil trydan yn is hefyd.

Allwch chi egluro pam, o ran diogelwch, y dylech chi ddatgysylltu'r batri cyn gweithio ar beiriant car?

Allwch chi egluro pam NA ddylech chi:

- hedfan barcud yn agos at geblau uwchben?
- cysylltu gormod o offer ag un soced?
- gadael plwg teledu yn y soced dros nos?

Ceisiwch ddarganfod pam:

- mae'n rhaid tynnu cortyn i gynnau a diffodd goleuadau'r ystafell ymolchi;
- na ddylai cebl estyniad fod yn goil tynn tra bo'n cael ei ddefnyddio;
- mae 'ynysiad dwbl' ar ddril trydan a chymysgydd bwyd.

5.13 Gwefr drydanol

Mae'n gwneud i haen blastig denau (glynlen) lynu wrth eich dwylo, ac i lwch lynu wrth sgrîn teledu. Mae'n achosi clecian a gwreichion wrth i chi gribo eich gwallt. Gall hyd yn oed wneud i'ch gwallt sefyll ar eich pen. Mae'n aml yn cael ei alw yn **drydan statig**, neu'n wefr **electrostatig**.

O ble y daw gwefr

Mae glynlen, crib, gwallt a phob defnydd arall wedi eu gwneud o ronynnau bach o'r enw **atomau**. Mae atomau mor fach, byddai biliwn yn ffitio ar ben pin. Mewn llawer o ddefnyddiau, mae'r atomau mewn grwpiau bychain o'r enw **moleciwlau**.

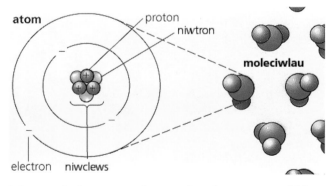

Mae gan bob atom wefrau trydanol y tu mewn iddynt. Yng nghanol pob atom mae **niwclews**. Mae hwn yn cynnwys **protonau** a **niwtronau**. Mae gronynnau llai byth yn cylchdroi o gwmpas y niwclews hwn. **Electronau** yw'r rhain.

Mae protonau ac electronau yn cludo gwefr drydanol.

Ond mae'r gwefrau yn ddirgroes i'w gilydd:

Mae gan electronau wefr negatif (−).

Mae gan brotonau wefr bositif (+), sydd yr un faint â'r wefr ar yr electron.

Nid oes gwefr gan niwtronau.

Fel arfer, bydd yr un faint o electronau a phrotonau mewn atom. Felly bydd y gwefrau – a'r + yn canslo ei gilydd.

Gwefru trwy rwbio

Trwy rwbio dau ddefnydd yn erbyn ei gilydd, gellir symud electronau o un i'r llall. Mae hyn yn drysu'r cydbwysedd rhwng y + a'r −. Os yw'r defnyddiau yn ynysyddion, mae'r electronau yn tueddu i aros yn yr unfan, heb lifo i ffwrdd.

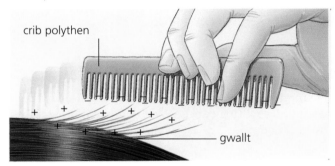

crib polythen

gwallt

Crib polythen yn cael ei dynnu trwy wallt. Mae'r polythen yn tynnu electronau o atomau yn y gwallt. Mae hyn yn gadael mwy o electronau nag arfer ar y polythen, a llai ar y gwallt.
Bydd gan y gwallt wefr *bositif*.

Bydd gan y polythen wefr *negatif*.

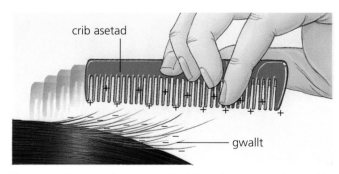

crib asetad

gwallt

Tynnu crib asetad trwy wallt. Y tro hwn, mae'r gwallt yn tynnu electronau o'r asetad.
Bydd gan y gwallt wefr *negatif*.

Bydd gan yr asetad wefr *bositif*.

Grymoedd rhwng gwefrau

Mae gwefrau tebyg yn gwrthyrru

Daliwch ddau stribed o lynlen gyda'i gilydd wrth un pen. Gwefrwch nhw trwy eu tynnu rhwng eich bysedd.

Mae'r un math o wefr ar y ddau stribed. Maent yn ceisio gwthio ei gilydd ar wahân.

Mae gwefrau annhebyg yn atynnu

Tynnwch ddarn o lynlen ar draws eich llaw. Mae'r llaw a'r lynlen yn cael eu gwefru, ond mae'r gwefrau yn ddirgroes. Mae'r lynlen yn cael ei hatynnu at eich llaw.

Atyniad gwefr

Mae crib â gwefr bositif arno yn cael ei ddal ychydig uwchben darn bach o ffoil cegin. Mae electronau sydd yn y ffoil yn cael eu tynnu tuag i fyny. Mae hyn yn gwneud pen uchaf y ffoil yn negatif. Ond mae'n gadael y rhan isaf yn brin o electronau, ac felly'n bositif.

Mae'r crib yn atynnu pen negatif y ffoil yn gryf, gan ei fod yn agos. Mae'n gwrthyrru'r pen positif . . . ond yn llai cryf gan ei fod yn bellach i ffwrdd. Yr atyniad sy'n ennill. Mae'r ffoil yn cael ei dynnu at y crib.

Dyma enghraifft o rywbeth wedi ei wefru (crib) yn atynnu rhywbeth heb wefr (ffoil). Gwefrau **anwythol** yw'r enw ar y gwefrau sy'n ymddangos ar y ffoil.

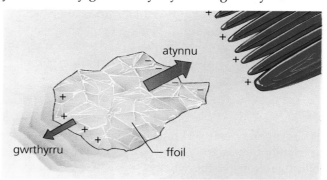

Cwestiynau

1 Nodwch a fydd y pethau isod yn atynnu ei gilydd, yn gwrthyrru ei gilydd, neu ddim y naill na'r llall:

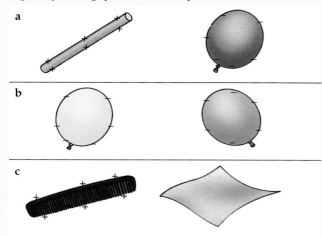

a

b

c

2 Bydd balŵn yn cael gwefr negatif wrth i chi ei rwbio yn erbyn eich llawes.

Eglurwch
a sut mae'n cael ei wefru;
b pam y bydd wedyn yn gallu glynu wrth wal.

Rhagor am wefrau

Weithiau, wrth i chi lithro ar draws y sedd i adael car, fe gewch chi sioc wrth gyffwrdd â'r drws oherwydd bod gwefr wedi ymgasglu. Mae hyn yn annifyr, ond nid yw'n beryglus. Fodd bynnag, mae trydan statig yn gallu bod yn beryglus weithiau – ac yn ddefnyddiol dro arall. Dyma rai enghreifftiau:

Daearu

Os oes digon o wefr yn ymgasglu ar rywbeth, gall gwreichion neidio trwy'r aer. Rhag i'r wefr ymgasglu, gellir **daearu** y gwrthrychau: eu cysylltu â'r ddaear trwy gyfrwng defnydd sy'n dargludo, fel bod y wefr yn llifo ymaith.

Wrth lenwi'r awyren â thanwydd, rhaid ei daearu hi a'r tancer, rhag i wefr ymgasglu o ganlyniad i'r tanwydd yn 'rhwbio' ar hyd y bibell. Gallai un wreichionen fod yn ddigon i danio anwedd y tanwydd.

Argraffu chwistrell inc

Mae argraffydd fel hwn yn gweithio trwy chwistrellu diferion bach o inc ar y papur. Mae pob chwistrell yn gwneud dot. Trwy argraffu llawer o ddotiau, gellir ffurfio llythrennau. Mae peiriannau argraffu diwydiannol yn defnyddio'r egwyddor a ddangosir isod (ond mae'r rhan fwyaf o rai'r cartref a'r swyddfa yn defnyddio dull gwahanol i reoli cyfeiriad yr inc):

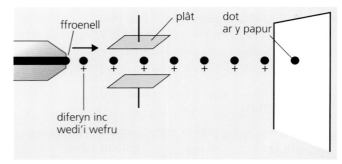

Caiff y diferion inc eu gwefru wrth gael eu gorfodi trwy ffroenell gul. Maent yn teithio rhwng dau blât metel.

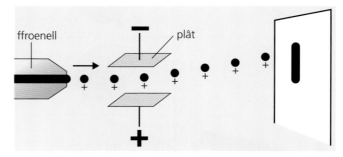

Pan roddir foltedd ar draws y platiau, caiff y diferion sydd wedi'u gwefru eu hatynnu at un plât a'u gwrthyrru gan y llall. Felly maent yn cael eu hallwyro . . . tuag i fyny y tro hwn.

Ymdrin â lludw

Mae'r diagram ar y dde yn dangos system **ddyddodi electrostatig**, tebyg i'r rhai sy'n cael eu gosod ar simneiau gorsafoedd pŵer a ffatrïoedd. Mae'n lleihau llygredd trwy dynnu darnau bach o ludw o'r nwyon gwastraff. Dyma sut mae'n gweithio:

Wrth i'r lludw a'r nwyon gwastraff fynd trwy'r siambr, mae'r gwifrau yn rhoi gwefr negatif i'r lludw. Mae'r lludw gwefredig yn cael ei atynnu gan y platiau positif ac mae'n glynu wrthynt. Yna mae'r platiau yn cael eu hysgwyd, a'r lludw yn cael ei gasglu yn y gwaelod.

Llungopïo

Mae peiriannau llungopïo yn defnyddio trydan statig. Isod, fe welwch y prif gamau wrth wneud llungopi o ddudalen â'r llythyren 'H' yn fawr arni.

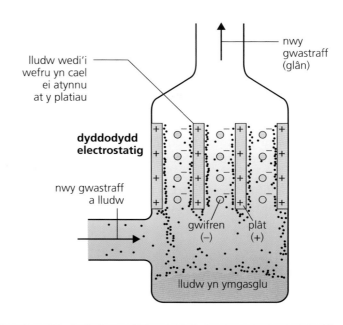

nwy gwastraff (glân)

lludw wedi'i wefru yn cael ei atynnu at y platiau

dyddodydd electrostatig

nwy gwastraff a lludw

gwifren (–)   plât (+)

lludw yn ymgasglu

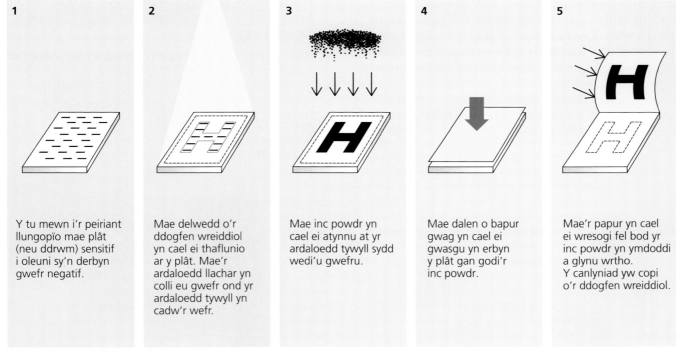

1 Y tu mewn i'r peiriant llungopïo mae plât (neu ddrwm) sensitif i oleuni sy'n derbyn gwefr negatif.

2 Mae delwedd o'r ddogfen wreiddiol yn cael ei thaflunio ar y plât. Mae'r ardaloedd llachar yn colli eu gwefr ond yr ardaloedd tywyll yn cadw'r wefr.

3 Mae inc powdr yn cael ei atynnu at yr ardaloedd tywyll sydd wedi'u gwefru.

4 Mae dalen o bapur gwag yn cael ei gwasgu yn erbyn y plât gan godi'r inc powdr.

5 Mae'r papur yn cael ei wresogi fel bod yr inc powdr yn ymdoddi a glynu wrtho. Y canlyniad yw copi o'r ddogfen wreiddiol.

Cwestiynau

1 Mae trydan statig sy'n ymgasglu yn gallu bod yn beryglus.
  a Rhowch un enghraifft o hyn.
  b Disgrifiwch sut y gellir datrys y broblem.
2 **a** Yn y diagram ar y dde, beth fydd yn digwydd i'r diferion wrth iddynt symud rhwng y platiau?
  b Pa offer sy'n defnyddio'r syniad yma?
  c Beth fyddai'r gwahaniaeth petai gwefr negatif yn hytrach na gwefr bositif ar y diferion?

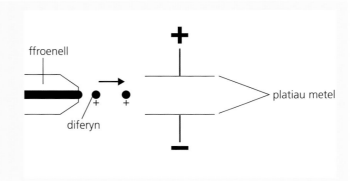

ffroenell

diferyn

platiau metel

5.15 Ïonau yn symud

Gall hylifau a nwyon ddargludo cerrynt os ydynt yn cynnwys **ïonau**. Atomau â gwefr, neu grwpiau o atomau wedi'u gwefru, yw ïonau. Mewn geiriau eraill, maent yn atomau neu grwpiau o atomau sydd wedi ennill neu golli electronau.

Gwefr yn llifo yw cerrynt. Os yw foltedd yn gwneud i ïonau symud trwy hylif neu nwy, mae gwefr yn llifo, felly mae yna gerrynt.

Electrolysis

Mae rhai sylweddau yn hydoddi mewn dŵr, gan ffurfio cymysgedd a elwir yn **hydoddiant**. Un enghraifft yw copr(II) sylffad. Mae hydoddiant copr(II) sylffad yn cynnwys ïonau. Felly gall cerrynt lifo trwyddo. Pan fydd hyn yn digwydd, bydd yna newid cemegol a bydd yr hylif yn dadelfennu (hollti) yn sylweddau symlach. Enw'r broses yw **electrolysis**.

Mae'r diagram isod yn dangos electrolysis hydoddiant copr(II) sylffad. Yn yr hylif, sef yr **electrolyt**, mae dau **electrod**: y **catod** (–) a'r **anod** (+). Y tro hwn, copr yw'r ddau.

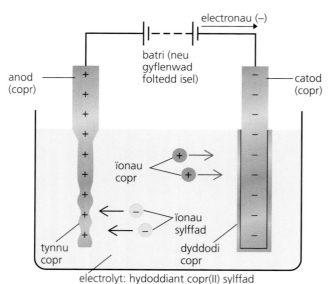

electrolyt: hydoddiant copr(II) sylffad

Yn yr hylif, mae copr(II) sylffad yn hollti i ffurfio ïonau copr positif ac ïonau sylffad negatif. Mae'r ïonau copr (+) yn cael eu hatynnu at y catod (–), lle maent yn casglu electronau, yn colli eu gwefr, ac yn ymgasglu gan ffurfio haen o gopr. Yr un pryd, mae copr o'r anod yn hydoddi yn yr electrolyt i gymryd lle'r ïonau copr.

Mae gan electronau wefr negatif (–) felly . . .

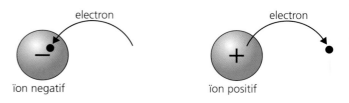

. . . os yw atom yn ennill electron, mae'n dod yn ïon negatif.

. . . os yw atom yn colli electron, mae'n dod yn ïon positif.

Yn gyfan gwbl, mae dwy effaith:

- Mae gwefr yn cael ei throsglwyddo o un electrod i'r llall. Hynny yw, mae yna gerrynt trwy'r hylif (ac o gwmpas y gylched).

- Mae copr yn cael ei dynnu o'r anod a'i ddyddodi ar y catod.

Mae pob ïon copr yn cludo'r un faint o wefr. Felly, po fwyaf y wefr a drosglwyddir, mwyaf y copr a ddyddodir. Ond: gwefr = cerrynt × amser
Felly os oes cerrynt mwy yn llifo am gyfnod hirach, bydd màs mwy o gopr yn cael ei ddyddodi.

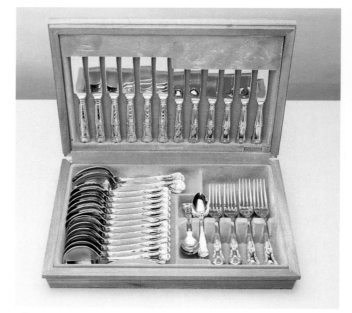

Electroplatio yw'r enw ar ddyddodi metel trwy electrolysis. Cafodd arian ei electroplatio ar y cyllyll, ffyrc a llwyau hyn. Mae tuniau bwyd wedi eu gwneud o ddur â haen o dun wedi ei electroplatio arno (mae tun yn fetel sy'n ddiogel i'r bwyd).

Ïonau yn yr aer

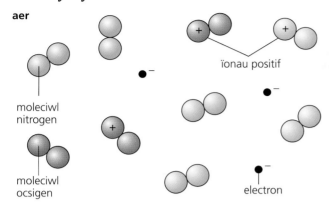

aer

moleciwl nitrogen

moleciwl ocsigen

ïonau positif

electron

Cymysgedd o foleciwlau nitrogen ac ocsigen sydd mewn aer yn bennaf. Mae'r rhan fwyaf yn ddi-wefr, ond nid y cyfan. Er enghraifft, mae fflamau, pelydriad o'r gofod, ac ymbelydredd o ddefnyddiau ymbelydrol mewn creigiau, i gyd yn gallu **ïoneiddio** aer. Heb ïonau, mae aer yn ynysydd. Gydag ïonau, mae'n newid yn ddargludydd.

Dargludiad trwy aer wedi'i ïoneiddio

Mae generadur Van de Graaff fel yr un isod yn gallu cynhyrchu folteddau o 100 000 V neu fwy. Mae ychydig bach o wefr yn cael ei 'chwistrellu' ar y belt rwber, yn cael ei chludo i fyny, a'i throsglwyddo ar y gromen. Wrth i fwy a mwy o wefr ymgasglu, mae'r foltedd yn codi'n uwch ac uwch.

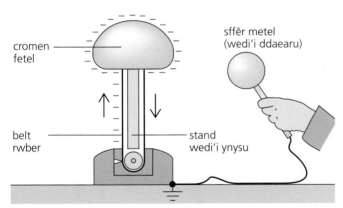

cromen fetel

sffêr metel (wedi'i ddaearu)

belt rwber

stand wedi'i ynysu

Nid yw'r foltedd yn dal i godi. Mae rhywfaint o'r wefr sydd ar y gromen yn dianc trwy'r aer. Ac os rhoddir sffêr metel wedi ei ddaearu yn agos at y gromen, bydd gwreichionen yn neidio fel mellten ar draws y bwlch. Dyma pam mae'n digwydd:

Gyda foltedd digon uchel ar draws yr aer, mae ïonau ac electronau yn taro yn erbyn y moleciwlau yn ddigon grymus i achosi ïoneiddiad. Mae'r ïonau newydd yn achosi mwy o ïonau . . . ac yn y blaen. Y canlyniad yw pwls sydyn o gerrynt sy'n goleuo'r aer ar ffurf gwreichionen.

Mae mellten yn digwydd pan fo gwefr yn cronni yn un rhan o gwmwl, ac wedyn yn llifo'n gyflym ar ffurf gwreichionen i gwmwl arall neu i'r ddaear. Mae'n broses gymhleth, ond ffordd syml o egluro sut mae'r wefr yn cronni yw bod gronynnau iâ yn 'rhwbio' yn erbyn yr aer wrth iddynt gael eu sugno i fyny trwy'r cwmwl.

Cwestiynau

1 Beth yw *ïonau*?
2 Yn y diagram ar y chwith:
  a Beth sy'n digwydd i'r foltedd rhwng y gromen a'r sffêr wrth i fwy a mwy o wefr ymgasglu ar y gromen?
  b Pam, yn y diwedd, mae gwreichionen yn neidio ar draws y bwlch rhwng y gromen a'r sffêr?
3 Rhowch un ffordd ymarferol o ddefnyddio electrolysis.
4 Copïwch y diagram isod. Wedyn:
  a Labelwch y *catod*, yr *anod*, a'r *electrolyt*.
  b Darluniwch a labelwch gyfeiriad llif yr electronau trwy'r gwifrau.
  c Labelwch bob ïon gan roi + neu – arnynt.

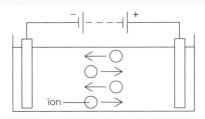

ïon

151

Cwestiynau am Bennod 5

1 Mae disgybl yn archwilio'r berthynas rhwng y foltedd ar draws lamp a'r cerrynt sy'n llifo trwyddi. Dyma'r gylched a ddefnyddir.

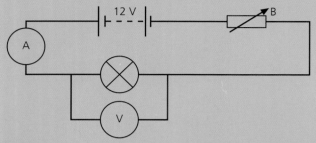

a Beth yw A?
b Beth yw B?
c Beth yw V?
ch Eglurwch yn eich geiriau eich hun sut y dylai'r disgybl gynnal yr arbrawf.

Mae'r disgybl yn cofnodi'r canlyniadau ac yna'n plotio graff.

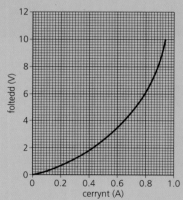

d Beth yw gwerth y cerrynt sy'n llifo pan roddir foltedd 0.6 V ar draws y lamp?
dd Beth yw gwrthiant y lamp pan roddir foltedd 6.0 V ar ei thraws?
e Beth sy'n digwydd i wrthiant y lamp wrth i'r foltedd ar ei thraws gynyddu?

2 Dim ond 20 W yw pŵer bwlb golau egni isel, ond mae'n cynhyrchu yr un faint o oleuni â bwlb 100 W cyffredin. Mae'r ddau fwlb yn cael eu cynnau am 1000 awr.

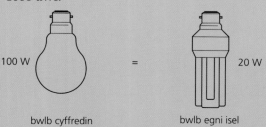

bwlb cyffredin   bwlb egni isel

a Beth yw pŵer pob bwlb mewn kW?
b Faint o egni (mewn kW awr) fydd y bwlb egni isel yn ei ddefnyddio mewn 1000 awr?
c Faint o egni (mewn kW awr) fydd y bwlb egni cyffredin yn ei ddefnyddio mewn 1000 awr?
ch Os yw trydan yn costio 10c yr uned (kW awr), faint o arian fydd yn cael ei arbed ar filiau trydan dros gyfnod o 1000 awr trwy ddefnyddio'r bwlb egni isel yn lle'r bwlb cyffredin?
d Mae'r bwlb cyffredin yn defnyddio mwy o egni na'r un egni isel ar gyfer yr un faint o oleuni. Beth sy'n digwydd i'r egni ychwanegol sy'n cael ei ddarparu?

3 Yn y gylched isod, mae batri 6 V wedi ei gysylltu â gwrthydd 3 Ω :

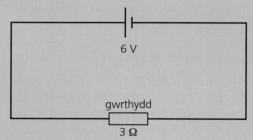

a Beth yw'r cerrynt yn y gylched?
b Beth yw allbwn pŵer y batri?
c Faint o egni, mewn jouleau, y mae'r batri yn ei roi i bob coulomb o wefr sy'n cael ei ddarparu?
ch Faint o wefr, mewn coulombau, sy'n llifo trwy'r gwrthydd bob eiliad?

4 Mae'r gwresogydd ffan isod yn gweithio oddi ar y prif gyflenwad 230 V. Mae ganddo ddwy elfen wresogi, pob un yn cymryd cerrynt 4 A, a ffan sydd angen cerrynt 0.5 A.

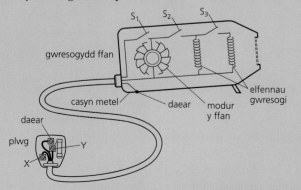

a Pa switshis ddylai gael eu cau er mwyn gweithio:
   i y ffan yn unig, i roi aer oer?
   ii y ffan ac un elfen?

b Os yw'r gwresogydd ffan ar bŵer llawn, faint o gerrynt sy'n llifo o'r prif gyflenwad?

c Pa ffiws ddylai fod yn y plwg, 3 A neu 13 A?

ch Pa derfynell yn y plwg sy'n fyw?

d Pam mae angen y cyswllt daearu?

dd Pa liw cebl ddylai gael ei gysylltu â'r derfynell X?

e Pa liw cebl ddylai gael ei gysylltu â'r derfynell Y?

f Rhowch resymau dros bob un o'r rhain:
  i Os yw dyfais yn cymryd cerrynt 2A, ni ddylech roi ffiws 13 A yn ei phlwg.
  ii Mewn rhai dyfeisiau, fel radio a sychwr gwallt, nid oes angen gwifren ddaearu.

5 Defnyddiwch eich syniadau am electronau i egluro pob un o'r rhain:
  a Mae electronau yn cael eu gwthio o derfynell negatif (–) batri, nid y positif (+).
  b Os rhwbiwch chi roden bolythen â darn o liain, bydd y rhoden yn cael gwefr negatif (–), tra bo gwefr bositif o'r un maint ar y lliain.
  c Yn wahanol i'r rhan fwyaf o ddefnyddiau eraill, mae metelau yn dargludo trydan yn dda.

6 a Isod, mae amedrau yn cael eu defnyddio i fesur y cerrynt mewn gwahanol rannau o gylched.

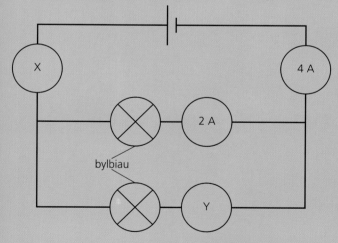

bylbiau

  i Ai mewn *cyfres* y mae'r bylbiau wedi eu cysylltu â'r batri, neu mewn *paralel*?
  ii Beth yw'r darlleniad ar amedr X? Rhowch reswm dros eich ateb.
  iii Beth yw'r darlleniad ar amedr Y? Rhowch reswm dros eich ateb.

iv Petai un o'r bylbiau yn cael ei dynnu o'r gylched, fel bod bwlch rhwng y gwifrau cysylltu, beth fyddai'r effaith ar y bwlb arall?

b Isod, mae foltmedrau yn cael eu defnyddio i fesur y foltedd ar draws gwahanol rannau o gylched.

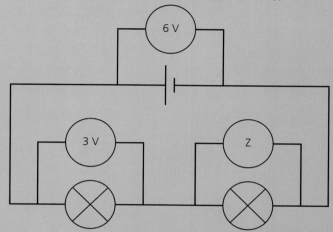

  i Ai mewn *cyfres* y mae'r bylbiau wedi eu cysylltu â'r batri, neu mewn *paralel*?
  ii Beth yw'r darlleniad ar y foltmedr Z? Rhowch reswm dros eich ateb.
  iii Petai un o'r bylbiau yn cael ei dynnu o'r gylched, fel bod bwlch rhwng y gwifrau cysylltu, beth fyddai'r effaith ar y bwlb arall?

7 a Beth yw'r prif drawsffurfiad egni sy'n digwydd wrth i dân trydan dau far, 2 kW, 230 V gael ei gynnau?

b Beth yw cyfradd bŵer y tân? Ysgrifennwch frawddeg yn egluro beth yn union y mae eich ateb yn ei olygu.

c Pa ran o'r tân trydan sydd bob amser wedi ei chysylltu â'r wifren ddaearu? Eglurwch beth allai ddigwydd petai nam ar y tân ac nad oedd yna wifren ddaearu.

ch Ym mhle y dylid gosod y switsh ar gyfer cynnau a diffodd y tân? Eglurwch eich ateb.

d O'r ffigurau a roddir yn **a**, cyfrifwch y cerrynt sy'n llifo drwy'r tân.

dd Pa ffiws sydd fwyaf addas ar gyfer y gylched hon?

e Pam y byddai'n beryglus cysylltu dau dân fel yr un a ddisgrifir uchod i'r un soced mewn prif gylch?

f Os yw dyfais drydanol yn ymddangos fel petai nam arni wrth i chi ei chynnau, beth yw'r peth cyntaf y dylech ei wneud?

Pennod 6
Magnetau
a cheryntau

Gyda'r nos, mae dinas fel hon yn ddigon llachar i'w gweld o'r gofod. Mae cymunedau modern diwydiannol yn dibynnu'n fawr ar ddefnyddio trydan – nid yn unig i oleuo, ond hefyd ar gyfer gyrru peiriannau mewn ffatrïoedd, cynnal systemau gwybodaeth a chyfathrebu, a gwresogi.

Mae tua un rhan o chwech o'r egni a ddefnyddiwn yn dod ar ffurf trydan. Fe'i cynhyrchir gan y generaduron enfawr sydd yn ein gorsafoedd pŵer.

Magnetau a meysydd

Polau magnet

Os rhowch chi fagnet bar bach mewn naddion haearn, bydd y naddion yn glynu wrth y ddau ben, fel y gwelwch ar y dde. Mae'n ymddangos bod y grymoedd magnetig yn dod o ddau bwynt, sef **polau** y magnet.

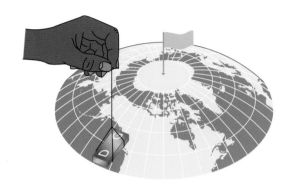

Mae'r Ddaear yn tynnu ar bolau magnet. Os bydd barfagnet yn cael ei grogi fel yn y diagram uchod, bydd yn troi nes gorwedd yn fras o'r gogledd i'r de. Dyma sut y cafodd dau ben y magnet eu henwi:

- **Pôl cyrchu'r gogledd** (neu **pôl G** yn fyr)
- **Pôl cyrchu'r de** (neu **pôl D** yn fyr)

Yn y diagram isod, fe welwch beth sy'n digwydd wrth i bennau magnetau ddod at ei gilydd. Mae grymoedd rhwng y polau:

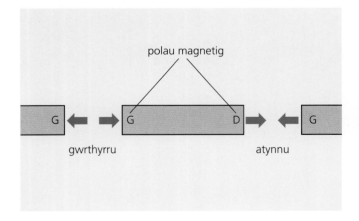

Mae polau tebyg yn gwrthyrru. Mae polau gwahanol yn atynnu.

Po agosaf yw'r polau, mwyaf y grym rhyngddynt.

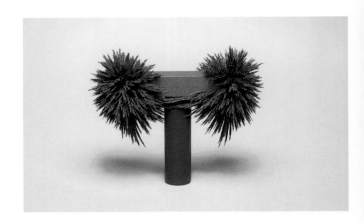

Magnetau parhaol a dros dro

Os rhoddir darnau o haearn a dur yn agos at fagnet, maent yn *newid* yn fagnetau. Mae'r magnet yn **anwytho** magnetedd ynddynt. Mae'n eu hatynnu gan fod y polau agosaf at ei gilydd yn wahanol.

Wrth dynnu'r darnau metel oddi wrth y magnet, mae'r dur yn cadw ei fagnetedd, ond nid yw'r haearn. Mae'r dur wedi newid yn **fagnet parhaol**. Dim ond **magnet dros dro** oedd yr haearn.

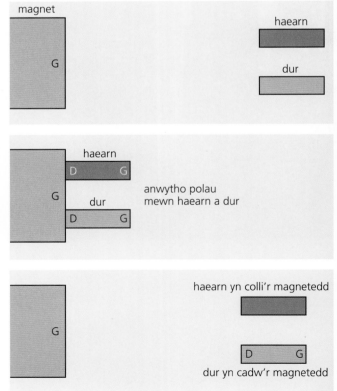

Defnyddiau magnetig

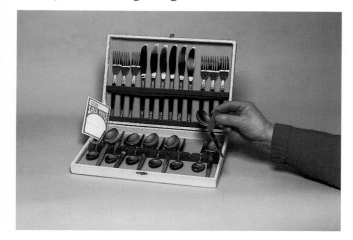

Bargen sydd werth ei chael? Rhowch brawf â magnet. Mae dur cyffredin yn cael ei atynnu gan fagnet, ond nid y dur gwrthstaen gorau. Os yw'r cyllyll, ffyrc a llwyau yn rhai drud, ni ddylent gael eu codi fel hyn.

Gelwir defnyddiau y gellir eu magneteiddio ac sydd ag atyniad at fagnetau yn **ddefnyddiau magnetig**. Mae pob defnydd magnetig cryf yn cynnwys haearn, nicel, neu gobalt. Er enghraifft, haearn yw dur yn bennaf.

Dywedwn fod defnyddiau magnetig yn rhai *meddal* neu'n rhai *caled*, yn ôl pa mor dda y maent yn cadw eu magnetedd ar ôl cael eu magneteiddio.

Mae'n hawdd magneteiddio **defnyddiau magnetig meddal**, fel haearn a Mumetal, ond magneteiddio dros dro yw hwn. Maent yn ddefnyddiol mewn electromagnetau, er enghraifft, lle mae angen gallu 'cynnau' a 'diffodd' yr effaith fagnetig.

Mae'n fwy anodd magneteiddio **defnyddiau magnetig caled** fel dur ac Alcomax ond nid ydynt yn colli eu magnetedd mor hawdd. Defnyddir y rhain i wneud magnetau parhaol.

Y maes o amgylch magnet

Mae **maes magnetig** o amgylch magnet. O fewn y maes hwn mae grymoedd yn gweithredu ar unrhyw ddefnydd magnetig. Gallwch ddefnyddio **cwmpawd** bach i astudio'r maes, fel y dangosir isod. Mae'r nodwydd yn fagnet bychan sy'n rhydd i droi ar ei echel. Mae'r grymoedd o bolau'r magnet yn gwneud i'r nodwydd ddilyn llwybr y maes.

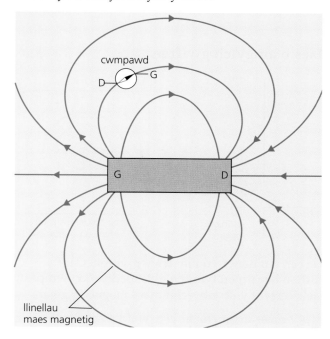

Mae'r Ddaear yn fagnet gwan. Mae ei maes yn troi nodwydd cwmpawd – neu unrhyw fagnet sy'n cael ei grogi – fel bod y nodwydd yn pwyntio gogledd – de yn fras.

I ddangos y maes uchod defnyddiwyd **llinellau maes** magnetig. Mae'r rhain yn mynd o bôl G y magnet i'r pôl D. Maent yn dangos y cyfeiriad y byddai pen G nodwydd cwmpawd yn pwyntio. Mae'r maes ar ei gryfaf lle mae'r llinellau maes agosaf at ei gilydd.

Cwestiynau

1 Pam y gelwir polau magnet yn G a D?
2 Pa fath o bôl magnetig sydd:
  a yn atynnu pôl G?   **b** yn gwrthyrru pôl D?
3 Sut y gallwch chi ddangos bod maes o amgylch magnet?
4 Yn y diagram ar y dde, mae darnau o haearn a dur yn cael eu hatynnu at ben magnet.
  a Copïwch y diagram. Darluniwch unrhyw bolau magnetig ar yr haearn a'r dur.
  b Os bydd pennau isaf yr haearn a'r dur yn dechrau symud, i ba gyfeiriad y byddant yn symud, a pham?

c Beth sy'n digwydd i'r naill fetel a'r llall pan gaiff ei dynnu oddi wrth y magnet?

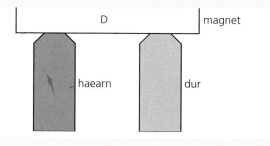

Magnetedd o geryntau

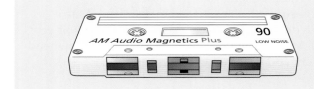

Wrth recordio ar y tâp hwn bydd 45 munud o sain yn newid yn fwy na 100 metr o fagnetedd sy'n amrywio ar hyd y tâp. Ond nid magnet sydd yn magneteiddio'r tâp ond cerrynt yn symud trwy ddarn o wifren.

Maes o amgylch gwifren

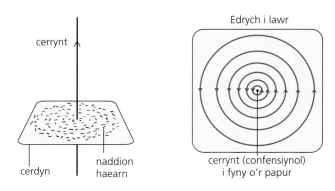

Mae cerrynt mawr yn llifo trwy'r wifren. Caiff y naddion haearn eu tynnu'n gylchoedd o'i chwmpas. Mae'r cerrynt yn cynhyrchu maes magnetig gwan:

> Mae'r maes magnetig ar ei gryfaf yn agos at y wifren.
>
> Mae cynyddu'r cerrynt yn cryfhau'r maes magnetig.

Maes o amgylch coil

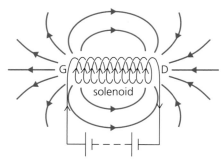

Mae cerrynt yn llifo trwy'r coil hir, a elwir yn **solenoid**. Cynhyrchir maes magnetig. Mae'r maes fel y maes o amgylch barfagnet. Mae'r solenoid yn ymddwyn fel petai pôl magnetig ar bob pen iddo.

> Mae cynyddu'r cerrynt yn cryfhau'r maes magnetig.
>
> Mae cynyddu nifer y troadau yn y coil yn cryfhau'r maes magnetig.

Rheolau i'w cofio

Mae cerrynt yn llifo o + i –.

Dyma gyfeiriad confensiynol cerrynt.

Llwybr llinellau maes magnetig yw o G i D.

Rheol dwrn y llaw dde ar gyfer cyfeiriad y maes:

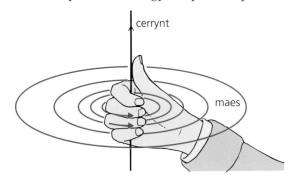

Dychmygwch fod eich llaw dde yn dal y wifren fel bod eich bawd yn pwyntio i'r un cyfeiriad â'r cerrynt. Bydd eich *bysedd* yn dangos cyfeiriad y llinellau *maes*.

Rheol dwrn y llaw dde ar gyfer polau:

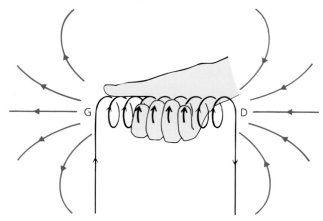

Dychmygwch fod eich llaw dde yn dal y solenoid fel bod eich bysedd yn dilyn cyfeiriad y cerrynt. Yna bydd eich *bawd* yn cyfeirio tuag at bôl *gogledd* y solenoid.

Gwneud magnetau . . .

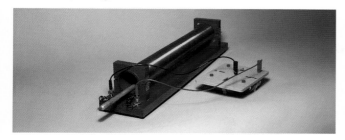

Mae cerrynt yn llifo trwy solenoid. Yn y solenoid mae bar dur. Mae'r dur yn cael ei fagneteiddio gan wneud y maes magnetig yn gryfach o lawer nag o'r blaen.

Ar ôl i'r cerrynt gael ei ddiffodd, mae'r dur yn dal wedi ei fagneteiddio. Mae'n fagnet parhaol. Dyma sut y caiff bron pob magnet parhaol ei wneud.

. . . a'u dadfagneteiddio

Gellir defnyddio solenoid i ddadfagneteiddio magnet hefyd. Rhoddir y magnet yn y solenoid. Mae cerrynt eiledol (c.e.) yn cael ei anfon trwy'r solenoid. Yna mae'r magnet yn cael ei dynnu allan yn araf.

Tra bo c.e. yn y solenoid, mae'r maes magnetig yn newid cyfeiriad yn gyflym iawn drosodd a throsodd. Mae hyn yn difetha trefn yr atomau magnetig yn y dur.

Recordio . . .   . . . a'i ddileu

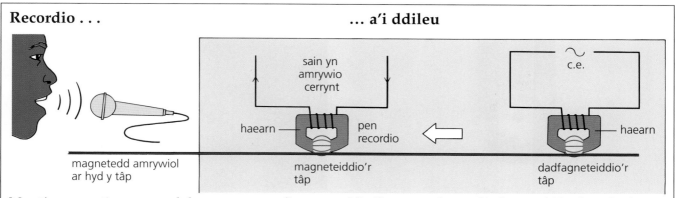

Mae tâp magnetig yn symud dros y pen recordio mewn peiriant casét. Mae'r tâp yn cael ei fagneteiddio gan y cerrynt yn y coil. Wrth i'r sain amrywio, mae'r cerrynt yn amrywio hefyd – a chryfder y magnetedd ar hyd y tâp. Y canlyniad yw 'copi' magnetig o'r tonnau sain gwreiddiol.

Ni ellir gwneud recordiad newydd hyd nes bod yr hen un wedi ei ddileu. Mae c.e. yn llifo trwy'r coil yn y pen hwn. Mae'n dadfagneteiddio'r tâp sy'n mynd heibio – yn barod ar gyfer y recordiad nesaf.

Cwestiynau

1 Dyma olwg ar ben darn hir o wifren. Mae cerrynt mawr yn llifo trwy'r wifren. Copïwch y diagram, a dangoswch i ba gyfeiriad y byddai nodwyddau'r ddau gwmpawd arall yn cyfeirio.

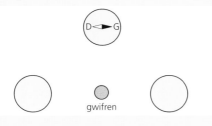

2 Yr un cerrynt sy'n llifo trwy bob un o'r pedwar coil. Pa un:
   a sy'n rhoi'r maes magnetig gwannaf? Pam?
   b fydd yn dal i roi maes magnetig ar ôl i'r cerrynt gael ei ddiffodd? Pam?

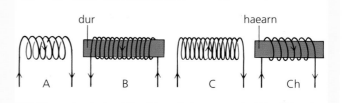

Electromagnetau

Gall electromagnetau wneud popeth y gall magnetau cyffredin eu gwneud. Ond gallwch hefyd eu cynnau a'u diffodd.

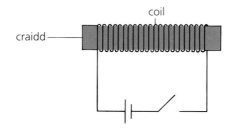

Dyma rannau electromagnet:

Coil – cannoedd o droadau o wifren gopr wedi'i hynysu. Po fwyaf yw nifer y troadau, cryfaf y maes magnetig.

Batri – i roi cerrynt. Po fwyaf y cerrynt, cryfaf y maes.

Craidd – o ddefnydd magnetig meddal fel haearn. Mae hyn yn gwneud y maes yn llawer cryfach. Ond bydd ei fagnetedd yn diflannu'n syth ar ôl i'r trydan gael ei ddiffodd.

Defnyddio electromagnetau

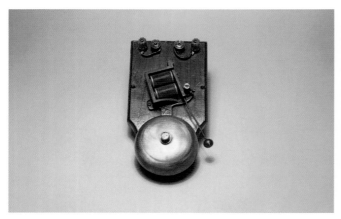

Mewn cloch drydan, mae electromagnet yn cynnau a diffodd yn gyflym. Mae'n tynnu'r morthwyl at y gloch a'i ryddhau, drosodd a throsodd.

Didoli metel sgrap. Defnyddir electromagnetau i wahanu metelau fel haearn a dur oddi wrth fetelau eraill.

Mae electromagnet mewn darn clust ffôn. Wrth i'r cerrynt trwyddo amrywio, mae'n tynnu mwy (neu lai) ar blât metel. Mae hyn yn gwneud i'r plât ddirgrynu ac anfon tonnau sain i'ch clust.

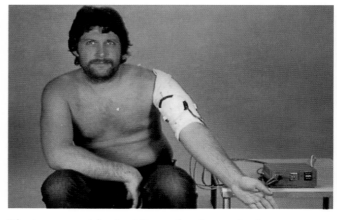

Electromagnet lapio. Mae cyfnodau o electro-magnetedd yn helpu esgyrn wedi torri i wella'n gynt. Does neb yn siŵr pam.

Electromagnetau'n gweithio switshis

Problem Mae modur cychwyn car yn cymryd cerrynt o dros 100 A. Rhaid ei gynnau trwy ddefnyddio switsh ysgafn, ar gebl tenau. Ni all hwn ymdopi â'r cerrynt uchel.

Ateb Defnyddio switsh electromagnetig neu **relái**. Gyda relái, gall cerrynt bach mewn un gylched gynnau neu ddiffodd cerrynt mawr mewn cylched arall.

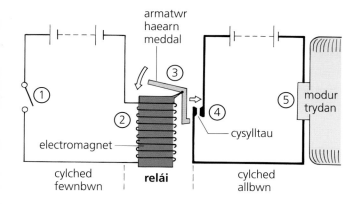

1 Pan fydd y switsh yn y gylched fewnbwn wedi cau:
2 bydd yr electromagnet yn CYNNAU,
3 a thynnu'r **armatwr** haearn tuag ato.
4 Mae hyn yn cau'r cysylltau.
5 Felly mae'r modur yn y gylched allbwn yn cael ei GYNNAU.

Pwrpas y **torrwr cylched** isod yw diffodd y cerrynt mewn cylched os yw'n cynyddu tu hwnt i werth arbennig. Mae'r cerrynt yn llifo trwy ddau gyswllt a hefyd trwy electromagnet. Os yw'r cerrynt yn mynd yn rhy fawr, mae tyniad yr electromagnet yn ddigon cryf i ryddhau'r darn haearn, ac felly bydd y cysylltau yn agor.

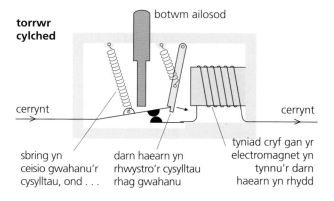

Cwestiynau

1 I ateb y cwestiwn hwn, mae'n bosibl y bydd arnoch angen gwybodaeth o ran arall o'r llyfr.

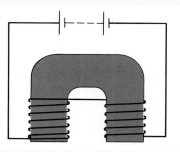

Dyma electromagnet siâp U.
a Enwch ddefnydd addas ar gyfer gwneud y coil.
b Enwch ddefnydd addas ar gyfer gwneud y craidd.
c Eglurwch pam na fyddai dur yn ddefnydd addas ar gyfer y craidd.
ch Eglurwch pam mae angen ynysu'r wifren yn y coil.
d Pa ddau newid y gallech eu gwneud i roi maes magnetig cryfach?
dd Beth fyddai'n digwydd petaech yn cysylltu'r batri y ffordd arall?

2 Yn y diagram ar y chwith, mae relái yn rheoli'r modur trydan. Isod, cafodd y trefniant ei ail-lunio gan ddefnyddio symbolau cylched.

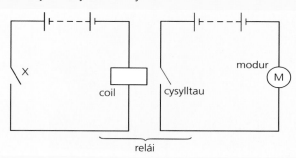

a Eglurwch pam mae'r modur yn cael ei gynnau wrth i switsh X gael ei gau.
b Nid yw Phil yn gweld pwrpas y relái. Mae'n edrych yn gymhleth iawn. Mae Phil am wybod pam nad yw'n gallu diffodd a chynnau'r modur trwy ddefnyddio switsh syml yng nghylched y modur. Beth fyddai eich ateb iddo?

3 Mae'r diagram ar y chwith yn dangos torrwr cylched.
a Beth sy'n gwneud i'r torrwr cyched ddiffodd os yw'r cerrynt yn cynyddu tu hwnt i werth arbennig?
b Sut y byddech chi'n newid y torrwr cylched er mwyn iddo ddiffodd ar gerrynt mwy?

6.04 Grym magnetig ar gerrynt

Rhowch gerrynt ym mhob un o'r rhain, ac mae rhywbeth yn symud:

Mae côn yr uchelseinydd yn dirgrynu.

Mae'r nodwydd yn symud ar y raddfa.

Mae'r modur yn troi.

Grym sydd yn achosi'r symudiad. Cynhyrchir grym pryd bynnag y bydd cerrynt yn llifo tra bo maes magnetig ar ei draws.

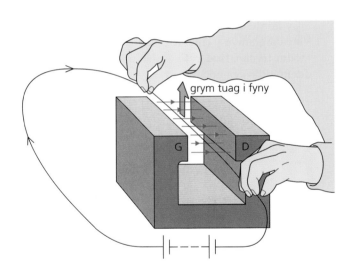

Yn y llun mae gwifren yn cael ei dal rhwng polau magnet. Pan fo cerrynt yn llifo trwy'r wifren, mae grym tuag i fyny arni.
Bydd y grym yn cryfhau:

- os bydd y cerrynt yn cynyddu;
- os defnyddir magnet cryfach;
- os bydd darn hirach o wifren yn y maes.

Nid yw'r grym tuag i fyny bob tro. Mae'n dibynnu ar gyfeiriad y cerrynt a'r maes. Os yw'r wifren yn yr un cyfeiriad â'r maes, nid oes grym o gwbl.

Rheol llaw chwith Fleming

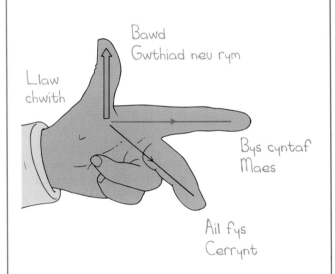

Bawd
Gwthiad neu rym

Llaw chwith

Bys cyntaf
Maes

Ail fys
Cerrynt

Mae hon yn rheol ar gyfer dod o hyd i gyfeiriad y grym pan fydd cerrynt ar ongl sgwâr i faes magnetig.

Daliwch fawd a dau fys cyntaf eich llaw chwith ar ongl sgwâr i'w gilydd. Pwyntiwch eich bysedd fel yn y llun uchod. Mae eich bawd yn dangos cyfeiriad y grym.

Wrth ddefnyddio'r rheol, cofiwch:

cyfeiriad y cerrynt yw o'r + i'r −;
llwybr y llinellau maes yw o G i D.

162

Troi coil

Yn y llun mae coil wedi ei osod rhwng polau magnet. Mae cerrynt yn llifo trwy'r coil. Mae'r cerrynt yn llifo mewn cyfeiriadau dirgroes ar hyd dwy ochr y coil. Felly mae un ochr yn cael ei gwthio i *fyny*, a'r ochr arall yn cael ei gwthio i *lawr*. Effaith hyn yw gwneud i'r coil droi.

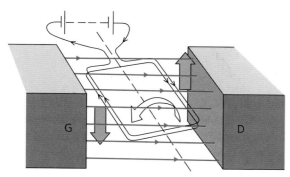

Bydd yr effaith droi yn gryfach:

- os bydd mwy o gerrynt;
- os defnyddir magnet cryfach;
- os bydd mwy o droadau ar y coil.

Defnyddio grymoedd magnetig

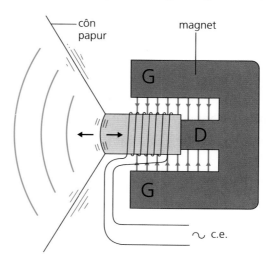

Yma mae cerrynt eiledol yn mynd trwy goil uchelseinydd. Mae'r wifren yn y coil ar ongl sgwâr i faes magnetig. Wrth i'r cerrynt lifo yn ôl a blaen, mae'r coil yn cael ei wthio i mewn ac allan. Mae hyn yn gwneud i'r côn ddirgrynu a chynhyrchu tonnau sain.

Cwestiynau

1

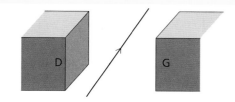

Mae grym ar y cerrynt yn y wifren uchod.

a Pa un o'r ddau ddatganiad isod, A neu B, sy'n disgrifio'r grym yn gywir?
A Mae'r grym i gyfeiriad un o'r polau.
B Mae'r grym tuag i fyny neu tuag i lawr.

b Beth fyddai'r effaith ar y grym petai'r cerrynt yn fwy?

c Beth fyddai'r effaith ar y grym petai cyfeiriad y cerrynt yn cael ei gildroi?

ch Defnyddiwch reol llaw chwith Fleming i ddarganfod cyfeiriad y grym.

2 Mae rhai cyflenwadau pŵer yn gallu darparu cerrynt eiledol (c.e.). Mae hwn yn llifo yn ôl a blaen, yn ôl a blaen . . . ac ati, 50 gwaith bob eiliad. Yn eich barn chi, beth fyddai'r effaith petai c.e. yn llifo trwy'r wifren yng nghwestiwn 1?

3 Mae disgybl wedi gwneud y profwr batri a ddangosir isod. Mae'n defnyddio magnet, gwifren hyblyg a phwyntydd. Gall ei ddefnyddio i weld a yw batri bach yn 'fyw' neu'n 'farw'.
Wrth i'r disgybl gysylltu batri â'r profwr, mae'r pwyntydd yn symud i'r chwith.

a Pam mae'r pwyntydd yn symud?

b Beth fyddai'n digwydd petai'r batri dan sylw yn rhoi llai o gerrynt?

c Allwch chi awgrymu pam na ddylai'r batri fod wedi ei gysylltu â'r profwr am gyfnod hir?

ch Mae'r disgybl am wneud y profwr yn fwy sensitif – mae am i'r pwyntydd symud ymhellach pan gysylltir batri. Sut y gall newid y dyluniad i wneud hyn?

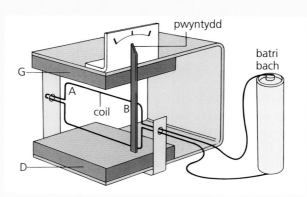

6.05 Moduron trydan

Mae moduron trydan yn defnyddio'r effaith o gael coil i droi mewn maes magnetig. Gallant roi pŵer i unrhyw beth o gar bach tegan i long danfor.

Mae polau'r **magnet** yn wynebu ei gilydd.

Mae'r **coil** yn rhydd i gylchdroi rhwng polau'r magnet.

Mae **cymudadur** neu fodrwy hollt yn sownd wrth y coil, ac yn troi gydag ef.

Dau gyswllt carbon yw'r **brwshys**. Maent yn cysylltu'r coil â'r batri.

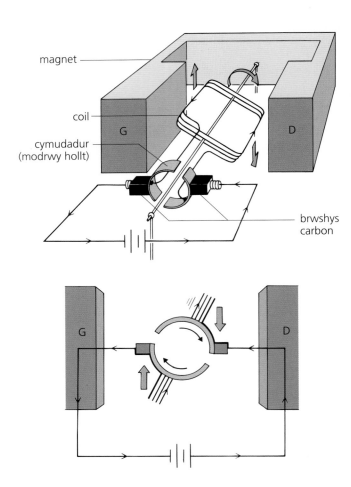

Pan fydd cerrynt yn llifo trwy'r coil, caiff un ochr ei gwthio i fyny, a'r ochr arall ei gwthio i lawr. Felly mae'r coil yn troi. Ond, pan fydd y coil yn fertigol, nid yw'r grymoedd yn gallu ei droi ymhellach oherwydd eu bod yn wynebu'r cyfeiriad anghywir . . .

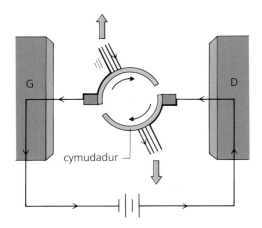

. . . Wrth i'r coil symud yn gyflym heibio i'r fertigol, mae'r cymudadur yn *newid* cyfeiriad y cerrynt. Nawr mae'r grymoedd yn wynebu'r ffordd arall. Felly caiff y coil ei wthio yn ei flaen am hanner tro arall. Ac yn y blaen.

Fel arfer mae gan foduron go iawn nifer o goiliau wedi eu gosod ar wahanol onglau. Mae hyn yn gwneud i bethau droi'n fwy llyfn, gyda gwell effaith droi.

Mae rhai moduron yn defnyddio electromagnetau yn hytrach na magnetau parhaol. Mae hyn yn golygu y gallant weithio gyda cherrynt eiledol (c.e.). Wrth i'r cerrynt lifo yn ôl ac ymlaen trwy'r coil, mae'r maes magnetig yn newid cyfeiriad i gyfateb iddo. Felly mae'r effaith droi bob amser yn yr un cyfeiriad.

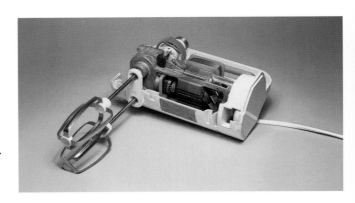

Gwneud modur

Bydd arnoch angen:
3 metr o wifren gopr wedi ei gorchuddio â phlastig
1 bloc pren a thiwb metel trwy ei ganol

1 gwaelod pren	1 iau haearn	2 fagnet
1 werthyd fetel	2 bin hollt	4 styd
2 gylch rwber	batri 3 V	tâp gludiog

1 Ynyswch un pen y tiwb â thâp gludiog.

2 Weindiwch goil ar y bloc pren. Bydd angen tua 10 tro arnoch.

3 Tynnwch y gorchudd plastig oddi ar bennau'r wifren. Gosodwch bennau noeth y wifren ar y tiwb gan ddefnyddio'r cylchoedd rwber.

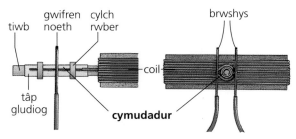

Gwnewch yn siŵr fod y pennau gyferbyn â'i gilydd ac yn dilyn llinell y coil. Dyma eich **cymudadur**.

4 Torrwch ddau ddarn hanner metr o wifren. Tynnwch y gorchudd plastig oddi ar bennau'r gwifrau. Gosodwch y gwifrau yn eu lle ar y gwaelod pren gan ddefnyddio stydiau. Dyma'r **brwshys**.

5 Rhowch y pinnau hollt yn y pren gwaelod.

6 Gwthiwch y gwifrau fertigol (y brwshys) at ei gilydd. Symudwch y tiwb i fyny i'w gwahanu.

Llithrwch y werthyd (yr echel) trwy'r pinnau hollt a'r tiwb. Dylech allu troelli'r coil nawr. Dylai'r brwshys wthio'n gadarn yn erbyn y tiwb a'r wifren o'r coil.

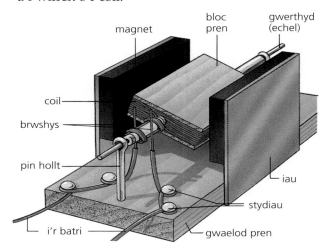

7 Rhowch y ddau fagnet ar yr iau i wneud un magnet siâp U. Gwnewch yn siŵr fod yr wynebau cyferbyn yn atynnu ei gilydd.

8 Llithrwch yr iau i'w le. Cysylltwch y gwifrau â'r batri. Rhowch fflic i'r coil i wneud iddo droi.

Cwestiynau

I ateb y cwestiynau hyn, bydd arnoch angen gwybodaeth o rannau eraill y llyfr.

1 CYMUDADUR BRWSHYS COIL MAGNET GWERTHYD
   Pa un o'r rhain:
   a   sy'n aml wedi ei wneud o garbon;
   b   a elwir hefyd yn fodrwy hollt;
   c   sy'n troi wrth i gerrynt lifo trwyddo;
   ch sy'n cysylltu'r batri â'r fodrwy hollt a'r coil;
   d   sy'n newid cyfeiriad y cerrynt bob hanner tro?

2 Mae rhywun yn adeiladu modur syml gan ddilyn y cyfarwyddiadau uchod. Pa newidiadau y gellid eu gwneud i roi mwy o effaith droi i'r modur?

3 Dyma olwg o un pen modur syml.

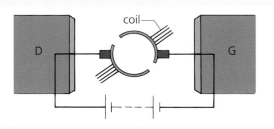

   a   Pam mae'r coil yn troi?
   b   Beth fyddai effaith cildroi y magnet?
   c   Beth fyddai effaith cildroi y batri a'r magnet?
   ch Beth yw safle'r coil pan nad oes effaith droi arno?

Pŵer i symud

Peiriant ynteu modur?

Mae hwn yn gar gwych ar gyfer achlysur arbennig, ond nid yw mor gyfleus ar gyfer parcio mewn lle cyfyng neu fynd rownd corneli. Yn sicr, nid yw'n gar sy'n gwneud lles i'r amgylchedd. Mae'r nwyon o'i beiriant petrol enfawr yn llygru'r atmosffer.

Mae'r car yn y llun bach uchod yn llai o lawer ac nid yw cystal dros bellter mawr. Ond mae'n achosi llai o lygredd. Modur trydan sy'n ei yrru, felly nid oes ganddo bibell nwyon gwastraff. Petai pawb yn gyrru ceir fel hyn, byddai cyflwr amgylchedd ein trefi yn llawer gwell.

Storio'r egni

Fe gewch chi'r un faint o egni o'r rhain:

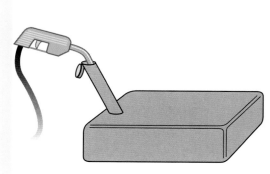

1 tanc yn llawn petrol
màs: 50 kg
amser ail-lenwi: 3 munud

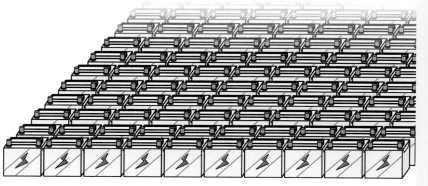

150 batri car, llawn gwefr
màs: 1500 kg (1.5 tunnell fetrig)
amser ail-wefru: 3 awr

Mae moduron trydan yn ffordd lân ac effeithlon o droi'r olwynion. Ond mae un broblem gan geir trydan heddiw: mae arnynt angen batrïau.

Nid yw batri yn ffordd arbennig o dda o storio egni. Ni fydd car batri byth â'r un perfformiad nac yn gallu mynd mor bell â cheir petrol neu ddiesel.

166

Y dyfodol a'r gell danwydd

Yn ffodus, mae yna ateb i broblem y batrïau – ffynhonnell drydan a elwir yn **gell danwydd**. Wrth roi hydrogen (ac ocsigen o'r aer) mewn cell danwydd, mae adweithiau cemegol yn rhoi cyflenwad di-dor o drydan.

Y brif broblem gyda chelloedd tanwydd yw sut i storio'r hydrogen. Nid yw'n ddiogel nac yn ymarferol cario silindrau mawr o'r nwy ffrwydrol hwn. Felly mae'n debyg mai methanol hylif fydd y tanwydd yn y tanc. Yna bydd uned o'r enw **ailffurfydd** yn cynhyrchu hydrogen o'r methanol gan ddefnyddio ager a chatalyddion.

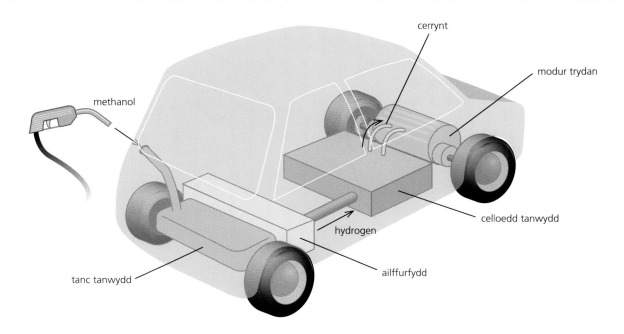

Gellir gwneud methanol, neu 'alcohol coed' o ddefnyddiau planhigol sy'n cael eu tyfu ar ffurf adnoddau adnewyddadwy. Hefyd gellir ei gynhyrchu o nwy naturiol. Bydd cerbydau â chelloedd tanwydd yn gallu mynd cyn belled â'r ceir llosgi tanwydd sydd gennym ni heddiw, ond byddant yn fwy effeithlon ac yn achosi llai o lygredd.

Nid oes angen ailwefru cell danwydd. Cyhyd â'i bod yn derbyn nwyon, bydd y gell yn parhau i roi cerrynt. Yr unig gynnyrch gwastraff yw dŵr. Mae celloedd tanwydd o gwmpas ers blynyddoedd, ond tan yn ddiweddar bu'r dechnoleg yn rhy ddrud ar gyfer ceir.

- Rhaid ailwefru'r batrïau sydd mewn ceir trydan heddiw trwy roi eu plwg mewn uned wefru wedi ei chysylltu â'r prif gyflenwad. Nid oes llygredd yn dod o'u moduron. Allwch chi awgrymu pam y byddai'r system yn dal i achosi llygredd atmosfferig petai pawb yn gyrru ceir fel y rhain?

- Allwch chi awgrymu pam mae ceir â chelloedd tanwydd yn debygol o fod yn fwy llwyddiannus a phoblogaidd na cheir pŵer batri?

Problem llygredd

Nid yw llygredd cludiant yn broblem newydd. Yn y 1800au, roedd cymaint o gynnydd mewn cerbydau yn cael eu tynnu gan geffylau nes i rywun amcangyfrif y byddai pobl Llundain at eu pen-gliniau mewn tail ceffylau erbyn diwedd y ganrif honno.

6.07 **Trydan o fagnetedd**

Nid oes angen batri i gynhyrchu cerrynt, dim ond gwifren neu goil, magnet ac ychydig o symudiad.

Symud gwifren . . .

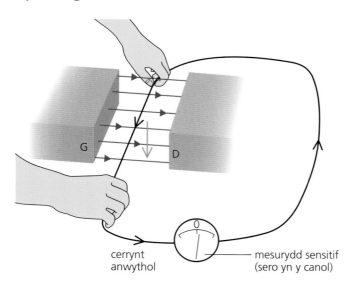

cerrynt anwythol — mesurydd sensitif (sero yn y canol)

Wrth symud gwifren ar draws maes magnetig, fel hyn, mae foltedd bach yn cael ei gynhyrchu yn y wifren. Yr enw ar hyn yw **anwythiad electromagnetig**: mae foltedd yn cael ei **anwytho** yn y wifren.
Gan fod y wifren yn rhan o gylched gyflawn, mae'r foltedd yn gwneud i gerrynt lifo. Gellir defnyddio mesurydd sensitif i ganfod y cerrynt. Mesurydd â sero yn y canol a ddangosir uchod. Mae'r pwyntydd yn symud i'r chwith neu'r dde, gan ddibynnu ar gyfeiriad y cerrynt.

Gellir cael foltedd anwythol uwch (a cherrynt mwy) trwy:

- Symud y wifren yn gyflymach.
- Defnyddio magnet cryfach.

Os gwnewch chi un o'r pethau canlynol, bydd cyfeiriad y foltedd anwythol a'r cerrynt yn cael ei gildroi:

- Symud y wifren yn y cyfeiriad arall.
- Troi'r magnet i wynebu'r ffordd arall, fel bod cyfeiriad y maes yn cael ei *gildroi*.

Os nad yw'r wifren yn croesi llinellau maes, *nid oes* foltedd anwythol na cherrynt. Gall hyn ddigwydd:

- Os yw'r wifren yn symud yn baralel i'r llinellau maes.
- Os yw'r wifren yn llonydd.

. . . a symud magnet

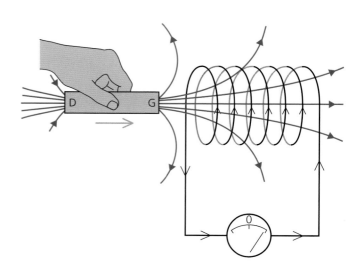

Gwthiwch fagnet i goil, fel yn y llun uchod. Bydd foltedd yn cael ei anwytho yn y coil. Yma, y maes magnetig sy'n symud yn hytrach na'r wifren, ond yr un yw'r canlyniad: mae llinellau maes yn cael eu croesi. Gan fod y coil yn rhan o gylched gyflawn, mae'r foltedd anwythol yn gwneud i gerrynt lifo.

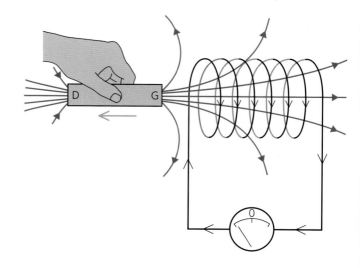

Wrth i'r magnet gael ei dynnu *allan* o'r coil, mae cyfeiriad y foltedd anwythol (a'r cerrynt) yn cael ei gildroi.

Yn yr arbrawf magnet-a-choil ar y dudalen gyferbyn, gellir cynyddu'r foltedd anwythol (a'r cerrynt) trwy:

- Symud y magnet yn gyflymach.
- Defnyddio magnet cryfach.
- Cael mwy o droadau yn y coil.

Rhes o fagnetau â choiliau o'u cwmpas yw cipyn gitâr trydan. Mae'r tannau dur yn cael eu magneteiddio. Wrth i'r tannau ddirgrynu mae cerrynt yn cael ei anwytho yn y coiliau, ei chwyddhau gan fwyhadur, a'i ddefnyddio i gynhyrchu sain.

Mae yna goiliau bychan yn y pennau chwarae mewn peiriannau recordio sain a fideo. Mae foltedd bychan, amrywiol yn cael ei anwytho yn y coiliau wrth i'r tâp sydd wedi'i fagneteiddio symud drostynt. Fel hyn, mae'r patrymau magnetedd ar y tâp yn cael eu newid yn signalau trydanol y gellir eu defnyddio i ail-greu'r sain neu'r llun gwreiddiol.

Petai pôl D y magnet yn cael ei wthio i'r coil, yn hytrach na'r pôl G, byddai cyfeiriad y cerrynt yn cael ei gildroi.

Petai'r magnet yn cael ei ddal yn llonydd, ni fyddai llinellau maes yn cael eu croesi, ac felly ni fyddai foltedd na cherrynt yn cael ei anwytho.

Cwestiynau

1

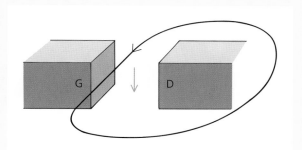

Wrth i'r wifren uchod gael ei symud tuag i lawr, bydd cerrynt yn cael ei anwytho ynddi. Beth fyddai'r effaith petai'r wifren:
a yn cael ei symud tuag i fyny trwy'r maes magnetig?
b yn cael ei dal yn llonydd yn y maes magnetig?
c yn cael ei symud yn baralel i'r llinellau maes magnetig?

2

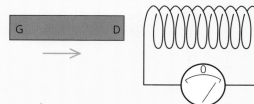

Yn yr arbrawf uchod, mae cerrynt yn cael ei anwytho yn y coil wrth i'r magnet gael ei symud i mewn neu allan ohono.
a Beth yw'r enw ar yr effaith hon?
b Copïwch a chwblhewch y tabl hwn i ddangos beth sy'n digwydd i nodwydd y mesurydd wrth i'r magnet gael ei symud i mewn ac allan o'r coil.

Gwthio magnet i'r coil	Nodwydd yn symud i'r dde
Magnet yn y coil, ond yn llonydd	
Tynnu'r magnet o'r coil	
Gwthio'r magnet i mewn eto, ond yn gyflymach	

c Beth fyddai'n digwydd petai nifer y troadau yn y coil yn cael ei gynyddu?

Generaduron

Wrth droi **generadur** fe ddaw cerrynt ohono . . .

. . . cerrynt ar gyfer lamp beic.

. . . cerrynt i'r cylchedau mewn car.

. . . cerrynt i oleuo dinas gyfan.

Yn wir, mae generaduron yn darparu dros 99% o'r egni trydanol a ddefnyddir gennym.

Eiliadur syml

Fel arfer, mae generaduron yn rhoi **cerrynt eiledol (c.e.)**: cerrynt sy'n llifo yn ôl a blaen, yn ôl a blaen . . . ac ati. Gelwir generaduron c.e. o'r fath yn **eiliaduron**. Dyma eiliadur syml sy'n rhoi cerrynt i oleuo bwlb bach:

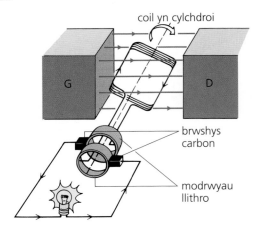

coil yn cylchdroi

brwshys carbon

modrwyau llithro

Mae'r **coil** yn cael ei gylchdroi rhwng polau magnet.

Mae'r **modrwyau llithro** yn troi gyda'r coil.

Dau gyswllt carbon yw'r **brwshys**. Maent yn rhwbio yn erbyn y modrwyau llithro, fel bod y coil sy'n cylchdroi wedi ei gysylltu â'r bwlb.

Wrth i'r coil gylchdroi, mae'n croesi llinellau maes magnetig. Mae hyn yn cynhyrchu foltedd a gwneud i gerrynt lifo trwy'r bwlb.

Tra bo'n cylchdroi, mae naill ochr y coil a'r llall yn teithio i fyny trwy'r maes magnetig, yna i lawr. Felly mae'r cerrynt anwythol yn llifo un ffordd, yna'r ffordd arall. Mae'r cerrynt yn un eiledol.

Newid modur i wneud generadur

Efallai eich bod wedi gwneud modur trydan fel hwn. Gellir ei ddefnyddio i gynhyrchu (sef generadu) cerrynt.
Cysylltwch y gwifrau â miliamedr.
Troellwch y coil. Mae'n croesi llinellau maes magnetig, gan gynhyrchu cerrynt.
Mae darlleniad y miliamedr yn dangos bod y cerrynt yn gerrynt union (c.u.) 'un ffordd'.
Ond mae'r llif yn anwastad iawn.

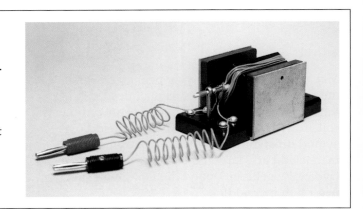

Dyma graff sy'n dangos sut mae'r cerrynt o'r eiliadur yn newid wrth i'r coil gylchdroi.
Mae cerrynt 'tuag ymlaen' yn bositif (+);
Mae cerrynt 'tuag yn ôl' yn negatif (–):

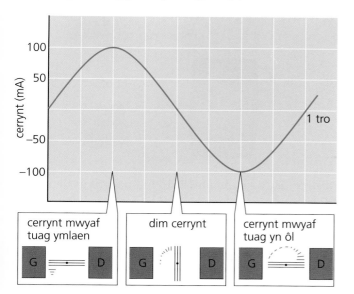

Mae'r cerrynt ar ei *fwyaf* pan fo'r coil yn *llorweddol*.
Dyma pryd mae'r coil yn croesi llinellau maes gyflymaf.

Mae'r cerrynt yn *sero* pan fo'r coil yn *fertigol*.
Nid yw'r coil yn croesi llinellau maes yn y safle hwn.

Byddai'r eiliadur yn cynhyrchu cerrynt mwy petai:

• mwy o droadau yn y coil;

• magnet cryfach yn cael ei ddefnyddio;

• y coil yn cael ei gylchdroi yn gyflymach.

Ffeithiau am eiliaduron

● Mae llawer o eiliaduron yn defnyddio electromagnetau yn hytrach na magnetau parhaol. Maent yn rhoi maes cryfach.

● Mewn gorsafoedd pŵer mae gan yr eiliaduron electromagnet yn cylchdroi yn y canol, a choiliau llonydd o'i gwmpas. Mae hyn yn golygu nad oes angen i'r cerrynt allbwn lifo trwy gysylltau llithro.

● Rhaid i eiliaduron mewn gorsafoedd pŵer droi ar fuanedd cyson. Petai'r buanedd yn newid, byddai amledd y prif gyflenwad yn newid o 50 Hz.

● Mae'r eiliadur mewn car yn cynnwys 'unionydd'. Mae hwn yn newid y cerrynt eiledol yn gerrynt union 'un ffordd' – y math sydd ei angen ar gyfer cylchedau'r car a gwefru'r batri.

Cwestiynau

I ateb y cwestiynau hyn, efallai y bydd arnoch angen gwybodaeth o'r ddwy dudalen flaenorol.

1 Copïwch y blychau. Llenwch lythyren gyntaf pob ateb i lunio gair. Mae hwn yn rhan hanfodol o bob generadur.

| ? | Mae'n mesur cerrynt bach.
| ? | Yr unedau a ddefnyddir i fesur cerrynt.
| ? | Mae llinellau maes yn gadael y pôl hwn.
| ? | Dywedwn fod cerrynt 'tuag yn ôl' yn _____ (–).
| ? | Y math o gerrynt a gawn o eiliadur.
| ? | I roi cerrynt mwy, rhaid i goil generadur gael rhagor o'r rhain.

2 Dyma olwg o un pen i eiliadur syml.

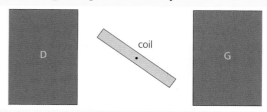

a Ail-luniwch y diagram i ddangos safle'r coil pan fydd y cerrynt ar ei fwyaf.
b Pam mae'r cerrynt mwyaf i'w gael yn y safle hwn?
c Ail-luniwch y diagram i ddangos safle'r coil pan fydd y cerrynt yn sero.
ch Pam mae'r cerrynt yn sero yn y safle hwn?

3 Mae'r eiliadur hwn yn cynhyrchu cerrynt bach.

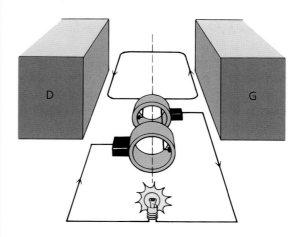

a Beth fyddai'r effaith petaech yn defnyddio magnet cryfach?
b Disgrifiwch ddwy ffordd y byddai'r cerrynt yn newid petai'r coil yn cael ei droi yn gyflymach.
c Eglurwch pam mai cerrynt eiledol (c.e.) sy'n cael ei gynhyrchu ac nid cerrynt union (c.u.).

Newidyddion

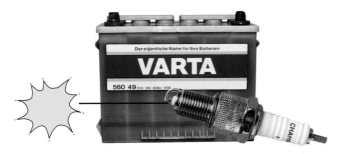

Gwreichionen 12 000 folt o fatri 12 folt.
Mae angen gwreichionen fel hon i danio'r petrol
mewn peiriant car. Coil sy'n cynhyrchu'r foltedd
uchel; nid trwy wthio magnet i mewn ac allan ohono,
ond trwy gynnau a diffodd electromagnet.

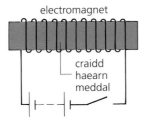
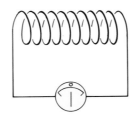

Mae'r llun yn dangos electromagnet wrth ymyl coil.
Mae cynnau'r electromagnet yn rhoi maes magnetig o
amgylch y coil. Mae'n cael yr un effaith â gwthio magnet
i'r coil yn gyflym iawn. Mae foltedd yn cael ei anwytho,
mae cerrynt yn llifo, ac mae nodwydd y mesurydd yn
neidio un ffordd. Ond am ran fach o eiliad yn unig. Pan
fydd y maes yn gyson, bydd y cerrynt yn stopio.

Wrth ddiffodd yr electromagnet, mae'r maes magnetig
yn diflannu. Mae'n cael yr un effaith â thynnu magnet
o'r coil yn gyflym iawn. Am ennyd, mae nodwydd y
mesurydd yn neidio'r ffordd arall.

Heb y craidd, byddai'r foltedd anwythol yn llawer
llai. Allwch chi egluro pam?

Mae foltedd uwch yn cael ei anwytho:

• os yw craidd yr electromagnet yn ymestyn yr holl
  ffordd i'r coil;
• os oes mwy o droadau yn y coil.

Mewn peiriant car, mae gan y coil filoedd o droadau.
Mae hyn yn rhoi'r miloedd o foltiau sydd eu hangen
ar y plygiau tanio. Mae'r electromagnet y tu mewn i'r
coil. Mae'n gweithio ar 12 folt yn unig. Mae'n cael ei
gynnau a'i ddiffodd gan dransistor neu, mewn ceir
hŷn, gan set o gysylltau a elwir yn 'bwyntiau'.

Newid y prif gyflenwad

Problem Sut i gynnau bwlb 10 folt o'r prif gyflenwad
230 folt.

Ateb Defnyddio **newidydd**. Yn haws byth –
defnyddio cyflenwad pŵer foltedd isel. Mae
newidydd ynddo'n barod.

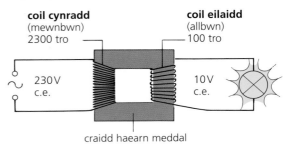

Dyma un math o newidydd.
Mae cerrynt eiledol yn llifo trwy goil **cynradd** (y **coil
mewnbwn**). Mae hyn yn creu maes magnetig newidiol
yn y coil **eilaidd** (y **coil allbwn**). Mae'r effaith yr un
fath â symud magnet i mewn ac allan o'r coil yn
gyflym iawn. Mae foltedd eiledol yn cael ei anwytho.
Mae cerrynt eiledol yn llifo, a'r bwlb yn goleuo.

Mae perthynas rhwng y folteddau mewnbwn ac
allbwn:

$$\frac{\text{foltedd mewnbwn}}{\text{foltedd allbwn}} = \frac{\text{troadau'r coil mewnbwn}}{\text{troadau'r coil allbwn}}$$

Yn yr enghraifft hon,
$$\frac{230}{10} = \frac{2300}{100}$$

Mae gan y coil mewnbwn 23 gwaith mwy o droadau
na'r coil allbwn. Y **gymhareb troadau** yw 23:1.
Mae'r foltedd mewnbwn yn 23 gwaith y foltedd allbwn.

Ni fyddai'r newidydd yn gweithio gyda cherrynt union.
Byddai c.u. yn rhoi maes magnetig cyson. Felly ni fyddai
unrhyw foltedd yn cael ei anwytho yn y coil allbwn.

Codi a gostwng

Mae dau fath o newidydd:

Newidydd gostwng	Newidydd codi
Symbol:	Symbol:

Nifer troadau y coil allbwn yn llai na nifer troadau y coil mewnbwn	Nifer troadau y coil allbwn yn fwy na nifer troadau ar y coil mewnbwn.
Foltedd allbwn yn llai na'r foltedd mewnbwn	Foltedd allbwn yn fwy na'r foltedd mewnbwn
Defnyddir mewn:	Defnyddir mewn:
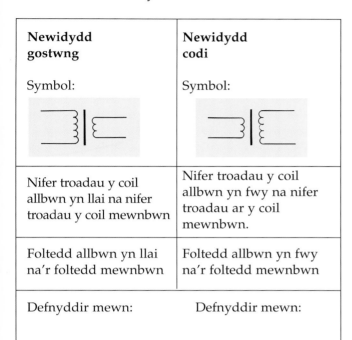	
pecyn pŵer prif gyflenwad i roi 9 V ar gyfer radio, bysellfwrdd neu gyfrifiadur	set deledu i roi 25 000 V ar gyfer y tiwb lluniau

Pŵer newidydd

Os nad yw newidydd yn gwastraffu egni, rhaid ei fod yn rhyddhau cymaint o egni bob eiliad ag a roddir i mewn. Hynny yw, rhaid i allbwn ei bŵer (mewn watiau, W) fod yr un fath â mewnbwn ei bŵer. I hyn ddigwydd, rhaid i'r cerrynt newid yn ogystal â'r foltedd.

Er enghraifft:

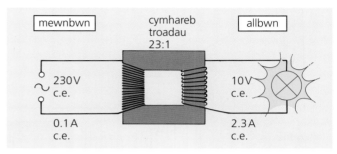

Mae'r foltedd yn gostwng o:

230 V .... i 10 V

Mae'r cerrynt yn codi o:

0.1 A .... i 2.3 A

Y mewnbwn pŵer = foltedd × cerrynt	Yr allbwn pŵer = foltedd × cerrynt
= 230 × 0.1	= 10 × 2.3
= 23 W	= 23 W

Mae'r foltedd wedi *gostwng*. Mae'r cerrynt wedi *cynyddu*. Ond mae'r pŵer wedi aros *yr un fath*.

Ar gyfer unrhyw newidydd nad yw'n gwastraffu pŵer:

$$\text{mewnbwn foltedd} \times \text{mewnbwn cerrynt} = \text{allbwn foltedd} \times \text{allbwn cerrynt}$$

Cwestiynau

1

Newidydd	A	B	C	Ch
Foltedd mewnbwn (V)	240	120	50	100
Troadau mewnbwn	1000	1000	1000	2000
Troadau allbwn	500	100	2000	2000

Pa newidydd:

a sy'n newidydd codi?

b sydd â'i foltedd allbwn yn hafal i'w foltedd mewnbwn?

c sydd â'i gymhareb troadau yn 10:1?

ch sydd â'i foltedd allbwn yn 12 V?

d sydd â'r foltedd allbwn uchaf?

2 Mae angen cerrynt 2 A ar fwlb 23 V. Ei gyflenwad pŵer yw newidydd wedi ei gysylltu â'r prif gyflenwad 230 V. Rhaid i chi ddewis newidydd addas. Cymerwch nad yw'r newidydd yn gwastraffu unrhyw bŵer.

a Pa gymhareb troadau sydd ei angen?

b Pa bŵer y mae'r bwlb yn ei gymryd?

c Pa bŵer a ddaw o'r prif gyflenwad?

ch Pa gerrynt a ddaw o'r prif gyflenwad?

d Pam na fyddai'r newidydd yn gweithio â chyflenwad cerrynt union (c.u.)?

Pŵer ar draws y wlad

Daw pŵer y prif gyflenwad o eiliaduron enfawr mewn gorsafoedd pŵer.

Mae newidyddion yn codi'r foltedd cyn i'r pŵer gael ei gludo ar draws y wlad gan geblau uwchben.

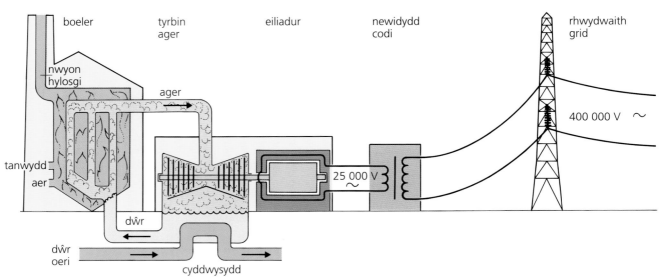

Yr orsaf bŵer

Mewn gorsaf bŵer, mae **tyrbinau** enfawr yn gyrru'r eiliaduron, a grym ager gwasgedd uchel yn troi'r tyrbinau. Daw'r ager o wresogi dŵr mewn boeler. Daw'r gwres wrth losgi glo, nwy neu olew – neu o adweithydd niwclear.

Mae **cyddwysyddion oeri** enfawr yn newid yr ager yn ôl yn ddŵr ar gyfer y boeler. Mae angen meintiau enfawr o ddŵr oeri ar y cyddwysyddion. Felly bydd gorsafoedd pŵer yn aml yn cael eu hadeiladu ger afonydd neu'r môr.

Pam newid foltedd?

Gall y cerrynt o eiliadur mawr fod yn 20 000 A neu ragor. Mae angen cebl trwchus, trwm a drud iawn i'w gludo. Felly defnyddir newidydd i *godi* y foltedd a *gostwng* y cerrynt. Yna gellir defnyddio ceblau teneuach, ysgafnach a rhatach i gludo'r pŵer ar draws y wlad.

Os yw eiliadur 25 000 V yn cynhyrchu cerrynt o 20 000 A, ei allbwn pŵer yw 500 000 000 W.

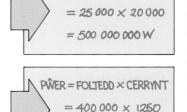

PŴER = FOLTEDD × CERRYNT
= 25 000 × 20 000
= 500 000 000 W

Os codir y foltedd i 400 000 V, mae'r cerrynt yn disgyn i 1250 A ond mae'r pŵer yn dal i fod yn 500 000 000 W.

PŴER = FOLTEDD × CERRYNT
= 400 000 × 1250
= 500 000 000 W

Pam c.e.?

Pe na bai gorsafoedd pŵer yn cynhyrchu cerrynt eiledol (c.e.), ni fyddai'n bosibl defnyddio newidyddion i newid y foltedd. Mae'n bosibl newid folteddau cerrynt union (c.u.), ond mae'n dasg anodd a drud. Nid yw newidyddion yn gweithio â cherrynt union.

Yna bydd newidyddion yn gostwng y foltedd . . .   . . . cyn i'r pŵer fynd i dai, swyddfeydd a ffatrïoedd.

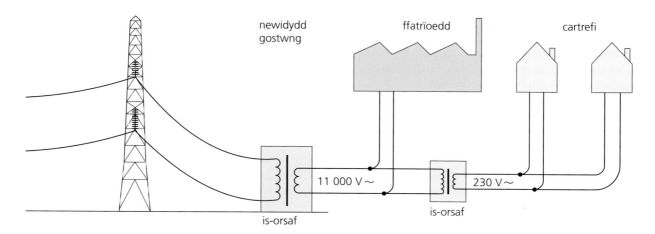

Y Grid

Mae pob gorsaf bŵer yn bwydo ei phŵer i rwydwaith o geblau a gorsafoedd switshio a elwir yn **Grid**. Os bydd angen mwy o bŵer mewn un rhan o'r wlad, gall gorsafoedd pŵer mewn ardaloedd eraill ei ddarparu.

Pŵer o'r Grid

Mae pŵer o'r ceblau cludo yn mynd i is-orsafoedd. Yma, mae newidyddion yn gostwng y foltedd. Ar gyfer cartrefi, mae angen i'r pŵer fod ar 230 folt. Ar gyfer ffatrïoedd ac ysbytai, mae angen pŵer ar folteddau uwch.

Cwestiynau

I ateb y cwestiynau hyn, mae'n bosibl y bydd arnoch angen gwybodaeth o'r ddwy dudalen flaenorol.
1 MW = 1 000 000 W
1 Eglurwch pam:
  a Mae angen ager mewn gorsaf bŵer.
  b Mae gorsafoedd pŵer yn aml ger afon neu'r môr.
  c Mae'r foltedd yn cael ei godi cyn i'r pŵer fynd i'r ceblau sy'n ei gludo ar draws y wlad.
  ch Mae gorsafoedd pŵer yn cynhyrchu c.e., ac nid c.u.
2 Codwyd y tair gorsaf bŵer ar y dde i gyflenwi trefi Caergraig, Trefuriau ac Aberheli.
  Mae pob eiliadur yn cynhyrchu 20 000 V.
  Allbwn pŵer pob un yw 100 MW.
  Mae'r gorsafoedd yn rhoi eu pŵer i'r Grid.
  Mae'r trefi yn tynnu eu pŵer o'r Grid.
  a Beth yw'r Grid?
  b Faint o eiliaduron sydd eu hangen i gyflenwi tref Caergraig?
  c Pa drefi a allai gael eu cyflenwad o orsaf A yn unig?

  ch Faint o bŵer sydd dros ben ar gyfer mynd i'r Grid i'w ddefnyddio mewn ardaloedd eraill?
  d Os yw gorsaf B yn cau, faint o bŵer sydd angen ei gael i'r trefi o rannau eraill y wlad?
  dd Faint o egni (mewn jouleau) a ddaw o bob eiliadur mewn 1 eiliad?
  e Faint o gerrynt sy'n cael ei gynhyrchu gan bob eiliadur?
  f Ar ôl i'r foltedd gael ei godi i 400 000 V, faint o gerrynt y mae pob eiliadur yn ei gyflenwi i'r Grid?

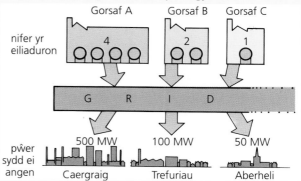

Mwy o bŵer

Pŵer cudd

Yn Eryri, ni chafodd y dirwedd ei difetha gan beilonau. Mae'r cwmni trydan wedi gosod y ceblau pŵer dan y ddaear. Ond mae hon yn ffordd ddrud o anfon pŵer. Rhaid defnyddio folteddau is, ac mae hynny'n golygu ceryntau uwch a cheblau mwy trwchus. I ddiogelu'r dirwedd, rhaid i bobl dalu mwy am eu trydan.

Gwarantu pŵer

Ni fydd toriad yn y cyflenwad trydan yn digwydd yn aml iawn. Ond pan fydd toriad, gall y canlyniadau fod yn ddifrifol:

Petai'r ffermwr hwn yn colli pŵer, byddai'n rhaid godro 200 o wartheg â llaw.

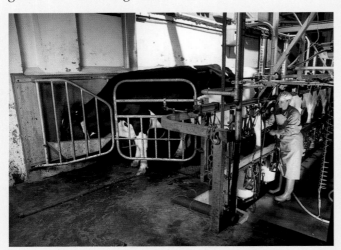

Ar gyfer argyfwng, yn y rhan fwyaf o ysbytai mawr a ffermydd mae generaduron wrth gefn. Mae'r rhain yn cael eu gyrru gan beiriannau sy'n llosgi petrol, diesel neu nwy potel. Maent yn cynnau'n awtomatig os bydd y prif gyflenwad yn methu.

Pŵer ychwanegol

Ieir batri? Yng Ngwlad yr Haf, mae ieir wedi datrys problemau cyflenwad trydan un ffermwr. Mae'n cadw eu baw mewn tanc a chasglu'r nwy a ddaw ohono. Yna mae'n gallu defnyddio'r nwy i yrru peiriant sy'n troi generadur.

Yn Florida, mae'r heddlu wedi casglu cymaint o fariwana mewn cyrchoedd cyffuriau fel bod gorsaf bŵer wedi cael ei haddasu'n arbennig i'w losgi. Mae un dunnell fetrig o fariwana yn rhoi bron cymaint o wres â thair casgen o olew.

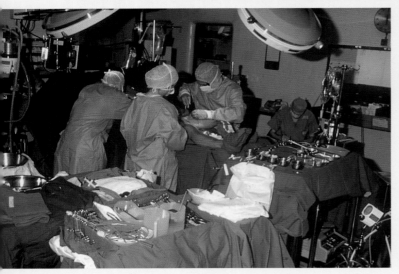

Gallai colli pŵer yma beryglu bywyd rhywun.

Yn Edmonton, Gogledd Llundain, mae'r cyngor wedi troi un o'i beiriannau llosgi sbwriel yn orsaf gynhyrchu. Cynhyrchir trydan trwy ddefnyddio'r gwres a ddaw wrth losgi sbwriel o dai. Mae'r cyngor yn cael gwared â'i wastraff, ac mae'n lleihau ei gostau trwy werthu trydan i'r cwmni trydan lleol.

Glaw asid

Dros Ewrop gyfan, mae glaw asid yn disgyn. Gwan yw'r asid yn y glaw, ond mae'n lladd pysgod yn llynnoedd Norwy a Sweden, yn difrodi coedwigoedd yn yr Almaen, ac yn niweidio hen adeiladau.

Yn Norwy, Sweden a'r Almaen, maent yn rhoi'r bai ar nwyon sylffwr o orsafoedd pŵer sy'n llosgi glo ym Mhrydain. Mae gwyntoedd yn chwythu'r nwyon ar draws Gogledd Ewrop. Mae'r nwyon yn gwneud y glaw yn asidig.

Nid yw'r cwmnïau trydan yn cytuno. Dywedant nad oes unrhyw dystiolaeth gadarn i gysylltu eu gorsafoedd pŵer â glaw asid. Nid yw nwyon sylffwr yn broblem newydd – mae ffatrïoedd a cherbydau yn eu cynhyrchu ers blynyddoedd.

Mae'r ddadl yn parhau, a'r glaw asid yn dal i ddisgyn.

Pŵer dŵr

I gael pŵer trydan-dŵr rhaid codi argae ar draws afon i ffurfio llyn. Mae dŵr yn llifo o'r llyn gan droi generaduron wrth droed yr argae. Dim llygredd. Ond mae'r dirwedd yn cael ei newid, a phlanhigion a bywyd gwyllt yr ardal yn dioddef.

Yn Sweden, daw llawer o'r trydan o gynlluniau trydan-dŵr. Ond rhoddwyd y gorau i adeiladu rhagor o argaeau. Nid yw pobl Sweden am weld rhagor o'u cefn gwlad yn cael ei ddifetha.

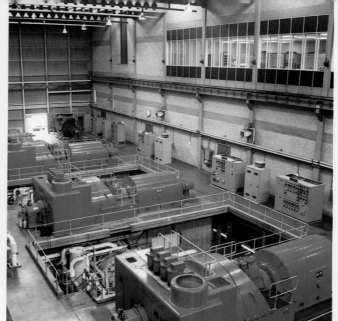

Yn Sri Lanka, maent yn awyddus i ddefnyddio mwy ar gynlluniau trydan-dŵr. Mae arnynt angen y pŵer ar frys mawr. Hebddo, bydd yn rhaid iddynt fenthyca rhagor o arian i brynu olew, a bydd hynny yn cadw'r wlad yn dlawd.

Gwnewch restr o adeiladau lle rydych yn credu bod cael generadur argyfwng yn hanfodol.

Dyma rai o'r ffyrdd y gallai tref gael ei phŵer:

- cynllun pŵer trydan-dŵr;
- gorsaf bŵer sy'n llosgi glo;
- generadur bach ym mhob adeilad.

Faint o fanteision ac anfanteision allwch chi feddwl amdanynt ar gyfer pob un?

Ceisiwch ddarganfod

- lle mae'r gorsafoedd pŵer yn eich ardal;
- pa danwyddau y maent yn eu defnyddio.

Cwestiynau am Bennod 6

1 Mae'r diagram isod yn dangos switsh relái.

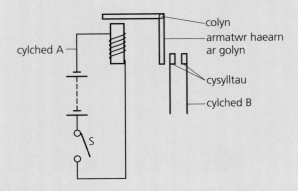

colyn
armatwr haearn ar golyn
cylched A
cysylltau
cylched B
S

  a Eglurwch yn fanwl beth sy'n digwydd wrth i switsh S gael ei gau.
  b Nawr eglurwch beth fydd yn digwydd wrth i switsh S gael ei agor.
  c Pa fath o ddefnydd sydd yng nghanol y coil?
  ch Awgrymwch un ffordd o ddefnyddio switsh relái.

2 Mae'r diagram isod yn dangos newidydd syml.

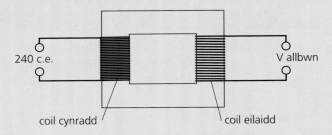

240 c.e.
V allbwn
coil cynradd
coil eilaidd

  a Os oes 1000 tro ar y coil cynradd a 250 tro ar y coil eilaidd, cyfrifwch y foltedd allbwn o'r newidydd. (Dangoswch eich holl waith cyfrifo.)
  b Os 0.2 A yw'r cerrynt sy'n llifo trwy'r coil cynradd, cyfrifwch y cerrynt sy'n llifo trwy'r coil eilaidd.
  c Pa dybiaeth a wnaethoch yn eich gwaith cyfrifo ar gyfer a a b?
  ch Eglurwch pam na fydd newidydd yn gweithio os cyflenwad cerrynt union sydd wedi ei gysylltu ar draws y coil cynradd.
  d Nodwch un ffordd o ddefnyddio:
     i   newidydd codi
     ii newidydd gostwng.

3 Mae'r diagram isod yn dangos uchelseinydd coil symudol.

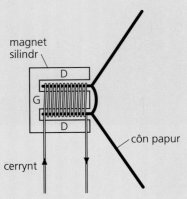

magnet silindr
D
G
D
côn papur
cerrynt

Eglurwch sut mae anfon cerrynt eiledol trwy'r coil yn achosi i'r côn papur gynhyrchu sain.

4 Dyma arbrawf sy'n defnyddio dwy gylched.

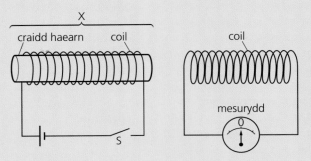

X
craidd haearn   coil
coil
mesurydd
S

  a Beth yw enw'r ddyfais X?
  b Disgrifiwch yr hyn a welwch yn digwydd ar y mesurydd:
     i   yr ennyd y bydd switsh S yn cael ei gau;
     ii   ychydig eiliadau yn ddiweddarach, os bydd switsh S yn cael ei gadw ar gau;
     iii yr ennyd y bydd switsh S yn cael ei agor eto.
  c Enwch ddyfais sy'n defnyddio yr egwyddor a ddangosir yn yr arbrawf uchod.
  ch Disgrifiwch ffordd arall o wneud i gerrynt lifo yn y gylched ar y dde heb gysylltu unrhyw beth arall â'r gylched.
  d Gyda switsh S, gellir cynnau a diffodd y maes magnetig o'r craidd. Pa wahaniaeth fyddai yna petai'r craidd wedi ei wneud o ddur yn hytrach na haearn?

5 Mae'r diagram isod yn dangos sut mae trydan yn cyrraedd ein cartrefi.

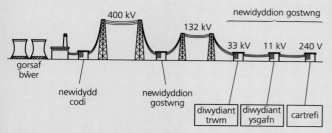

a Pa ddyfais sy'n cynhyrchu ein hegni trydanol mewn gorsaf bŵer? Enwch dri thanwydd y gellir eu defnyddio i yrru'r peiriant hwnnw. Nodwch pa egwyddor trawsnewid egni sydd ar waith.

b Pam mae'r trydan yn cael ei drawsyrru ar foltedd uchel?

c Awgrymwch un rheswm pam mae'r ceblau pŵer ar beilonau, yn uchel uwchben y ddaear.

ch Beth sy'n digwydd i'r trydan cyn iddo ddod i'n cartrefi? Eglurwch, mewn un frawddeg, sut y gwneir hyn.

d Pam mai cerrynt eiledol sy'n cael ei drawsyrru yn hytrach na cherrynt union?

dd Mae gan goil cynradd newidydd 10 000 tro, a'i goil eilaidd 500 tro. Os rhoddir foltedd 240 V c.e. ar draws y coil cynradd, cyfrifwch y foltedd allbwn ar draws y coil eilaidd. O'i ddefnyddio fel hyn, mae hwn yn newidydd _____.

6 Mae'r diagram isod yn dangos generadur syml. Mae cylchdroi'r ddolen wifren yn achosi cerrynt sy'n goleuo'r lamp.

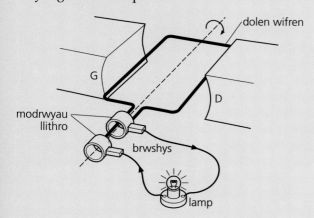

a Nodwch **dair** ffordd o gynyddu'r cerrynt a gynhyrchir gan y generadur.

b Mae generadur fel hwn yn cynhyrchu 'cerrynt eiledol'. Eglurwch beth yw ystyr yr ymadrodd 'cerrynt eiledol'.

7 Mae'r diagram isod yn dangos generadur syml.

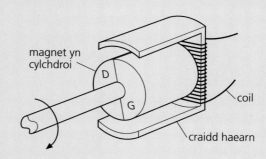

a Beth sy'n digwydd yn y coil gwifren pan fydd y magnet yn cylchdroi?

b Mae pennau'r coil wedi eu cysylltu ag osgilosgop pelydryn catod (CRO). Mae'r diagram yn dangos yr olin ar y sgrîn wrth i'r magnet gylchdroi.

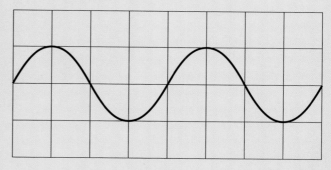

Ychwanegwch olinau newydd ar gyfer y newidiadau canlynol.

i Y magnet yn cylchdroi ar yr un buanedd ond i'r cyfeiriad arall.

ii Y magnet yn cylchdroi ar yr un buanedd, i'r un cyfeiriad, ond nifer troadau'r coil wedi dyblu.

iii Y magnet yn cylchdroi ar ddwywaith y buanedd, i'r un cyfeiriad, ond y coil â'r nifer gwreiddiol o droadau.

Pennod 7
Atomau
a niwclysau

Yr awrora borealis, neu 'oleuni'r gogledd'. Cafodd y llun hwn ei dynnu o long ofod uwchben y Ddaear. Mae'r goleuadau anghyffredin yn cael eu cynhyrchu wrth i ronynnau atomig sy'n llifo o'r Haul daro yn erbyn atomau a moleciwlau yn uchel yn atmosffer y Ddaear. Mae maes magnetig y Ddaear yn gwneud i'r gronynnau atomig sy'n ein cyrraedd grynhoi uwchben y pegynau yn y de a'r gogledd yn bennaf, felly dyna lle mae'r awrorau i'w gweld fel arfer. ■

Y tu mewn i atomau

Mae atomau yn eithriadol o fach. Mae yna fwy na biliwn biliwn ohonynt ar yr atalnod llawn hwn.

Dyma **fodel** (disgrifiad) syml o'r atom. Mae ganddo **niwclews** bach sy'n cynnwys **protonau** a **niwtronau**, gydag **electronau** yn cylchdroi o'i gwmpas:

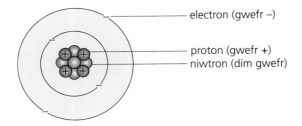

- electron (gwefr −)
- proton (gwefr +)
- niwtron (dim gwefr)

O'u cymharu â phrotonau a niwtronau, nid oes bron ddim màs gan electronau. Felly mae màs atom yn bennaf yn ei niwclews.

Mae **gwefrau** trydanol gan electronau a phrotonau, ond gwefrau dirgroes i'w gilydd. Fel arfer, mae gan atom yr un nifer o electronau ag o brotonau. Felly mae cyfanswm gwefr yr atom (gwefr gyfan gwbl) yn sero. Dyma siart sy'n dangos sut mae masau a gwefrau y gwahanol ronynnau yn cymharu, gan gyfrif màs proton yn un uned a'i wefr yn +1 uned:

Gronyn	proton	niwtron	electron
Màs	1	1	0
Gwefr	+1	0	−1

Mae'r niwclews yn llawer rhy fach i'w ddangos mewn diagram. Petai atom o'r un maint â'r neuadd gyngerdd hon, byddai ei niwclews yn llai na physen!

Elfennau, a rhif atomig

Mae popeth wedi ei wneud o tua 100 sylwedd syml a elwir yn **elfennau**. Mae gan bob elfen nifer gwahanol o brotonau yn ei hatomau. Dyma ei **rhif atomig**. Er enghraifft:

Elfen	Symbol cemegol	Rhif atomig (rhif proton)
hydrogen	H	1
heliwm	He	2
lithiwm	Li	3
beryliwm	Be	4
boron	B	5
carbon	C	6
nitrogen	N	7
ocsigen	O	8
radiwm	Ra	88
thoriwm	Th	90
wraniwm	U	92
plwtoniwm	Pu	94

Isotopau a rhif màs

Nid yw atomau elfen i gyd yr un fath. Mae gan rai fwy o niwtronau nag eraill. Gelwir y gwahanol fersiynau hyn o atom yn **isotopau**. Dangosir enghreifftiau ar y dde.

Gelwir cyfanswm nifer y protonau a'r niwtronau yn y niwclews yn **rhif màs** (neu **rif niwcleon**). Mae gan isotopau *wahanol* rifau màs ond *yr un* rhif atomig. Er enghraifft:

Mae lithiwm yn gymysgedd o ddau isotop â'r rhifau màs 6 a 7. Mae lithiwm-7 yn fwy cyffredin. Dyma'r symbol ar gyfer atom o lithiwm-7:

rhif màs (protonau + niwtronau) — $^{7}_{3}Li$ — symbol cemegol
rhif atomig (protonau)

Mae'r rhif ar y gwaelod yn dangos hefyd beth yw'r wefr ar y niwclews o gymharu ag un proton (+1).

Rhai atomau, elfennau ac isotopau

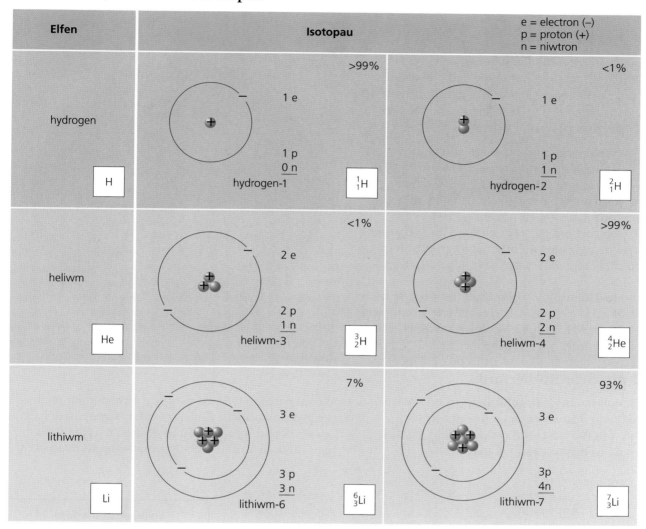

Elfen	Isotopau	e = electron (–) p = proton (+) n = niwtron

Cwestiynau

1

electron	proton	niwtron	niwclews

Pa un o'r rhain:

a sy'n cylchdroi o gwmpas y niwclews?

b sy'n ronyn â gwefr +?

c sydd heb wefr?

ch sy'n ysgafnach na'r lleill?

d sy'n cynnwys protonau a niwtronau?

dd sydd â gwefr –?

2 Copïwch y siart a llenwch y bylchau:

	Electronau	Protonau	Niwtronau	Rhif màs
Sodiwm-23	11			
Alwminiwm-27	13			
Strontiwm-90	38			
Cobalt-60	27			

I ateb y cwestiynau canlynol, bydd angen i chi edrych ar y tabl elfennau sydd ar y dudalen gyferbyn.

3 Gellir ysgrifennu nitrogen-14 fel hyn: $^{14}_{7}N$.
Sut y gellir ysgrifennu'r canlynol?

a Radiwm-226   **b** Wraniwm-235

c Ocsigen-16   **ch** Carbon-12

4 Dyma wybodaeth am bedwar atom:

Atom A: 3 electron, rhif màs 7

Atom B: 142 niwtron, rhif màs 232

Atom C: 3 niwtron, rhif màs 6

Atom Ch: 5 electron, rhif màs 11

a Pa elfennau yw A, B, C ac Ch?

b Pa bâr o'r atomau sy'n isotopau?

7.02 **Modelau o'r atom**

Mae gwyddonwyr wedi datblygu a gwella eu modelau (disgrifiadau) o'r atom yn sgîl canlyniadau arbrofion a gafodd eu cynnal dros y ganrif ddiwethaf.

Model 'pwdin plwm' Thomson

Arferai gwyddonwyr gredu mai atomau oedd y darnau lleiaf o fater a oedd i'w cael. Yna ym 1897, fe wnaeth J. J. Thomson ddarganfod y gallai atomau ryddhau gronynnau bach â gwefr arnynt. Galwodd y rhain yn **electronau**. Gwefr negatif (–) sydd gan electron. Gan nad oes gwefr ar atomau yn gyffredinol, roedd hyn yn awgrymu eu bod hefyd yn cynnwys gwefr bositif (+) i gydbwyso'r wefr ar yr electronau.

Awgrymodd Thomson y gallai atom fod yn sffêr o wefr bositif gyda'r electronau yma ac acw y tu mewn iddo, yn ddigon tebyg i gyrens mewn pwdin. Cafodd hwn ei alw yn fodel 'pwdin plwm'.

Model niwclear Rutherford

Ym 1911, gofynnodd Ernest Rutherford i ddau o'i gynorthwywyr, Hans Geiger ac Ernest Marsden, wneud yr arbrawf isod. Nid oedd model y pwdin plwm yn gallu egluro'r canlyniadau.

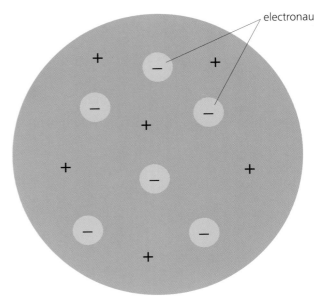

Model 'pwdin plwm' Thomson o'r atom.

Yn eu harbrawf, roedd Geiger a Marsden yn saethu **gronynnau alffa** at ffoil aur tenau. Gronynnau bach â gwefr bositif, sy'n cael eu rhyddhau'n gyflym iawn gan rai defnyddiau ymbelydrol, yw gronynnau alffa.

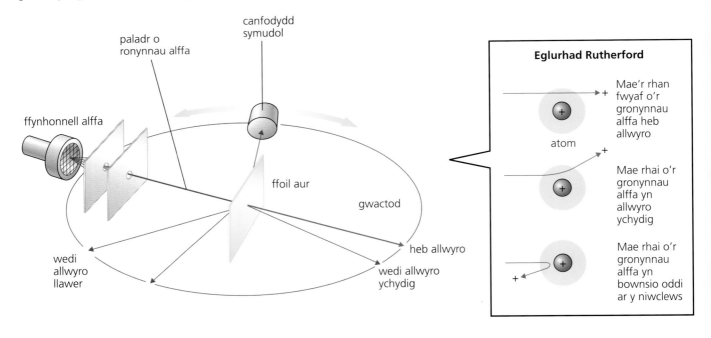

Roedd y rhan fwyaf o'r gronynnau alffa yn mynd yn syth trwy'r atomau aur, ond roedd rhai yn cael eu gwrthyrru mor gryf nes bownsio'n ôl neu gael eu hallwyro trwy onglau mawr. Daeth Rutherford i'r casgliad fod y rhan fwyaf o'r atom yn lle gwag, a bod ei wefr bositif a'r rhan fwyaf o'i fàs wedi ei grynhoi mewn **niwclews** bach yn y canol. Ym model Rutherford, mae'r electronau (sy'n llawer ysgafnach) yn cylchdroi o amgylch y niwclews, fel y planedau o gwmpas yr Haul. Ym 1913, addasodd Niels Bohr ychydig ar fodel Rutherford trwy awgrymu mai dim ond mewn orbitau arbennig y gallai'r electronau fod o gwmpas y niwclews. Daeth i'r casgliad hwn wrth geisio egluro sut mae atomau yn rhyddhau goleuni.

Ym 1919, gwelodd Rutherford ei bod yn bosibl taro gronynnau sydd â gwefr bositif, allan o'r niwclews. **Protonau** oedd y rhain. Ym 1932, darganfu James Chadwick fod y niwclews hefyd yn cynnwys gronynnau heb wefr. Galwodd y rhain yn **niwtronau**.

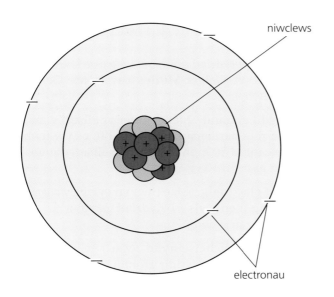

Model Rutherford-Bohr o'r atom, yn dangos y gronynnau niwclear.

Modelau modern

Ar ôl cyfnod Rutherford, mae gwyddonwyr wedi datblygu modelau newydd i egluro darganfyddiadau pellach. Er enghraifft, gall electronau ymddwyn fel cymylau o wefr. Hefyd, gallant ymddwyn fel tonnau!

Heddiw defnyddir model **mecaneg tonnau** i ddisgrifio'r atom. Model mathemategol yw hwn, ac mae braidd yn anodd ei ddangos mewn llun.

Mae tynnu llun niwclews gydag electronau o'i gwmpas yn dal i fod yn ffordd ddefnyddiol o ddarlunio'r atom. Fodd bynnag, mae'n bwysig cofio nad oes gan y gronynnau liwiau mewn gwirionedd. Hefyd, petai'r niwclews yn cael ei ddarlunio wrth raddfa, byddai'n llawer rhy fach i'w weld!

Mae gwyddonwyr yn defnyddio peiriannau enfawr fel hwn i daro gronynnau atomig yn erbyn ei gilydd er mwyn darganfod o beth y maent wedi eu gwneud.

Cwestiynau

1 Beth yw'r gwahaniaeth rhwng model niwclear Rutherford o'r atom a model 'pwdin plwm' Thomson?

2 Ar y dde, mae gronynnau alffa yn cael eu saethu at ddarn tenau o ffoil aur. Yn ôl model niwclear Rutherford o'r atom:

a pam mae'r rhan fwyaf o'r gronynnau alffa yn mynd yn syth trwy'r ffoil?

b pam mae rhai gronynnau alffa yn cael eu hallwyro ar onglau mawr?

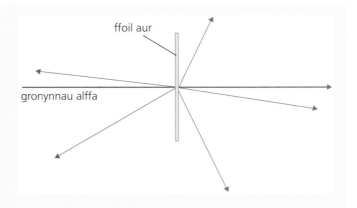

7.03 Pelydriad niwclear

Mae rhai defnyddiau yn cynnwys atomau sydd â niwclysau ansefydlog. Ymhen amser, bydd pob niwclews yn dadfeilio, neu'n aildrefnu ei hun. Wrth wneud hynny, bydd gronyn bach, neu ychydig o egni ton (neu'r ddau beth) yn saethu o'r niwclews. Dywedwn fod y gronynnau a'r tonnau hyn yn 'pelydru' o'r niwclews, ac fe'u galwn yn **belydriad niwclear**. Mae'r defnyddiau sy'n eu rhyddhau yn **ymbelydrol**.

Mae elfennau yn gymysgedd o isotopau. Mewn 'defnydd ymbelydrol', dim ond ambell un o'r isotopau sy'n ymbelydrol. Dyma enghreifftiau.

Isotopau		
Niwclysau sefydlog	**Niwclysau ansefydlog, ymbelydrol**	**I'w cael mewn ...**
carbon-12 carbon-13	carbon-14	aer, planhigion, anifeiliaid
potasiwm-39 potasiwm-41	potasiwm-40	creigiau, planhigion, dŵr môr
	wraniwm-234 wraniwm-235 wraniwm-238	creigiau

Gweithio mewn labordy niwclear y mae'r fenyw hon. Mae hi'n defnyddio tiwb GM i weld a oes olion llwch ymbelydrol ar ei dillad.

Gellir canfod pelydriad alffa, beta a gama trwy ddefnyddio tiwb **Geiger-Müller** (**tiwb GM**). Gellir cysylltu'r tiwb â:

- **Mesurydd cyfradd** Mewn 'nifer yr eiliad' y mae hwn yn rhoi darlleniad. Er enghraifft, os yw tiwb GM yn canfod 50 gronyn alffa bob eiliad, dangosir cyfradd gyfrif o 50 yr eiliad.

- **Rhifydd electronig** Mae hwn yn cyfrif *cyfanswm* y gronynnau (neu bwls o belydriad gama) a ganfyddir gan y tiwb.

- **Mwyhadur ac uchelseinydd** Mae'r seinydd yn 'clicio' bob tro y canfyddir gronyn neu bwls o belydriad gama.

Pelydriad alffa, beta a gama

Mae yna dri phrif fath o belydriad niwclear: **gronynnau alffa**, **gronynnau beta**, a **phelydrau gama**. Pelydrau gama yw'r rhai mwyaf treiddiol:

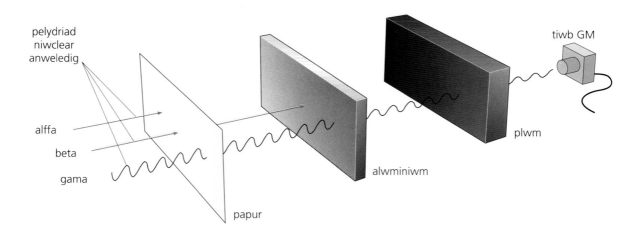

math o belydriad	gronynnau alffa (α)	gronynnau beta (β)	pelydrau gama (γ)
	pob gronyn yn 2 broton + 2 niwtron (union yr un fath â niwclews heliwm-4)	pob gronyn yn electron (yn cael eu creu wrth i'r niwclews ddadfeilio)	tonnau electromagnetig tebyg i belydrau X
gwefr o gymharu â +1 ar gyfer proton	+2	−1	0
màs o gymharu ag 1 ar gyfer proton	4	0	...
buanedd	hyd at 0.1× buanedd goleuni	hyd at 0.9× buanedd goleuni	buanedd goleuni
effaith ïoneiddio	cryf	gwan	gwan iawn
effaith dreiddio	nid ydynt yn dreiddiol iawn; yn cael eu hatal gan ddalen drwchus o bapur, neu groen, neu ychydig gentimetrau o aer	treiddiol, ond yn cael eu hatal gan ychydig filimetrau o alwminiwm neu fetel arall	treiddiol iawn: byth yn cael eu hatal yn llwyr er bod plwm a choncrit trwchus yn lleihau eu cryfder

Pelydriad ïoneiddio

Gall pelydriad niwclear dynnu electronau oddi ar atomau sydd yn ei lwybr. O ganlyniad, bydd gwefr drydanol ar yr atomau. Yr enw ar atomau (neu grwpiau o atomau) â gwefr yw **ïonau**, felly mae pelydriad niwclear yn achosi **ïoneiddiad**. Mae uwchfioled a phelydrau X yn achosi ïoneiddiad hefyd. Mae celloedd byw yn sensitif iawn i ïoneiddiad. Gall ddrysu eu prosesau byw yn llwyr. Mae rhagor am hyn ar y ddwy dudalen nesaf.

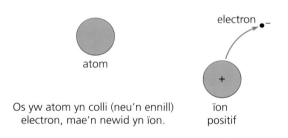

Os yw atom yn colli (neu'n ennill) electron, mae'n newid yn ïon.

Cwestiynau

1 Enwch un radioisotop sydd i'w gael yn naturiol mewn pethau byw.

2 I beth y defnyddir tiwb GM?

3 Mae pelydriad niwclear yn achosi *ïoneiddiad*. Beth yw ystyr hyn?

4 *alffa   beta   gama*

Dyma dri math o belydriad. Pa un sydd:

a yn ffurf ar belydriad electromagnetig?

b yn cludo gwefr bositif?

c yn cludo gwefr negatif?

ch yn gallu treiddio trwy haen drwchus o blwm?

d yn cael ei atal gan groen neu bapur trwchus?

dd wedi ei wneud o electronau?

e yn teithio ar fuanedd goleuni?

f yn debyg i belydrau X?

ff yn achosi'r lleiaf o ïoneiddio?

g yn achosi'r mwyaf o ïoneiddio?

5 Beth yw'r gwahaniaeth rhwng atomau isotop sy'n ymbelydrol ac atomau isotop nad yw'n ymbelydrol?

7.04 Ymbelydredd o'n cwmpas

Mae gorsafoedd pŵer niwclear yn cynhyrchu gwastraff ymbelydrol. Rhaid cludo'r gwastraff mewn cynwysyddion sy'n ddigon cryf i wrthsefyll damwain fel hon. Petai gwastraff yn gollwng, byddai'n niweidio iechyd pobl.

Dyma ddyfais sy'n monitro pelydriad o nwy radon ymbelydrol a allai ddod o'r creigiau dan yr adeilad (edrychwch ar y dde).

Peryglon ymbelydredd

Oherwydd ei fod yn achosi ïoneiddiad, gall pelydriad niwclear niweidio neu ddinistrio celloedd byw. Gall rwystro organau hanfodol yn y corff rhag gweithio'n iawn, ac achosi canser. Po gryfaf yr ymbelydredd, a'r hiraf y byddwch mewn cysylltiad ag ef, y mwyaf yw'r perygl.

Rhaid i weithwyr mewn gorsafoedd pŵer niwclear wisgo bathodyn fel hwn. Mae ffilm ynddo sy'n adweithio i belydriad niwclear, yn debyg i'r ffordd y mae ffilm mewn camera yn adweithio i oleuni. Bob mis bydd y ffilm yn cael ei datblygu, i wneud yn siŵr nad yw'r sawl sy'n gwisgo'r bathodyn wedi dod i gysylltiad â gormod o belydriad.

Peryglon o'r tu mewn i'r corff   Mae nwy a llwch ymbelydrol yn arbennig o beryglus, oherwydd gallant fynd i'r corff gydag aer, bwyd neu ddiod. Unwaith y mae'r corff wedi eu hamsugno, mae'n anodd cael gwared arnynt, a gall eu pelydriad achosi niwed yn ddwfn yng nghelloedd y corff. Pelydriad alffa yw'r peryglaf gan mai hwn sy'n achosi'r mwyaf o ïoneiddio.

Peryglon o'r tu allan i'r corff   Fel arfer, mae llai o berygl o ffynonellau ymbelydredd y tu allan i'r corff. Mae ffynonellau mewn gorsafoedd pŵer a labordai niwclear yn cael eu hamddiffyn yn dda, ac mae'r pelydriad yn wannach wrth i chi fynd ymhellach oddi wrthynt. Pelydrau beta a gama yw'r mwyaf peryglus oherwydd gallant dreiddio at eich organau mewnol, tra bo'r croen yn ddigon i atal gronynnau alffa.

Pelydriad cefndir

Mae rhywfaint o belydriad o'n cwmpas bob amser oherwydd bod defnyddiau ymbelydrol yn yr amgylchedd. Yr enw ar hyn yw **pelydriad cefndir**. Daw'n bennaf o ffynonellau naturiol fel pridd, creigiau, aer, defnyddiau adeiladu, bwyd, diod – a hyd yn oed o'r gofod.

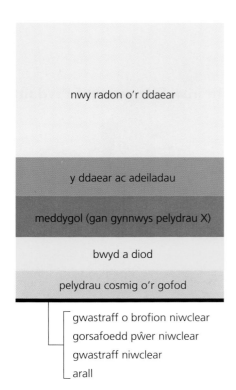

Mae'r uchod yn nodi o ble y daw pelydriad cefndir. (Meintiau cyfartalog yw'r cyfraneddau a ddangosir. Gallant amrywio o un ardal i'r llall.)

Mewn rhai ardaloedd, daw dros hanner y pelydriad cefndir o nwy radon ymbelydrol (radon-222) sy'n dod o'r creigiau – yn enwedig rhai mathau o wenithfaen. Mewn ardaloedd lle mae'r perygl yn uchel, rhaid rhoi systemau awyru arbennig yn y tai rhag i'r nwy ymgasglu. Weithiau bydd y llawr yn cael ei selio rhag i'r nwy ddod i'r tŷ o gwbl.

Mwtaniad

Mae celloedd byw yn cynnwys cemegyn cymhleth o'r enw **DNA**. Yn hwn y mae'r cod sydd ei angen i adeiladu corff anifail neu blanhigyn. Mae'r cyfarwyddiadau yn cael eu trosglwyddo o genhedlaeth i genhedlaeth.

Un o'r pethau sy'n gallu achosi **mwtaniad** (newid) yn y DNA yw pelydriad. Mae'r rhan fwyaf o fwtaniadau yn beryglus, ond mae rhai yn ddefnyddiol. Heb fwtaniadau, ni fyddai pysgod cennog y gorffennol wedi esblygu yn anifeiliaid â phlu neu ffwr, ac ni fyddem ni ar y Ddaear!

Wrth fesur pelydriad o unrhyw ffynhonnell ymbelydrol, mae'r mesuriad *yn cynnwys* unrhyw belydriad cefndir. I gael y darlleniad ar gyfer y ffynhonnell ei hun, rhaid mesur y pelydriad cefndir a thynnu hwnnw o'r cyfanswm.

Cwestiynau

1 Beth yw'r ffynhonnell ar gyfer y rhan fwyaf o belydriad cefndir?

2 Mae nwy radon yn dod o greigiau tanddaear. Pam mae'n bwysig atal radon rhag ymgasglu mewn tai?

3 **a** Pa fath o belydriad yw'r peryglaf yn y defnyddiau ymbelydrol sy'n cael eu hamsugno gan y corff?

  b Pam mae hwn yn llai peryglus y tu allan i'r corff?

4 Yn yr arbrawf ar y dde:

  a Beth yw'r gyfradd gyfrif oherwydd pelydriad cefndir?

  b Beth yw'r gyfradd gyfrif oherwydd y ffynhonnell ei hun?

  c Os yw'r ffynhonnell yn rhyddhau un math o belydriad yn unig, beth fydd hwnnw? (Efallai y bydd arnoch angen gwybodaeth o'r ddwy dudalen flaenorol i ateb hwn.)

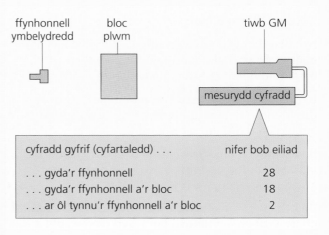

cyfradd gyfrif (cyfartaledd) . . .	nifer bob eiliad
. . . gyda'r ffynhonnell	28
. . . gyda'r ffynhonnell a'r bloc	18
. . . ar ôl tynnu'r ffynhonnell a'r bloc	2

Byw gydag ymbelydredd

Pŵer niwclear – pa mor ddiogel?

Digwyddodd y drychineb yng ngorsaf bŵer niwclear Chernobyl, yn Ukrain, yn gyflym a heb rybudd. Yn oriau mân y bore, 26 Ebrill 1986, methodd system oeri adweithydd rhif pedwar. Funudau'n ddiweddarach, chwalwyd to yr adweithydd gan ffrwydrad anferth gan anfon cwmwl mawr o nwy ymbelydrol yn uchel i'r atmosffer. Lladdwyd dau berson yn syth. Cafodd cannoedd o bobl ddos anferth o belydriad. Bu'n rhaid symud 25 000 o bobl o'u cartrefi. Mewn ychydig ddiwrnodau, roedd y cwmwl ymbelydrol wedi cyrraedd cyn belled â'r Alban. Gwan oedd ei belydriad ond, ar hyd a lled Ewrop, roedd glaw ymbelydrol yn disgyn. Mewn rhai ardaloedd, cafodd pobl gyngor i beidio â bwyta llysiau ffres, nac yfed llaeth ffres, ac nid oeddynt yn cael gwerthu cig.

Y ddamwain yn Chernobyl oedd damwain niwclear fwyaf y byd. Ym Mhrydain, roedd nifer o'r farn y dylai pob gorsaf bŵer niwclear gael eu cau am byth. Ond nid yw'r cwmni sy'n cynnal y gorsafoedd pŵer yn cytuno. Mae'n honni:

- Na allai damwain debyg ddigwydd ym Mhrydain oherwydd bod yr adweithyddion wedi eu cynllunio'n llawer mwy diogel.
- Bod llai o farwolaethau yn cael eu hachosi trwy ddefnyddio tanwydd niwclear na thrwy gloddio am lo neu dyllu am olew a nwy.
- Bod damweiniau niwclear yn brin o'u cymharu â mathau eraill o ddamweiniau – fel damwain awyren, tân, neu argae'n torri.
- Bod rhagor o orsafoedd pŵer niwclear yn hanfodol oherwydd bod cyflenwadau'r byd o olew, glo a nwy naturiol yn prysur ddod i ben.

Damwain niwclear waethaf Prydain

Windscale (Sellafield erbyn hyn) yn Cumbria. Yma, ym 1957, aeth adweithydd niwclear yn rhy boeth a mynd ar dân. Ni laddwyd neb, ond derbyniodd 14 o weithwyr lefelau uchel o belydriad. Gwasgarwyd ychydig o nwy a llwch ymbelydrol dros gefn gwlad Cumbria.

Yn ôl adroddiad swyddogol, gallai'r ddamwain fod wedi achosi trychineb fawr. Roedd yr awdurdodau niwclear am i'r adroddiad gael ei gyhoeddi, ond gwrthododd y Prif Weinidog ar y pryd. Credai ef y byddai pobl yn colli hyder yn y diwydiant niwclear ym Mhrydain. Dri deg o flynyddoedd yn ddiweddarach, cafodd cofnodion y cabinet ar gyfer 1957 eu cyhoeddi. Dim ond bryd hynny y cafodd y cyhoedd wybod beth oedd wedi digwydd yn Windscale mewn gwirionedd.

Chwilio am safle sbwriel niwclear

I'r awdurdodau niwclear, roedd pentref Elstow, ger Bedford, yn ymddangos yn safle delfrydol ar gyfer claddu gwastraff niwclear Prydain. Roedd creigiau cadarn o dan y tir yn golygu na fyddai'r cynwysyddion yn cracio ac agor. A byddai'r pridd clai meddal uwchben yn amsugno'r ymbelydredd.

Pan gafodd y cynllun claddu ei gyhoeddi, ymatebodd pobl Elstow yn ffyrnig. Cynhaliwyd cyfres o brotestiadau a bu'n rhaid anghofio'r cynllun. Erbyn hyn, mae'r awdurdodau yn chwilio am safleoedd eraill. Maen nhw wedi bod yn ystyried cloddio twneli storio dan Fôr y Gogledd. Ond mae Norwy a Denmarc yn gadarn yn erbyn y syniad. Eu hofn yw y gallai defnyddiau ymbelydrol ddianc a llygru eu harfordiroedd. Yn y cyfamser, mae'r gwastraff o orsafoedd pŵer niwclear Prydain yn dal i dyfu. Bydd yn ymbelydrol am gannoedd o flynyddoedd. A rhaid ei storio yn rhywle . . .

Gama yn cadw ffrwythau'n fwy ffres

Cafodd y mefus hyn eu casglu dair wythnos cyn i'r llun gael ei dynnu.

A'r rhain hefyd. Ond cafodd y rhain eu rhoi yn syth mewn paladr o belydriad gama . . .

. . . Mae'r pelydriad wedi atal y broses bydru. Felly mae'r mefus yn edrych mor ffres â'r diwrnod y cawsant eu casglu. Nid ydynt wedi troi'n ymbelydrol. Ac nid yw eu blas wedi newid fawr ddim.

Mae gan y broses o arbelydru bwyd sawl mantais, yn ôl y cynhyrchwyr bwyd. Mae'r pelydriad yn atal llysiau rhag egino wrth gael eu storio. Mae'n lladd y llwydni sy'n difetha bwyd. Ac mae'n dinistrio bacteria fel *Salmonella* sy'n gallu rhoi gwenwyn bwyd. Mae llawer o archfarchnadoedd yn awyddus i werthu ffrwythau wedi eu harbelydru. Maen nhw'n honni y byddai hynny'n rhoi gwell ansawdd i'w cwsmeriaid, llai o wastraff a phrisiau is.

Ond nid yw pawb yn hoffi'r syniad. Gallai'r pelydriad ddinistrio fitaminau pwysig. A gallai newid rhai o'r cemegau sydd mewn bwyd – gan wneud iddynt ymddwyn fel adychwanegion peryglus. Mae bwyd wedi ei arbelydru yn cadw'n well. Ond y tro nesaf y prynwch chi fefus ffres, pa mor ffres fyddan nhw mewn gwirionedd?

Ymbelydredd a diogelwch

Mae ffynonellau ymbelydrol bach yn cael eu defnyddio yn yr ysgol. Ychydig iawn o berygl sydd yna, cyn belled â bod y trefniadau diogelwch priodol yn cael eu dilyn. Rhaid cadw'r ffynonellau mewn cynwysyddion sydd â leinin o blwm, ac mewn cwpwrdd dan glo. Fel hyn, bydd pobl yn dod i gysylltiad â'r ymbelydredd am gyfnodau mor fyr â phosibl. Wrth eu defnyddio mewn arbrofion, ni ddylech byth eu dal yn eich llaw na'u rhoi yn agos at eich corff.

Ni fyddai'r rhan fwyaf o bobl yn hoffi gweld claddu gwastraff niwclear yn agos at eu cartref, hyd yn oed petai'r awdurdodau yn dweud bod y safle yn gwbl ddiogel. Pam hynny? Am faint o resymau y gallwch chi feddwl?

Mae rhai archfarchnadoedd yn bwriadu gwerthu ffrwythau a llysiau wedi eu trin â phelydriad. Gwnewch restr o'r pwyntiau o blaid ac yn erbyn y cynllun hwn.

Dadfeiliad ymbelydrol

Mae niwclysau ansefydlog yn gallu chwalu. Y term am hyn yw **dadfeiliad ymbelydrol**. Mae'n digwydd ar hap, ac nid yw tymheredd, gwasgedd, na newid cemegol yn effeithio arno. Allwch chi ddim dweud pa niwclews fydd yn dadfeilio nesaf, na pha bryd. Ond mae rhai mathau o niwclysau yn fwy ansefydlog nag eraill ac, o ganlyniad, yn dadfeilio'n gyflymach.

Actifedd

Actifedd sampl ymbelydrol yw nifer cyfartalog y niwclysau sy'n dadfeilio bob eiliad. Mae'n cael ei fesur mewn **bequerelau** (**Bq**). Er enghraifft: mae Iodin-128 yn dadfeilio trwy ryddhau gronynnau beta. Petai gennych sampl lle mae 40 niwclews yn dadfeilio bob eiliad, byddai 40 gronyn beta yn saethu o'r sampl bob eiliad, a'r actifedd fyddai 40 Bq.

Hanner oes

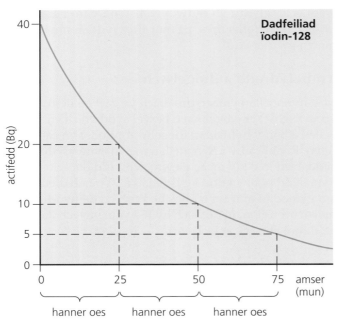

Amser (munud)	0	25	50	75
Actifedd (Bq)	40	20	10	5

Uchod, fe welwch sut mae sampl o ïodin-128 yn dadfeilio. Gydag amser, mae llai a llai o niwclysau ansefydlog ar ôl i ddadfeilio, ac felly mae'r actifedd yn mynd yn llai a llai. Ar ôl 25 munud, mae'r actifedd yn hanner ei werth gwreiddiol. Ar ôl 25 munud arall, mae'r actifedd wedi haneru eto . . . ac yn y blaen. **Hanner oes** ïodin-128 yw 25 munud.

Gwres o ddadfeiliad

Mae dadfeiliad ymbelydrol yn rhyddhau gwres. Ar ddyfnder 100 metr dan y ddaear, mae'r tymheredd yn 50 °C. Daw'r gwres o ddefnyddiau ymbelydrol yn y creigiau.

Hanner oes isotop ymbelydrol yw:
- yr amser y mae'n ei gymryd i hanner y niwclysau ddadfeilio
- yr amser y mae'n ei gymryd i'r actifedd haneru.

Isotop ymbelydrol	Hanner oes
radon-222	3.8 diwrnod
strontiwm-90	28 o flynyddoedd
radiwm-226	1602 o flynyddoedd
carbon-14	5730 o flynyddoedd
plwtoniwm-239	24400 o flynyddoedd
wraniwm-235	710 miliwn o flynyddoedd

I gael graff fel yr un ar y chwith, rhaid defnyddio tiwb Geiger-Müller (GM) i ganfod y pelydriad o'r sampl. Rhaid caniatáu ar gyfer y pelydriad cefndir, ac yna bydd nifer y rhifiadau bob eiliad *mewn cyfrannedd* â'r actifedd – ond nid yn hafal iddo, oherwydd ni fydd yr holl ronynnau beta yn mynd i'r canfodydd.

Gyda chanlyniadau arbrofion, nid yw'r pwyntiau ar y graff yn rheolaidd, gan fod dadfeiliad yn broses ar hap. 'Llinell ffit orau' yw'r gromlin mewn gwirionedd.

Atomau newydd o hen atomau

Pan fydd atom yn rhyddhau gronyn alffa neu beta, bydd nifer y protonau yn ei niwclews yn newid. Felly bydd yn newid yn atom o elfen wahanol:

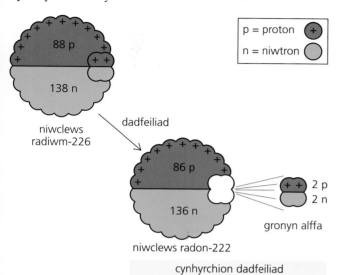

niwclews radiwm-226

dadfeiliad

niwclews radon-222

gronyn alffa

2 p
2 n

| p = proton | + |
| n = niwtron | (grey) |

cynhyrchion dadfeiliad

Dadfeiliad alffa Uchod, mae niwclews radiwm-226 yn dadfeilio trwy ryddhau gronyn alffa. Mae'r niwclews yn colli 2 broton a 2 niwtron, a newid yn niwclews radon-222. Gellir ysgrifennu'r broses ddadfeilio ar ffurf hafaliad niwclear:

$$^{226}_{88}Ra \rightarrow \, ^{222}_{86}Rn + \, ^{4}_{2}\alpha \quad (\alpha = \text{alffa})$$

Mae'r hafaliad yn defnyddio'r un system symbolau ar gyfer niwclysau a gronynnau ag a ddefnyddir ar gyfer isotopau.

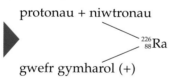

protonau + niwtronau

$^{226}_{88}Ra$

gwefr gymharol (+)

Yn yr hafaliad:

- mae'r rhifau uchaf yn cydbwyso (226 = 222 + 4) gan nad yw cyfanswm y protonau + niwtronau yn newid.

- mae'r rhifau gwaelod yn cydbwyso (88 = 86 + 2) gan nad yw cyfanswm y wefr yn newid.

Dadfeiliad beta Pan fo niwclews ïodin-128 yn dadfeilio, mae niwtron yn newid yn broton ac electron. Mae'r electron (gronyn beta) yn cael ei saethu allan. Nawr mae gan y niwclews un niwtron yn llai nag o'r blaen, ond un proton yn fwy, gan ei wneud yn niwclews senon-129. Unwaith eto, mae'r hafaliad niwclear yn cydbwyso:

$$^{128}_{53}I \rightarrow \, ^{128}_{54}Xe + \, ^{0}_{-1}\beta \quad (\beta = \text{beta})$$

(Mae gronyn di-wefr, bron heb fàs, o'r enw **antiniwtrino** yn cael ei ryddhau hefyd.)

Dadfeiliad gama Ar ei ben ei hun, nid yw hwn yn newid nifer y protonau na'r niwtronau yn y niwclews.

Cwestiynau

1 Edrychwch ar y tabl hanner oes ar y dudalen gyferbyn. Petai meintiau bach o strontiwm-90 a radiwm-226 yn rhoi'r un gyfradd gyfrif heddiw, pa un fyddai'n rhoi y darlleniad uchaf ymhen 10 mlynedd?

2 Mae tiwb GM yn cael ei osod yn agos at ddefnydd ymbelydrol gwan yn y labordy. Does dim byd o amgylch y tiwb na'r ffynhonnell i amsugno pelydriad cefndir. Dyma graff y gyfradd gyfrif yn erbyn amser, wrth gymryd darlleniadau bob hanner munud.

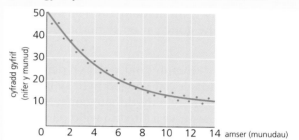

a Pam nad yw'r pwyntiau ar y graff ar gromlin lefn?

b Pam mae'r graff yn lefelu uwchben y sero?

c Beth yw hanner oes y defnydd? (Rhowch werth bras, i'r munud agosaf.)

3 Dyma sut y newidiodd cyfradd gyfrif un defnydd ymbelydrol:

Amser (s)	0	20	40	60	80	100	120
Cyfradd gyfrif (nifer/s)	57	44	33	25	19	14	11

a Plotiwch graff y gyfradd gyfrif (echelin ochr) yn erbyn amser (echelin waelod).

b Faint o amser a gymerodd y gyfradd gyfrif i ostwng o 50 i 25 yr eiliad?

c Faint o amser a gymerodd y gyfradd gyfrif i ostwng o 40 i 20 yr eiliad?

ch Beth yw hanner oes y defnydd?

4 Yn namwain Chernobyl, ffrwydrodd adweithydd niwclear gan ollwng cwmwl o nwy a llwch ymbelydrol i'r atmosffer. Roedd yn cynnwys cesiwm-137 (hanner oes 30 mlynedd) ac ïodin-131.

a Dyma fesuriadau o'r gyfradd gyfrif ar gyfer sampl fechan o ïodin-131.

Amser (diwrnod)	0	4	8	12
Cyfradd gyfrif (nifer/s)	240	170	120	85

Beth yw hanner oes ïodin-131?

b Ddeufis ar ôl y ffrwydrad, roedd gwyddonwyr yn dal yn bryderus am beryglon cesiwm i iechyd, ond yn teimlo nad oedd yr ïodin bellach yn fygythiad. Allwch chi egluro pam?

7.07 **Defnyddio ymbelydredd**

Gelwir isotopau ymbelydrol yn **radioisotopau**. Mae rhai yn cael eu cynhyrchu'n artiffisial mewn adweithydd niwclear trwy daro niwtronau yn erbyn isotopau eraill. Dyma rai ffyrdd o ddefnyddio radioisotopau:

Defnyddio sylweddau olrhain

Mae'n bosibl canfod meintiau bychan (diogel) o radioisotopau, felly gellir eu defnyddio fel sylweddau **olrhain** - trwy gadw golwg ar eu symudiadau. Dyma ddwy enghraifft:

- Gweld a yw chwarren thyroid y claf yn derbyn ïodin yn iawn. Mae'r claf yn yfed hylif sy'n cynnwys ïodin-123, sy'n rhyddhau gama. Mae canfodydd yn mesur yr actifedd i weld pa mor gyflym mae'r ïodin yn crynhoi yn y chwarren.

- Canfod hylif yn gollwng o bibellau trwy roi rhywfaint o'r isotop gyda'r hylif yn y bibell. Fel arfer defnyddir radioisotopau artiffisial â hanner oes byr i wneud hyn, fel nad oes fawr ddim ymbelydredd ar ôl ymhen ychydig ddiwrnodau.

Radiotherapi

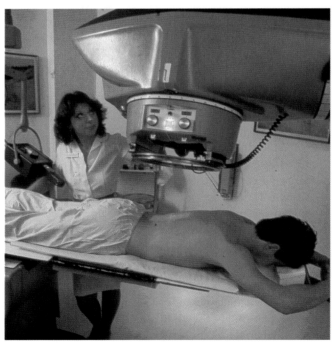

Gall pelydrau gama dreiddio yn ddwfn i'r corff a lladd celloedd byw. Felly gellir defnyddio paladr crynodedig iawn o ffynhonnell cobalt-60 i ladd celloedd canser. Gelwir triniaeth o'r fath yn **radiotherapi**.

Wrth ddewis radioisotop ar gyfer gwaith arbennig, dyma ddau beth y mae'n rhaid eu hystyried:

- *Effaith dreiddio* Mae pelydrau gama yn dreiddiol iawn, gronynnau beta yn llai treiddiol, a gronynnau alffa yw'r lleiaf treiddiol.

- *Hanner oes* Mae hanner oes byr yn lleihau'r amser y mae pethau byw mewn cysylltiad â phelydriad peryglus.

Diheintio

Defnyddir pelydriad gama o ffynonellau cryf o gobalt-60 i ddiheintio cyfarpar meddygol – hynny yw, i ladd y germau arnynt. Er bod pelydriad gama yn ïoneiddio llai nag alffa a beta, mae'n fwy treiddiol, ac felly gellir rhoi bocsys yn llawn chwistrelli a chyfarpar arall yn y paladr.

Monitro trwch

Wrth gynhyrchu rhai pethau, mae'n bwysig cadw trwch y defnydd yn gyson. Dyma enghraifft – cynhyrchu rwber i wneud teiars:

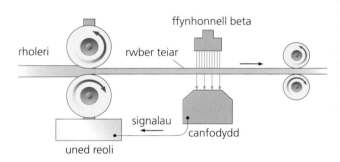

Mae'r band o rwber yn symud, gyda ffynhonnell beta ar un ochr a chanfodydd ar y llall. Os yw'r rwber sy'n dod o'r rholeri yn rhy denau, bydd mwy o belydriad beta yn cyrraedd y canfodydd. Mae hyn yn anfon negeseuon i'r uned reoli, sy'n addasu'r bwlch rhwng y rholeri.

Profi am graciau

Mae pelydrau gama fel pelydrau X, felly gellir eu defnyddio i dynnu ffotograffau o fetelau er mwyn dangos craciau. Ychydig o le mae ffynhonnell cobalt-60 yn ei gymryd ac nid oes angen pŵer trydanol, yn wahanol i diwb pelydrau X.

Profi am graciau mewn pibell. Mae ffynhonnell gama wedi ei rhoi y tu mewn i'r bibell, cyn lapio ffilm pelydrau X o'i chwmpas.

Dyddio creigiau

Wrth i greigiau ymffurfio, bydd rhywfaint o radioisotopau yn cael eu dal y tu mewn iddynt. Ond, gydag amser, bydd yr ymbelydredd yn darfod yn araf. Gellir defnyddio'r syniad hwn i amcangyfrif oed y creigiau. Er enghraifft:

Mae potasiwm-40 yn cael ei ddal wrth i ddefnydd tawdd oeri a ffurfio craig igneaidd. Wrth i botasiwm-40 ddadfeilio, mae mwy a mwy o gynnyrch sefydlog ei ddadfeiliad, sef argon-40, yn cael ei greu. Cyn belled â bod dim o'r nwy argon yn dianc, gellir amcangyfrif oedran y graig (cannoedd o filiynau o flynyddoedd, efallai) trwy gymharu cyfrannedd y potasiwm-40 a'r argon-40.

Gellir dyddio craig igneaidd hefyd o gymhareb yr isotopau wraniwm i blwm. Mae yna gyfres o bethau'n dadfeilio, gan gychwyn gydag wraniwm a darfod gyda phlwm.

Dyddio carbon

Mae yna garbon yn yr atmosffer (mewn carbon deuocsid) ac yng nghyrff pethau byw. Carbon-14 ymbelydrol yw ychydig bach ohono, sy'n cael ei ffurfio trwy'r amser yn yr uwch atmosffer. Tra bo planhigion ac anifeiliaid yn fyw, maent yn amsugno a rhyddhau carbon wrth iddynt fwydo ac anadlu. Felly mae cyfran y carbon-14 yn eu cyrff yn aros yn gyson. Ond pan fyddant yn marw, nid oes rhagor o garbon yn cael ei gymryd i mewn ac mae cyfran y carbon-14 yn lleihau oherwydd dadfeiliad ymbelydrol. Trwy fesur actifedd sampl, gellir amcangyfrif oedran y gweddillion. Yr enw ar hyn yw **dyddio carbon**. Gellir ei ddefnyddio i ddarganfod oedran defnyddiau organig fel pren a ffabrig.

Gellir defnyddio dyddio carbon i ddod o hyd i oedran olion fel y rhain.

Cwestiynau

1 a Beth yw *radioisotopau*?
   b Rhowch *ddwy* ffordd o ddefnyddio radioisotopau mewn meddygaeth.
2 Rhowch ddwy ffordd o ddefnyddio pelydriad gama.
3 Ar y dudalen gyferbyn, dangosir system monitro trwch.
   a Pam y defnyddir ffynhonnell beta, yn hytrach na ffynhonnell alffa neu gama?
   b Os yw trwch yr haen rwber yn newid, beth yw'r effaith ar y canfodydd?
4 a Beth yw sylwedd olrhain ymbelydrol?
   b Disgrifiwch un ffordd o ddefnyddio sylwedd olrhain ymbelydrol.
   c Pam mae'n bwysig defnyddio sylweddau olrhain ymbelydrol sydd â'u hanner oes yn fyr?
5 Wrth i ddefnydd tawdd oeri i ffurfio craig igneaidd, mae potasiwm-40 ymbelydrol yn cael ei ddal ynddo.
   a Gydag amser, beth sy'n digwydd i fàs y potasiwm-40 sydd yn y graig?
   b Pam mae argon-40 yn ymgasglu yn y graig?
   c Beth mae gwyddonwyr yn gallu ei ddysgu trwy fesur cyfrannedd y potasiwm-40 a'r argon-40?

7.08 Egni niwclear

Gall yr orsaf bŵer niwclear ar y dde gynhyrchu digon o bŵer i gyflenwi dinas fawr. Fel y rhan fwyaf o orsafoedd pŵer, mae'n defnyddio gwres i wneud ager i yrru'r tyrbinau sy'n troi y generaduron. Ond nid o losgi glo, nwy nac olew y daw'r gwres. Mae'n dod o atomau wraniwm, wrth i'w niwclysau ddadfeilio mewn **adweithydd niwclear**.

Fel arfer mae dadfeiliad niwclear yn broses araf. Ond gall rhai niwclysau ddadfeilio yn llawer cyflymach os gellir eu gwneud yn fwy ansefydlog trwy saethu niwtronau atynt. Dyna sy'n digwydd mewn adweithydd. Os bydd gronyn yn llwyddo i dreiddio i'r niwclews a'i newid, gelwir hyn yn **adwaith niwclear**.

Ymholltiad niwclear

Mae wraniwm naturiol yn fetel dwys ac ymbelydrol. Mae wedi ei wneud o ddau isotop yn bennaf: wraniwm-238 (dros 99%) ac wraniwm-235 (llai nag 1%). Ar y dde dangosir beth sy'n digwydd os yw niwtron yn taro niwclews wraniwm-235 a threiddio iddo. Mae'r niwclews yn mynd yn ansefydlog iawn ac yn hollti'n ddau niwclews ysgafnach, gan dasgu dau neu dri niwtron wrth wneud hynny. Gelwir hyn yn **ymholltiad**. Mae'n rhyddhau egni sy'n taflu'r darnau ar wahân.

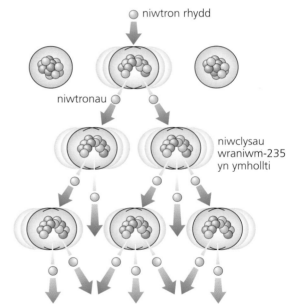

niwtron rhydd

niwtronau

niwclysau wraniwm-235 yn ymhollti

Rhyddhau egni

Mewn newid cemegol, er enghraifft llosgi, mae atomau yn cael eu haildrefnu. Rhyddheir egni wrth i electronau setlo mewn gwahanol safleoedd yn yr atomau.

Mewn dadfeiliad ymbelydrol, gronynnau niwclear sy'n cael eu haildrefnu. Mae'r egni a ryddheir gan bob atom tua miliwn gwaith yn fwy na'r egni o newid cemegol, fel llosgi.

Mewn ymholltiad, mae llawer mwy o atomau yn rhan o'r broses bob eiliad nag mewn dadfeiliad ymbelydrol naturiol. Dyna pam y rhyddheir egni yn llawer cyflymach.

Os yw'r niwtronau yn mynd ymlaen i hollti niwclysau eraill, drosodd a throsodd, mae hyn yn arwain at **adwaith cadwynol**, fel yr un uchod. Mae hyn yn rhyddhau egni yn gyflym iawn. Mae'r niwclysau newydd yn taro atomau eraill a gwneud iddynt symud yn gyflymach. Fel hyn, mae egni niwclear yn cael ei newid yn wres.

Os yw'r adwaith cadwynol yn un *heb ei reoli*, mae'r gwres yn codi mor gyflym nes i'r defnydd ymchwalu mewn ffrwydrad. Dyna sy'n digwydd mewn bom niwclear. Os yw'r adwaith cadwynol *dan reolaeth*, mae gwres yn cael ei ryddhau'n raddol. Dyna sy'n digwydd mewn adweithydd niwclear.

Ymholltiad mewn adweithydd

Mae'r rhan fwyaf o adweithyddion yn defnyddio wraniwm deuocsid yn danwydd. Mae'r tanwydd mewn caniau (neu diwbiau) wedi eu selio. Mae'r wraniwm naturiol yn cael ei gyfoethogi gydag wraniwm-235 ychwanegol.

I gadw'r adwaith cadwynol yn gweithio, rhaid arafu'r niwtronau, neu bydd y rhan fwyaf yn cael eu hamsugno gan yr wraniwm-238. Rhaid cael defnydd o'r enw **cymedrolydd** i wneud hyn. Defnyddir graffit mewn rhai adweithyddion, dŵr mewn eraill. Rheolir cyfradd yr adwaith trwy godi neu ostwng **rhodenni rheoli** sy'n amsugno niwtronau. Ni all adweithydd ffrwydro fel bom niwclear. Mae gormod o le rhwng yr atomau wraniwm-235 i adwaith cadwynol heb ei reoli ddigwydd.

Gwastraff niwclear

Ar ôl i danwydd fod mewn adweithydd am dair i bedair blynedd, rhaid tynnu'r can tanwydd a rhoi un arall yn ei le. Bydd llai o wraniwm-235 ynddo erbyn hynny, a bydd cynhyrchion ymbelydrol yn dechrau ymgasglu. Mae rhai yn beryglus iawn. Er enghraifft:

- Mae strontiwm-90 ac ïodin-131 yn cael eu hamsugno'n hawdd gan y corff. Mae strontiwm yn crynhoi yn yr esgyrn; ïodin yn chwarren y thyroid.

- Gellir defnyddio plwtoniwm-239 yn danwydd niwclear ac mewn arfau niwclear. Mae'n wenwynig dros ben. Mae amsugno'r mymryn lleiaf o'r llwch hwn yn ddigon i'ch lladd.

Dyma wastraff o adweithydd niwclear yn cael ei gludo i waith ailbrosesu. Yno bydd tanwydd a phlwtoniwm sydd heb eu defnyddio yn cael eu tynnu ohono. Caiff gweddill y gwastraff ei storio, gyda haenau trwchus o'i gwmpas i'w warchod. Mae gan rai o'r isotopau hanner oes hir, felly bydd angen eu storio'n ddiogel am filoedd o flynyddoedd.

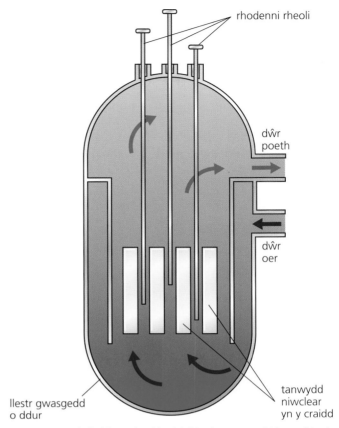

Dŵr yw cymedrolydd yr adweithydd dŵr-dan-wasgedd hwn. Mae'r dŵr yn cludo'r gwres ymaith hefyd, i foeler lle mae'n cynhyrchu ager ar gyfer y tyrbinau.

Cwestiynau

1 Beth yw ystyr:
   a ymholltiad niwclear?   **b** adwaith cadwynol?
2 Rhowch enghraifft o:
   a adwaith cadwynol dan reolaeth;
   b adwaith cadwynol heb ei reoli.
3 Rhowch *ddau* reswm pam mae ymdrin â'r gwastraff o adweithydd niwclear yn dasg mor anodd.
4 Mewn proses ymholltiad nodweddiadol, mae wraniwm-235 yn amsugno niwtron, gan greu niwclews sy'n ymhollti i roi bariwm-141, crypton-92, a rhai niwtronau. Defnyddiwch y data isod i ddarganfod:
   a nifer y niwtronau mewn niwclews wraniwm-235.
   b nifer y niwtronau yn y niwclews sy'n ymhollti.
   c nifer y niwtronau a ryddheir gan yr ymholltiad.

	rhif atomig (protonau)	rhif màs (protonau + niwtronau)
wraniwm-235	92	235
bariwm-141	56	141
crypton-92	36	92

Ymasiad a'r dyfodol

Hydrogen – tanwydd y sêr

Hydrogen yw'r elfen ysgafnaf, a'r un y mae mwyaf ohoni. Hydrogen yw 75% o'r Haul. Mae yna lawer o hydrogen ar y Ddaear hefyd, er bod y rhan fwyaf ohono wedi cyfuno ag ocsigen i ffurfio dŵr (H_2O).

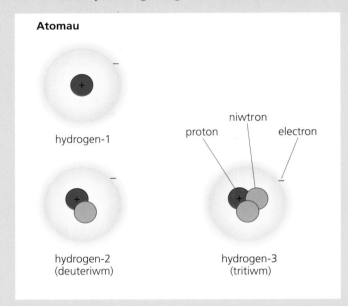

Mae tri gwahanol fath o hydrogen. Yr isotop mwyaf cyffredin o bell ffordd yw hydrogen-1. Y lleill yw hydrogen-2 (sef deuteriwm) a hydrogen-3 (tritiwm).

Adweithiau niwclear sy'n rhoi pŵer i'r sêr. Hydrogen yw'r tanwydd niwclear yn y rhan fwyaf o sêr. Ryw ddiwrnod, efallai y bydd yn danwydd mewn adweithyddion ar y Ddaear hefyd.

Egni o newidiadau niwclear

Mae'r protonau a'r niwtronau yn niwclews atom yn cael eu dal yn dynn at ei gilydd gan rym o'r enw, yn syml, **grym niwclear cryf**. Ond, mewn rhai niwclysau, maent yn cael eu dal yn fwy tynn nag yn y gweddill. I gael egni o'r niwclews, y gamp yw gwneud i'r protonau a'r niwtronau symud ac ailffurfio grwpiau sy'n cael eu dal at ei gilydd yn fwy tynn nag oeddynt o'r blaen.

Y protonau a'r niwtronau mewn niwclysau 'canolig eu màs' yw'r rhai sydd wedi eu dal fwyaf tynn gan amlaf. Felly, trwy uno niwclysau ysgafn iawn, mae'n bosibl rhyddhau egni. Mae hollti niwclysau trwm iawn yn gallu rhyddhau egni hefyd. Mae'r ddwy broses, **ymasiad** ac **ymholltiad**, i'w gweld ar y dde.

Ymasiad

Mae niwclysau ysgafn yn uno (ymasio) i ffurfio rhai trymach.

Enghraifft

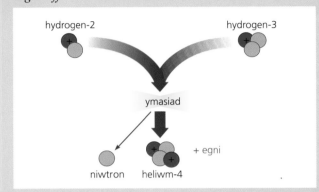

Mae'n anodd cael ymasiad oherwydd bod gwefr ar y niwclysau, felly maent yn gwrthyrru ei gilydd. Er mwyn goresgyn y gwrthyrru, ac uno, rhaid i'r niwclysau deithio'n gyflym iawn. I'r adwaith uchod ddigwydd, mae'n golygu gwresogi'r hydrogen i o leiaf 40 miliwn gradd Celsius.

Ymholltiad

Mae niwclysau trwm iawn yn ymhollti i ffurfio rhai ysgafnach.

Enghraifft

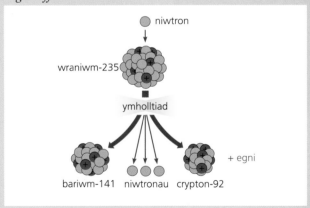

Defnyddir ymholltiad yn yr adweithyddion mewn gorsafoedd pŵer niwclear. Yn dechnegol, mae'n llawer haws ei drefnu nag ymasiad gan nad yw'r niwclysau yn gwrthyrru niwtronau. Ychydig gannoedd o raddau Celsius yw tymheredd y craidd mewn adweithydd niwclear.

Adeiladu adweithydd ymasiad

Mae gwyddonwyr a pheirianwyr yn ceisio dylunio adweithyddion ymasiad i'w defnyddio yn ffynhonnell egni ar y Ddaear. Ond mae yna broblemau enfawr. Rhaid gwresogi hydrogen i o leiaf 40 miliwn gradd Celsius ac yna ei gadw'n boeth a than wasgedd, neu bydd yr ymasiad yn dod i ben. Nid yw cynwysyddion arferol yn gallu dal nwy mor boeth â hyn, felly mae gwyddonwyr yn datblygu adweithyddion a fydd yn dal y niwclysau adweithiol yn gaeth mewn maes magnetig.

Dyma gynhwysydd a elwir yn **tokamak** ac sy'n defnyddio magnetedd i ddal y niwclysau yn gaeth er mwyn ymchwilio i'r broses ymasiad.

Bydd gan adweithyddion ymasiad sawl mantais dros yr adweithyddion ymholltiad sydd gennym heddiw. Byddant yn cynhyrchu mwy o egni am bob cilogram o danwydd. Bydd yn bosibl tynnu eu tanwydd, sef hydrogen, o ddŵr môr. Eu prif gynnyrch gwastraff yw heliwm. Nid yw hwnnw'n ymbelydrol. Ac mae'r cynllun yn un diogel: os yw'r system yn methu, mae'r ymasiad yn dod i ben.

Rhyw ddiwrnod, efallai y bydd gorsafoedd pŵer ymasiad yn rhoi egni diogel, 'glân' o ddŵr y môr.

Ymasiad yn yr Haul

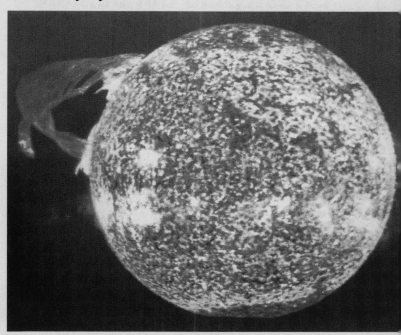

Fel y rhan fwyaf o sêr eraill, mae'r Haul yn cael ei egni o ymasiad hydrogen i ffurfio heliwm. Yn ddwfn yn y craidd, mae'r holl wres a gynhyrchir, a thyniad enfawr disgyrchiant yr Haul, yn cadw'r hydrogen yn ddigon poeth a than ddigon o wasgedd i gynnal yr ymasiad.

Hyd yn hyn, mae'r Haul wedi defnyddio llai na hanner ei hydrogen. Mae digon ar ôl iddo ddisgleirio am 6 biliwn o flynyddoedd eto.

Yn yr Haul, mae ymasiad yn digwydd ar 'ddim ond' 15 miliwn gradd Celsius. Ond mae'r Haul yn defnyddio adweithiau ymasiad gwahanol i'r rhai sy'n cael eu treialu ar y Ddaear. Petai'r Haul yn cael ei newid i'r un maint ag adweithydd niwclear, byddai ei allbwn pŵer yn rhy isel i fod yn ddefnyddiol.

- Beth yw'r gwahaniaeth rhwng ymholltiad niwclear ac ymasiad niwclear?

- Allwch chi egluro sut mae'r Haul yn cael ei egni, a pha danwydd y mae'n ei ddefnyddio?

- Allwch chi egluro pam mae adweithyddion ymasiad wedi bod yn llawer mwy anodd i'w datblygu nag adweithyddion ymholltiad?

- Beth fydd manteision gorsafoedd pŵer ag adweithyddion ymasiad o'u cymharu â gorsafoedd pŵer niwclear heddiw?

199

Cwestiynau am Bennod 7

1 Mae dau fyfyriwr yn cynnal arbrawf i ddarganfod faint o belydriad beta sy'n mynd trwy wahanol drwch o alwminiwm.

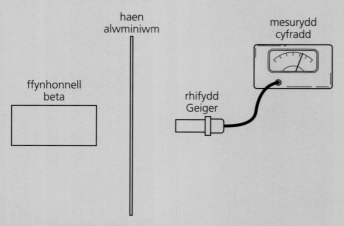

Ar ddechrau'r arbrawf mesurwyd y pelydriad cefndir. Roedd yn 100 cyfrif yr eiliad.

a Awgrymwch ddwy ffynhonnell bosibl ar gyfer y pelydriad cefndir.

Yna aeth y myfyrwyr ati i gofnodi'r cyfraddau cyfrif ar gyfer alwminiwm o wahanol drwch. Mae'r canlyniadau yn y tabl isod.

trwch yr alwminiwm (mm)	1.0	2.0	3.0	4.0	5.0	6.0	7.0	8.0	9.0
gwir gyfradd gyfrif (nifer/munud)	1120	620	300	240	180	150	120	100	100
cyfradd gyfrif wedi ei chywiro (nifer/munud)	1020								

b Cwblhewch y tabl trwy lenwi'r saith rhif coll yn y rhes olaf.

c Plotiwch graff o'r canlyniadau (cyfradd gyfrif – echelin y, trwch yr alwminiwm – echelin x).

ch Pa ganlyniad nad yw'n dilyn y patrwm?

d Beth yw'r trwch lleiaf o alwminiwm sy'n angenrheidiol i atal gronynnau beta o'r ffynhonnell rhag cyrraedd y rhifydd Geiger?

2 Defnyddir wraniwm-235 yn danwydd mewn adweithyddion niwclear. Mae'r diagram canlynol yn dangos sut mae niwclews wraniwm-235 yn amsugno niwtron cyn torri yn ei hanner a rhyddhau'r niwtronau hyn.

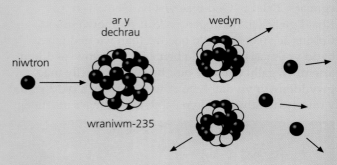

a Beth yw enw'r broses hon?

b Beth sy'n digwydd i'r tri niwtron a gynhyrchir?

c Sut mae'r egni a ryddheir gan yr adwaith hwn yn cael ei ddefnyddio i gynhyrchu trydan?

ch Beth sy'n rhaid digwydd i'r gwastraff ymbelydrol a gynhyrchir gan orsaf bŵer niwclear?

3 Mae'r graff isod yn dangos sut mae'r pelydriad a allyrrir gan sampl wraniwm-238 ($^{238}_{92}U$) yn newid gydag amser.

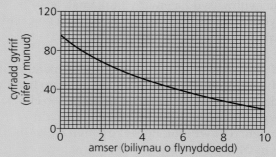

a Ar ôl faint o flynyddoedd y mae'r gyfradd gyfrif wedi gostwng i 80 y munud?

b Ar ôl faint o flynyddoedd y mae'r gyfradd gyfrif wedi gostwng i 40 y munud?

c Beth yw hanner oes wraniwm-238?

ch Pan fydd atom o wraniwm-238 ($^{238}_{92}U$) yn dadfeilio, cynhyrchir niwclid ymbelydrol arall o'r enw thoriwm-234 ($^{234}_{90}Th$).
Pa fath o belydriad y mae atom wraniwm-238 yn ei ryddhau wrth ddadfeilio?

d Pan fydd thoriwm-234 yn dadfeilio mae'n rhyddhau pelydriad beta.
Beth yw pelydriad beta?

dd Rhowch un ffordd y defnyddir pelydriad beta.

4 Mewn rhai rhannau o Brydain mae nwy radon yn achosi lefelau uchel o belydriad cefndir. Mae'r elfen radiwm-224 ($^{224}_{88}Ra$) yn dadfeilio gan ffurfio radon-220 ($^{220}_{86}Rn$).

a Pa ronyn a ryddheir wrth i radiwm-224 ddadfeilio i ffurfio radon-220?

b O ble yn yr atom radiwm y mae'r gronyn yn cael ei ryddhau?

c Mae gan radiwm-224 'hanner oes' o 3.6 diwrnod. Beth yw ystyr y term 'hanner oes'?

ch Os cyfradd gyfrif wreiddiol y sampl o radiwm-224 yw 800 y munud, beth yw'r gyfradd ar gyfer yr un sampl ar ôl
i 3.6 diwrnod **ii** 10.8 diwrnod?

5 Mewn gwaith gwneud papur, gellir defnyddio ffynhonnell ymbelydredd a chanfodydd i brofi trwch y papur sy'n dod trwy'r rholeri.

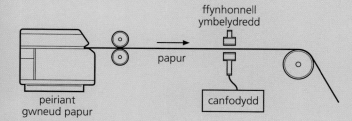

ffynhonnell ymbelydredd
papur
canfodydd
peiriant gwneud papur

Mae ffynhonnell ymbelydredd yn y diagram uchod yn rhyddhau gronynnau beta.

a Beth yw gronynnau beta?

b Pa ddyfais fyddai'n addas fel canfodydd?

c Petai'r papur yn fwy trwchus nag arfer, beth fyddai effaith hyn ar ddarlleniad y canfodydd?

ch Pam y dylai'r ffynhonnell ymbelydredd fod yn ffynhonnell beta, yn hytrach nag un sy'n rhyddhau gronynnau alffa neu belydrau gama?

d Efallai y byddai rhai pobl yn ofni bod y pelydriad 'yn gwneud y papur yn ymbelydrol'. Beth fyddai eich ateb iddynt?

6 a Mae'r diagram isod yn cynrychioli atom o nitrogen-14 ($^{14}_{7}$N)

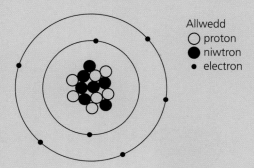

Allwedd
○ proton
● niwtron
• electron

Cwblhewch y tabl data hwn ar gyfer nitrogen-14.

Gronyn	Nifer yn yr atom	Gwefr
proton		
niwtron		
electron		

b Mae gan yr elfen clorin ddau 'isotop'. Beth yw isotopau?

c Lluniwch ddiagramau o'r ddau isotop clorin-35 ($^{35}_{17}$Cl) a chlorin-37 ($^{37}_{17}$Cl).

7 Mae ffynhonnell ymbelydrol yn rhyddhau y tri math o ymbelydredd, sef α, β a γ.

a Beth yw gronyn α?

b Beth yw gronyn β?

c Beth yw pelydryn γ?

ch O ble mae'r gronynnau a'r pelydrau ymbelydrol hyn yn cael eu rhyddhau?

d Enwch gyfarpar sy'n cael ei ddefnyddio i ganfod pelydriad.

dd Enwch un defnydd y gall gronynnau β a phelydriad γ, ond nid gronynnau α, fynd trwyddo.

e Enwch un defnydd y gall ond pelydriad γ ag egni uchel fynd trwyddo.

8 Mae'r diagram isod yn dangos rhywun yn ceisio canfod lle mae olew yn gollwng o bibell dan y ddaear. Mae isotop ymbelydrol wedi cael ei roi yn y bibell gyda'r olew.

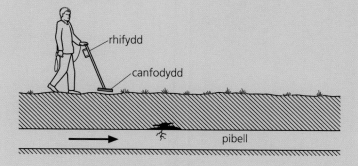

rhifydd
canfodydd
pibell

a Disgrifiwch beth sy'n digwydd wrth i'r canfodydd symud dros y twll. Eglurwch eich ateb.

b Pa fath o belydriad ddylai'r isotop ymbelydrol fod yn ei ryddhau? Eglurwch eich ateb.

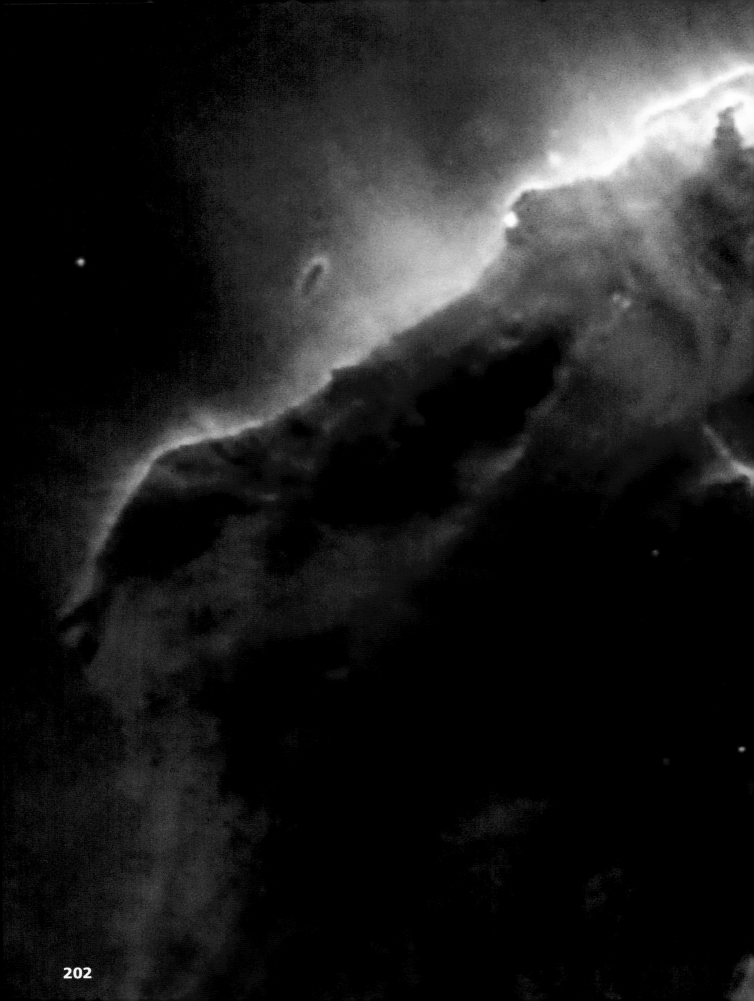

Y Ddaear
yn y gofod

Dyma ran o nifwl yr Eryr – llun a dynnwyd gan *Delesgop Gofod Hubble* mewn orbit o gwmpas y Ddaear. Mae lled y golofn enfawr hon o nwy a llwch yn ymestyn am biliynau o gilometrau. Y tu mewn i'r nifwl, mae sêr newydd yn ymffurfio wrth i fater ymgasglu'n dalpiau dan dyniad disgyrchiant. Mae'r llun yn gipolwg yn ôl mewn amser hefyd. Mae'r nifwl mor bell i ffwrdd nes bod ei oleuni yn cymryd 7000 o flynyddoedd i gyrraedd y Ddaear. ∎

8.01 Yr Haul, y Ddaear, y Lleuad, a'r awyr

Pelen enfawr, boeth o nwy sy'n tywynnu yw'r Haul – mae'n **seren**. Mae'r Ddaear yn belen oerach, lawer llai – mae'n **blaned**. Mae'r Haul 150 miliwn cilometr oddi wrthym. Mae sêr eraill yn edrych fel smotiau bach o oleuni gan eu bod lawer ymhellach i ffwrdd.

Y Ddaear, yn troi a throelli

Mae'r Ddaear yn symud o gwmpas yr Haul gan ddilyn llwybr sy'n cael ei alw'n **orbit**. Mae un orbit yn cymryd ychydig dros 365 diwrnod, sef hyd un flwyddyn i ni.

Wrth i'r Ddaear symud trwy'r gofod, mae'n troelli'n araf o gwmpas llinell sy'n cael ei galw yn **echelin**. Mae'r echelin yn mynd o Begwn y Gogledd i Begwn y De. Mae'n cymryd **un diwrnod** (24 awr) i'r Ddaear droi unwaith ar ei hechelin. Wrth iddi wneud hynny, mae lleoedd yn symud o'r ochr sydd yng ngolau'r Haul i'r ochr sydd yn y cysgod – hynny yw, o ddydd i nos. Dyna pam mae'n ymddangos bod yr Haul yn codi, yn symud ar draws yr awyr, ac yna'n machlud.

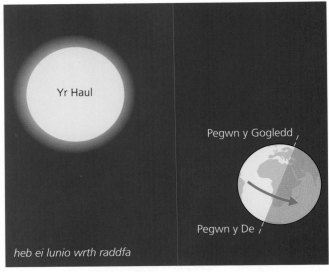

heb ei lunio wrth raddfa

Wrth i'r Ddaear droelli'n araf ar ei hechelin, mae un hanner yng ngolau'r Haul tra bo'r llall mewn cysgod.

Y Lleuad

Mae'r Lleuad yn troi mewn orbit o gwmpas y Ddaear. Mae pob orbit yn cymryd tua 28 diwrnod. Mae'n cymryd yr un faint o amser i droelli unwaith ar ei hechelin hefyd, felly yr un wyneb sydd tuag atom bob amser.

Mae'r Lleuad yn llai na'r Ddaear (tua chwarter y diamedr) ac ar bellter o 380 000 km. Mae wyneb y Lleuad yn greigiog a llawn craterau.

Nid yw'r Lleuad yn tywynnu fel yr Haul. Yr unig reswm y gallwn weld y Lleuad yw bod ei harwyneb yn adlewyrchu golau'r Haul. Allwn ni ddim gweld y rhan sydd yn y tywyllwch. Dyna pam rydym yn gweld y siâp cilgant ar adegau.

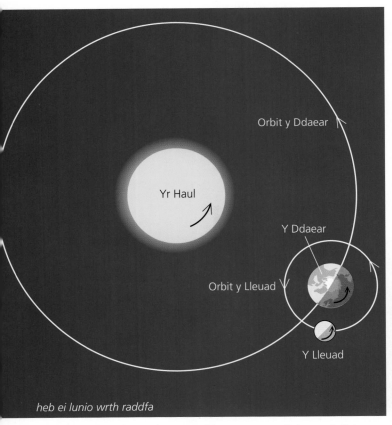

heb ei lunio wrth raddfa

Mae'r Lleuad yn troi mewn orbit o gwmpas y Ddaear, a'r Ddaear yn troi o gwmpas yr Haul. Mae'r cyfan yn troelli'n araf ar eu hechelinau yr un ffordd.

Symud ar draws yr awyr

Ar noson glir, mae'r awyr yn llawn o bigau bach o oleuni. Sêr yw'r rhan fwyaf. Fel yr Haul, mae'n ymddangos bod y rhain yn symud ar draws yr awyr wrth i'r Ddaear droelli ar ei hechelin. Ond, mewn perthynas â'i gilydd, prin y gwelwn eu safleoedd yn newid o gwbl.

Mae'n amlwg fod lleoliad rhai o'r dotiau yn awyr y nos yn newid. Planedau mewn orbit o gwmpas yr Haul yw'r rhain. (Mae'r gair planed yn dod o hen air Groeg sy'n golygu 'crwydryn'.)

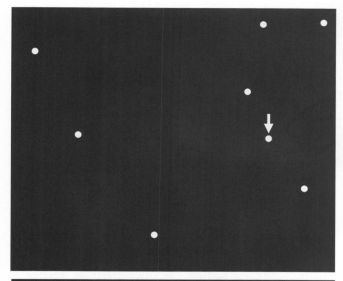

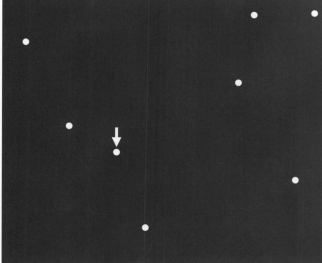

Mae'r diagramau uchod yn dangos sut mae lleoliad ymddangosiadol planed (sef Mawrth) yn gallu newid mewn perthynas â'r sêr yn y cefndir. Mae'r lleoliad ymddangosiadol yn dibynnu ar safle'r blaned yn ei horbit, a lle mae'r Ddaear. Fel arfer, ni allwch weld y sêr na'r planedau yn ystod y dydd oherwydd bod golau'r Haul yn eu boddi'n llwyr.

Seren y Gogledd

Yn hemisffer y gogledd, mae'n ymddangos fel petai'r sêr yn symud mewn cylchoedd o gwmpas Seren y Gogledd. Uchod dangosir llwybrau rhai ohonynt dros gyfnod o 12 awr. Mewn gwirionedd, y Ddaear sy'n cylchdroi.

Cwestiynau

1 Rhowch yr amser (i'r diwrnod agosaf) y mae pob un o'r rhain yn ei gymryd i ddigwydd:
   a Y Ddaear yn troelli unwaith ar ei hechelin.
   b Y Lleuad yn troelli unwaith ar ei hechelin.
   c Y Ddaear yn troi unwaith o gwmpas yr Haul.
   ch Y Lleuad yn troi unwaith o gwmpas y Ddaear.

2

Copïwch y diagram uchod. Lliwiwch y rhan o'r Ddaear sydd yn y cysgod. Yna ysgrifennwch a yw hi'n ddydd ynteu'n nos yn y mannau canlynol:
   a Prydain   b Pegwn y Gogledd
   c Pegwn y De
3 Nid yw'r Lleuad yn boeth ac yn tywynnu fel yr Haul, felly pam y gallwn ni ei gweld?
4 Petaech chi'n ei wylio bob nos am rai misoedd, sut y gallech chi ddweud ai seren yw smotyn o oleuni yn awyr y nos, neu blaned?

Cysawd yr Haul I

Mae'r Ddaear yn un o nifer o blanedau sydd yn troi o gwmpas yr Haul. Mae gan rai o'r planedau hyn leuadau llai sy'n troi o'u cwmpas hwythau. **Cysawd yr Haul** yw'r enw ar yr Haul, y planedau, a'r holl wrthrychau eraill hyn.

Mae Cysawd yr Haul yn llawer rhy fawr i ni ddangos meintiau'r planedau a'u pellteroedd oddi wrth yr Haul ar yr un llun wrth raddfa. Dyna pam mae yma ddau ddiagram, isod ac ar y dudalen nesaf.

meintiau wrth raddfa, ond nid eu pellter oddi wrth yr Haul

Yr Haul | Mercher | Gwener | Y Ddaear | Mawrth | asteroidau | Iau | Sadwrn | Wranws | Neifion | Plwton

Mae'r planedau mewnol yn fach a dwys, wedi eu gwneud o graig a haearn yn bennaf.

Miloedd o fân blanedau yw'r asteroidau. 1000 km ar ei draws yw maint y mwyaf.

Mae'r planedau allanol, ac eithrio Plwton, yn fawr a'u dwysedd yn isel, gydag atmosfferau dwfn a dim wyneb solid. Mae'n debyg mai craig a rhew yw Plwton.

	Mercher	Gwener	Y Ddaear	Mawrth	Iau	Sadwrn	Wranws	Neifion	Plwton
Pellter cyfartalog o'r Haul (miliwn km)	58	108	150	228	778	1427	2870	4490	5900
Amser un orbit (blynyddoedd)	0.24	0.62	1	1.88	11.86	29.46	84.01	164.08	247
Diamedr (km)	4900	12100	12800	6800	143000	120000	51000	49000	2300
Màs o'i gymharu â'r Ddaear (Y Ddaear = 1)	0.06	0.82	1.00	0.11	318	95.2	14.5	17.2	0.002
Tymheredd cyfartalog arwyneb	350°C	480°C	22°C	−23°C	−150°C	−180°C	−210°C	−220°C	−230°C
Nifer y lleuadau	0	0	1	2	39	30	15	8	1

y sêr

O'r Ddaear, mae planed yn ymddangos fel smotyn bach yn awyr y nos. Heb delesgop, mae'n anodd dweud ai seren neu blaned sydd yno.

planed

Gallwn weld planed oherwydd ei bod yn adlewyrchu golau'r Haul. Yn wahanol i seren, nid yw'n ddigon poeth i roi ei goleuni ei hun.

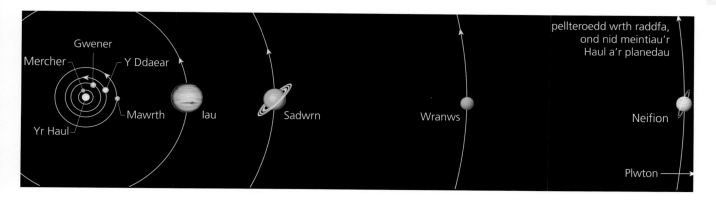

pellteroedd wrth raddfa, ond nid meintiau'r Haul a'r planedau

Mercher — Gwener — Y Ddaear — Mawrth — Iau — Sadwrn — Wranws — Neifion — Plwton — Yr Haul

Orbitau'r planedau

Mae gan y rhan fwyaf o'r planedau mewnol ac allanol orbitau sydd bron yn gylchoedd o gwmpas yr Haul. Ond mae Mercher, Mawrth a Phlwton yn symud mewn orbitau tebyg i **elips** (cylch wedi ymestyn).

Mae'r holl blanedau yn troi o gwmpas yr Haul yn yr un cyfeiriad. Maent hefyd yn teithio fwy neu lai yn yr un plân, ac eithrio Plwton, sydd ag orbit ychydig ar osgo.

Po bellaf yw planed o'r Haul, arafaf y mae'n teithio, a'r mwyaf o amser a gymer yr orbit.

Disgyrchiant ar waith

Mae disgyrchiant yn ein tynnu tuag at y Ddaear. Ond mae gwyddonwyr wedi darganfod bod tyniad disgyrchol rhwng *pob* màs:

- Mae tyniad masau bach yn wannach na thyniad masau mawr.
- Mae tyniad masau pell yn llawer gwannach na thyniad masau agos.

Mae'r tyniad rhwng pethau cyffredin yn llawer rhy wan i'w ganfod. Nid yw'r tyniad yn gryf hyd nes bod màs un o'r pethau yn enfawr, er enghraifft planed.

Mae'r grym disgyrchiant rhwng planed a'r Haul yn dal y blaned mewn orbit o gwmpas yr Haul. Hebddo, byddai'r blaned yn crwydro trwy'r gofod.

Mae'r grym disgyrchiant rhwng planed a'i lleuad yn dal y lleuad mewn orbit o gwmpas y blaned.

Cwestiynau

1 O'r Ddaear, mae Gwener i'w gweld fel smotyn llachar. Pam mae'n llachar os nad yw'n boeth fel seren?

2 Pa blanedau sy'n llai na'r Ddaear?

3 Pa blanedau sydd â màs llai na'r Ddaear?

4 Pa blaned sy'n teithio ar y buanedd mwyaf o gwmpas yr Haul?

5 a Pa blanedau sy'n oerach na'r Ddaear?
   b Pam mae'r rhain yn oerach, yn eich barn chi?

6 Mae gan un blaned atmosffer wedi ei wneud yn bennaf o garbon deuocsid sy'n achosi cynhesu byd-eang difrifol. Pa blaned yw honno? Pa gliw sydd yn y tabl ar y chwith?

7 Mae gwrthrych bach o'r enw Ceres yn cymryd 4.6 blynedd i gwblhau un orbit o gwmpas yr Haul. Rhwng orbitau pa blanedau eraill y mae Ceres? Eglurwch eich ateb.

8 Mae'r diagram isod yn dangos yr Haul a dwy blaned.
   a Beth yw enw'r grym sy'n dal y planedau yn eu horbitau?
   b Ar ba un o'r ddwy blaned y mae'r grym mwyaf (os yw màs y ddwy yn weddol debyg)?
   c Pa un o'r ddwy blaned sy'n cymryd y mwyaf o amser i fynd o gwmpas yr Haul?

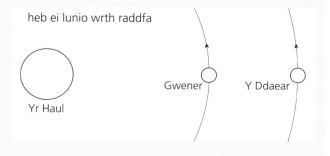

heb ei lunio wrth raddfa

Yr Haul — Gwener — Y Ddaear

8.03 Cysawd yr Haul II

Rhagor am y planedau

Mercher yw'r blaned agosaf at yr Haul. Mae craterau ar wyneb y blaned ac nid oes ganddi atmosffer.

Gwener yw'r gwrthrych mwyaf llachar yn awyr y nos (ar wahân i'r Lleuad). Carbon deuocsid yw'r atmosffer yn bennaf. Mae cymylau trwchus o asid sylffwrig yn ei gorchuddio.

Y Ddaear yw'r unig blaned yng Nghysawd yr Haul y gwyddom ei bod yn cynnal bywyd.

Mawrth Weithiau gelwir hon yn 'blaned goch' oherwydd lliw ei harwyneb. Tenau yw'r atmosffer. Mae yno gapiau rhew yn y pegynau a llwch dros yr holl wyneb. Mae'n ymddangos yn blaned sych a marw nawr, ond efallai i ddŵr lifo ar ei hwyneb yn y gorffennol.

Yr asteroidau Mae eu diamedrau yn amrywio o ychydig gilometrau i hyd at 1000 km. Mae orbit ambell un yn elips hir iawn sy'n croesi llwybrau'r planedau eraill.

Iau Mae màs hon yn fwy na'r holl blanedau eraill gyda'i gilydd. Nwy (hydrogen) yw'r blaned yn bennaf ac nid oes ganddi arwyneb solid.

Sadwrn Nwy yw hon yn bennaf hefyd. Mae cyfres o 'gylchoedd' o'i chwmpas.

Wranws Nwy a rhew yw hon yn bennaf.

Neifion Mae'n debyg i Wranws, ond mae ei hatmosffer yn fwy ffyrnig.

Plwton Planed fechan, rewllyd. Mae ei horbit yn elips, ac yn cymryd bron i 250 mlynedd. Er mai dyma'r blaned 'fwyaf allanol,' mae ei safle ar hyn o bryd y tu mewn i orbit Neifion.

I seryddwyr, nid yw 'rhew' o anghenraid yn golygu dŵr wedi rhewi. Gall olygu carbon deuocsid, methan neu amonia wedi rhewi hefyd.

Dyma lun asteroid sydd dros 50 km o hyd. Tynnwyd y llun gan y llong ofod *Galileo*.

Mae cylchoedd Sadwrn wedi eu gwneud o filiynau o ddarnau o rew a chraig, pob un mewn orbit o gwmpas y blaned.

208

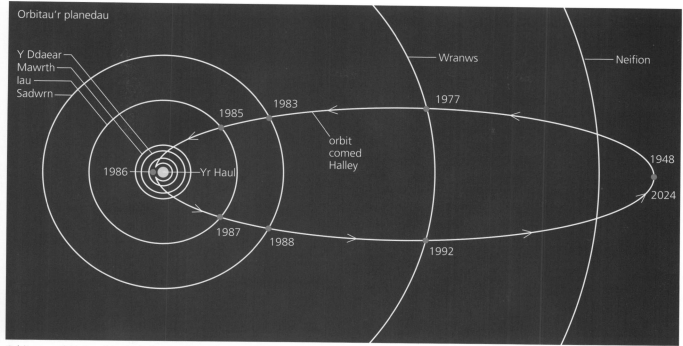

Orbit comed Halley. Mae'r dotiau coch yn dangos ble'r oedd y gomed – a ble y bydd hi – rhwng 1948 a 2024.

Comedau, meteorau a meteorynnau

Mae yna bethau eraill mewn orbit o gwmpas yr Haul, gan gynnwys **comedau** a miliynau o ddarnau bach o graig a rhew.

Orbitau eliptigol iawn sydd gan gomedau. Mae buanedd comed ar ei leiaf pan fo'r gomed bellaf oddi wrth yr Haul. Dyma hefyd pryd y mae tyniad disgyrchiant yr Haul ar ei wannaf. Wrth iddi symud yn nes at yr Haul, mae'n cyflymu.

Mae 'pen' y gomed yn dalp o rew, rai cilometrau ar draws weithiau. Mae'n cael ei wresogi gan yr Haul nes bod rhuban o lwch a nwy yn llifo oddi arno, yn gynffon enfawr sy'n filiynau o gilometrau o hyd. Mae'n adlewyrchu golau'r Haul, felly gallwn ei gweld.

Wrth i'r Ddaear symud trwy'r gofod, mae'n taro yn erbyn gronynnau bach o ddefnyddiau sydd yn taro'r atmosffer mor gyflym nes eu bod yn llosgi. Mae pob un yn achosi strimyn o oleuni o'r enw **meteor**. Yn gymharol anaml, bydd darn mwy o ddefnydd yn cyrraedd wyneb y Ddaear heb losgi'n llwyr. Yr enw ar un o'r rhain yw **meteoryn**.

Cwestiynau

1 Pa blaned sydd i'w gweld fwyaf amlwg o'r Ddaear?
2 Beth yw cylchoedd Sadwrn?
3 Os yw Plwton ar hyn o bryd yn nes at yr Haul nag yw Neifion, pam y gelwir Plwton y 'blaned fwyaf allanol'?
4 Pam y byddai'n anodd i ofodwyr lanio ar y blaned Iau?
5 Beth yw'r gwahaniaeth rhwng meteor a meteoryn?
6 Mae'r diagram isod yn dangos orbit comed.
  a Ar ba bwynt (X, Y neu Z) y mae tyniad disgyrchiant yr Haul gryfaf ar y gomed?
  b Ar ba bwynt y mae buanedd y gomed ar ei fwyaf?
  c Ar ba bwynt y mae buanedd y gomed ar ei leiaf?
  ch Sut y ffurfir cynffon y gomed?
  d Pam y gallwn ni weld cynffon y gomed?

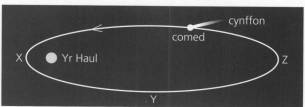

Lloerenni mewn orbit

Mae'r Lleuad yn lloeren naturiol i'r Ddaear. Fodd bynnag, artiffisial yw'r rhan fwyaf o loerenni'r Ddaear, wedi eu hadeiladu, a'u danfon i orbit gan rocedi.

Er mwyn dal i symud heb bŵer, rhaid i loeren fod yn uwch nag atmosffer y Ddaear, lle nad oes gwrthiant aer i'w harafu. Mae angen llai o fuanedd ar gyfer orbit uchel nag ar gyfer orbit isel. Ond, rhaid i'r roced adael y Ddaear yn gyflymach er mwyn dal i symud ymhellach i'r gofod pan fydd ei pheiriannau wedi cael eu diffodd ar ôl llosgi'r holl danwydd oedd yn y tanciau.

Yr amser a gymer un orbit yw **cyfnod**. Po uchaf yw orbit lloeren, hiraf y cyfnod.

Dyma ddau orbit cyffredin:

Orbit pegynol   Yn aml rhoddir lloerenni tirfesur mewn orbit pegynol isel – orbit sy'n mynd dros Begynau'r Gogledd a'r De. Wrth i'r Ddaear droi oddi tanynt, gallant archwilio ei harwyneb i gyd.

Orbit geosefydlog   Mae'r lloeren yn cylchdroi ar yr un gyfradd â'r Ddaear, felly mae'n ymddangos fel ei bod yn aros yn yr un safle yn yr awyr. Mewn orbit fel hwn y mae lloerenni cyfathrebu fel arfer. Ar y ddaear, mae'r dysglau sy'n anfon a derbyn y signalau (yr erialau) yn gallu cyfeirio at un man sefydlog.

Mae'r holl loerenni geosefydlog mewn orbit ar yr un uchder uwchben y cyhydedd. Dim ond tua 400 o loerenni y gellir eu rhoi yn yr orbit hwn heb i'w signalau ddechrau ymyrryd â'i gilydd.

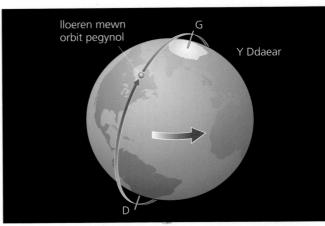

Ar gyfer orbit pegynol isel, mae angen buanedd o 29100 km/awr (18100 m.y.a.).

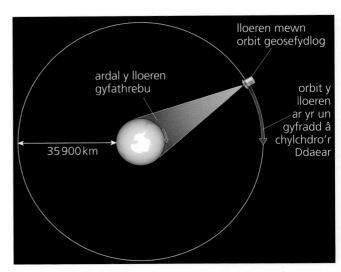

Ar gyfer orbit geosefydlog, rhaid i'r lloeren fod 35 900 km uwchben y cyhydedd, ac ar fuanedd o 11100 km/awr.

Pam mae lloeren yn mynd i orbit

Yn yr 'arbrawf dychmygol' ar y dde, mae gofodwr ar ben tŵr uchel uwchlaw yr atmosffer. Mae'r gofodwr yn ddigon cryf i allu taflu pêl ar fuanedd roced!
Mae'n gollwng pêl A. Mae disgyrchiant yn ei thynnu'n syth i lawr.
Mae'r taflu pêl B yn llorweddol. Mae disgyrchiant yn ei thynnu i lawr, ond hefyd mae'n symud i'r ochr ar fuanedd cyson.
Mae'n taflu pêl C yn llorweddol hefyd, ond mor gyflym nes bod cromlin ei symudiad yn dilyn siâp crwm y Ddaear. Mae'r bêl mewn orbit. Heb wrthiant aer i'w harafu, bydd yn cadw'r un buanedd ac aros yn ei horbit.

Mae **lloerenni cyfathrebu** yn anfon signalau ffôn a theledu o le i le.

Weithiau daw'r lluniau teledu o loeren fel hon.

Mae **lloerenni monitro** yn astudio'r tywydd ac amodau eraill ar y Ddaear.

Cafodd y llun hwn ei dynnu o loeren dywydd uwchben Ewrop.

Lloerenni ymchwil   Mae rhai o'r rhain yn cynnwys telesgopau i edrych ar sêr a phlanedau. Uwchben yr atmosffer, mae'r olygfa yn fwy clir.

Dyma *Delesgop Gofod Hubble*. Mae'n defnyddio signalau radio i anfon ei luniau yn ôl i'r Ddaear.

Mae **lloerenni mordwyo** yn anfon signalau radio. Gall llongau, awyrennau a phobl ar y ddaear eu defnyddio i ddarganfod eu lleoliad.

Dyma dderbynnydd **system leoli fyd-eang (GPS)** sy'n defnyddio signalau amser o loerenni i gyfrifo ei leoliad.

Cwestiynau

1 Mae lloeren tirfesur mewn orbit pegynol isel.
   a Beth yw mantais y math hwn o orbit?
   b Pam mae'n rhaid i'r lloeren fod uwchben yr atmosffer?
   c Rhowch *dri* defnydd arall i loerenni.
2 Mae lloeren yn cael ei lansio o roced sy'n teithio yn llorweddol. Beth fydd yn digwydd i'r lloeren os yw'r roced yn symud:
   a yn rhy gyflym?   b yn rhy araf?

3 Mae lloerenni teledu mewn orbit ac yn symud. Eto, ar y ddaear, mae'r dysglau sy'n derbyn y signalau yn pwyntio i un cyfeiriad sefydlog. Sut mae hyn yn bosibl?
4 Rhoddir lloeren A mewn un orbit o gwmpas y Ddaear. Rhoddir lloeren B mewn orbit uwch.
   a Pa loeren sydd â'r buanedd mwyaf?
   b Pa loeren sy'n cymryd y mwyaf o amser i fynd o gwmpas y Ddaear?

Yr Haul, y sêr, a galaethau

Un seren o blith biliynau yw'r Haul. Mae yna sêr mwy a rhai mwy llachar, ond mae'r cyfan yn edrych fel dotiau bach i ni oherwydd eu bod yn llawer pellach oddi wrthym.

Cytserau

Mae'n ymddangos fel petai grwpiau o'r sêr disgleiriaf yn ffurfio patrymau yn yr awyr. Yr enw ar y grwpiau yw **cytserau**. Maent yn cael eu galw yn bethau fel Orïon a'r Arth Fawr. Ond nid yw'r sêr mewn cytser yn un grŵp mewn gwirionedd. Er enghraifft, efallai fod un o'r sêr lawer ymhellach nag un arall, ond ei bod yn ymddangos lawn mor llachar oherwydd ei bod yn fwy neu'n boethach.

Am resymau ymarferol, mae seryddwyr yn dal i rannu'r awyr yn gytserau. Mae'n un ffordd o ddod o hyd i leoliad gwahanol sêr.

Egni o seren

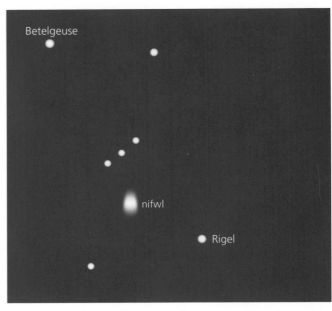

Cytser Orïon. Nid yw'r sêr mewn grŵp mewn gwirionedd. Mae Rigel bron ddwywaith mor bell i ffwrdd â Betelgeuse.

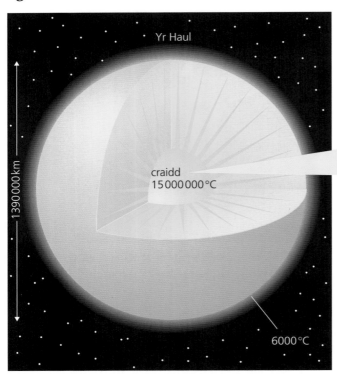

Nwy hydrogen yw 75% o'r Haul. Mae'n cael ei egni o broses a elwir yn **ymasiad niwclear**, lle mae'r hydrogen (yr elfen ysgafnaf) yn cael ei newid yn araf yn heliwm (yr ysgafnaf ond un).

Mae digon o hydrogen yn yr Haul i'w gadw yn tywynnu am 6000 miliwn o flynyddoedd eto.

Mae **ymasiad niwclear** yn digwydd yng nghraidd yr Haul, lle mae'r tymheredd a'r gwasgedd yn ddigon uchel i'r adweithiau allu parhau:

Mae niwclysau hydrogen yn ymasio (uno) i ffurfio niwclysau heliwm. Mae'r newidiadau yn rhyddhau meintiau enfawr o egni.

Mae ymasiad yn gallu gwneud elfennau trymach hefyd. Mae'r holl elfennau trymach wedi dod o ymasiad mewn sêr.

Blynyddoedd goleuni

Goleuni yw'r peth cyflymaf sy'n bod. Ond mae'n dal i gymryd blynyddoedd lawer i deithio'r pellteroedd enfawr rhwng y sêr.

Mae gan seryddwyr unedau arbennig ar gyfer mesur pellter trwy'r gofod. Er enghraifft: **blwyddyn goleuni** yw'r pellter mae goleuni yn ei deithio mewn un flwyddyn. Mae hyn tua 9 miliwn miliwn cilometr. Y seren agosaf atom (ar wahân i'r Haul) yw Proxima Centauri. Mae hi 4 blwyddyn goleuni o'r Ddaear.

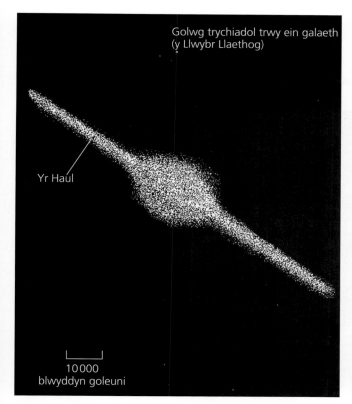

Golwg trychiadol trwy ein galaeth
(y Llwybr Llaethog)

Yr Haul

10 000
blwyddyn goleuni

Mae ein Haul ni tua hanner ffordd o ganol ein galaeth.

Mae Galaeth Andromeda 2 filiwn o flynyddoedd goleuni o'r Ddaear.
Mae ei goleuni wedi cymryd 2 filiwn o flynyddoedd i'n cyrraedd.

Galaethau

Mae'r Haul yn rhan o system sêr enfawr o'r enw **galaeth**. Mae'r alaeth yn cynnwys dros 100 biliwn o sêr, ac mae ei lled bron yn 100 000 blwyddyn goleuni. Mae'r alaeth yn cylchdroi'n araf. Atyniad disgyrchiant sy'n dal y cyfan at ei gilydd.

Enw ein galaeth ni yw'r **Llwybr Llaethog**. Gallwn weld ymyl ei disg fel band disglair o sêr ar draws awyr y nos. Mae'n un yn unig o'r biliynau o alaethau sydd yn y **Bydysawd**.

Mae goleuni yn teithio trwy'r gofod ar 300 000 km yr eiliad. Ar y buanedd hwn, mae goleuni'n cymryd . . .	
8 munud ...	i'n cyrraedd o'r Haul
6 awr ...	i'n cyrraedd o'r blaned bellaf (Plwton)
4 blynedd ...	i'n cyrraedd o'r seren agosaf (ar wahân i'r Haul)

Cwestiynau

1 Pa elfen yw'r Haul yn bennaf?
2 Mae'r Haul yn adweithydd niwclear enfawr.
   a Pa elfen sy'n danwydd i'r Haul?
   b Beth yw enw'r broses sy'n rhoi egni i'r Haul?
   c Pa un yw'r brif elfen a ffurfir yn yr Haul gan y broses hon?
3 Eglurwch ystyr y termau hyn:
   a galaeth   b y Llwybr Llaethog
   c cytser   ch blwyddyn goleuni
4 Mae'n ymddangos fel petai sêr sydd yn yr un cytser yn ffurfio grŵp. Ydyn nhw mewn grŵp mewn gwirionedd? Os nad ydynt, eglurwch pam.
5 Rhowch *werth bras* ar gyfer y rhain:
   a Tymheredd craidd yr Haul.
   b Nifer y sêr yn ein galaeth.
   c Diamedr ein galaeth, mewn blynyddoedd goleuni.
   ch Yr amser i oleuni deithio o'r Haul i'r Ddaear.
   d Y pellter o'r Ddaear i'r seren agosaf (ar wahân i'r Haul) mewn blynyddoedd goleuni.
   dd Y pellter o'r Ddaear i'r seren agosaf (ar wahân i'r Haul) mewn cilometrau.

Y sêr – geni a marw

Seren newydd

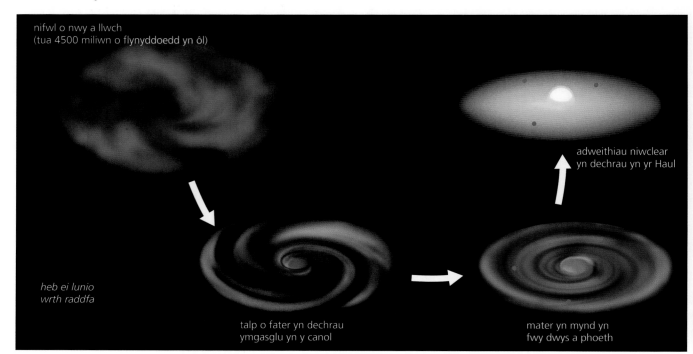

nifwl o nwy a llwch
(tua 4500 miliwn o flynyddoedd yn ôl)

adweithiau niwclear
yn dechrau yn yr Haul

heb ei lunio
wrth raddfa

talp o fater yn dechrau
ymgasglu yn y canol

mater yn mynd yn
fwy dwys a phoeth

Mae'r Haul yn seren ganol oed, digon cyffredin. Mae gwyddonwyr yn credu i'r Haul a gweddill Cysawd yr Haul ymffurfio tua 4500 miliwn o flynyddoedd yn ôl mewn cwmwl enfawr o nwy a llwch sy'n cael ei alw'n **nifwl**. Yno, yn araf bach, dechreuodd disgyrchiant dynnu'r nwy a'r llwch yn dalpiau.

Yng nghanol y nifwl tyfodd un talp yn fwy na'r lleill i gyd. Hwn fyddai'r Haul. O'i gwmpas, ymffurfiodd talpiau llai. Planedau a lleuadau fyddai'r rhain.

Wrth i fwy a mwy o ddefnyddiau gael eu tynnu i mewn, roedd egni potensial disgyrchiant yn newid yn egni thermol, ac felly roedd y talp yn y canol yn mynd yn boethach a phoethach. Yn y pen draw, roedd y craidd mor boeth ac o dan gymaint o wasgedd nes i ymasiad ddechrau. 'Goleuodd' y cyfan a dod yn seren. Mae sêr eraill yn dal i ymffurfio yn yr un ffordd.

Sêr yn marw

Yng nghraidd yr Haul, mae'r effaith wresogi mor gryf nes ei bod yn atal disgyrchiant rhag tynnu mater ymhellach tuag i mewn. Fodd bynnag, mewn tua 6000 miliwn o flynyddoedd, bydd y craidd wedi defnyddio ei holl danwydd hydrogen, a bydd yn crebachu. Yr un pryd, bydd haen allanol yr Haul yn ehangu ac oeri nes troi'n goch gloyw. Bydd yr Haul wedi troi'n fath o seren a elwir yn **gawr coch**.

Yn y diwedd, bydd haen allanol yr Haul yn diflannu i'r gofod, gan adael craidd dwys, poeth a elwir yn **gorrach gwyn**. Heliwm fydd tanwydd y seren fechan hon. Pan ddaw hwnnw i ben, bydd y seren yn pylu am byth.

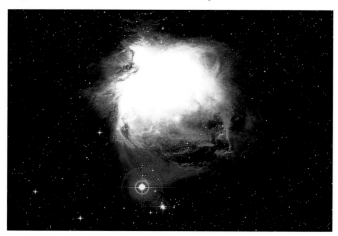

Y Nifwl Mawr yng nghytser Orïon. Mae sêr newydd yn ymffurfio mewn cymylau o lwch a nwy fel hwn.

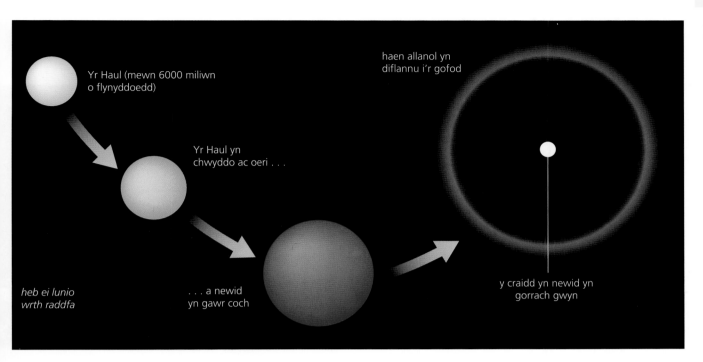

Yr Haul (mewn 6000 miliwn o flynyddoedd)

Yr Haul yn chwyddo ac oeri . . .

haen allanol yn diflannu i'r gofod

heb ei lunio wrth raddfa

. . . a newid yn gawr coch

y craidd yn newid yn gorrach gwyn

Uwchnofâu a thyllau duon

Os yw seren yn llawer mwy o faint na'r Haul, mae'n marw mewn ffordd wahanol. Mae'n chwalu yn ystod ffrwydrad niwclear anferthol a elwir yn **uwchnofa**, gan adael craidd dwys iawn a elwir yn **seren niwtron**.

Pan fydd y sêr mwyaf un yn ffrwydro, ni all y craidd osgoi tyniad disgyrchiant. Mae'n crebachu i'w gilydd fwy a mwy. Y canlyniad yw **twll du**.

Ni all dim ddianc o dwll du, dim hyd yn oed goleuni. Felly ni allwn weld twll du. Ond, os yw nwyon seren gyfagos yn cael eu tynnu iddo, byddant yn rhyddhau pelydrau X, a gellir canfod y rhain.

Nifwl y Cranc: gweddillion uwchnofa.

Llwch hen sêr

Mewn sêr, mae adweithiau ymasiad yn newid elfennau ysgafn yn rhai trymach. Ond, i wneud elfennau trwm iawn (aur ac wraniwm, er enghraifft), mae angen yr amodau eithafol sydd y tu mewn i uwchnofa. Mae yna elfennau trwm iawn yn yr Haul a'r planedau mewnol, sy'n awgrymu eu bod wedi ymffurfio mewn nifwl a oedd yn cynnwys llwch sêr o hen uwchnofa.

Cwestiynau

1 Fel sêr eraill, ymffurfiodd yr Haul mewn *nifwl*.
   a Beth yw nifwl?
   b Pa rym a achosodd i fater yn y nifwl ymgasglu yn dalpiau?
   c Tua faint o amser yn ôl yr ymffurfiodd yr Haul?
   ch Beth arall a ymffurfiodd yn y nifwl yr un pryd â'r Haul?
2 Rhyw ddiwrnod, bydd yr Haul yn newid yn *gawr coch*.
   a Beth yw cawr coch?
   b Pryd bydd yr Haul yn newid yn gawr coch?
   c Beth fydd yn digwydd i'r Haul yn y diwedd, ar ôl iddo fod yn gawr coch?
3 a Beth yw *uwchnofa*?
   b Ar ôl i uwchnofa ddigwydd, beth sydd ar ôl yn ei chanol?
4 Os na allwn ni weld twll du, sut y gallwn ni ei ganfod?
5 Mae gwyddonwyr o'r farn fod y nifwl lle'r ymffurfiodd yr Haul yn cynnwys defnydd o uwchnofa gynharach. Am ba reswm y maent yn credu hynny?

Y Bydysawd yn ehangu

Mae biliynau o alaethau yn y Bydysawd. Mae'r rhai pellaf mor bell i ffwrdd nes bod eu goleuni wedi cymryd mwy na 10 biliwn o flynyddoedd i'n cyrraedd. Dechreuodd y goleuni ar ei daith bron ar ddechrau amser ei hun.

Y Bydysawd yn ehangu

Pan fydd gwrthrychau yn symud i ffwrdd oddi wrth y Ddaear yn gyflym iawn, mae'r tonnau goleuni ohonynt yn 'ymestyn' fel bod y tonfeddi yn cael eu symud tuag at – neu du hwnt i – ben coch y sbectrwm gweledol (y pen lle mae'r tonfeddi hiraf). Yr enw ar hyn yw **rhuddiad**. (Hen air am 'coch' yw 'rhudd'.)

Yn y 1920au, gwelodd Edwin Hubble fod rhuddiad yng ngoleuni'r galaethau pell ac, yn gyffredinol, fod mwy o ruddiad o'r galaethau pellach. Mae hyn yn awgrymu bod y galaethau yn pellhau (symud oddi wrthym) yn gyflym iawn. Mae'n ymddangos ein bod yn byw mewn bydysawd sy'n ehangu.

Gyda thelesgopau radio fel y rhain, mae gwyddonwyr wedi canfod tonnau radio o rannau pellaf un y Bydysawd – gan gynnwys micro-donnau a allai fod yn rhuddiad 'gweddillion' y glec fawr.

Mae sêr wedi eu gwneud o fater o'r glec fawr. Ac rydym ninnau wedi ein gwneud o fater a ddaeth o sêr.

Damcaniaeth y glec fawr

Yn ôl y ddamcaniaeth hon, fe ddechreuodd y Bydysawd fwy na 10 biliwn o flynyddoedd yn ôl. Bryd hynny ffrwydrodd un 'uwchatom' anhygoel o ddwys a phoeth yn danchwa o egni. Cafodd hyn ei alw'n **glec fawr**. O hyn y daeth popeth sydd yn y Bydysawd. Dyma ddau ddarn o dystiolaeth sy'n cefnogi'r ddamcaniaeth:

- Mae'n ymddangos bod y galaethau yn symud oddi wrth ei gilydd yn gyflym, felly efallai fod y cyfan wedi bod gyda'i gilydd yn yr un man yn y gofod ers talwm.

- Mae telesgopau radio wedi canfod pelydriad cefndir gwan iawn o bob cyfeiriad yn y gofod. Efallai mai rhuddiad 'gweddillion' y pelydriad a ddaeth o'r glec fawr yw hyn. Fel arfer fe'i gelwir yn 'ficro-donnau cefndirol'.

Nid ffrwydrad i ofod a oedd eisoes yn bodoli oedd y glec fawr. Dechreuodd y gofod ei hun ehangu. I'n helpu ni feddwl am hyn, mae'n werth defnyddio model syml o Fydysawd yn ehangu, fel yr un ar y dudalen nesaf. Yno, mae'r gofod yn cael ei gynrychioli gan arwyneb dau ddimensiwn: wyneb elastig balŵn sy'n llenwi ag aer. Mewn gwirionedd, mae'r gofod yn dri dimensiwn – gallwch symud i fyny, ymlaen, neu i'r ochr drwyddo.

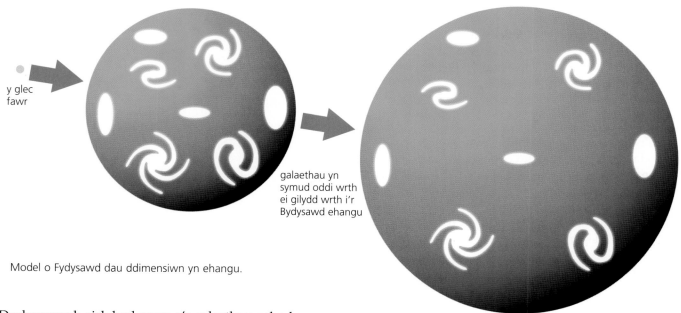

y glec fawr

galaethau yn symud oddi wrth ei gilydd wrth i'r Bydysawd ehangu

Model o Fydysawd dau ddimensiwn yn ehangu.

Dychmygwch eich bod ar un o'r galaethau uchod wrth i ragor o aer fynd i'r balŵn. Ar ba alaeth bynnag yr ydych chi, mae'r holl alaethau eraill fel petaent yn symud yn bellach oddi wrthych.

Tynged y Bydysawd

Tan yn ddiweddar, roedd gwyddonwyr yn credu bod atyniad disgyrchiant yn arafu'r ehangiad. Os felly, byddai tynged y Bydysawd yn dibynnu'n llwyr ar gyfanswm ei fàs – a does neb yn gwybod yn fanwl faint yw hwnnw. Os yw'r màs yn *llai* na rhyw werth critigol, bydd y Bydysawd yn parhau i ehangu am byth. Os yw'n *fwy* na'r gwerth critigol, yn y pen draw bydd yr ehangiad yn dod i ben ac yna bydd cyfangiad . . . a chlec fawr arall wahanol iawn!

Yn ddiweddar, mae gwyddonwyr wedi bod yn cofnodi rhai canlyniadau rhyfedd iawn. Mae'r rhain yn awgrymu bod yr ehangiad yn cyflymu! Ond does neb yn gwybod pam.

Amcangyfrif oedran y Bydysawd

Mae gwyddonwyr wedi bod yn amcangyfrif ar ba gyfradd y mae'r galaethau yn symud oddi wrth ei gilydd. Nid ydynt wedi cytuno ar werth eto, ond mae'n debyg ei fod tua $\frac{1}{15\,000}$ km y flwyddyn am bob miliwn km o wahanu. Yr enw ar y ffigur hwn yw **cysonyn Hubble**. Gyda'r ffigur gallwn amcangyfrif bod y galaethau wedi dechrau gwahanu tua 15 000 miliwn o flynyddoedd yn ôl. Os felly, dyna pryd y digwyddodd y glec fawr.

Cwestiynau

1 I ateb y cwestiwn hwn, efallai y bydd angen i chi edrych ar dudalennau eraill i ddod o hyd i'r wybodaeth.

$$5$$

5 miliwn   5 biliwn   15 biliwn

Pa rai o'r ffigurau uchod allai fod yn werth posibl ar gyfer y canlynol?

a Y pellter rhwng dwy alaeth gyfagos, mewn blynyddoedd goleuni.

b Y pellter rhwng dwy seren gyfagos, mewn blynyddoedd goleuni.

c Y pellter o'r Ddaear i'r galaethau pellaf a welwyd, mewn blynyddoedd goleuni.

ch Oedran y Bydysawd, mewn blynyddoedd.

2 Mae rhuddiad ar oleuni o alaethau pell.

a Beth yw ystyr *rhuddiad*?

b Beth sy'n debygol o fod yn achosi'r rhuddiad?

3 Pa dystiolaeth sydd yna y gallai'r Bydysawd fod wedi dechrau gyda chlec fawr?

4 Os yw ehangiad y Bydysawd yn arafu, pa rym sy'n achosi i hyn ddigwydd?

5 Ni wyddom i sicrwydd beth yw gwerth cysonyn Hubble. Os yw ei werth yn $\frac{1}{10\,000}$ km y flwyddyn am bob miliwn km o wahanu, pa mor hen yw'r Bydysawd?

Chwilio am fywyd

Byddai gwyddonwyr wrth eu boddau'n dod o hyd o dystiolaeth o fywyd yn y gofod. Byddai'r ffurfiau symlaf un yn gwneud y tro, hyd yn oed bacteria syml. Ond hyd yma, ofer fu'r chwilio.

Cartref i fywyd

Mae'r Ddaear yn lle arbennig iawn. Yma mae'r amodau prin sy'n gwneud cynnal bywyd yn bosibl, gan gynnwys dŵr sy'n hylif, a phellter o'r Haul sy'n rhoi tymheredd addas i ni. Mae gan y Ddaear 'warchodwr' hefyd, sef y blaned Iau. Mae tyniad disgyrchiant Iau yn rhwystro llawer o gomedau ac asteroidau rhag taro'r Ddaear.

Ond ai'r Ddaear yw *unig* gartref bywyd? O fewn Cysawd yr Haul, mae'n ymddangos bod dau ymgeisydd arall, sef Mawrth ac Ewropa – un o leuadau Iau. Efallai mai planed farw yw Mawrth erbyn heddiw, ond unwaith, roedd dŵr yn llifo yno. Mae calon Ewropa yn gynnes, ac efallai fod dŵr hylif o dan ei hwyneb rhewllyd.

Mae pethau byw yn newid y tir, y môr a'r aer. Er enghraifft, petai bywyd heb esblygu ar y Ddaear, byddai llawer llai o ocsigen yn ein hatmosffer ac ni fyddai ffosiliau yn y creigiau. Felly, wrth astudio Mawrth ac Ewropa efallai y cawn gliwiau am fywyd yno – nawr, neu yn y gorffennol.

Ai ar y Ddaear yn unig y mae bywyd?

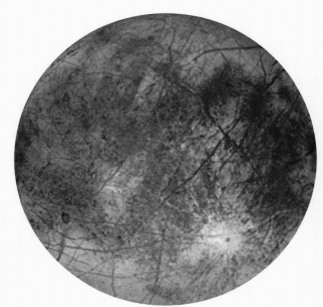

A oes bywyd yn cuddio dan wyneb rhewllyd Ewropa?

A oedd yna fywyd syml ar blaned Mawrth rywdro? Dyma ddyffrynnoedd sy'n awgrymu bod dŵr wedi bod yn llifo yno unwaith . . .

. . . ond ni ddaeth y robot hwn o hyd i unrhyw dystiolaeth o fywyd pan laniodd ar blaned Mawrth.

Y tu hwnt i Gysawd yr Haul, mae dros 100 biliwn 'haul' (sef sêr) yn ein galaeth, a mwy na 100 biliwn galaeth. Mae'n annhebygol nad oes rhywfaint o blanedau tebyg i'r Ddaear allan yna yn rhywle. Ond hyd yma does gennym ni fawr o dystiolaeth, na fawr o siawns o ddarganfod tystiolaeth.

SETI

Gallwn anfon llongau gofod i fannau yng Nghysawd yr Haul, ond byddai ymweld â'r seren agosaf atom yn cymryd miloedd o flynyddoedd. Er mwyn canfod bywyd ymhell yn y gofod, rhaid i ni obeithio bod y bywyd hwnnw yn ddeallus ac yn anfon signalau atom. Y prosiect sy'n chwilio am y signalau hyn yw'r prosiect Chwilio am Ddeallusrwydd Arallfydol (**SETI**), sy'n 40 oed.

Mae sêr yn rhyddhau tonnau radio yn naturiol. Gall telesgopau radio fel hwn ganfod y tonnau hynny. Mae gwyddonwyr yn eu dadansoddi a chwilio am signalau a allai fod yn tarddu o fywyd deallus.

Os byddant byth yn dod o hyd i signalau, fe fydd hi bron yn amhosibl i ni gysylltu â'r sawl a'u hanfonodd. Mae'n cymryd tua 4 blynedd i donnau radio ein cyrraedd o'r seren agosaf, a 2 filiwn o flynyddoedd o'r alaeth agosaf atom, sef Andromeda. Os anfonwn ni signalau nawr, ni fydd 'pobl' Andromeda yn eu derbyn am 2 filiwn o flynyddoedd. Ac o ran ymweliadau . . . ni all unrhyw beth deithio yn gyflymach na thonnau radio, felly mae'n eithaf annhebygol y daw neb o Andromeda i ymweld â ni.

Dynion bach gwyrdd

Ddiwedd y 1960au, roedd y ffisegydd Jocelyn Bell yn dadansoddi data o delesgop radio pan sylwodd ar signalau rhyfedd yn dod o seren bell. Roedd y curiadau mor gyson a chyflym nes i bobl ei chael yn anodd credu ar y dechrau eu bod yn naturiol. Efallai mai 'dynion bach gwyrdd' oedd yn anfon negeseuon atom!

Buan iawn yr anghofiwyd am ddamcaniaeth y dynion bach gwyrdd. Roedd Jocelyn Bell wedi darganfod math newydd o seren o'r enw **pwlsar** – seren niwtron fechan sy'n troelli'n gyflym. Mae'n rhyddhau tonnau radio sydd â'u curiadau yn debyg i'r fflachiadau goleuni a welwn wrth i lamp goleudy gylchdroi. Ond efallai y tro *nesaf* y darganfyddwn ni guriadau rhyfedd, mai dynion bach gwyrdd go iawn fydd yn eu hanfon!

- Pam mae gwyddonwyr yn debygol o ganolbwyntio ar Fawrth ac Ewropa wrth chwilio am dystiolaeth o fywyd syml yn rhywle arall yng Nghysawd yr Haul?

- Petai prôb o blaned arall yn dadansoddi samplau o arwyneb y Ddaear a'r atmosffer, pa gliwiau fyddai yna fod bywyd ar y Ddaear?

- Beth yw'r prosiect *SETI*?

- Pam, yn y dyfodol agos, nad yw gofodwyr yn debygol o ymweld â phlanedau sy'n troi o gwmpas sêr eraill?

- Os y gwnawn ni byth ganfod negeseuon radio gan estroniaid o bell, pam y bydd hi'n anodd dros ben i ni gyfnewid negeseuon â nhw?

Cwestiynau am Bennod 8

1 Mae'r diagram yn dangos llwybr lloeren mewn orbit pegynol isel o gwmpas y Ddaear.

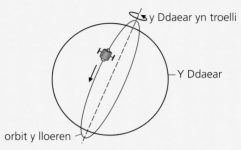

y Ddaear yn troelli

Y Ddaear

orbit y lloeren

Mae orbit y lloeren uchod o gwmpas y Ddaear yn cymryd 2 awr.

a Sawl orbit fydd y lloeren wedi ei gwblhau mewn diwrnod?

b Eglurwch pam y mae orbit pegynol isel yn ddefnyddiol ar gyfer lloerenni tywydd.

c Disgrifiwch ffyrdd eraill o ddefnyddio lloeren mewn orbit fel hwn.

ch Pam na fyddai orbit fel hwn yn addas ar gyfer lloeren gyfathrebu?

d Beth yw orbit geosefydlog?

2 Dyma wybodaeth am y planedau:

Planed	Diamedr y blaned (km)	Pellter cyfartalog o'r Haul (miliwn km)	Amser un orbit (blwyddyn)	Tymheredd cyfartalog yr arwyneb (°C)
Mercher	4 900	58	0.2	350
Gwener	12 000	108	0.6	480
Y Ddaear	12 800	150	1.0	22
Mawrth	6 800	228	1.9	−23
Iau	143 000	778	11.9	−150
Sadwrn	120 000	1427	29.5	−180
Wranws	52 000	2870	84.0	−210
Neifion	49 000	4497	164.8	−220
Plwton	3 000	5900	247.8	−230

Defnyddiwch y tabl uchod i ateb y cwestiynau canlynol:

a Pa un yw'r blaned fwyaf?

b Pa un yw'r blaned leiaf?

c Pa blaned sydd agosaf at yr Haul?

ch Pa blaned sy'n cymryd bron i 12 blwyddyn Daear i gwblhau orbit o gwmpas yr Haul?

d Pa mor hir yw blwyddyn ar blaned Mercher? Eglurwch eich ateb.

dd Sut y byddech chi'n disgwyl i dymheredd arwyneb planed ddibynnu ar ei phellter oddi wrth yr Haul? A yw'r data sydd yn y tabl yn cefnogi hyn? Eglurwch eich ateb.

3 meteoryn   galaeth   uwchnofa
   clec fawr   cytser   twll du
   lleuad   comed   Cysawd yr Haul

Pa eiriau sy'n cyfateb orau i'r disgrifiadau canlynol?

a Gwrthrych creigiog mewn orbit o gwmpas planed.

b Yr Haul, ei blanedau, a gwrthrychau eraill mewn orbit.

c Gwrthrych bach creigiog sy'n taro yn erbyn planed; gall fod yn ddarn o asteroid.

ch Talp o rew, nwy a llwch, fel arfer mewn orbit eliptig iawn o gwmpas yr Haul.

d Grŵp enfawr o filiynau lawer o sêr.

dd Ffrwydrad aruthrol sy'n digwydd pan fydd seren anferth wedi defnyddio ei thanwydd niwclear i gyd.

4 Seren yw'r Haul. Ymffurfiodd mewn nifwl tua 4500 miliwn o flynyddoedd yn ôl. Mae'r diagram isod yn dangos beth sy'n debygol o ddigwydd i'r Haul mewn tua 6000 miliwn o flynyddoedd.

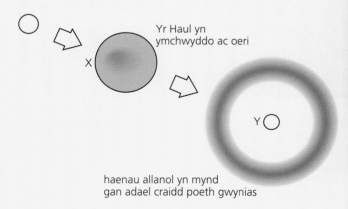

Yr Haul yn ymchwyddo ac oeri

X

Y

haenau allanol yn mynd gan adael craidd poeth gwynias

a Beth yw nifwl?

b Beth sy'n gwneud i fater mewn nifwl ymgasglu a ffurfio seren?

c Mae'r Haul yn cael ei egni o adweithiau niwclear sy'n newid hydrogen yn heliwm. Beth yw'r enw ar y broses hon?

ch Pa fath o seren yw'r Haul yn X yn y diagram uchod?

d Pa fath o seren sydd ar ôl pan fo'r craidd, Y, yn yr amlwg?

5 **a** Eglurwch yn ofalus sut y mae sêr yn ymffurfio.

    b Pam y mae sêr yn cynhesu wrth ymffurfio?

    c Eglurwch sut y mae planedau yn ymffurfio o gwmpas seren ifanc.

   ch Yn sbectra y goleuni o sêr a galaethau pell, mae 'rhuddiad'.

      i Eglurwch ystyr y gair 'rhuddiad'.

     ii Beth mae'r rhuddiad yn ei ddangos am y sêr a'r galaethau?

    iii Gan ddefnyddio'r wybodaeth hon, mae gwyddonwyr wedi dyfeisio damcaniaeth a allai egluro sut y dechreuodd y Bydysawd. Beth yw enw'r ddamcaniaeth?

6 **a** Enwch un gwrthrych sy'n oleuol yn awyr y nos.

    b Enwch un gwrthrych nad yw'n oleuol yn awyr y nos.

    c Mae'r ddau ddiagram yn dangos cytser y Tarw, y naill ar un noson, a'r llall fis yn ddiweddarach.

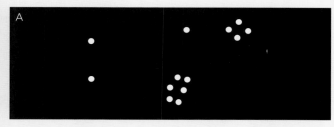

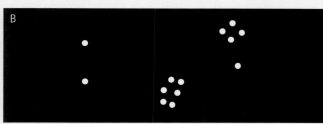

      i Pa dystiolaeth sy'n dangos y gallai un o'r gwrthrychau fod yn blaned? Lluniwch fraslun i ddangos pa wrthrych yw hwnnw.

     ii Pam na fydd y blaned bob amser yn ymddangos ymysg sêr y Tarw?

   ch **i** Beth yw lloeren?

     ii Enwch un lloeren artiffisial.

    iii Enwch un lloeren naturiol.

7 Mae'r diagram yn dangos orbit comed.

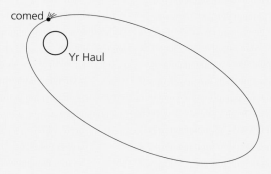

    a Beth yw comed?

    b Beth yw siâp orbit comed?

    c Ble yn ei orbit y mae comed yn symud arafaf? Eglurwch eich ateb.

8 Mae'r diagram isod yn dangos dwy loeren unfath, A a B, mewn orbit o gwmpas y Ddaear.

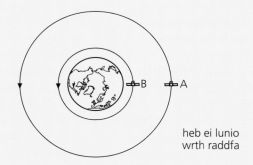

heb ei lunio wrth raddfa

    a Pa loeren sy'n cael ei thynnu gryfaf gan faes disgyrchiant y Ddaear?

    b Pa loeren sy'n symud gyflymaf?

    c Pa loeren fydd yn cymryd y mwyaf o amser i gwblhau un orbit o gwmpas y Ddaear?

   ch Mae lloeren A mewn orbit geosefydlog. Beth yw ystyr hyn?

    d Pam mae lloerenni cyfathrebu fel arfer yn cael eu rhoi mewn orbit geosefydlog?

Pynciau pellach

I wneud hyn mae angen dewrder, y gallu i gydbwyso'n dda, cebl cryf, a pholyn hir. Mae'r polyn yn helpu gostwng craidd disgyrchiant y dyn, gan ei wneud yn fwy sefydlog. Hefyd, os bydd yn dechrau gwyro i un ochr, mae'r polyn yn lleihau'r cyflymder troi, felly bydd ganddo fwy o amser i gywiro ei symudiad. Mae pwysau'r dyn yn gwneud i'r cebl ymestyn ychydig, ond nid digon fel bod unrhyw berygl iddo dorri. ∎

Effeithiau troi

Beth sydd ei angen i droi'r rhain?

Rhywbeth sy'n cynyddu effaith droi eich llaw.

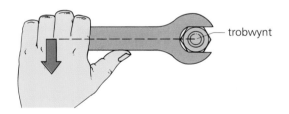

Mae'n hawdd troi nyten â sbaner.

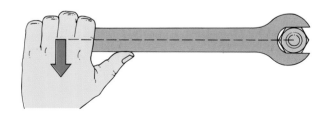

Mae'n haws byth os oes coes hir ar y sbaner. Gallwch gynyddu'r effaith droi mewn dwy ffordd:

1 Cynyddu'r grym.
2 Symud y grym ymhellach oddi wrth drobwynt y nyten.

Momentau

Moment yw'r enw ar effaith droi grym. Gellir ei gyfrifo fel hyn:

> Moment = grym × pellter o'r trobwynt

Mae momentau naill ai'n **glocwedd** neu'n **wrthglocwedd** gan ddibynnu ar ba ffordd y maent yn troi. Er enghraifft:

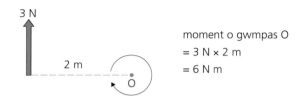

moment o gwmpas O
= 3 N × 2 m
= 6 N m

Mae gan y grym hwn foment clocwedd sy'n 6 Nm o gwmpas y pwynt O.

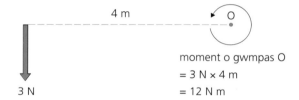

moment o gwmpas O
= 3 N × 4 m
= 12 N m

Mae gan y grym hwn foment gwrthglocwedd sy'n 12 Nm o gwmpas y pwynt O. Mae ganddo ddwywaith yr effaith droi, ond i'r cyfeiriad dirgroes.

Trorym

Mewn peiriannau a moduron, mae nifer o rymoedd yn gweithredu gyda'i gilydd i gynhyrchu effaith droi. Yr enw ar yr effaith droi yw **cwpl** neu **drorym**. Dyma werthoedd dau drorym:

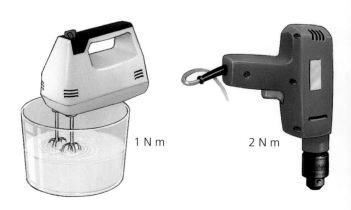

1 N m

2 N m

Momentau yn cydbwyso

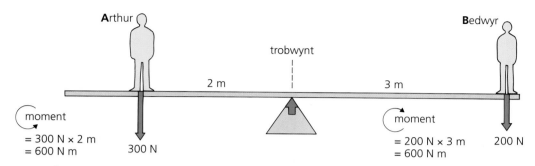

Mae dwy effaith droi yn gweithredu ar y si-so: mae gan Arthur effaith droi **wrthglocwedd**; mae gan Bedwyr effaith droi **glocwedd**. Mae'r ddau foment yn gyfartal. Felly mae eu heffeithiau troi yn dileu ei gilydd, ac mae'r si-so yn cydbwyso. Mae hyn yn enghraifft o'r **egwyddor momentau**:

> Os yw rhywbeth mewn cydbwysedd, mae cyfanswm y moment clocwedd o gwmpas y trobwynt yn hafal i gyfanswm y moment gwrthglocwedd.

Mae'r egwyddor yn gweithio mewn achosion mwy cymhleth hefyd. Yn y diagram isod, mae un moment gwrthglocwedd o gwmpas y trobwynt, ond dau foment clocwedd. Adiwch y ddau foment clocwedd.

Mae'r cyfanswm yr un fath â'r moment gwrthglocwedd. Felly mae'r si-so yn cydbwyso.

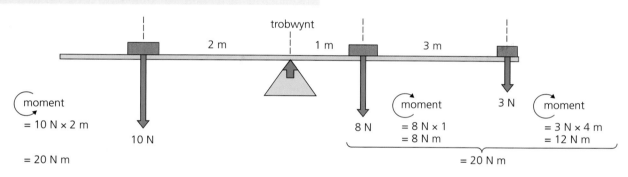

Cwestiynau

1

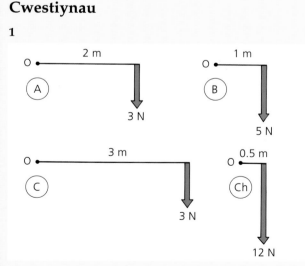

a Pa rym sydd â'r moment mwyaf o gwmpas O?
b Pa rymoedd sydd â'r un moment o gwmpas O?
c Pa rym sydd â'r moment lleiaf o gwmpas O?

2

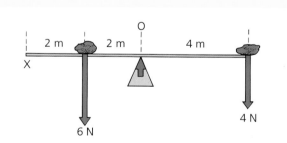

Mae rhywun yn ceisio cydbwyso trawst â cherrig.
a Cyfrifwch foment y grym 4 N o gwmpas O.
b Cyfrifwch foment y grym 6 N o gwmpas O.
c A fydd y trawst yn cydbwyso? Os na fydd, pa ffordd y bydd yn gwyro?
ch Pa rym ychwanegol y byddai ei angen yn X i gydbwyso'r trawst?

Craidd disgyrchiant

Medal aur am gydbwysedd

Byddai'r rhan fwyaf o bobl yn methu cerdded ar drawst mor gul, heb sôn am sefyll ar eich dwylo ac ati arno. Y gyfrinach yw sut rydych yn gosod eich pwysau. Mae grym disgyrchiant bychan yn gweithredu ar bob gronyn yn eich corff. Gyda'i gilydd, bydd y grymoedd hyn yn gweithredu fel un grym yn tynnu ar un pwynt yn unig.

Yr un grym hwn yw eich **pwysau**.

Enw'r pwynt lle mae'n tynnu yw eich **craidd disgyrchiant** neu eich **craidd màs**.

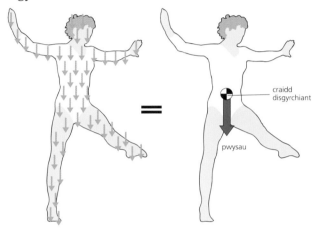

Trwy gadw eich craidd disgyrchiant dros y trawst, gallwch aros arno. Os gadewch iddo symud i un ochr, bydd eich pwysau yn cynhyrchu effaith droi a fydd yn eich taflu oddi arno.

Mae craidd disgyrchiant siapiau syml, er enghraifft pren mesur metr, yn aml yn union yn eu canol. Fel arfer mae craidd disgyrchiant car yn isel oherwydd bod y cydrannau mecanyddol trwm yn isel yn y car.

Darganfod craidd disgyrchiant darn o gerdyn

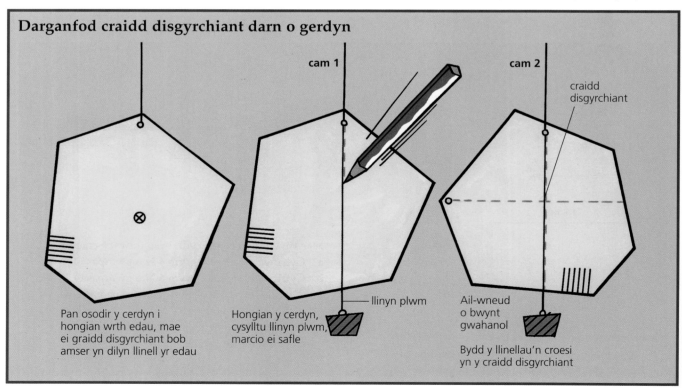

Pan osodir y cerdyn i hongian wrth edau, mae ei graidd disgyrchiant bob amser yn dilyn llinell yr edau

cam 1

Hongian y cerdyn, cysylltu llinyn plwm, marcio ei safle

llinyn plwm

cam 2

craidd disgyrchiant

Ail-wneud o bwynt gwahanol

Bydd y llinellau'n croesi yn y craidd disgyrchiant

Pa mor sefydlog?

sylfaen

sylfaen

sylfaen

Os nad yw rhywbeth yn troi drosodd, mae mewn safle sefydlog:

Mae'r lori hon mewn safle sefydlog. Os bydd yn dechrau gwyro, bydd ei phwysau yn ei thynnu yn ôl. Cyn belled â bod ei chraidd disgyrchiant yn aros uwchben ei sylfaen ni fydd y lori'n troi drosodd.

Mae'r car rasio hwn hyd yn oed yn fwy sefydlog na'r lori. Mae ei graidd disgyrchiant yn is a'i sylfaen yn lletach. Gallai wyro llawer mwy cyn dechrau troi drosodd.

Gyrru stynt clyfar – ond mae'r lori mewn safle ansefydlog. Os bydd yn gwyro rhagor, bydd ei chraidd disgyrchiant yn mynd y tu hwnt i ymyl ei sylfaen. Yna bydd ei phwysau yn ei thynnu drosodd.

Cynnal y pwysau

Ar y dde, mae rhywun sy'n pwyso 500 N yn sefyll ar drawst sy'n gorwedd ar ddau drestl. Mae'r ddau drestl yn rhoi grymoedd X ac Y tuag i fyny er mwyn cynnal y pwysau. I gadw'r dasg yn syml, tybiwch nad yw pwysau'r trawst yn bwysig. Yna, lle bynnag y mae'r person yn sefyll, rhaid bod $X + Y$ bob amser yn hafal i 500 N. Ond, os yw'r person yn nes at X nag at Y, fel yn y llun, yna bydd X yn fwy nag Y.

Gallwch ddod o hyd i werth X trwy gymryd momentau o gwmpas B. Rhaid i foment clocwedd X o gwmpas B fod yn hafal i foment gwrthglocwedd y grym 500 N o gwmpas B. O hyn, gallwch gyfrifo X. Ac, o wybod X, gallwch ddarganfod Y.

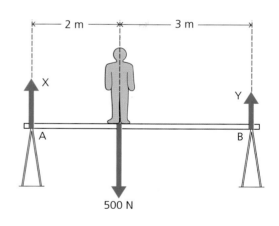

Cwestiynau

1 Yn y diagram, mae'r stôl ar fin disgyn. Copïwch y diagram a nodwch ym mhle mae'r craidd disgyrchiant.
A fyddai'r stôl yn FWY sefydlog, neu'n LLAI sefydlog, petai ganddi
a graidd disgyrchiant uwch?
b sylfaen fwy llydan?
Eglurwch pam nad yw stôl â thair coes mor sefydlog â stôl â phedair coes.

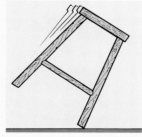

2 a Ail-wnewch y diagram isod, gan ddangos pwysau'r trawst fel saeth grym.

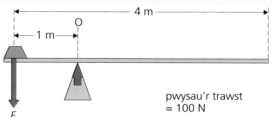

pwysau'r trawst = 100 N

b Pa mor bell yw'r grym hwn o'r pwynt O?
c Beth yw moment y grym hwn o gwmpas O?
ch Os yw'r trawst yn cydbwyso, beth yw moment y grym F o gwmpas O?
d Beth yw gwerth F?

Estyn a chywasgu

Mae trawst siâp-I yn gallu gwrthsefyll plygu yn llawer gwell na thrawst sgwâr solid o'r un faint o fetel.

Twr CN yn Toronto yw'r adeilad talaf yn y byd, uchder 555 metr. Ond, nid yw ei adeiledd dur a choncrit mor anhyblyg â'i olwg. Mewn gwyntoedd cryfion, gall y pen uchaf wyro hyd at hanner metr. Ac yn wir mae'r twr sawl centimetr yn fyrrach oherwydd bod yr adeiledd yn cael ei gywasgu gan ei bwysau ei hun.

Os oes nifer o rymoedd yn gweithredu ar rywbeth, mae ei siâp yn newid – er mai bychan iawn fydd y newid ar adegau.

Cafodd rhai pethau eu cynllunio'n fwriadol i blygu a dirdroi. Sbringiau, er enghraifft. Ond mae'r fframiau dur a ddefnyddir yn y rhan fwyaf o adeiladau modern wedi cael eu cynllunio i newid eu siâp cyn lleied â phosibl. Gwneir y fframiau o drawstiau siâp-I. Ym mhob achos, po fwyaf o arwynebedd trawstoriad sydd gan y bar, mwyaf y bydd yn gwrthsefyll cael newid ei siâp.

Wrth weithredu gyda'i gilydd, gall grymoedd achosi'r effeithiau canlynol:

Elastig a phlastig

I beirianwyr, nid yw'r geiriau hyn yn golygu'r un peth ag mewn iaith bob dydd.

Plygwch bren mesur ychydig. Yna ei ollwng. Mae'n mynd yn ôl i'w siâp gwreiddiol.
Mae defnyddiau sy'n ymddwyn fel hyn yn rhai **elastig**.

Gwasgwch ddarn o glai, yna ei ryddhau. Nid yw'n dychwelyd i'w siâp gwreiddiol. Mae defnyddiau sy'n ymddwyn fel hyn yn rhai **plastig**.

Mae bymper car yn elastig – os nad yw wedi plygu gormod. Pan fo gormod o rym ar y bymper, mae'n mynd heibio i'w **derfan elastig** ac mae ei siâp yn aros yn wahanol.

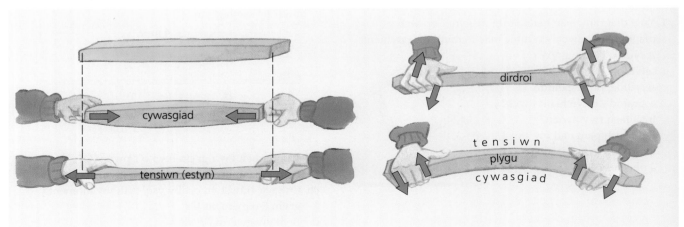

Deddf Hooke

Mae llawer o ddefnyddiau yn cadw at ddeddf syml wrth gael eu cywasgu neu eu hestyn. Meddyliwch am sbring:

Wrth i fasau gael eu hongian ar un pen, mae'r sbring yn cael ei estyn fesul cam. Yr enw ar y grym estyn yw **llwyth**.

Gan fod $g = 10$ N/kg, mae yna lwyth o 1 N ar gyfer pob 100 gram sy'n hongian ar y sbring.

Bob tro y rhoddir llwyth gwahanol, rhaid mesur **estyniad** y sbring. Yr estyniad yw'r gwahaniaeth rhwng hyd y sbring ar y dechrau a'i hyd ar ôl ei estyn. Mae darlleniadau nodweddiadol yn y siart.

Gellir defnyddio'r darlleniadau i blotio graff o'r estyniad yn erbyn y llwyth.

Hyd at y pwynt X:

1 Mae'r graff yn llinell syth trwy'r tarddbwynt.
2 Mae pob 1 N o lwyth ychwanegol yn cynhyrchu estyniad ychwanegol cyfartal (10 mm yn yr achos hwn).
3 Mae dyblu'r llwyth yn dyblu'r estyniad, ac yn y blaen.

Yn fathemategol, mae'r rhain i gyd yn golygu bod yr estyniad mewn cyfrannedd union â'r llwyth. Weithiau gelwir hyn yn **ddeddf Hooke**.

Nid yw barrau dur yn ymestyn cymaint â sbringiau. Ond mae'r un ddeddf yn berthnasol i'r rhain hefyd. Mae gwydr, pren a llawer o ddefnyddiau eraill yn cadw at y ddeddf hefyd. Ond nid rwber. Pan fydd band rwber yn cael ei estyn, cromlin yw'r graff, nid llinell syth.

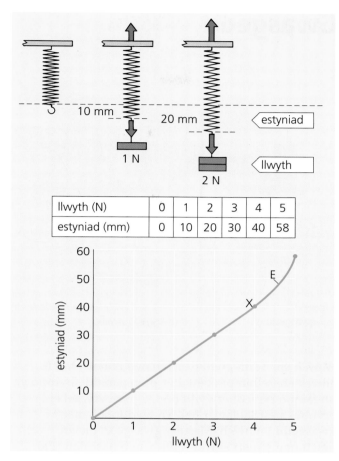

llwyth (N)	0	1	2	3	4	5
estyniad (mm)	0	10	20	30	40	58

E yw **terfan elastig** y sbring. Ar ôl mynd heibio i'r pwynt hwn, ni fydd y sbring yn dychwelyd i'w hyd gwreiddiol ar ôl tynnu'r llwyth oddi arno. Bydd y sbring yn hirach ar y diwedd.

Cwestiynau

1 a Nodwch ba rannau o'r babell sydd dan densiwn; mewn cywasgiad; yn plygu.

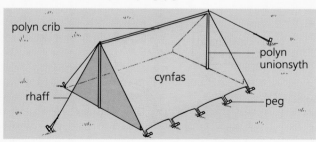

b Beth fyddai'n digwydd i'r polyn crib petai'n mynd heibio i'w derfan elastig?

c Mae'r grym ar y rhaff yn cynyddu, ond nid yw'n torri. Beth sy'n digwydd iddi? Sut y byddai'r canlyniad yn newid wrth ddefnyddio rhaff fwy trwchus, o'r un defnydd?

2 Mae'r tabl yn dangos canlyniadau a gasglwyd wrth estyn sbring:

Llwyth (N)	0	1	2	3	4	5	6
Hyd (mm)	40	49	58	67	76	88	110
Estyniad (mm)							

a Copïwch a chwblhewch y tabl.
b Beth yw hyd y sbring heb ei estyn?
c Plotiwch graff yr estyniad yn erbyn y llwyth.
ch Nodwch y terfan elastig ar eich graff. Beth sy'n digwydd i'r sbring y tu hwnt i'r pwynt hwn?
d Pa lwyth sydd ei angen i gynhyrchu estyniad o 35 mm?
dd Pa lwyth sydd ei angen i wneud hyd y sbring yn 65 mm?

Gwasgedd

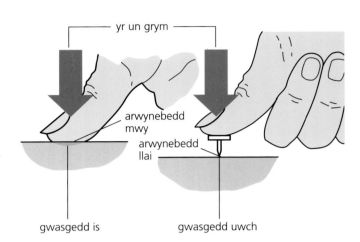

Mae sgïau yn lleihau'r gwasgedd ar yr eira trwy wasgaru eich pwysau dros arwynebedd mwy.

Allwch chi ddim gwthio eich bawd i bren. Ond fe allwch chi wthio pin bawd i'r pren gan ddefnyddio yr un faint o rym, oherwydd bod y grym yn cael ei grynhoi ar ardal lawer llai. Yn wyddonol, mae'r **gwasgedd** yn uwch. Mesurir gwasgedd mewn **newtonau y metr sgwâr** (N/m^2), neu **pascalau** (**Pa**). Gellir defnyddio'r hafaliad hwn i gyfrifo gwasgedd:

$$\text{gwasgedd} = \frac{\text{grym}}{\text{arwynebedd}}$$

lle mae'r grym mewn newtonau (N), a'r arwynebedd mewn metrau sgwâr (m^2).

Er enghraifft:

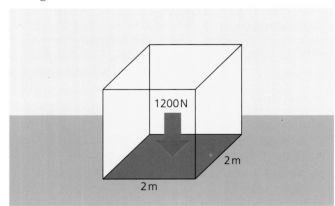

Uchod, mae grym o 1200 N yn gwthio (ar ongl sgwâr) ar arwynebedd sy'n 2 m × 2 m. Felly yr arwynebedd yw 4 m^2. Felly:

$$\text{gwasgedd} = \frac{\text{grym}}{\text{arwynebedd}} = \frac{1200}{4} = 300\,\text{Pa}$$

Gwasgedd a hylifau

Po isaf yr ewch i hylif, mwyaf yw'r gwasgedd. Mae'r gwasgedd hwn yn gwthio i bob cyfeiriad:

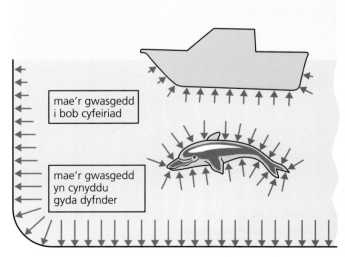

Gwasgedd gan y dŵr sy'n cadw cwch yn nofio ar yr wyneb. Mae dŵr yn gwasgu ar waelod y cwch gan gynhyrchu gwthiad tuag i fyny o'r enw **brigwth**. Mae'r brigwth yn ddigon cryf i gynnal pwysau'r cwch.

Peiriannau hydrolig

Peiriannau hydrolig yw'r enw ar beiriannau sy'n defnyddio hylifau i drosglwyddo grymoedd. Mae peiriannau fel hyn yn dibynnu ar ddwy o nodweddion hylifau:

- Ni ellir gwasgu hylifau – prin y gellir eu cywasgu.

- Os rhoddir gwasgedd ar hylif mewn lle caeth, trosglwyddir y gwasgedd i bob rhan o'r hylif.

Mae'r diagram isod yn dangos jac hydrolig syml. Wrth bwyso ar y piston bach, mae'r gwasgedd yn cael ei drosglwyddo gan yr olew i'r piston llydan. Mae'n cynhyrchu grym allbwn sy'n fwy na'r grym mewnbwn. Hynny yw, mae'n ffordd o **chwyddhau grym**.

System hydrolig sy'n gwneud i bwced y jac codi baw hwn symud.

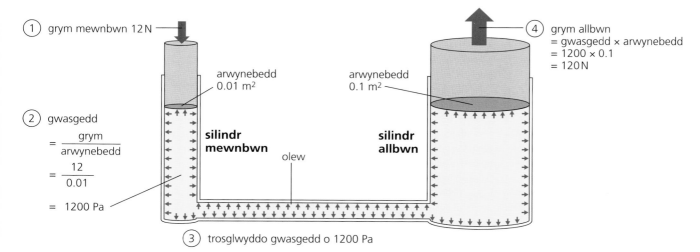

Dilynwch drefn y rhifau 1 i 4 ar y diagram uchod. Maent yn dangos sut i ddefnyddio'r berthynas rhwng gwasgedd, grym ac arwynebedd i gyfrifo'r gwasgedd a drosglwyddir gan yr hylif, ac yna'r grym allbwn.

Hydroleg sy'n gweithio system frecio car. Wrth i chi bwyso eich troed ar bedal y brêc, mae piston yn rhoi gwasgedd ar hylif brêc sy'n gaeth. Trosglwyddir y gwasgedd, gan bibellau, i'r olwynion. Yno, mae'r gwasgedd yn gwthio ar bistonau sy'n symud padiau'r breciau.

Cwestiynau

1 Pam mae'n haws cerdded ar dywod meddal mewn esgidiau fflat yn hytrach nag mewn esgidiau sydd â sodlau uchel?

2 Os oes grym 12 N yn gwasgu (ar ongl sgwâr) ar arwynebedd 4m², beth yw'r gwasgedd?

3 Maint bloc petryal yw 4 m × 3 m × 2 m. Mae'n pwyso 600 N ac mae un wyneb ar y llawr. Lluniwch ddiagram i ddangos safle'r bloc pan fydd y gwasgedd oddi tano:
 a mor fawr â phosibl   b mor fach â phosibl.
 Cyfrifwch y gwasgedd yn y ddau achos.
 (Arwynebedd petryal = hyd × lled)

4 Yn y system hydrolig syml ar y dde:
 a beth yw gwasgedd yr olew?

b beth yw'r grym allbwn?

c petai diamedr y silindr allbwn yn fwy, sut y byddai hyn yn effeithio ar y grym allbwn?

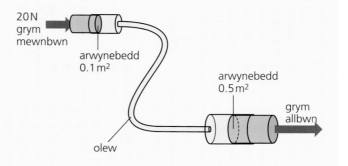

Gwasgu nwyon

Problemau gwasgedd

Plymio i chwilio am wystrys perlau y mae'r ferch hon. Ar 30 metr, mae hi ddeg gwaith yn ddyfnach na gwaelod pwll nofio. Mae hi dan y dŵr ers dros ddau funud. Nid oes ganddi unrhyw offer anadlu. Mae'r gwasgedd arni tua phedair gwaith gwasgedd atmosfferig. I wrthsefyll gwasgedd o'r fath, rhaid iddi ehangu ei hysgyfaint i'r eithaf cyn plymio. Er hynny, erbyn iddi gyrraedd gwely'r môr, mae ei hysgyfaint wedi eu gwasgu cymaint fel bod yr aer yn chwarter ei gyfaint arferol.

Rhagor o wasgu aer

Wrth i aer gael ei bwmpio i deiar beic modur, caiff ei wasgu i tua un rhan o dair ei faint arferol. Bryd hynny, mae'r teiar yn llawn aer ar tua thair gwaith y gwasgedd allanol. Fel pob nwy, mae gwasgedd aer yn cynyddu wrth i'w gyfaint gael ei leihau.

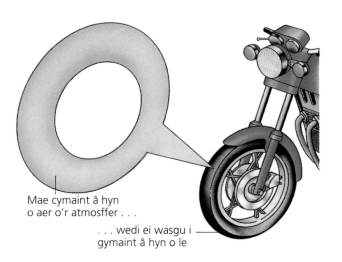

Mae cymaint â hyn o aer o'r atmosffer . . .

. . . wedi ei wasgu i gymaint â hyn o le

Y berthynas rhwng gwasgedd a chyfaint

Dyma offer y gallech ei ddefnyddio i ddarganfod y berthynas rhwng gwasgedd nwy a'i gyfaint:

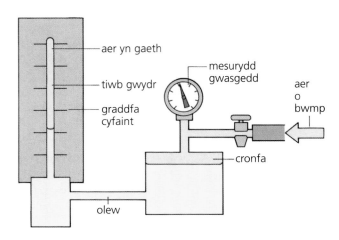

aer yn gaeth

tiwb gwydr

graddfa cyfaint

olew

mesurydd gwasgedd

aer o bwmp

cronfa

Y nwy yw aer, wedi ei ddal yn gaeth uwchben yr olew yn y tiwb gwydr. Mae cyfaint yr aer yn cael ei leihau fesul cam trwy bwmpio aer o'r tu allan i mewn i'r gronfa. Mae hyn yn gwthio rhagor o olew i fyny'r tiwb gwydr. Bob tro y mae'r cyfaint yn lleihau, mae gwasgedd yr aer caeth yn cael ei fesur. Wrth gael ei wasgu, mae'r aer yn cynhesu rywfaint. Felly, ar ôl pob darlleniad, rhaid disgwyl ychydig eiliadau i'r aer ddychwelyd i'w dymheredd gwreiddiol.

Dyma ddarlleniadau nodweddiadol:

cyfaint (cm³)	50	40	25	20	10
gwasgedd (mm o fercwri)	800	1000	1600	2000	4000

Mae dwy berthynas rhwng y darlleniadau:

1 Os caiff y *cyfaint* ei *haneru* yna mae'r *gwasgedd* yn *dyblu*, ac yn y blaen.

2 Mae lluosi'r *gwasgedd* â'r *cyfaint* yn rhoi yr un gwerth bob tro – sef 40 000 yn yr achos hwn.

Mae'r aer yn ufuddhau i **ddeddf Boyle**:

> Os cedwir màs sefydlog o nwy ar dymheredd cyson, mae gwasgedd × cyfaint yn aros yr un peth.

Mae'r rhan fwyaf o nwyon eraill yn ufuddhau i'r ddeddf hon hefyd.

Defnyddio deddf Boyle

Dyma'r math o broblem y gallech ei datrys trwy ddefnyddio deddf Boyle:

> *Problem* Mae plymiwr ar wely'r môr yn allanadlu swigod aer. Ym mhob swigen, cyfaint yr aer yw 2 cm³, a'i wasgedd yw 3 atmosffer. Ar wyneb y môr, y gwasgedd yw 1 atmosffer.
> *Beth yw cyfaint swigen wrth iddi gyrraedd yr wyneb?*

Os nad yw tymheredd yn newid,
mae gwasgedd × cyfaint yn aros yr un peth. Felly,

$$\begin{array}{cccccc} \text{gwasgedd} & & \text{cyfaint} & \text{gwasgedd} & & \text{cyfaint} \\ \text{ar wely'r} & \times & \text{ar wely'r} & = & \text{ar yr} & \times & \text{ar yr} \\ \text{môr} & & \text{môr} & \text{wyneb} & & \text{wyneb} \end{array}$$

Gan ddefnyddio'r ffigurau,

$$3\,\text{atm} \times 2\,\text{cm}^3 = 1\,\text{atm} \times \begin{array}{c}\text{cyfaint}\\ \text{ar yr wyneb}\end{array}$$

Aildrefnwch hyn, ac fe welwch mai cyfaint y swigen ar yr wyneb yw 6 cm³.

Crynodi'r moleciwlau

Mae'r diagram yn dangos pam mae'r gwasgedd yn cynyddu wrth i nwy gael ei wasgu:

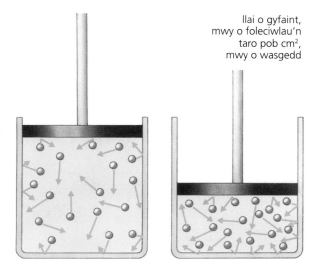

llai o gyfaint, mwy o foleciwlau'n taro pob cm², mwy o wasgedd

Achosir y gwasgedd wrth i foleciwlau nwy sydd yn teithio'n gyflym wrthdaro yn erbyn ochrau'r cynhwysydd. Os bydd y nwy yn cael ei gywasgu i lai o le, bydd y moleciwlau'n mynd yn fwy crynodedig. Bydd mwy o foleciwlau'n taro pob centimetr sgwâr o ochrau'r cynhwysydd. Felly bydd y gwasgedd yn uwch.

Unedau gwasgedd

Dyma rai unedau gwasgedd:

pascal (Pa) Hon yw uned SI gwasgedd. Mae'n wasgedd o 1 newton ar bob metr sgwâr (N/m²).

cilopascal (kPa) Mae hyn yn 1000 Pa.

atmosffer (atm) Mae hyn yn 101 325 Pa. Dyma faint yw gwasgedd atmosfferig safonol: gwasgedd yr atmosffer ar wyneb y Ddaear.

mm o fercwri (mmHg) Defnyddir baromedr i fesur gwasgedd atmosfferig. Ar y gwasgedd atmosfferig safonol, uchder y golofn mewn baromedr mercwri yw 760 mm.
Felly mae 1 atm = 760 mm Hg.

milibar (mb) Mae meteorolegwyr yn defnyddio'r uned hon. 1 mb = 100 Pa. Felly mae'r gwasgedd atmosfferig safonol tua 1000 milibar.

Cwestiynau

1 Yn ôl deddf Boyle, os yw nwy yn cael ei wasgu i chwarter ei gyfaint gwreiddiol, ac os nad yw'r tymheredd yn newid, beth sy'n digwydd i'r gwasgedd?

2 Mae hwn yn gwestiwn am yr arbrawf a'r tabl darlleniadau ar y dudalen gyferbyn.
   a Petai *cyfaint* y nwy yn 5 cm³ yn unig, beth fyddai'r *gwasgedd*?
   b Plotiwch graff *gwasgedd* (echelin ochr) yn erbyn *cyfaint* (echelin waelod).
   c O'ch graff, darllenwch wasgedd y nwy pan fo'r *cyfaint* yn **i** 30 cm³ **ii** 15 cm³.
   ch Plotiwch graff *gwasgedd* yn erbyn 1/*cyfaint*. (Yn gyntaf, defnyddiwch gyfrifiannell i gyfrifo gwerthoedd 1/*cyfaint*.) Beth yw siâp eich graff?

3 Mae'r balŵn ar y dde yn cynnwys 6 m³ o heliwm ar wasgedd 100 kPa. Wrth i'r balŵn godi trwy'r atmosffer, mae'r gwasgedd yn gostwng a'r balŵn yn ehangu. Gan gymryd nad yw'r tymheredd yn newid, beth yw cyfaint y balŵn pan fydd y gwasgedd wedi gostwng i:
   a 50 kPa?
   b 40 kPa?

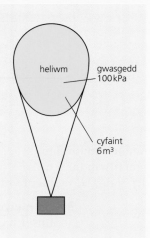

heliwm

gwasgedd 100 kPa

cyfaint 6 m³

PP6 **Momentwm**

Yn y llun ar y dde, mae lori anferth yn teithio'n gyflym iawn. Weithiau bydd pobl yn dweud bod **momentwm** mawr gan lori fel hon. Ond, i wyddonwyr, mae momentwm yn rhywbeth y gallwch ei fesur. Dyma'r hafaliad sy'n cael ei ddefnyddio:

> momentwm = màs × cyflymder

Er enghraifft, os yw car bach, màs 2 kg, yn teithio ar gyflymder 3 m/s:

> momentwm = 2 × 3 = 6 kg m/s

Fel cyflymder, mae momentwm yn fector. Felly, yn aml, defnyddir + neu − i ddangos ei gyfeiriad. Er enghraifft:

os yw'r car yn symud i'r dde: momentwm = +6 kg m/s
os yw'r car yn symud i'r chwith: momentwm = −6 kg m/s

Grym a momentwm

Mae perthynas rhwng grym a momentwm:

$$\text{grym} = \frac{\text{newid mewn momentwm}}{\text{amser a gymerwyd}}$$

Gallwn ddefnyddio'r hafaliad hwn i gyfrifo'r grym mewn newtonau (N) sydd ei angen i wneud i gar bach 2 kg gyflymu o 3 m/s i 9 m/s mewn 4 eiliad:

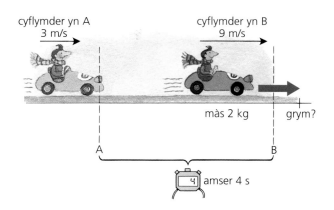

momentwm (ar 3 m/s)   = 2 × 3   = 6 kg m/s
momentwm (ar 9 m/s)   = 2 × 9   = 18 kg m/s
Felly, y newid momentwm = 18 − 6 = 12 kg m/s

Nawr grym = $\dfrac{\text{newid mewn momentwm}}{\text{amser a gymerwyd}} = \dfrac{12}{4} = 3$

Felly, y grym sydd ei angen = 3 N

Perthynas rhwng hafaliadau

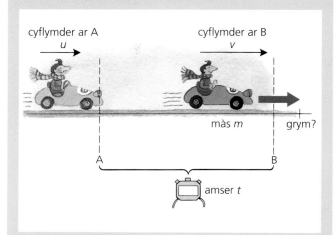

Uchod, mae grym yn gwneud i gar, màs m, gyflymu o gyflymder u i gyflymder v mewn amser t.

$$\text{grym} = \frac{\text{newid mewn momentwm}}{\text{amser a gymerwyd}} = \frac{mv - mu}{t} \quad (1)$$

$$= m\left(\frac{v - u}{t}\right)$$

Ond $\left(\dfrac{v - u}{t}\right)$ yw cyflymiad y car.

Felly, grym = màs × cyflymiad   (2)

Mae hyn yn dangos mai gwahanol fersiynau o'r un hafaliad yw (1) a (2) mewn gwirionedd. Weithiau gelwir yr hafaliad hwn yn **ail ddeddf mudiant Newton**.

Cadwraeth momentwm

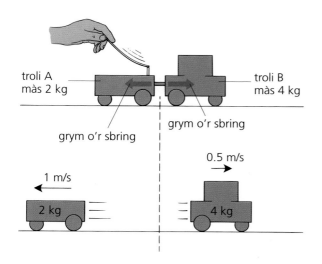

troli A
màs 2 kg

troli B
màs 4 kg

grym o'r sbring

grym o'r sbring

0.5 m/s

1 m/s

2 kg

4 kg

Ar y dechrau, mae trolïau A a B uchod yn llonydd. Yna mae sbring yn cael ei ryddhau rhyngddynt nes eu bod yn saethu i'r ddau gyfeiriad dirgroes. Y troli sydd â'r màs lleiaf sy'n symud gyflymaf.

Mae'r diagram yn dangos gwerthoedd màs a chyflymder nodweddiadol. Gallwn eu defnyddio i gyfrifo'r newid momentwm sy'n digwydd (cofiwch fod angen rhoi + neu – i ddangos symudiad i'r chwith neu'r dde):

Cyn rhyddhau'r sbring:
cyfanswm momentwm y trolïau = 0

Ar ôl rhyddhau'r sbring:
momentwm B = 4 × (+0.5) = +2 kg m/s
momentwm A = 2 × (−1) = −2 kg m/s

Felly, cyfanswm momentwm y trolïau = 2 + (−2) = 0

Sylwch fod cyfanswm y momentwm *ar ôl* rhyddhau'r sbring yn union yr un fath ag oedd *cyn* ei ryddhau. Mae hyn yn enghraifft o *ddeddf cadwraeth momentwm*:

> Gall pethau wthio neu dynnu ar ei gilydd, ond os nad oes grym arnynt o'r tu allan, bydd cyfanswm eu momentwm yn aros yr un fath.

Efallai y gallwch weld pam mae'r ddeddf yn wir am y trolïau. Mae'r grymoedd ar A a B yn hafal ond yn ddirgroes. Maent yn gweithredu am yr un cyfnod amser. Felly maent yn cynhyrchu newid hafal ond dirgroes yn y momentwm. Mae'r newid i'r chwith yn canslo'r newid i'r dde, felly nid yw cyfanswm y momentwm yn newid.

Gwthiad roced

Gall peirianwyr ddefnyddio hafaliad y berthynas rhwng grym a momentwm i gyfrifo **gwthiad** (grym) o roced neu beiriant jet. Er enghraifft:

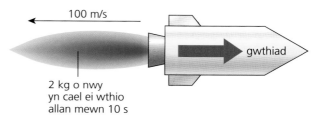

100 m/s

gwthiad

2 kg o nwy
yn cael ei wthio
allan mewn 10 s

Mewn 10 eiliad, mae roced fechan yn gwthio 2 kg o nwyon gwastraff allan ar gyflymder o 100 m/s.

newid ym momentwm y nwyon
$$= 2 × 100 = 200 \text{ kg m/s}$$

$$\text{grym} = \frac{\text{newid mewn momentwm}}{\text{amser}} = \frac{200}{10} = 20 \text{ N}$$

Mae'r grym hwn yn gwthio'r nwyon tuag yn ôl. Felly, yn unol â thrydedd ddeddf Newton, mae'n rhaid bod grym hafal ond dirgroes yn gwthio'r roced tuag ymlaen. Felly: gwthiad o beiriant y roced = 20 N

Cwestiynau

	màs (kg)	cyflymder (m/s)
car	1000	5
beic modur	200	30

1 Yn y tabl:
   a Beth yw momentwm y car?
   b Pa un sydd â'r mwyaf o fomentwm, y car neu'r beic modur?

   c Pa un fyddai â'r mwyaf o fomentwm petai'r ddau yn teithio ar yr un cyflymder?
2 Pa rym sydd ei angen i wneud i fàs 10 kg gyflymu o 2 m/s i 4 m/s mewn 5 eiliad?
3 Beth yw'r grym o beiriant roced sydd, mewn 2 eiliad, yn gwthio 4 kg o nwyon allan ar gyflymder o 200 m/s?
4 Mae gofodwr yn gwthio yn erbyn craig rydd yn y gofod. Màs y gofodwr yw 100 kg a màs y graig yw 200 kg. Os yw'r graig yn ennill cyflymder o 2 m/s i'r dde, beth fydd cyflymder y gofodwr i'r chwith?

Cromliniau a chylchoedd

I lawr, i'r ochr . . .

Mae'r diagram isod yn dangos beth sy'n digwydd wrth i un bêl gael ei gollwng a phêl arall gael ei thaflu i'r ochr yr un pryd. (Yma, mae'r peli yn drwm ac effeithiau gwrthiant aer yn rhy fach i wneud gwahaniaeth.)

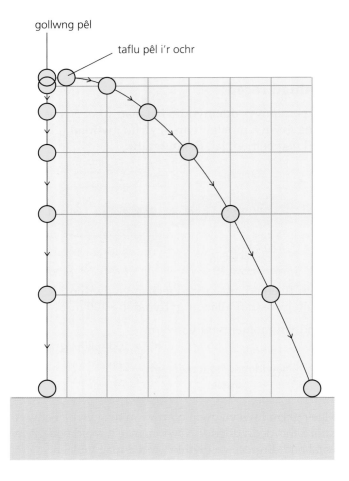

Mae'r diagram yn dangos safleoedd y peli bob 1/10 eiliad. Wrth astudio'r diagram fel welwn ddau beth:

- Mae'r ddwy bêl yn taro'r llawr yr un pryd. Mae ganddynt yn union yr un cyflymiad tuag i lawr (sef g, 10 m/s^2).

- Wrth iddi ddisgyn, mae'r ail bêl yn symud i'r ochr dros y llawr ar fuanedd cyson. Hynny yw, mae ei chyflymder llorweddol yn gyson.

Mae canlyniadau fel hyn yn dangos, os yw rhywbeth yn disgyn yn rhydd, yna mae ei symudiadau fertigol a llorweddol yn annibynnol ar ei gilydd.

. . . ac o gwmpas mewn orbit

Mae'r diagram isod yn dangos 'arbrawf dychmygol'. Mae gofodwr yn sefyll ar dŵr uchel, ymhell uwchben yr atmosffer, lle nad oes gwrthiant aer. Mae'n ddigon cryf i allu taflu pêl ar fuanedd roced!

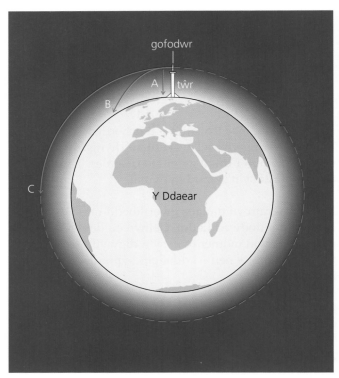

Mae'n gollwng pêl A. Mae'r bêl yn cyflymu tuag i lawr, yn syth at y ddaear.

Mae'n taflu pêl B yn llorweddol. Mae hon hefyd yn cyflymu tuag i lawr. Ond mae hi hefyd yn symud i'r ochr ar fuanedd cyson.

Mae pêl C yn cael ei thaflu'n llorweddol ond yn llawer cyflymach, Unwaith eto, mae'r bêl yn disgyn. Ond y tro hwn, mae ei buanedd i'r ochr mor gyflym nes bod taith y bêl ar gromlin sy'n cyfateb i gromlin y Ddaear. Mae'r bêl yn cyflymu tuag i lawr, ond nid yw'n mynd yn nes at y ddaear! Mae'r bêl mewn **orbit** o gwmpas y Ddaear.

Mae lloerenni yn cael eu rhoi mewn orbit gan rocedi cyflym, pwerus. Ar gyfer orbit yn agos i'r Ddaear, rhaid cael buanedd o tua 8 km/s (18 000 m.y.a.). Yn ei horbit, mae lloeren yn disgyn yn rhydd, yn union fel pêl.

Symud mewn cylch

Cylchoedd yw llawer o orbitau. Mae'r diagram yn dangos enghraifft arall o symud mewn cylch: pêl yn cael ei throelli ar flaen darn o linyn. Mae'r person yn y canol yn cadw'r bêl i symud ar fuanedd cyson.

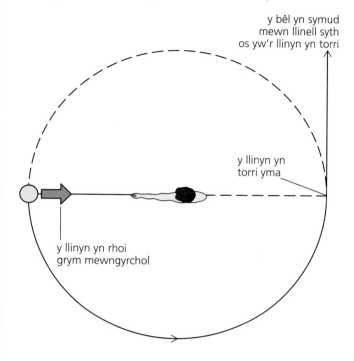

y bêl yn symud mewn llinell syth os yw'r llinyn yn torri

y llinyn yn torri yma

y llinyn yn rhoi grym mewngyrchol

Mae angen grym tuag i mewn i gadw'r bêl yn symud mewn cylch. Yr enw ar hwn yw **grym mewngyrchol.** Hebddo, byddai'r bêl yn symud mewn llinell syth, gan gadw at ddeddf mudiant gyntaf Newton.

Yn achos y bêl uchod, y llinyn sy'n rhoi'r grym mewngyrchol. Bydd angen *mwy* o rym:

- os yw màs y bêl yn *fwy*;
- os yw buanedd y bêl yn *fwy*;
- os yw radiws y cylch yn *llai*.

Yn achos lloeren mewn orbit o gwmpas y Ddaear, disgyrchiant sy'n rhoi'r grym mewngyrchol i wneud iddi symud mewn cylch.

Pan fydd car yn mynd rownd cornel yn gyflym iawn, ffrithiant i'r ochr o'r teiars sy'n rhoi'r grym mewngyrchol angenrheidiol i wneud i'r car droi'r gornel.

Allgyrchol ynteu mewngyrchol?

Wrth i chi droelli pêl ar flaen darn o linyn, efallai y byddech yn dweud eich bod yn teimlo 'grym allgyrchol' tuag allan. Ond nid oes grym tuag allan ar y bêl. Os yw'r llinyn yn torri, mae'r bêl yn symud mewn llinell syth, ar hyd y tangiad. Nid yw'n cael ei thaflu at allan.

Nid yw symud pêl mewn cylch yn *cynhyrchu* grym mewngyrchol. Os yw'r grym mewngyrchol yn 20 newton, dyweder, mae hyn yn dangos bod angen grym o 20 newton i wneud i'r bêl symud yn y cylch.

Cwestiynau

1 Isod, mae un bwled yn cael ei saethu o'r dryll ar 50 m/s tra bo'r llall yn cael ei ollwng. Mae'r ail fwled yn cymryd 2 eiliad i gyrraedd y môr. Nid oes gwrthiant aer.

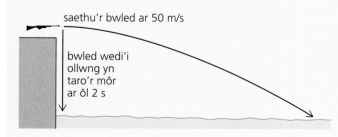

saethu'r bwled ar 50 m/s

bwled wedi'i ollwng yn taro'r môr ar ôl 2 s

a Faint o amser mae'r bwled o'r dryll yn ei gymryd i gyrraedd y môr?

b Beth fydd cyflymder llorweddol y bwled hwn pan fydd yn cyrraedd y môr?

c Beth fydd pellter y bwled o'r clogwyn pan fydd yn cyrraedd y môr?

2 Mae car yn mynd rownd cornel.

a Beth sy'n rhoi'r grym mewngyrchol?

b A oes angen *mwy* o rym, ynteu *llai* o rym, os yw'r car:
i yn drymach? ii yn gyflymach? iii yn mynd rownd tro mwy tynn?

c Beth fyddai'n digwydd i'r car pe na bai grym mewngyrchol yn gweithredu?

Rhagor o gwestiynau dull arholiad

1 Mae gyrrwr car ar ei ffordd adref yn teithio ar fuanedd araf, cyson. Wedi cyrraedd y draffordd, mae'n cyflymu'n sydyn ac yna'n teithio ar fuanedd uchel cyson. Wrth adael y draffordd mae'n arafu ac yn dod i aros wrth gyffordd.

  a Lluniwch fraslun o graff buanedd-amser ar gyfer y daith.

  b Lluniwch fraslun o graff pellter-amser ar gyfer y daith.

  c Cyfrifwch fuanedd cyfartalog y gyrrwr mewn km/awr os yw'n teithio 40 km mewn 30 munud.

2 Mae'r diagram isod yn dangos graff cyflymder-amser ar gyfer plymiwr awyr sy'n disgyn yn rhydd.

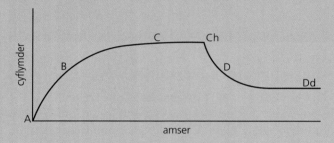

Tybiwch mai 10 m/s² yw cyflymiad oherwydd disgyrchiant.

  a Beth yw cyflymiad y plymiwr yn y pwynt A ar y graff?

  b Pam mae cyflymiad y plymiwr yn lleihau yn rhan B y graff?

  c Eglurwch pam mae'r plymiwr yn teithio ar ei fuanedd terfynol yn rhan C y graff.

  ch Beth sydd wedi digwydd ym mhwynt Ch ar y graff?

  d Beth sy'n digwydd i'r plymiwr yn rhan D y graff?

  dd Beth sy'n digwydd i'r plymiwr yn rhan Dd y graff?

3 Mae modur trydan yn ddyfais ar gyfer newid egni trydanol yn egni cinetig. Awgrymwch ddyfais a fydd yn cyflawni'r newidiadau egni canlynol:

  a Egni trydanol yn egni gwres a goleuni.

  b Egni cemegol yn egni trydanol.

  c Egni goleuni yn egni trydanol.

  ch Egni sain yn egni trydanol.

  d Egni trydanol yn egni sain.

  dd Egni cemegol yn egni gwres a goleuni.

4 **a** Eglurwch y brawddegau canlynol.
Mae glo yn ffynhonnell egni anadnewyddadwy.
Mae gwynt yn ffynhonnell egni adnewyddadwy.

  b Enwch un ffynhonnell egni anadnewyddadwy arall.

  c Enwch un ffynhonnell egni adnewyddadwy arall.

  ch Rhowch un fantais ac un anfantais o ddefnyddio'r ffynhonnell egni a ddewisoch yn ateb ar gyfer c.

5 Mae'r diagram isod yn dangos cylched gyfres syml sy'n cynnwys cell, switsh a bwlb. Tra bo'r switsh ar gau, mae cerrynt 0.2 A yn llifo trwy'r bwlb.

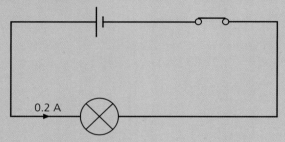

  a Faint o gerrynt fydd yn llifo os bydd bwlb arall, union yr un fath, yn cael ei gysylltu mewn cyfres â'r cyntaf?

  b Faint o gerrynt fydd yn llifo o'r gell os bydd yr ail fwlb yn cael ei gysylltu yn awr mewn paralel â'r bwlb cyntaf?

6 Mae'r diagram isod yn dangos batri, amedr a bwlb wedi eu cysylltu mewn cyfres. Mae foltmedr wedi ei gysylltu mewn paralel â'r bwlb.

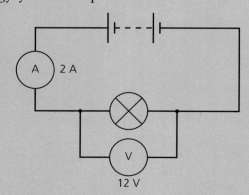

  a Cyfrifwch bŵer y bwlb.

  b Faint o egni sy'n cael ei drawsnewid gan y bwlb mewn 10 eiliad?

  c Pa newid egni sy'n digwydd y tu mewn i'r bwlb?

7 a Mae yna dri ffiws ar gael yn gyffredin i'w defnyddio mewn plwg tri phin ar gyfer y prif gyflenwad. Eu maint yw 3 A, 5 A ac 13 A. Daw trydan o'r prif gyflenwad ar 240 V.
Pa un o'r tri ffiws fyddai'n addas i'w ddefnyddio gyda'r dyfeisiau canlynol?
  i Bwlb 60 W.
  ii Set deledu 600 W.
  iii Peiriant sychu gwallt 1.1 kW.
  iv Tegell 2 kW.
b Eglurwch beth sy'n digwydd i ffiws os oes gormod o gerrynt yn mynd trwy'r gylched.

8 Dyma ddiagram o'r tu mewn i blwg tri phin.

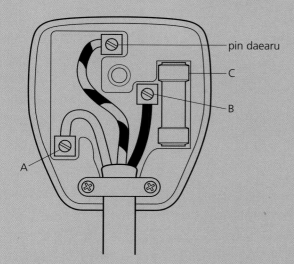

a Beth yw enw pin A?
b Beth yw enw pin B?
c Pa liw yw'r wifren sydd wedi ei chysylltu â'r pin daearu?
ch Eglurwch pam mae yna bin daearu.
d Beth yw C?

9 a Os yw egni trydan yn costio 7c am bob kW awr, cyfrifwch gost defnyddio'r rhain:
  i tân 3 kW am 6 awr
  ii sychwr gwallt 1.2 kW am 30 munud
  iii bwlb 100 W am 10 awr.
b Beth yw'r Grid Cenedlaethol?

10 Mae'r diagram isod yn dangos dau wrthydd wedi eu cysylltu mewn paralel.

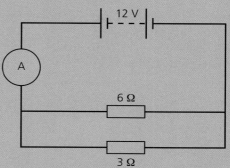

a Beth yw cydran A?
b Cyfrifwch y cerrynt sy'n llifo trwy'r gwrthydd 6Ω.
c Cyfrifwch y cerrynt sy'n llifo trwy'r gwrthydd 3Ω.
ch Pa gerrynt sy'n llifo trwy A?

11 Mae disgybl yn defnyddio'r gylched isod i archwilio'r berthynas rhwng y cerrynt sy'n llifo trwy wrthydd a'r g.p. (foltedd) ar ei draws.

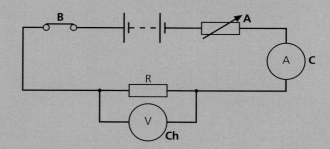

a Beth yw A?
b Beth yw B?
c Beth yw C?
ch Beth yw Ch?

Mae'r tabl hwn yn nodi canlyniadau'r disgybl.

g.p. (V)	0	2	4	6	8	10	12
cerrynt (A)	0	0.25	0.50	0.80	1.00	1.25	1.50

d Plotiwch graff o'r g.p. yn erbyn y cerrynt.
dd Mae'n ymddangos bod un darlleniad wedi ei fesur yn anghywir. Pa un?
e A yw'r gwrthydd yn ufuddhau i ddeddf Ohm? Eglurwch eich ateb.
f Beth yw gwrthiant y gwrthydd R?

12 Mae lamp flaen car yn 12 V, 26 W.
  a Pa newid egni sy'n digwydd y tu mewn i'r bwlb?
  b Ar ba gyfradd y mae'r newid egni hwn yn digwydd, mewn J/s?
  c Cyfrifwch y cerrynt sy'n llifo trwy'r bwlb.
  ch Cyfrifwch wrthiant y bwlb.

13 Mae'r graff isod yn dangos rhan o daith bws. Ar ôl teithio ar y briffordd am rai munudau, mae'n aros yn yr orsaf fysiau. Rywbryd yn ddiweddarach, mae'n gadael yr orsaf fysiau a pharhau â'i daith.

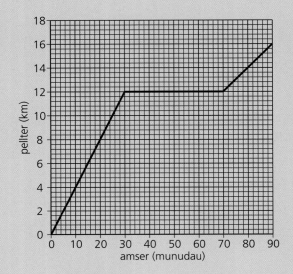

  a Pa mor bell mae'r bws yn teithio cyn aros yn yr orsaf fysiau?
  b Am faint o amser y mae'n aros yn yr orsaf?
  c Beth yw buanedd cyfartalog y bws cyn iddo gyrraedd yr orsaf?
  ch Ar ôl iddo adael yr orsaf, a yw buanedd y bws yn fwy nag o'r blaen, neu'n llai? Eglurwch eich ateb.

14 Mae'r diagram isod yn dangos tonnau yn cael eu cynhyrchu gan beiriant tonnau mewn tanc crychdonnau.

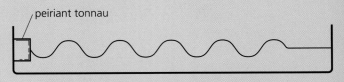

peiriant tonnau

  a Sawl ton ddŵr sy'n cael ei dangos yn y diagram?
  b Os yw'r tonnau uchod yn cael eu cynhyrchu mewn 2.5 eiliad, beth yw eu hamledd?
  c Os yw tonfedd y tonnau dŵr yn 5 cm, cyfrifwch eu buanedd.

15 Mae craen yn codi llwyth 500 N i uchder o 30 m mewn 20 s.
  a Pa fath o egni y mae'r craen wedi ei ennill erbyn iddo gwblhau codi'r llwyth?
  b Cyfrifwch y gwaith mae'r craen yn ei wneud.
  c Awgrymwch un rheswm pam y bydd y craen wedi gwneud mwy o waith na'r gwerth a gyfrifwyd gennych yn b.
  ch Cyfrifwch bŵer y craen.

16 Mae'r diagram isod yn dangos barfagnet, a choil o wifren wedi ei gysylltu ag amedr sensitif.

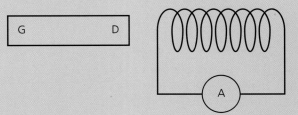

  a Wrth i'r magnet gael ei wthio'n araf i'r coil, symudodd pwyntydd yr amedr 10 rhaniad i'r dde. Beth fyddech chi'n disgwyl ei weld yn digwydd petai:
    i   y magnet yn cael ei dynnu'n araf o'r coil?
    ii y magnet yn cael ei ddal yn llonydd yn y coil?
    iii y magnet yn cael ei droi fel bod ei bôl gogledd yn nes at y coil, a'r magnet wedyn yn cael ei wthio'n gyflym i'r coil?
  b Eglurwch pam mae nodwydd yr amedr yn symud.

17 Mae'r diagram isod yn dangos llif gwres o'r tu mewn i dŷ i'r tu allan trwy wal geudod.

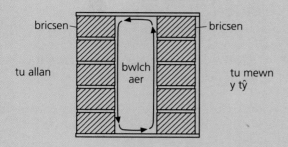

a Pam y bydd aer yn llifo o du mewn y tŷ i'r tu allan?

b Sut mae gwres yn cael ei drosglwyddo trwy'r brics?

c Sut mae gwres yn cael ei drosglwyddo ar draws y bwlch aer?

ch Awgrymwch beth y gellid ei wneud i leihau cyfradd llif y gwres ar draws y bwlch aer.

18 Mae'r diagram isod yn dangos llif egni trwy orsaf bŵer sy'n llosgi glo.

$$\text{effeithlonedd} = \frac{\text{allbwn egni defnyddiol}}{\text{cyfanswm mewnbwn egni}} \times 100\%$$

a Cyfrifwch effeithlonedd yr orsaf bŵer uchod.

b Eglurwch sut y mae'r egni a ryddheir wrth losgi glo yn cael ei ddefnyddio i gynhyrchu trydan.

c Sut mae'r egni trydanol hwn yn cael ei anfon wedyn i drefi a dinasoedd sydd filltiroedd o'r orsaf bŵer?

19 Mae'r diagram isod yn dangos sut mae goleuni yn teithio ar hyd ffibr optegol.

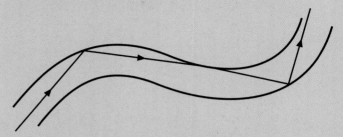

a Eglurwch pam nad yw'r pelydryn goleuni yn dod allan trwy ochrau'r ffibr optegol.

b Disgrifiwch un ffordd o ddefnyddio ffibr optegol.

20 a Enwch y ddau fath o don seismig sy'n cael eu rhyddhau yn ystod daeargryn.

b Beth yw ton hydredol?

c Beth yw ton ardraws?

ch Pa don seismig sy'n don ardraws?

d Pa don seismig nad yw'n gallu teithio trwy hylif?

21 Mae'r diagram isod yn dangos rhan ogleddol y Ddaear.

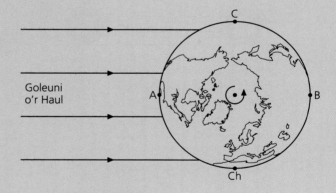

a Yn fras, pa amser o'r dydd yw hi ar wyneb y Ddaear:

   i ym mhwynt A?

   ii ym mhwynt B?

   iii ym mhwynt C?

   iv ym mhwynt Ch?

b Faint o amser mae'r Ddaear yn ei gymryd i droelli unwaith o gwmpas ei hechelin?

22 Mae'r diagram isod yn dangos beth sy'n digwydd i'r pelydriad o dri gwahanol sylwedd ymbelydrol pan roddir gwahanol ddefnyddiau o'u blaenau.

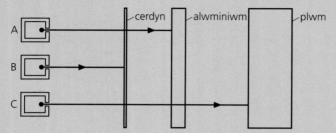

a Pa fath o belydriad sy'n cael ei ryddhau gan bob un o'r tair ffynhonnell?

b Pa rai o'r tri math o belydriad sydd wedi eu gwefru?

c Pa un o'r tri math o belydriad yw'r cryfaf am ïoneiddio?

ch Enwch un ffordd o ganfod pob un o'r tri math o belydriad.

23 Mae'r diagram isod yn dangos car bach tegan.

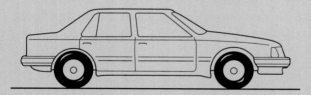

a Enwch dair ffynhonnell egni y gallwch eu rhoi yn y car i wneud iddo symud.

b Pa fath o egni sydd gan y car pan fo'n symud?

c Eglurwch mor llawn â phosibl yr ymadrodd 'ffynhonnell egni adnewyddadwy'.

24 Mae'r diagram isod yn dangos peiriant sychu dillad.

a Copïwch y frawddeg ganlynol ac ychwanegwch y geiriau coll.

Mae'r peiriant sychu dillad yn newid egni _____ yn egni _____ ac egni _____ .

b Pŵer y peiriant sychu yw 1.5 kW. Cyfrifwch nifer yr Unedau trydan sy'n cael eu defnyddio ganddo os yw'r sychwr ar waith am 40 munud.

c Cyfrifwch gost defnyddio'r sychwr am y cyfnod hwn os pris un Uned o drydan yw 9c.

25 Cwestiwn am y sbectrwm electromagnetig yw hwn.

a Pa ddatganiad am donnau electromagnetig sy'n gywir?
A Mae ganddynt i gyd yr un donfedd.
B Mae ganddynt i gyd yr un amledd.
C Maent i gyd yn teithio ar yr un buanedd mewn aer.

b Enwch DDAU fath o don electromagnetig sy'n cael eu defnyddio i goginio bwyd.

c Enwch UN math o don electromagnetig sy'n cael ei ddefnyddio i gyfathrebu dros bellter mawr.

26 Mae'r diagram isod yn dangos sled yn llithro ar rew.

a Wrth i'r sled lithro ar y rhew, mae'n arafu ac yn y pen draw yn dod i aros. Eglurwch pam mae hyn yn digwydd.

b Ysgrifennwch **ddwy** effaith y mae sled yn eu cael ar y rhew wrth lithro.

27 Gellir defnyddio prismau i newid cyfeiriad pelydryn goleuni.

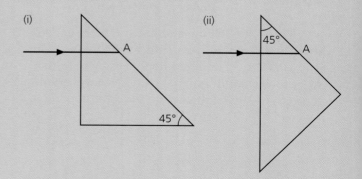

a Copïwch y diagramau a'u cwblhau i ddangos llwybrau'r pelydrau yn fanwl.

b Beth sy'n digwydd i'r ddau belydryn ym mhwynt A y tu mewn i'r prismau?

c Trwy sawl gradd y mae'r prismau yn newid cyfeiriad y ddau belydryn?

ch Enwch un ffordd y defnyddir prism adlewyrchu.

28

10 m

Mae'r diagram uchod yn dangos llithren ddŵr. Ei huchder yw 10 m. Mae bachgen sy'n pwyso 600 N yn dringo i ben y llithren.

a Cyfrifwch y gwaith a wneir gan y bachgen wrth ddringo i ben y llithren.

b Pa fath o egni y mae'r bachgen wedi ei ennill pan fydd ar ben y llithren?

c Os yw'n cymryd 10 eiliad i'r bachgen ddringo i ben y llithren, cyfrifwch ei bŵer yn ystod y cyfnod hwn.

ch Pa fath o egni sydd gan y bachgen yn union cyn taro'r dŵr ar waelod y llithren?

d Beth sy'n digwydd i'r egni hwn ar ôl i'r bachgen ddod i aros yn llonydd yn y dŵr?

29 a Beth yw tonnau P?

b Sut mae tonnau P yn wahanol i donnau S?

c Mae'r graff isod yn dangos sut mae buanedd tonnau P yn newid wrth iddynt deithio trwy'r Ddaear.

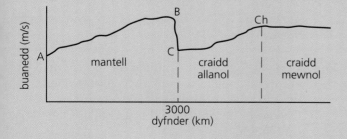

i Beth sy'n digwydd i fuanedd y tonnau P rhwng A a B? Eglurwch eich ateb.

ii Beth sy'n digwydd i fuanedd y tonnau P ar ddyfnder 3000 km? Eglurwch eich ateb.

30 Mae gwledydd diwydiannol yn cael y rhan fwyaf o'u hegni trwy losgi tanwyddau ffosil.

a Enwch dri thanwydd ffosil.

b Pam y mae'r tanwyddau hyn yn cael eu galw yn danwyddau ffosil?

c Pam y dywedwn eu bod yn ffynonellau egni anadnewyddadwy?

ch Eglurwch sut y gall llosgi tanwyddau ffosil gyfrannu at:

   i gynhesu byd-eang;

   ii glaw asid.

d Enwch dair ffynhonnell egni arall. Rhowch un fantais ac un anfantais o ddefnyddio pob un o'r ffynonellau eraill a ddisgrifiwyd gennych.

31

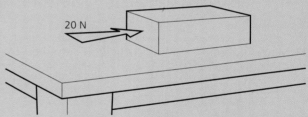

20 N

Mae'r diagram uchod yn dangos bocs sy'n pwyso 10 N ar fwrdd. Rhoddir grym 20 N yn llorweddol ar y bocs ond NID yw'n symud!

a Copïwch y diagram ac ychwanegwch saethau eraill yn dangos y grymoedd sy'n gweithredu ar y bocs. Lle bo hynny'n bosibl, dangoswch faint y grymoedd.

b I ba gyfeiriad y mae grymoedd ffrithiannol yn gweithredu?

c Sut y gellid lleihau'r grymoedd ffrithiannol hyn?

ch Os yw'r grym sy'n gweithredu yn cael ei gynyddu i 50 N, ac os yw'r bocs yn symud 50 cm, cyfrifwch y gwaith a wneir ar y bocs.

32 Mae'r diagram isod yn dangos graff ar gyfer taith fer mewn car.

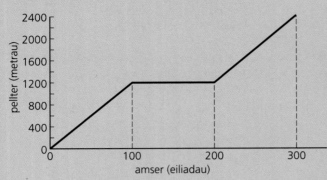

pellter (metrau) / amser (eiliadau)

a Disgrifiwch sut mae'r car yn symud yn ystod y 100 eiliad cyntaf.

b Disgrifiwch fudiant y car rhwng 100 eiliad a 200 eiliad.

c Cyfrifwch fuanedd y car yn ystod y 100 eiliad cyntaf.

ch Cyfrifwch fuanedd cyfartalog y car dros y daith gyfan.

33 Mae'r diagram isod yn cynrychioli atom beryliwm. Ei rif màs yw 9.

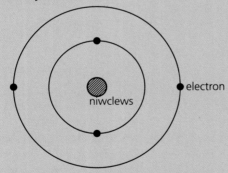

niwclews · electron

a Beth yw rhif proton beryliwm?

b Sawl gronyn wedi'i wefru sydd yn yr atom?

c Sawl gronyn di-wefr sydd yn y niwclews?

ch Beth yw enw'r gronynnau yn y niwclews sydd â gwefr bositif?

d Eglurwch sut mae'r electronau yn cael eu dal mewn orbit o gwmpas y niwclews.

dd Beth yw:

   i ïon positif?

   ii ïon negatif?

34 Yn aml gosodir lloerenni i droi mewn orbit pegynol neu geosefydlog o gwmpas y Ddaear.

a Lluniwch fraslun o'r Ddaear. Ar eich diagram dangoswch orbit pegynol nodweddiadol ac orbit geosefydlog.

b Nodwch un ffordd y defnyddir lloeren yn y ddau orbit hyn.

c Pa rymoedd sy'n cadw lloerenni mewn orbit o gwmpas y Ddaear?

ch Disgrifiwch yn fanwl sut y cafodd Cysawd yr Haul ei ffurfio. Tynnwch luniau i gyd-fynd â'ch disgrifiad.

35 Mae'r diagram isod yn dangos y gwifrau mewn plwg tri phin 13 A.

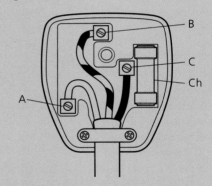

a Copïwch y tabl isod. Llenwch y bylchau.

Gwifren	Enw	Lliw
A		
B		gwyrdd a melyn
C		

b Beth yw Ch, a beth yw ei waith?

c Mae 'ynysiad dwbl' ar lawer o ddyfeisiau yn y cartref. Beth yw ystyr yr ymadrodd hwn?

ch Mae dril 500 W wedi ei gysylltu â'r prif gyflenwad 230 V. Ffiws o ba faint ddylai fod ym mhlwg y dril: 1 A, 3 A, neu 13 A?

36 a Defnyddir gwahanol rannau o'r sbectrwm electromagnetig i wneud gwahanol fathau o dasgau.

Dewiswch eiriau o'r rhestr i gwblhau'r tabl canlynol.

pelydrau X   goleuni   micro-donnau
tonnau radio   pelydrau uwchfioled

Math o belydriad	Sut y defnyddir y pelydriad
	i'w anfon ar hyd ffibrau optegol
	i roi lliw haul i'r croen (ond gall achosi canser mewn celloedd)
	i 'weld' y tu mewn i'r corff
	i anfon gwybodaeth yn ôl ac ymlaen i loerenni

b Mae'r diagram yn dangos y sbectrwm electromagnetig.

tonfedd fyrraf ⟶ tonfedd hiraf

pelydrau gama	pelydrau X	pelydrau uwch-fioled	goleuni	A	micro-donnau	B

   i Beth yw A?
   ii Beth yw B?
c O ble y daw pelydriad gama?

37 Defnyddir tonnau uwchsain i archwilio baban yn datblygu y tu mewn i groth ei fam.
   a Beth yw tonnau uwchsain?
   b Pam y defnyddir tonnau uwchsain yn hytrach na phelydrau X i archwilio'r baban yn y groth?
   c Cyfrifwch donfedd ton uwchsain sydd ag amledd 30 kHz.
   (Buanedd sain mewn aer yw 340 m/s.)

38 Mae peiriant ager yn cael ei yrru gan lo. Mae'r glo yn cael ei losgi i wresogi dŵr a'i newid yn ager. Defnyddir yr ager i symud rhannau'r peiriant.
   a Pa fath o egni sy'n cael ei storio yn y glo?
   b Fel arfer, effeithlonedd peiriannau ager sy'n newid egni sydd wedi ei storio yn y glo yn egni cinetig yw tua 20-25%. Awgrymwch bedair ffordd y mae'r egni sydd wedi ei storio yn y glo yn cael ei golli mewn dulliau nad ydynt yn ddefnyddiol.
   c Mae glo yn ffynhonnell egni anadnewyddadwy. Enwch un tanwydd adnewyddadwy.

39 a Mae'n ymddangos bod defnydd ymbelydrol yn rhyddhau pelydriad beta. Disgrifiwch, gyda chymorth diagram, sut y byddech yn cadarnhau bod hyn yn wir.
   b Eglurwch beth yw ystyr hanner oes sylwedd ymbelydrol.
   c Y cyfrif cefndir mewn labordy yw 100 y munud. Pan gafodd sylwedd ymbelydrol ei dynnu o'i gynhwysydd plwm, cododd y gyfradd gyfrif i 1000 y munud ond ar ôl 10 munud roedd wedi gostwng i 325 y munud. Cyfrifwch hanner oes y sylwedd.
   ch Beth fyddai'r gyfradd gyfrif y byddech yn ei *mesur* ar gyfer y sylwedd ar ôl 5 munud arall?

40 a Nodwch y ddwy amod sy'n angenrheidiol er mwyn cael adlewyrchiad mewnol cyflawn.
   b Lluniwch ddiagramau i ddangos sut y gall prism ddefnyddio adlewyrchiad mewnol cyflawn i droi pelydryn trwy **i** 90° neu **ii** 180°.
   c Eglurwch, gyda diagramau, sut y mae goleuni sy'n teithio ar hyd ffibr optegol yn methu dianc trwy waliau'r ffibr.
   ch Disgrifiwch yn fanwl un ffordd o ddefnyddio ffibrau optegol.

41 Mae'r diagram isod yn dangos ystafell yn cael ei chynhesu gan reiddiadur.

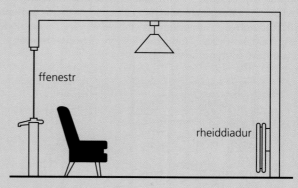

ffenestr

rheiddiadur

   a Disgrifiwch yn fanwl sut y mae'r ystafell gyfan yn cael ei chynhesu gan y rheiddiadur. Gallwch lunio diagram os dymunwch.
   b Eglurwch pam mae'r gadair ddu yn mynd yn gynnes iawn pan fo'r haul yn tywynnu.
   c Petai'r gadair yn wyn, a fyddai'n dal i fynd yn gynnes iawn yn yr haul? Eglurwch eich ateb.
   ch Beth y gellid ei wneud i'r ffenestr er mwyn lleihau unrhyw wres sy'n dianc trwyddi?

Canllawiau adolygu ac arholiadau

Sut i adolygu

Nid yw'n bosibl dweud bod un dull arbennig o adolygu yn gweithio ar gyfer pawb. Mae dulliau gwahanol yn addas ar gyfer gwahanol bobl. Mae'n bwysig felly ichi ddod o hyd i'r dull sydd orau ar eich cyfer chi. Gallwch ddefnyddio'r rheolau sy'n dilyn fel canllawiau cyffredinol.

CANIATÁU DIGON O AMSER

Os byddwch yn aros tan y funud olaf cyn dechrau adolygu ni fyddwch yn rhoi'r cyfle gorau i chi eich hun lwyddo. Ychydig iawn o bobl sy'n gallu adolygu popeth 'y noson cynt' a gwneud yn dda mewn arholiad y diwrnod canlynol. Mae angen ichi gynllunio eich amserlen adolygu fel eich bod yn dechrau arni rai wythnosau cyn yr arholiadau.

CYNLLUNIO AMSERLEN ADOLYGU

Cynlluniwch eich amserlen adolygu ymhell cyn i'r arholiadau ddechrau. Ar ôl mynd i'r drafferth o wneud hyn, cadwch at yr amserlen - peidiwch â mynd i wneud pethau eraill. Rhowch eich amserlen yn rhywle amlwg fel eich bod yn ei gweld yn gyson - neu'n well byth, gosodwch nifer ohonyn nhw o gwmpas eich cartref!

YMLACIO

Byddwch yn gweithio'n galed iawn wrth adolygu. Mae'r un mor bwysig ag y mae ichi weithio eich bod yn cael rhywfaint o amser rhydd i ymlacio. Felly caniatewch amser hamdden fel rhan o'ch amserlen adolygu.

HOLI POBL ERAILL

Bydd ffrindiau, perthnasau ac athrawon yn falch o roi help i chi os byddwch yn gofyn amdano. Ewch i drafod gyda nhw os byddwch yn cael unrhyw drafferthion - peidiwch â rhoi'r ffidil yn y to yn syth os bydd rhywbeth yn achosi problem i chi. Cofiwch am eich rhieni hefyd!

CHWILIO AM GORNEL DAWEL

Pa fath o amodau sydd eu hangen arnoch i allu adolygu yn y ffordd fwyaf effeithiol? Mae llawer yn credu y gallan nhw adolygu mewn awyrgylch swnllyd, brysur - ond dydy hynny ddim yn wir am y rhan fwyaf o bobl! Peidiwch chwaith â cheisio adolygu o flaen y teledu - anaml iawn y mae hynny'n gweithio. Peth aneffeithiol iawn ydy adolygu mewn awyrgylch sy'n llawn o bethau all dynnu eich sylw oddi wrth eich gwaith.

DEFNYDDIO CYNLLUN GWAITH, RHESTR GYFEIRIO AC ATI I'CH HELPU

Defnyddiwch y *Trywyddau* ar ddechrau'r llyfr hwn, cynllun gwaith, siart llif, rhestr gyfeirio neu unrhyw syniadau eraill i'ch helpu ac fel hwb i'ch arwain yn rhesymegol trwy'r gwaith. Ar ôl ichi orffen pwnc, ticiwch ef ar eich rhestr. Gallwch hefyd roi tic gyferbyn â phynciau rydych yn hyderus yn eu cylch. Os gwnewch chi hyn ni fyddwch yn gwastraffu amser yn adolygu adrannau diangen.

YSGRIFENNU NODIADAU BYR, DEFNYDDIO LLIWIAU

Tra byddwch yn darllen trwy eich gwaith neu eich gwerslyfrau ysgrifennwch nodiadau byr ar y pryd yn crynhoi'r prif syniadau a ffeithiau. Ond canolbwyntiwch ar wneud yn siŵr eich bod yn deall y syniadau yn hytrach na chofio'r ffeithiau yn unig. Defnyddiwch liwiau a phinnau ysgrifennu lliwddangos i'ch helpu.

YMARFER ATEB CWESTIYNAU

Ar ôl ichi orffen adolygu pob pwnc ceisiwch ateb ychydig o gwestiynau. Efallai y bydd rhaid ichi ddefnyddio eich nodiadau neu werslyfrau ar y dechrau. Wrth ddod yn fwy hyderus byddwch yn gallu rhoi cynnig ar rai cwestiynau heb ddim help, yn union fel y bydd hi yn yr arholiad.

MAE CAEL EGWYL YN BWYSIG

Pan fyddwch yn gweithio, daliwch ati am ryw awr ac yna rhowch 'wobr' i chi eich hun trwy gael egwyl o ryw 15 i 20 munud a chael diod oer neu baned. Ewch yn ôl at eich gwaith am gyfnod adolygu arall wedyn.

Llwyddiant yn yr arholiadau

Os bydd eich stumog yn troi wrth feddwl am arholiad, yna yn ôl pob tebyg, fyddwch chi ddim wedi paratoi'n ddigonol. Mae'n naturiol i bawb fod ychydig yn nerfus ynglŷn ag arholiad pwysig. Ar y llaw arall, os byddwch chi'n gwybod beth i'w ddisgwyl cyn mynd i'r ystafell arholiad does dim rheswm pam y dylech chi dorri eich calon a methu gwneud chwarae teg â chi eich hun.

Os byddwch chi wedi gweithio'n galed am ddwy flynedd ac wedi gwneud ymdrech dda, dyma rai pethau y gallwch eu gwneud er mwyn sicrhau bod eich canlyniadau yn adlewyrchu hynny.

Bod yn barod

Gwnewch yn siŵr fod popeth y byddwch ei angen yn barod gennych y noson cynt, yn cynnwys pinnau ysgrifennu, pensiliau, pren mesur a chyfrifiannell. Bydd eich athrawon yn gallu dweud wrthych chi pa sgiliau mathemategol y bydd arnoch eu hangen, neu byddant wedi eu rhestru yn y maes llafur. Gwnewch yn siŵr eich bod yn gyfarwydd â'r rhain ddigon ymlaen llaw.

Darllen yn ofalus

Cyn dechrau, darllenwch y papur o'r dechrau i'r diwedd a gwnewch yn siŵr eich bod yn deall yn union beth sydd raid i chi ei wneud. Trowch bob tudalen. Yna, pan fyddwch yn barod i ddechrau, darllenwch bob cwestiwn fwy nag unwaith i wneud yn siŵr fod yr hyn sydd yn eich meddwl chi yn cytuno â'r hyn sy'n cael ei ofyn. Dilynwch y cyfarwyddiadau i'r llythyren. Dim ond am atebion sy'n benodol i'r cwestiwn sy'n cael ei ofyn y cewch chi farciau. Ni chewch farciau am wybodaeth arall am y pwnc.

Cynllunio eich amser

Cyfrifwch faint o amser y dylech ei dreulio ar bob cwestiwn, yn seiliedig ar faint o farciau sydd i'w cael am bob un. Peidiwch â threulio oesoedd yn pendroni dros yr ateb i ran olaf cwestiwn - yn lle hynny ewch ymlaen a dechrau'r cwestiwn nesaf. Mae'n debygol y cewch chi fwy o farciau am ateb rhannau cyntaf pob cwestiwn nag am gwblhau un neu ddau o gwestiynau yn llwyr, heb roi cynnig ar gwestiynau tua diwedd y papur. Os bydd gennych amser dros ben ar y diwedd, a chithau wedi ymlacio mwy, ewch yn ôl a meddwl am y rhannau anodd eto.

Cyflwyno'r gwaith yn eglur

Cofiwch y bydd gan yr arholwyr bentwr mawr o bapurau i'w marcio mewn amser go fyr. Ni fydd gorfod ymdrechu i ddarllen ysgrifen flêr neu ddilyn dadl afresymegol yn fawr o help! Ewch ati felly i ysgrifennu mor glir ag y gallwch yn yr amser sydd gennych, a meddyliwch ymlaen llaw beth rydych am ei ysgrifennu. Bydd yr arholwyr yn awyddus i roi marciau ichi - gwnewch hi'n hawdd iddyn nhw wneud hynny.

Os byddwch yn tynnu lluniau, gwnewch nhw'n glir ac yn syml, gan ddefnyddio llinellau sengl lle bo hynny'n addas. Labelwch y diagramau a gwnewch yn siŵr fod y llinellau o unrhyw labeli yn pwyntio'n syth at y pethau perthnasol.

Peidio â chynhyrfu

Os cewch gwestiwn a chithau heb glem sut i'w ateb, peidiwch â chynhyrfu! Anadlwch yn araf ac yn ddwfn, ac edrychwch arno eto. Mae'n debygol iawn y bydd yr ystyr yn dechrau gwawrio arnoch chi os cadwch chi'n dawel, a meddwl yn glir, neu o leiaf efallai y byddwch yn gallu ateb rhan ohono. Os na ddaw pethau'n gliriach, peidiwch â phoeni'n ormodol amdano - canolbwyntiwch yn gyntaf ar y cwestiynau y *gallwch* eu hateb.

Crynodebau o'r penodau/rhestri cyfeirio

Llungopïwch y rhestri o bynciau isod a rhowch groes gyferbyn â'r rhai *nad* ydynt yn rhan o fanyleb eich arholiad chi. (Bydd eich athrawon yn gallu dweud wrthych pa rai sy'n berthnasol.) Ticiwch yr eitemau eraill ar eich rhestr wrth i chi eu hadolygu. Mae'r rhifau mewn cromfachau yn dweud wrthych ym mha Unedau y cewch chi fwy o wybodaeth.

1 Unedau a mesur

- Unedau ar gyfer mesur hyd, màs ac amser (1.01)
- Defnyddio mili- a cilo- (1.01)
- Unedau ar gyfer mesur cyfaint (1.01)
- Symbolau (byrfoddau) ar gyfer unedau (1.02)
- Ystyr dwysedd (1.02)

2 Grymoedd a mudiant

- Cyfrifo buanedd (2.01)
- Y gwahaniaeth rhwng buanedd a chyflymder (2.01)
- Cyfrifo cyflymiad (2.01)
- Ystyr arafiad (2.01)
- Defnyddio graffiau pellter-amser a buanedd-amser i gynrychioli symudiad (2.02)
- Siâp graff pellter-amser
  - os yw rhywbeth yn symud ar fuanedd cyson
  - os yw rhywbeth yn symud ar fuanedd cyson cyflymach
  - os yw rhywbeth yn cyflymu
  - os yw rhywbeth yn llonydd (2.02)
- Cyfrifo buanedd o graff pellter-amser (2.02)
- Siâp graff buanedd-amser
  - os yw rhywbeth yn symud ar fuanedd cyson
  - os yw rhywbeth yn cyflymu (2.02)
- Beth mae graddiant graff pellter-amser yn ei ddangos (2.03)
- Beth mae graddiant graff buanedd-amser yn ei ddangos (2.03)
- Beth mae'r arwynebedd o dan graff buanedd-amser yn ei ddangos (2.03)
- Graffiau cyflymder-amser a dadleoliad-amser (2.03)
- Cofnodi symudiad troli gan ddefnyddio tâp ticio, a dadansoddi'r data a gasglwyd (2.04)
- Symudiad gwrthrych sy'n disgyn yn rhydd (2.05)
- Cyflymiad disgyn yn rhydd, *g* (2.05)
- Mesur *g* (2.05)
- Uned grym: y newton (2.07)
- Mesur grym (2.07)
- Cydeffaith dau rym sy'n gweithredu i'r un cyfeiriad, neu mewn cyfeiriadau dirgroes (2.07)
- Y cysylltiad rhwng grym, màs, a chyflymiad: ail ddeddf mudiant Newton (2.08)
- Y gwahaniaeth rhwng pwysau a màs (2.10)
- Diffinio cryfder maes disgyrchiant (2.10)
- Pam y gall pwysau gwrthrych amrywio o un lle i'r llall (2.10)
- Dau ystyr *g* (2.10)
- Sut y mae gwrthrych yn symud os yw'r grymoedd arno yn gytbwys: deddf mudiant gyntaf Newton (2.11)
- Effeithiau ffrithiant (2.11)
- Buanedd terfynol (2.11)
- Ystyr amser adweithio, pellter meddwl, pellter brecio, a phellter stopio (2.12)
- Y ffactorau sy'n effeithio ar bellter stopio cerbyd (2.12)
- Sut y mae egni cinetig cerbyd yn cynyddu gyda'i fuanedd (2.12)
- Sut y mae pob grym yn rhan o bâr: trydedd ddeddf mudiant Newton (2.13)

3 Egni

- ❏ Cyfrifo'r gwaith a wneir (3.01)
- ❏ Ystyr egni (3.01)
- ❏ Uned gwaith ac egni: y joule (3.01)
- ❏ Gwahanol ffurfiau ar egni (3.01)
- ❏ Trawsffurfiadau (newidiadau) egni (3.02)
- ❏ Deddf cadwraeth egni (3.02)
- ❏ Y berthynas rhwng y gwaith a wneir a'r egni a drawsffurfir (newidir) (3.02)
- ❏ Cyfrifo egni potensial disgyrchiant (3.03)
- ❏ Cyfrifo egni cinetig (3.03)
- ❏ Adio gwerthoedd egni (3.03)
- ❏ Ystyr effeithlonedd (3.04)
- ❏ Ystyr pŵer (3.04)
- ❏ Uned pŵer: y wat (3.04)
- ❏ Sut i fesur eich allbwn pŵer defnyddiol (3.04)
- ❏ Beth sy'n digwydd i'r egni gwastraff os yw effeithlonedd peiriant neu fodur yn llai na 100% (3.05)
- ❏ Sut mae gorsafoedd pŵer thermol (gorsafoedd pŵer niwclear a rhai sy'n llosgi tanwydd) yn gweithio (3.06)
- ❏ Y cyfyngiad ar effeithlonedd gorsafoedd pŵer thermol (3.06)
- ❏ Problemau llygredd oherwydd gorsafoedd pŵer thermol (3.07)
- ❏ Pam y gall gorsafoedd pŵer sy'n llosgi tanwydd fod yn cyfrannu at gynhesu byd-eang (3.07)
- ❏ Y dewisiadau eraill yn lle gorsafoedd pŵer thermol, gan gynnwys gorsafoedd pŵer trydan-dŵr a llanw, a ffermydd gwynt (3.07)
- ❏ Sut mae cwmnïau cyflenwi trydan yn ymdopi â galw newidiol (3.08)
- ❏ Pa fath o orsafoedd pŵer sy'n gallu bod yn barod yn gyflym (3.08)
- ❏ Sut y mae cynllun pwmpio a storio yn gweithio (3.08)
- ❏ Y gwahaniaeth rhwng adnoddau egni adnewyddadwy ac anadnewyddadwy (3.09)
- ❏ Gwahanol adnoddau egni, eu manteision a'u hanfanteision (3.09)
- ❏ Enghreifftiau o ddargludyddion thermol da a gwael (3.11)
- ❏ Defnyddio ynysyddion thermol yn y tŷ (3.11)
- ❏ Pam mai metelau yw'r dargludyddion thermol gorau (3.11)
- ❏ Pam mae gwlân, plu ac ewyn plastig yn ynysyddion thermol da (3.11)
- ❏ Ceryntau darfudiad a pham y maent yn digwydd (3.12)
- ❏ Enghreifftiau a ffyrdd o ddefnyddio darfudiad mewn hylifau a nwyon (3.12)
- ❏ Pelydriad thermol (3.13)
- ❏ Cymharu gwahanol arwynebau o ran allyrru, adlewyrchu ac amsugno pelydriad thermol (3.13)

4 Pelydrau a thonnau

- ❏ Priodweddau (nodweddion) goleuni (4.01)
- ❏ Cyflymder goleuni (4.01)
- ❏ Deddfau adlewyrchiad (4.02)
- ❏ Sut y ffurfir delwedd mewn drych plân, ac ym mhle (4.02)
- ❏ Plygiant goleuni (4.03)
- ❏ Pam y mae dŵr (neu floc gwydr) yn ymddangos yn llai dwfn nag ydyw mewn gwirionedd (4.03)
- ❏ Sut y mae prism yn ffurfio sbectrwm (4.03)
- ❏ Adlewyrchiad mewnol cyflawn (4.04)
- ❏ Ystyr ongl gritigol (4.04)
- ❏ Defnyddio prismau adlewyrchu (4.04)
- ❏ Ffibrau optegol a ffyrdd o'u defnyddio (4.04)
- ❏ Y gwahaniaeth rhwng tonnau ardraws a thonnau hydredol (4.05)
- ❏ Ystyr tonfedd, osgled, amledd a chyfnod (4.05)
- ❏ Uned amledd: yr hertz (4.05)
- ❏ Y berthynas rhwng buanedd, amledd a thonfedd (4.05 a 4.12)
- ❏ Dangos adlewyrchiad, plygiant a diffreithiant mewn tanc crychdonni (4.06)
- ❏ Sut y mae diffreithiant yn dibynnu ar faint y bwlch y mae'r tonnau yn mynd trwyddo (4.06)
- ❏ Tonnau electromagnetig (4.07)
- ❏ Tonnau radio, micro-donnau, a ffyrdd o'u defnyddio (4.07 a 4.08)
- ❏ Pelydrau isgoch, pelydrau uwchfioled, a ffyrdd o'u defnyddio (4.07)
- ❏ Pelydrau X, pelydrau gama, a ffyrdd o'u defnyddio (4.07)
- ❏ Y gwahaniaeth rhwng signalau analog a digidol (4.08)
- ❏ Manteision trawsyrru'n ddigidol (4.08)
- ❏ Tonnau radio a diffreithiant (4.08)
- ❏ Sut y mae tonnau radio yn teithio dros bellter mawr (4.08)
- ❏ Sut y cynhyrchir tonnau sain (4.09)
- ❏ Pam nad yw sain yn gallu teithio trwy wactod (4.09)
- ❏ Arddangos tonffurfiau ar sgrîn osgilosgop (4.09 a 4.12)
- ❏ Buanedd sain (4.10)
- ❏ Adlewyrchiad sain: atseiniau (4.10)
- ❏ Y berthynas rhwng amledd a thraw (4.12)
- ❏ Y berthynas rhwng osgled a chryfder sain (4.12)
- ❏ Beth yw uwchsain (4.14)
- ❏ Sut y gellir defnyddio uwchsain ar gyfer glanhau a thorri, seinydd atsain, profi metelau, sganio'r groth a rheoli ansawdd (4.14)
- ❏ Canfod tonnau seismig (4.15)
- ❏ Y gwahaniaeth rhwng tonnau P a thonnau S (4.15)
- ❏ Beth y mae tonnau seismig yn ei ddangos am adeiledd mewnol y Ddaear (4.15)
- ❏ Beth yw platiau tectonig (4.16)
- ❏ Y dystiolaeth o blaid symudiad platiau (4.16)
- ❏ Y gwahanol fathau o symudiad ar ffiniau platiau (4.17)
- ❏ Sut y mae symudiad platiau yn cyfrannu at ailgylchu creigiau (4.17)

5   Trydan

- ❏ Dargludyddion ac ynysyddion trydanol (5.01)
- ❏ Pam y mae metelau yn dargludo trydan yn dda (5.01)
- ❏ Egwyddorion sylfaenol cylched syml (5.02)
- ❏ Mesur cerrynt (5.02)
- ❏ Uned cerrynt: yr amper (5.02)
- ❏ Uned gwefr: y coulomb (5.02)
- ❏ Y berthynas rhwng gwefr, cerrynt ac amser (5.02)
- ❏ Cyfeiriad confensiynol cerrynt (5.02)
- ❏ Mesur foltedd (g.p.) (5.03)
- ❏ Uned foltedd: y folt (5.03)
- ❏ Celloedd mewn cyfres (5.03)
- ❏ Y berthynas rhwng egni, foltedd a gwefr (5.03)
- ❏ Y berthynas rhwng gwrthiant, foltedd a cherrynt (5.04)
- ❏ Uned gwrthiant: yr ohm (5.04)
- ❏ Elfennau gwresogi a gwrthyddion (5.04)
- ❏ Defnyddio gwrthydd newidiol (5.05)
- ❏ Priodweddau gwrthydd goleuni-ddibynnol, thermistor a deuod (5.05)
- ❏ Dehongli graffiau cerrynt-foltedd (5.05)
- ❏ Priodweddau cylchedau cyfres a pharalel (5.06)
- ❏ Sut i ddatrys problemau cylchedau (5.07)
- ❏ Defnyddio'r hafaliad sy'n cysylltu V, I ac R (5.07)
- ❏ Rheolau ar gyfer ceryntau o folteddau mewn cylchedau paralel a chyfres (5.07)
- ❏ Nodweddion cylched prif gyflenwad (5.08)
- ❏ Gwaith ffiws a'r wifren ddaear mewn cylched prif gyflenwad (5.08)
- ❏ Pam y mae ynysedd dwbl ar rai dyfeisiau (5.08)
- ❏ Sut i wifro plwg prif gyflenwad yn ddiogel (5.08)
- ❏ Dewis ffiws â'r gwerth cywir (5.08)
- ❏ Peryglon trydan y prif gyflenwad (5.09 a 5.12)
- ❏ Y gwahaniaeth rhwng cerrynt eiledol (c.e.) a cherrynt union (c.u.) (5.09)
- ❏ Ystyr pŵer (5.10)
- ❏ Uned pŵer: y wat (5.10)
- ❏ Y berthynas rhwng pŵer, foltedd a cherrynt (5.10)
- ❏ Cyfrifo egni trydanol mewn jouleau ac mewn cilowat oriau (5.11)
- ❏ Cyfrifo cost trydan (5.11)
- ❏ Y ddau fath o wefr drydanol (5.13)
- ❏ Grymoedd rhwng gwefrau (5.13)
- ❏ Sut y daw gwefrau o atom (5.13)
- ❏ Pam y mae gwrthrychau di-wefr yn atynnu rhai gwefredig (5.13)
- ❏ Peryglon trydan statig (5.14)
- ❏ Defnyddio trydan statig mewn peiriant argraffu chwistrell inc a pheiriant llungopïo, ac i gael gwared ar ludw (5.14)
- ❏ Beth yw ïonau (5.15)
- ❏ Sut y mae nwyon a hylifau wedi'u hïoneiddio yn dargludo (5.15)
- ❏ Effeithiau cemegol cerrynt trydan: electrolysis (5.15)

6   Magnetau a cheryntau

- ❑ Y ddau fath o bôl magnetig (6.01)
- ❑ Y grymoedd rhwng polau magnetig (6.01)
- ❑ Magnetau parhaol a magnetau dros dro (6.01)
- ❑ Defnyddiau magnetig ac anfagnetig (6.01)
- ❑ Y maes magnetig o amgylch magnet (6.01)
- ❑ Y maes magnetig o amgylch gwifren sy'n cludo cerrynt (6.02)
- ❑ Y maes magnetig o amgylch coil sy'n cludo cerrynt (6.02)
- ❑ Ffactorau sy'n effeithio ar y maes magnetig o goil (6.02)
- ❑ Electromagnet (6.03)
- ❑ Ffactorau sy'n effeithio ar gryfder maes electromagnet (6.03)
- ❑ Sut y mae relái magnetig yn gweithio (6.03)
- ❑ Sut y mae torrwr cylched yn gweithio (6.03)
- ❑ Y grym ar gerrynt mewn maes magnetig, a'r ffactorau sy'n effeithio arno (6.04)
- ❑ Sut y mae uchelseinydd coil symudol yn gweithio (6.04)
- ❑ Effaith droi ar goil sy'n cludo cerrynt mewn maes magnetig (6.04)
- ❑ Sut y mae modur cerrynt union syml yn gweithio (6.05)
- ❑ Anwythiad electromagnetig a'r ffactorau sy'n effeithio arno (6.07 a 6.09)
- ❑ Dangos foltedd wedi ei anwytho mewn coil (6.07 a 6.09)
- ❑ Sut y mae eiliadur syml (generadur cerrynt eiledol) yn gweithio (6.08)
- ❑ Allbwn cerrynt eiledol o eiliadur (6.09)
- ❑ Sut y mae newidydd yn gweithio (6.09)
- ❑ Yr hafaliad sy'n cysylltu foltedd mewnbwn a foltedd allbwn newidydd (6.09)
- ❑ Y gwahaniaeth rhwng newidydd codi a newidydd gostwng (6.09)
- ❑ Yr hafaliad sy'n cysylltu pŵer mewnbwn a phŵer allbwn newidydd (6.09)
- ❑ Trosglwyddo a dosbarthu pŵer y prif gyflenwad ar draws y wlad (6.10)
- ❑ Pam y defnyddir cerrynt eiledol ar gyfer trosglwyddo pŵer (6.10)
- ❑ Pam y trosglwyddir pŵer ar foltedd uchel (6.10)

7 Atomau a niwclysau

- ❏ Y gronynnau mewn atom, a'r gwefrau sydd arnynt (7.01)
- ❏ Ystyr rhif atomig (7.01)
- ❏ Ystyr rhif màs (7.01)
- ❏ Beth yw isotopau (7.01)
- ❏ Y symbolau a ddefnyddir i gynrychioli isotopau (7.01)
- ❏ Model 'pwdin plwm' yr atom (7.02)
- ❏ Tystiolaeth fod niwclews mewn atom (7.02)
- ❏ Defnyddiau ymbelydrol a'r pelydriad a ddaw ohonynt (7.03)
- ❏ Sut i ganfod pelydriad niwclear (7.03)
- ❏ Gronynnau alffa a'u priodweddau (7.03)
- ❏ Gronynnau beta a'u priodweddau (7.03)
- ❏ Pelydrau gama a'u priodweddau ((7.03)
- ❏ Pelydriad ïoneiddio (7.03)
- ❏ Peryglon pelydriad niwclear (7.04)
- ❏ Pa ffurf ar belydriad sydd fwyaf peryglus
  - • pan fo'r ffynhonnell y tu mewn i'r corff
  - • pan fo'r ffynhonnell y tu allan i'r corff (7.04)
- ❏ Prif ffynonellau pelydriad cefndir (7.04)
- ❏ Caniatáu ar gyfer pelydriad cefndir mewn arbrofion (7.04)
- ❏ Pelydriad yn achosi mwtaniadau (7.04)
- ❏ Beth sy'n digwydd yn ystod dadfeiliad ymbelydrol (7.06)
- ❏ Mesur actifedd sampl ymbelydrol (7.06)
- ❏ Uned actifedd: y becquerel (7.06)
- ❏ Sut y mae cyfradd dadfeiliad ymbelydrol yn newid gydag amser (7.06)
- ❏ Ystyr hanner oes (7.06)
- ❏ Cyfrifo hanner oes o graff dadfeiliad (7.06)
- ❏ Newidiadau yn y niwclews sy'n digwydd yn ystod dadfeiliad alffa (7.06)
- ❏ Newidiadau yn y niwclews sy'n digwydd yn ystod dadfeiliad beta (7.06)
- ❏ Ysgrifennu hafaliadau niwclear (7.06)
- ❏ Beth yw radioisotopau (7.07)
- ❏ Defnyddio radioisotopau
  - • yn sylweddau olrhain
  - • mewn radiotherapi
  - • i ddod o hyd i graciau mewn metel
  - • i fonitro trwch
  - • i ddyddio hen ddefnyddiau (7.07)
- ❏ Beth sy'n digwydd yn ystod ymholltiad niwclear (7.08)
- ❏ Beth yw adwaith cadwynol (7.08)
- ❏ Adwaith cadwynol dan reolaeth mewn adweithydd niwclear (7.08)
- ❏ Problemau gwastraff niwclear (7.08)

8   Y Ddaear yn y gofod

❏ Seren yw'r Haul (8.01 ac 8.05)
❏ Sut mae'r Ddaear yn achosi dydd a nos wrth gylchdroi (8.01)
❏ Y Ddaear mewn orbit o gwmpas yr Haul (8.01)
❏ Y Lleuad mewn orbit o gwmpas y Ddaear (8.01)
❏ Y Lleuad: pam y gwelwn ni yr un wyneb bob amser (8.01)
❏ Symudiad ymddangosiadol y planedau a'r sêr (8.01)
❏ Beth yw Cysawd yr Haul (8.02)
❏ Meintiau a phellteroedd cymharol yr Haul a'r planedau (8.02)
❏ Orbitau'r planedau o gwmpas yr Haul (8.02)
❏ Sut y mae'r planedau yn rhyddhau goleuni (8.02)
❏ Y berthynas rhwng pellter planed o'r Haul a'i hamser i gwblhau orbit (8.02)
❏ Y planedau mewnol (8.02 ac 8.03)
❏ Y planedau allanol (8.02 ac 8.03)
❏ Yr asteroidau (mân blanedau) (8.02)
❏ Sut y mae orbitau yn dibynnu ar ddisgyrchiant (8.02)
❏ Comedau ac orbitau (8.03)
❏ Meteorau a meteorynnau (8.03)
❏ Lloerenni a ffyrdd o'u defnyddio (8.04)
❏ Beth yw orbit geosefydlog (8.04)
❏ Beth yw cytser (8.05)
❏ Sut y mae sêr yn cael eu hegni (8.05)
❏ Blwyddyn goleuni yn uned i fesur pellter (8.05)
❏ Y pellter i'r seren agosaf (8.05)
❏ Y Llwybr Llaethog (8.05)
❏ Galaethau (8.05)
❏ Y Bydysawd (8.05 ac 8.07)
❏ Nifylau (8.06)
❏ Ffurfio'r Haul: dechrau Cysawd yr Haul (8.06)
❏ Seren yn marw (8.06)
❏ Cewri coch a chorachod gwyn (8.06)
❏ Uwchnofâu a ffurfio elfennau newydd (8.06)
❏ Sêr niwtron a thyllau duon (8.06)
❏ Y Bydysawd yn ehangu (8.07)
❏ Damcaniaeth y glec fawr a'r dystiolaeth o'i phlaid (8.07)
❏ Oedran y Bydysawd (8.07)
❏ Cysonyn Hubble (8.07)
❏ Tynged y Bydysawd (8.07)
❏ Chwilio am fywyd y tu hwnt i'n byd ni (8.08)

PP   Pynciau pellach

- ❑ Cyfrifo moment grym (PP1)
- ❑ Y ffactorau sy'n effeithio ar foment grym (PP1)
- ❑ Egwyddor momentau (PP1)
- ❑ Ystyr craidd disgyrchiant (craidd màs) (PP2)
- ❑ Dod o hyd i graidd disgyrchiant gwrthrych trwy arbrofi (PP2)
- ❑ Safleoedd sefydlog ac ansefydlog (PP2)
- ❑ Y gwahanol fathau o gydbwysedd (PP2)
- ❑ Y gwahaniaeth rhwng ymddygiad elastig ac ymddygiad plastig (PP3)
- ❑ Ystyr terfan elastig (PP3)
- ❑ Sut y mae'r estyniad yn newid gyda'r llwyth wrth i sbring gael ei estyn (PP3)
- ❑ Deddf Hooke, a sut mae'n berthnasol i sbringiau a gwifrau metel (PP3)
- ❑ Ystyr gwasgedd (PP4)
- ❑ Uned gwasgedd: pascal (PP4)
- ❑ Y berthynas rhwng gwasgedd, grym ac arwynebedd (PP4)
- ❑ Y gwasgedd mewn hylif (PP4)
- ❑ Sut y mae peiriannau hydrolig yn gweithio (PP4)
- ❑ Y berthynas rhwng gwasgedd nwy a'i gyfaint: deddf Boyle (PP5)
- ❑ Egluro deddf Boyle yn nhermau moleciwlau (PP5)
- ❑ Diffinio momentwm (PP6)
- ❑ Y berthynas rhwng grym a momentwm (PP6)
- ❑ Deddf cadwraeth momentwm (PP6)
- ❑ Ystyr grym mewngyrchol (PP7)
- ❑ Llwybr gwrthrych sy'n cael ei daflu i gyfeiriad ochrol (PP7)
- ❑ Sut y gall gwrthrych aros mewn orbit o gwmpas y Ddaear (PP7)
- ❑ Y ffactorau sy'n effeithio ar rym mewngyrchol (PP7)

Geirfa

Mae'r rhifau mewn cromfachau yn dangos lle mae rhagor o wybodaeth.

actifedd   Nifer cyfartalog y niwclysau ansefydlog sy'n dadfeilio (torri'n ddarnau) bob eiliad mewn defnydd ymbelydrol. Os oes 100 niwclews yn dadfeilio bob eiliad, yr actifedd yw 100 becquerel (Bq). (7.06)

adlewyrchiad mewnol cyflawn   Mae hyn yn digwydd os yw goleuni'n taro wyneb mewnol bloc tryloyw o wydr, neu hylif, ar ongl sy'n ddigon mawr fel bod yr holl oleuni'n cael ei adlewyrchu, a dim yn cael ei blygu. (4.04)

adweithydd niwclear   Siambr fawr lle mae adweithiau niwclear yn digwydd. Yn yr adweithyddion mewn gorsafoedd niwclear, mae'r adweithiau yn rhyddhau egni ar ffurf gwres. (7.08)

amedr   Offeryn sy'n mesur cerrynt, mewn amperau (A). (5.02)

amledd   Nifer yr osgiliadau (dirgryniadau) bob eiliad, neu nifer y tonnau bob eiliad. Mae'n cael ei fesur mewn hertz (Hz). Os oes 100 o donnau'n cael eu hanfon o ffynhonnell bob eiliad, yr amledd yw 100 Hz. (4.05, 4.12)

amper (A)   Uned cerrynt trydanol. (5.02)

anwythiad electromagnetig   Proses lle cynhyrchir foltedd mewn gwifren neu goil oherwydd bod y maes magnetig o amgylch y wifren/coil yn symud neu'n newid. (6.07-6.09)

arafiad   Os yw cyflymder rhywbeth yn lleihau 10 m/s bob eiliad, yna ei arafiad yw 10 m/s^2. (2.01)

asteroidau   Weithiau fe'u gelwir yn fân blanedau. Talpiau o graig yw'r rhain, y rhan fwyaf ohonynt mewn orbitau rhwng orbit Mawrth ac orbit Iau. (8.02-8.03)

atsain   Sain yn cael ei hadlewyrchu a'i chlywed ymhen amser byr ar ôl i'r sain wreiddiol gael ei hanfon. (4.10)

batri   Casgliad o gelloedd trydan – ond defnyddir y gair yn aml i gyfeirio at un gell hefyd. (5.01, 5.03)

blwyddyn goleuni   Y pellter y mae goleuni yn ei ddeithio mewn blwyddyn. Mae bron iawn yn 10 000 000 000 000 cilometr. (8.05)

buanedd   Os yw rhywbeth yn teithio 10 m mewn 1 eiliad, ei fuanedd cyfartalog yw 10 m/s. (2.01)

Bydysawd   Yr holl alaethau: popeth sy'n bodoli. (8.05, 8.07)

cawr coch   Seren yn agos at ddiwedd ei hoes, wedi ehangu ac yn tywynnu'n goch. (8.06)

cell   Dyfais sy'n gwthio cerrynt o amgylch cylched pan fo cemegau y tu mewn iddi yn adweithio. (5.01, 5.03)

cerrynt   Llif o wefr. Mae'n cael ei fesur mewn amperau (A). (5.02)

cerrynt eiledol (c.e.)   Cerrynt sy'n llifo yn ôl ac ymlaen, yn ôl ac ymlaen . . . Dyma yw cerrynt y prif gyflenwad. (5.08-5.09)

cerrynt union (c.u.)   Cerrynt sydd bob amser yn llifo i'r un cyfeiriad. Dyma'r cerrynt sy'n dod o fatri. (5.09)

cilogram (kg)   Uned màs. (1.01)

cilowat awr (kW awr)   Uned egni a ddefnyddir gan gwmnïau cyflenwi trydan. Dyma'r egni a gymerir mewn 1 awr gan ddyfais sydd â'i phŵer yn 1 kW. (5.11)

comed   Talp rhewllyd o ddefnydd sy'n symud o gwmpas yr Haul mewn orbit eliptig iawn. Llif tenau o nwy a llwch sy'n adlewyrchu goleuni'r Haul yw cynffon comed. (8.03)

corrach gwyn   Y craidd poeth, dwys sydd ar ôl pan fydd cawr coch wedi colli ei haen allanol. (8.06)

coulomb (C)   Uned gwefr drydanol. (5.02)

craidd   Rhan ganol y Ddaear. Haearn tawdd yw'r rhan fwyaf ohono, er bod y craidd mewnol yn solid. (4.15)

cramen   Haen allanol, greigiog y Ddaear. (4.15)

cryfder maes disgyrchiant (y Ddaear), g   Ger wyneb y Ddaear, mae hyn yn 10 N/kg. Hynny yw, mae disgyrchiant yn rhoi tyniad o 10 N ar bob kg o fàs. (2.10)

cyfaint   Faint o le y mae rhywbeth yn ei gymryd. Mae'n cael ei fesur mewn metrau ciwbig (m^3). Uned lai ar gyfer mesur cyfaint yw centimetr ciwbig (cm^3), neu fililitr (ml). 1 cm^3 = 1 ml = 1/1 000 000 m^3. (1.02)

cyflymder   Buanedd mewn cyfeiriad penodol. Mae'n cael ei fesur mewn m/s. Gellir defnyddio saeth, neu +, neu –, i ddangos ei gyfeiriad. (2.01)

cyflymiad   Os yw cyflymder rhywbeth yn cynyddu 10 m/s bob eiliad, yna mae ei gyflymiad yn 10 m/s^2. (2.01)

cyfnod   Yr amser rhwng un flaendon (neu 'frig' ton) yn mynd heibio, a'r nesaf. (4.05)

cytser   Sêr sy'n ymddangos fel grŵp neu batrwm wrth edrych arnynt o'r Ddaear. Fel arfer, mae'r holl sêr ar wahanol bellteroedd, heb berthynas rhyngddynt o gwbl. (8.05)

dadfeiliad ymbelydrol Niwclysau ansefydlog yn ymddatod mewn atomau defnyddiau ymbelydrol. (7.06)

damcaniaeth y glec fawr Y ddamcaniaeth fod y Bydysawd wedi cael ei greu pan wnaeth un atom hynod o ddwys a phoeth ehangu, fwy na 10 biliwn o flynyddoedd yn ôl. (8.07)

darfudiad Proses lle mae gwres (egni thermol) yn cael ei gludo gan lif o hylif neu nwy sy'n cylchdroi (er enghraifft, aer). (3.12)

dargludydd (trydan) Defnydd sy'n gadael i gerrynt trydan lifo trwyddo. Metelau yw'r dargludyddion gorau. (5.01)

dargludydd (thermol) Defnydd sy'n gadael i wres (egni thermol) lifo trwyddo. Metelau yw'r dargludyddion gorau. (3.11)

defnydd magnetig Defnydd sy'n cael ei atynnu gan fagnet, ac y gellir ei fagneteiddio. Mae pob defnydd magnetig yn cynnwys haearn, nicel neu gobalt. (6.01)

defnydd ymbelydrol Defnydd sy'n rhyddhau pelydriad niwclear – fel arfer pelydrau alffa, beta neu gama. (7.03)

delwedd rithwir Y math o ddelwedd a welir mewn drych plân. Yn wahanol i'r ddelwedd a ffurfir gan daflunydd mewn sinema, nid yw'r pelydrau yn mynd trwyddo. (4.02)

deuod Cydran sy'n gadael i gerrynt lifo trwyddi i un cyfeiriad ond nid i'r cyfeiriad arall. (5.05)

diffreithiant Y gwasgaru neu'r plygu sy'n digwydd wrth i donnau deithio trwy fylchau neu heibio i rwystrau. (4.06, 4.08)

dwysedd Os yw màs defnydd yn 1000 kg a'i gyfaint yn 1 metr ciwbig, yna ei ddwysedd yw 1000 kg/m³. (1.02)

effeithlonedd Os yw effeithlonedd peiriant neu fodur yn 0.25 (25%), dim ond chwarter yr egni a gyflenwir sy'n cael ei droi yn waith (allbwn egni defnyddiol). Mae'r gweddill yn cael ei wastraffu. (3.04)

egni Mae egni gan bethau os gellir eu defnyddio i wneud gwaith – hynny yw, i wneud i rymoedd symud. Mesurir egni mewn jouleau (J). (3.01-3.02)

egni cinetig Yr egni sydd gan rywbeth oherwydd ei symudiad. (3.01, 3.03)

egni potensial Yr egni sydd gan rywbeth oherwydd newid yn ei siâp neu ei safle. (3.01, 3.03)

eiliad (s) Uned amser. (1.01)

eiliadur Generadur cerrynt eiledol (c.e.). (6.08)

electrolysis Proses lle mae newidiadau cemegol yn digwydd wrth i gerrynt lifo trwy hylif. (5.15)

electromagnet Coil wedi ei lapio o gwmpas craidd o haearn neu Mumetal. Mae'n newid yn fagnetig pan fydd cerrynt yn mynd trwy'r coil, ond yn peidio â bod yn fagnetig pan ddiffoddir y cerrynt. (6.03)

electron Gronyn â gwefr negatif (–) sy'n symud o gwmpas niwclews atom. Mewn cylched, llif o electronau yw'r 'trydan' yn y gwifrau. (5.01, 7.01)

folt (V) Uned foltedd. (5.03)

foltedd Po uchaf yw foltedd batri, mwyaf o egni a roddir i bob electron sy'n cael ei wthio i'r gylched. Po uchaf yw'r foltedd ar draws bwlb (neu gydran arall), y mwyaf o egni a drosglwyddir gan bob electron sy'n mynd trwyddo. (5.03)

foltmedr Offer sy'n mesur foltedd, mewn foltiau (V). (5.03)

ffibr optegol Ffibr gwydr neu blastig, a ddefnyddir mewn cyfathrebu i gludo signalau ar ffurf curiadau o oleuni neu isgoch. (4.04, 4.08)

ffiws Darn bach o wifren sy'n gorboethi, yn ymdoddi, ac yn torri cylched os yw'r cerrynt yn mynd yn rhy fawr. (5.08)

ffrithiant Y grym sy'n gwrthwynebu symudiad un defnydd dros (neu drwy) un arall. (2.11-2.12)

galaeth System enfawr sy'n cynnwys biliynau o sêr. (8.05, 8.07)

generadur Peiriant sy'n cynhyrchu foltedd wrth gylchdroi ar ei echel. (3.06, 6.08)

gronynnau alffa Gronynnau â gwefr bositif (+) sy'n cael eu rhyddhau gan rai defnyddiau ymbelydrol. Mae pob gronyn alffa yn cynnwys dau broton a dau niwtron. (7.03)

gronynnau beta Gronynnau â gwefr negatif (–) sy'n cael eu rhyddhau gan rai defnyddiau ymbelydrol. Electron yw pob gronyn beta. (7.03)

grym Gwthiad neu dyniad. Mae'n cael ei fesur mewn newtonau (N). (2.07)

gwaith Gwneir gwaith pryd bynnag y bydd grym yn achosi i rywbeth symud. Gwneir 1 joule o waith pan fydd grym 1 newton yn symud rhywbeth bellter 1 metr (yng nghyfeiriad y grym). (3.01)

gwefr Mae gwefr yn cael ei chludo gan rai o'r gronynnau mewn atomau. Mae dau fath: positif (+) a negatif (–). Mesurir gwefr mewn coulombau (C). (5.01-5.02, 5.13-5.15, 7.01)

gwrthiant   Mae'n cael ei fesur mewn ohmau (Ω). Po uchaf yw gwrthiant dargludydd, y lleiaf o gerrynt sy'n llifo trwyddo am bob folt ar ei draws. (5.04)

gwrthydd goleuni-ddibynnol (LDR)   Cydran â'i gwrthiant yn amrywio wrth i'w hamgylchedd oleuo neu dywyllu. (5.05)

hanner oes   Yr amser y mae'n ei gymryd i actifedd sampl ymbelydrol ostwng i'w hanner. Hefyd yr amser i hanner y niwclysau ansefydlog sy'n bresennol ddadfeilio. (7.06)

Haul   Seren yw'r Haul. (8.01, 8.05-8.06)

hertz (Hz)   Uned amledd. Os oes 100 dirgryniad yr eiliad, neu 100 o donnau'n cael eu hanfon o ffynhonnell bob eiliad, yr amledd yw 100 Hz. (4.05, 4.12)

ïon   Atom (neu grŵp o atomau) â gwefr drydanol. (5.15, 7.03)

isotopau   Gwahanol fersiynau o'r un elfen. Mae gan isotopau yr un nifer o brotonau (ac electronau) yn eu hatomau, ond gwahanol nifer o niwtronau. (7.01)

joule (J)   Uned egni a gwaith. Mae 1000 joule yn 1 cilojoule (kJ). (3.01)

lleuad   Gwrthrych mawr, creigiog mewn orbit o gwmpas planed. (8.01-8.02)

lloeren   Unrhyw wrthrych mewn orbit o gwmpas y Ddaear (neu blaned arall). Mae'r rhan fwyaf o loerenni yn cael eu rhoi mewn orbit gan rocedi. Fodd bynnag, mae'r Lleuad yn lloeren naturiol i'r Ddaear. (8.04)

maes magnetig   Yr ardal o gwmpas magnet lle mae grymoedd yn gweithredu ar unrhyw ddefnyddiau magnetig sydd yno. (6.01)

magma   Craig boeth dawdd (wedi ymdoddi). (4.16-4.17)

mantell   Yr ardal o graig sy'n ddwfn rhwng cramen y Ddaear a'i chraidd. Mae'n solid gan fwyaf, ond yn hyblyg. (4.15)

màs   Faint o fater sydd mewn rhywbeth. Mae'n cael ei fesur mewn cilogramau (kg). (1.01)

meteoryn   Talp o graig o'r gofod sy'n taro'r Ddaear (neu blaned neu leuad arall). (8.03)

metr (m)   Uned hyd. Mae 100 metr yn 1 cilometr (km). (1.01)

moment   Effaith droi unrhyw rym. Mae'n cyfateb i'r grym × pellter perpendicwlar oddi wrth y colyn (y trobwynt). (PP1)

newidydd   Dyfais a ddefnyddir i gynyddu neu leihau'r foltedd o gyflenwad cerrynt eiledol. (6.09-6.10)

newton (N)   Uned grym. Bydd grym o 1 N yn gwneud i fàs 1 kg gyflymu ar 1 m/s^2. (2.08)

nifwl   Cwmwl anferth o lwch a nwy yn y gofod. Ynddo, ffurfir sêr newydd. (8.06)

niwclews   Canol atom, wedi ei wneud (yn y rhan fwyaf o achosion) o brotonau a niwtronau. (7.01)

niwtron   Gronyn di-wefr yn niwclews atom. (7.01)

ongl gritigol   Os yw pelydryn yn taro wyneb mewnol bloc tryloyw neu hylif, ar ongl sy'n fwy na'r ongl gritigol, bydd yr holl oleuni yn cael ei adlewyrchu, a dim ohono'n cael ei blygu. (4.04)

ohm (Ω)   Uned gwrthiant trydanol. (5.04)

orbit   Llwybr (siâp cylch neu elips) gwrthrych wrth iddo symud o gwmpas planed, lleuad neu haul. (8.01-8.04)

orbit geosefydlog   Orbit a ddewisir yn benodol ar gyfer lloeren fel ei bod yn ymddangos fel petai'n llonydd yn yr awyr. Y rheswm am hyn yw bod y lloeren yn symud yn yr orbit ar yr un gyfradd ag y mae'r Ddaear yn troelli. (8.04)

osgled   Ar gyfer ton a ddangosir ar sgrîn osgilosgop, yr osgled yw uchder 'brig' y don uwchben y llinell ganol. (4.05, 4.12)

pelydrau gama   Tonnau electromagnetig sy'n cael eu rhyddhau gan rai defnyddiau ymbelydrol. Maent yn debyg i belydrau X. (7.03)

pelydriad   Unrhyw ffurf ar ronyn neu egni ton sy'n pelydru (gwasgaru) o'i ffynhonnell. Mae pelydrau goleuni, sain, alffa, beta a gama i gyd yn fathau o belydriad. (3.13, 4.01, 4.07, 4.09, 7.03)

pelydriad (niwclear)   Gronynnau neu donnau sy'n cael eu saethu allan o niwclysau ansefydlog atomau mewn defnyddiau ymbelydrol. Y prif fathau yw gronynnau alffa, gronynnau beta a phelydrau gama. (7.03)

pelydriad (thermol)   Pelydrau, er enghraifft y rhai o'r Haul, sy'n cynhesu pethau sy'n eu hamsugno. Isgoch yw'r pelydrau yn bennaf. (3.12)

pelydriad cefndir   Y pelydriad isel sydd bob amser yn bresennol, yn bennaf oherwydd bod yna ddefnyddiau ymbelydrol yn y ddaear a'r aer. (7.04)

planed Gwrthrych mawr (fel y Ddaear) mewn orbit o gwmpas seren (fel yr Haul). (8.01-8.02)

platiau tectonig Darnau enfawr o gramen y Ddaear (a rhan uchaf y fantell) sy'n symud yn araf dros y defnydd sydd oddi tanynt. (4.16-4.17)

plygiant Y newid cyfeiriad sy'n digwydd wrth i donnau (fel tonnau goleuni neu sain) deithio o un defnydd i un arall ar ongl. (4.03, 4.06)

polau magnetig Y pwyntiau ar fagnet y mae'n ymddangos bod y grymoedd magnetig yn dod ohonynt. Mae gan bob magnet bôl gogledd a phôl de. (6.01)

proton Gronyn â gwefr bositif (+) yn niwclews atom. (7.01)

pŵer Cyfradd gwneud gwaith neu drawsffurfio egni (ei newid o un ffurf i ffurf arall). Mae'n cael ei fesur mewn watiau (W). Mae 1 wat yn cyfateb i 1 joule yr eiliad. (3.04, 5.10)

pwysau Cryfder tyniad disgyrchiant y Ddaear ar wrthrych. Mae'n rym ac felly'n cael ei fesur mewn newtonau (N). (2.10)

radioisotop Isotop sy'n ymbelydrol. (7.07)

relái Switsh electromagnetig lle mae cerrynt bychan mewn un gylched yn cael ei ddefnyddio i weithio switsh sy'n cynnau neu ddiffodd cerrynt llawer mwy mewn cylched arall. (6.03)

rhif atomig Nifer y protonau mewn atom. Weithiau fe'i gelwir yn rhif proton. (7.01)

rhif màs Cyfanswm nifer y protonau a niwtronau mewn atom. Weithiau fe'i gelwir yn rhif niwcleon. (7.01)

seren Pelen enfawr o nwy poeth sy'n tywynnu, fel yr Haul. Adweithiau niwclear sy'n darparu ei phŵer. (8.01, 8.05-8.06)

seren niwtron Craidd dwys iawn uwchnofa. (8.06)

signalau analog Signalau sy'n newid yn ddi-baid yn yr un ffordd â'r ffynhonnell (4.08)

signalau digidol Signalau wedi eu gwneud o gyfres o guriadau, yn cynrychioli 0 ac 1. Rhaid dehongli'r cod o ddigidau 0 ac 1 i ail-greu'r wybodaeth sy'n cael ei hanfon. (4.08)

solenoid Coil hir y mae cerrynt yn gallu llifo trwyddo. (6.02)

tiwb Geiger-Müller (tiwb GM) Dyfais a ddefnyddir i ganfod pelydriad o ddefnyddiau ymbelydrol. (7.03)

tonfedd Y pellter rhwng blaendonnau. Hynny yw, y pellter rhwng 'brig' un don a'r nesaf. (4.05)

tonnau ardraws Tonnau sydd â'u hosgiliadau (dirgryniadau) o ochr i ochr (neu i fyny ac i lawr). (4.05)

tonnau electromagnetig Teulu o donnau. Dyma'r mathau: tonnau radio (gan gynnwys micro-donnau), isgoch, goleuni, uwchfioled, pelydrau X a phelydrau gama. (4.07)

tonnau hydredol Tonnau sydd ag osgiliadau (dirgryniadau) tuag ymlaen ac yn ôl. (4.05)

tonnau seismig Dirgryniadau sy'n teithio trwy'r Ddaear ac a achosir gan ddaeargrynfeydd. Maent yn cynnwys tonnau P a thonnau S. (4.15)

torrwr cylched Switsh electromagnetig sy'n diffodd y cerrynt mewn cylched os yw'n mynd yn rhy fawr. Mae'n gwneud yr un gwaith â ffiws, ond yn wahanol i ffiws, gellir ei ailosod wedyn. (6.03)

traw Pa mor uchel y mae nodyn yn swnio i'r glust. Po fwyaf yw amledd y tonnau sain, uchaf y traw. (4.12)

twll du Dyma sydd ar ôl pan fydd seren sydd â màs anferthol yn mewngwympo ar ddiwedd ei hoes. Mae disgyrchiant twll du mor gryf fel na all dim ddianc, dim hyd yn oed goleuni. (8.06)

tyrbin Olwyn â llafnau sy'n cael eu troi gan ager, nwy neu ddŵr. Mewn gorsafoedd pŵer, generaduron sy'n troi'r tyrbinau. (3.06)

thermistor Cydran sydd â newid mawr yn ei gwrthiant pan fo'r tymheredd yn newid. (5.05)

uwchnofa Ffrwydrad anferthol sy'n digwydd pan fydd seren ddwys iawn yn dod i ddiwedd ei hoes. (8.06)

uwchsain Tonnau sain ag amleddau sy'n rhy uchel i'r glust ddynol eu clywed. (4.14)

wat (W) Uned pŵer. Mae'n cyfateb i 1 joule yr eiliad. (3.04, 5.10)

ymholltiad Hollti niwclysau atomau 'trwm', fel rhai wraniwm, i ffurfio niwclysau ysgafnach. Dyma'r broses a ddefnyddir mewn adweithyddion niwclear i ryddhau egni ar ffurf gwres. (7.08)

ynysydd (trydanol) Defnydd nad yw'n gadael i gerrynt trydan lifo trwyddo. (5.01)

ynysydd (thermol) Defnydd sy'n wael am ddargludo gwres (egni thermol). (3.11)

Atodiad 1: Hafaliadau

$$\text{buanedd (m/s)} = \frac{\text{pellter a symudir (m)}}{\text{amser a gymerir (s)}}$$

cyflymder (m/s) yw buanedd mewn cyfeiriad penodol

$$\text{cyflymiad (m/s}^2) = \frac{\text{newid mewn cyflymder (m/s)}}{\text{amser a gymerwyd (s)}}$$

pwysau (N) = màs (kg) × cryfder maes disgyrchiant

(cryfder maes disgyrchiant =
g = 10 N/m^2 ger wyneb y Ddaear)

grym (N) = màs (kg) × cyflymiad (m/s^2)

gwaith a wneir (J) = grym × pellter a symudir (m)
yng nghyfeiriad y grym

gwaith a wneir (J) = egni a drawsffurfir (J)

(hefyd gellir galw egni a drawsffurfir
yn egni a drosgwyddir)

cynnydd mewn egni potensial (J)
= pwysau (N) × cynnydd mewn uchder (m)
= màs (kg) × g × cynnydd mewn uchder (m)

egni cinetig = $\frac{1}{2}$ × màs × buanedd^2
(J)   (kg)   (m/s)

$$\text{pŵer (W)} = \frac{\text{egni a drawsffurfir (J)}}{\text{amser a gymerir (s)}}$$
$$= \frac{\text{gwaith a wneir (J)}}{\text{amser a gymerir (s)}}$$

$$\text{effeithlonedd} = \frac{\text{allbwn egni defnyddiol (J)}}{\text{mewnbwn egni (J)}}$$
$$= \frac{\text{gwaith defnyddiol a wneir (J)}}{\text{mewnbwn egni (J)}}$$
$$= \frac{\text{allbwn pŵer defnyddiol (W)}}{\text{mewnbwn pŵer (W)}}$$

egni a drawsffurfir = pŵer × amser
(J)   (W)   (s)

egni a drawsffurfir = pŵer × amser
(kW awr)   (kW)   (oriau)

Ar gyfer tonnau:
buanedd (m/s) = amledd (Hz) × tonfedd (m)

$$\text{gwrthiant (}\Omega\text{)} = \frac{\text{foltedd (V)}}{\text{cerrynt (A)}}$$

pŵer (W) = foltedd (V) × cerrynt (A)

egni a drawsffurfir (J) = foltedd (V) × gwefr (C)

gwefr (C) = cerrynt (A) × amser (s)

Ar gyfer newidydd:
$$\frac{\text{foltedd mewnbwn (V)}}{\text{foltedd allbwn (V)}} = \frac{\text{troadau'r coil mewnbwn}}{\text{troadau'r coil allbwn}}$$

$$\text{dwysedd (kg/m}^3) = \frac{\text{màs (kg)}}{\text{cyfaint (m}^3)}$$

$$\text{gwasgedd (Pa)} = \frac{\text{grym (N)}}{\text{arwynebedd (m}^2)}$$

moment grym (N m) =
grym (N) × pellter perpendicwlar o'r colyn (m)

Atodiad 2: Unedau a symbolau

Unedau a Symbolau		
Mesur	*Uned*	*Symbol*
màs	cilogram	kg
hyd	metr	m
amser	eiliad	s
grym	newton	N
pwysau	newton	N
gwasgedd	pascal	Pa
egni	joule	J
gwaith	joule	J
pŵer	wat	W
foltedd	folt	V
cerrynt	amper	A
gwrthiant	ohm	Ω
gwefr	coulomb	C
tymheredd	celfin	K
tymheredd	gradd Celsius	°C

Mwy a llai

I wneud unedau yn fwy neu'n llai, rhoddir geiriau o'u blaenau:

micro (μ)	= 1 miliynfed	= 0.000001	= 10^{-6}
mili (m)	= 1 milfed	= 0.001	= 10^{-3}
cilo (k)	= 1 fil	= 1000	= 10^{3}
mega (M)	= 1 filiwn	= 1000000	= 10^{6}

Er enghraifft

1 micrometr	= 1 μm	= 0.000 001 m
1 milieiliad	= 1 ms	= 0.001 s
1 cilometr	= 1 km	= 1000 m
1 megatunnell	= 1 Mt	= 1000000 t

Symbolau trydanol

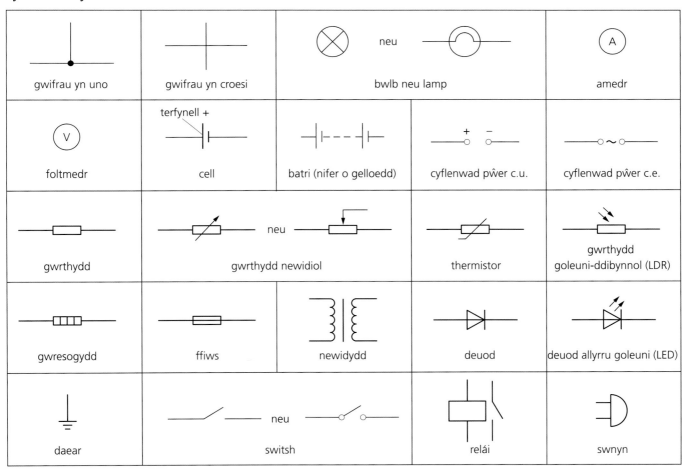

gwifrau yn uno	gwifrau yn croesi	bwlb neu lamp	amedr
foltmedr	cell	batri (nifer o gelloedd) · cyflenwad pŵer c.u.	cyflenwad pŵer c.e.
gwrthydd	gwrthydd newidiol	thermistor	gwrthydd goleuni-ddibynnol (LDR)
gwresogydd	ffiws	newidydd · deuod	deuod allyrru goleuni (LED)
daear	switsh	relái	swnyn

Atebion

Sylwch: mae'r atebion mewn tair adran:
- cwestiynau diwedd adran
- cwestiynau diwedd pennod
- rhagor o gwestiynau dull arholiad

Atebion i gwestiynau diwedd adran

■ 1.01 (tudalen 11)
1 metr; màs, kg; eiliad, s **2** milimetr, tunnell fetrig, miligram, milieiliad, litr, centimetr **3 a** 1600 g **b** 1450 mm **4 a** 1000 **b** 10 **c** 100 000 **ch** 100 **d** 1 000 000 **5 a** 1000 mm **b** 1500 mm **c** 1534 mm **ch** 1.652 m **6 a** 2750 mm 1600 m **c** 6500 mg **ch** 1.5 m **d** 1.750 kg **7** kg, 100 000 mm **8** 750 cm³, 0.75 l **9** 24 cm³, 192 cm³

■ 1.02 (tudalen 13)
1 folt (ar ôl Volta), wat, joule; y byrfodd yn dechrau â phriflythyren
2 a 2700 kg **b** 27 000 kg
3 a 1 m³ o ddŵr **b** 1 kg o betrol **4 a** W **b** Y **c** W
5 W – dur, Y – alwminiwm

■ 2.01 (tudalen 21)
1 a 25 m/s **b** nid yw'n cadw buanedd cyson
2 a 10 m **b** 50 m **c** 100 m **d** 9 s
3 rhes 1af 7 s; 2il res 12 m/s, 20 m/s; 3edd res 4 m/s² **4** cyflymiad, eiliad, buanedd, 3 m/s
5 a 30 m/s **b** 50 m/s
6 2.5 m/s² **7** 4 m/s²

■ 2.02 (tudalen 13)
1 b hyd at 2 s; o 2 s hyd at 5 s; 5 s i 7 s; 7 s i 9 s **c** 56 m; 8 m/s **ch** 3 s; 36 m; 12 m/s
2 a 40 m/s **b** 20 s **c** 50 s **ch** 40 m/s; 2 m/s **d** 4 m/s²

■ 2.03 (tudalen 25)
1 a buanedd **b** cyflymiad **c** pellter teithio
2 a 3 m/s² **b** 6 m/s² **c** 150 m **ch** 525 m **d** 25 s **dd** 21 m/s

■ 2.04 (tudalen 27)
1 a Ch **b** C **c** A **3 a** 0.1 s **b** 5 **c** 0.1 s **ch** 20 mm **d** 200 mm/s **dd** 100 mm; 1000 mm/s **e** 800 mm/s **f** 800 mm/s²

■ 2.05 (tudalen 29)
1 a anghywir **b** cywir **c** cywir
2 rhes 1af 4 s, 5 s; 2il res 20 m/s; 3edd res 4edd res 10 m/s² **3 a** 10 m/s², **b** 50 m/s, **c** 25 m/s, **ch** 125 m **4** bydd

■ 2.07 (tudalen 33)
1 a newton (N) **b** 200 kN **2** A 10 N i'r dde; B 2 N i'r chwith; C dim **3** rhaff dynnu, parasiwt (gwrthiant aer), pwysau (disgyrchiant)

■ 2.08 (tudalen 35)
1 a 4 N **b** 1 N **c** 8 N **2** grym 5 N, cyflymiad 10 m/s² **3 a** A, Ch **b** B **c** C **4 a** enillydd Honda, olaf Boeing **5 a** 9 m/s² **b** 6 m/s² **c** dim

■ 2.10 (tudalen 39)
1 a pwysau, grym **b** newtonau **c** tyniad, cryfach **2** 20 N, 40 N, 5 N **3** dylai fod yn fàs 1 kg **4** A: os gollyngir, bydd yn teithio ar 10 m/s² B: mae'n pwyso 10 N **5 a** B **b** A ac Ch **c** C **ch** C
6 a 1.6 m/s² **b** 1.6 N/kg **c** 100 N

■ 2.11 (tudalen 41)
1 a aros yn llonydd **b** dal i symud ar fuanedd cyson mewn llinell syth **2 a** defnyddiol **b** problem **c** problem **ch** defnyddiol **d** defnyddiol **dd** defnyddiol **e** defnyddiol **f** problem; **c, dd** **3 b** buanedd terfynol **c** 600 N **ch** 60 kg **d** mwy o wrthiant aer, felly grym mwy yn gwrthwynebu'r symudiad

■ 2.12 (tudalen 43)
1 a pa mor bell y mae'r car yn teithio cyn brecio tra bo'r gyrrwr yn adweithio **b** pa mor bell y mae'r car yn teithio ar ôl brecio **2** gyrrwr wedi blino, effeithiau alcohol **3** bagiau aer, gwregysau, ardal dolcio **4** B, C, Ch **5 a** 15 m **b** 18 m **6 a** 50 m **b** tua 100 m

■ 2.13 (tudalen 45)
2 a Aer **b** Drydedd **c** Wthio **ch** Arwaith **d** Isaac **dd** Tyrbin **e** Hylosgi **3** dim aer i'w gymryd i mewn; byddai angen cario meintiau enfawr o ocsigen **4** byddai'r graig yn ennill mwy o fuanedd na'r gofodwr **5** Siwan; nid yw'r grymoedd yn bâr arwaith-adwaith

■ 3.01 (tudalen 53)
1 a 18 J **b** 6 J **c** 0.1 J **2 a** petrol, siocled, siwgr, sglodion, batrïau **b** te poeth **c** car **3 a** llosgi **b** bwyta

■ 3.02 (tudalen 55)
1 a Ch **b** A **c** Dd **ch** D **d** B **2** 3500 J

■ 3.03 (tudalen 57)
1 A 32 J; B 1 J **b** A 5 J; B 10 J **c** A 37 J; B 11 J **2 a** 100 000 kg **b** 8000 m/s **c** 100 000 m **ch** 100 000 MJ **d** 3 200 000 MJ **dd** 3 300 000 MJ **e** newid yn wres

■ 3.04 (tudalen 59)
1 a 1000 J **b** 10 s **c** 100 J **ch** newid yn wres **2 a** 500 N **b** 10 000 J **c** 250 W **ch** oherwydd ffrithiant, gwrthiant gan yr eira

■ 3.05 (tudalen 61)
1 a 75 J **b** newid yn wres **2** ni all peiriannau ddefnyddio'r holl egni mewnbwn i gynhyrchu symudiad **3 a** llai o egni'n cael ei wastraffu fel gwres **b** mewnbwn pŵer isel iawn, felly gwastraff pŵer isel iawn **4** bwlb ffilament yn llai effeithlon, felly mwy o wastraff egni **5 a** 6000 J **b** 300 W **c** 0.6 (60%)

■ 3.06 (tudalen 63)
1 glo, olew, nwy naturiol, tanwydd niwclear **2 a** troi tyrbinau **b** cyddwyso ager **3 a** mewn tyrbinau **b** gwres **c** U 2000 MW, Y 1500 MW **ch** U 0.36 (36%); Y 0.27 (27%)

■ 3.07 (tudalen 65)
1 dŵr y tu ôl i argae **2 a** mae'r allbwn egni defnyddiol yn 25% o'r mewnbwn egni **b** B; cost adeiladu yn isel am bob MW o allbwn, gallu dechrau'n gyflym **c** D **ch** A **d** A; gosod unedau dadsylffwreiddio **dd** dim tanwydd yn cael ei losgi

■ 3.08 (tudalen 67)
1 i ateb y galw am gynnydd cyflym **2 a** B **b** C **3** fferm wynt, cynllun pŵer llanw **4 a** i storio egni **b** pan fo'r galw am egni yn isel **c** troi generaduron **ch** defnyddio pŵer sydd dros ben

pan fo'r galw yn isel, helpu'r cyflenwad pan fo'r galw yn uchel

■ 3.09 (tudalen 69)
1 mae'n bosibl cael adnoddau yn lle'r rhai adnewyddadwy **2** mae biomas, gwyntoedd a llanw yn adnewyddadwy **3** Haul → planhigion → olew → petrol **4** trydan-dŵr, llanw, tonnau

■ 3.11 (tudalen 73)
1 a dal aer **b** alwminiwm yn dargludo gwres ymaith yn gyflymach **2** ynysu yn yr atig, waliau; aer mewn gwydr dwbl **3** mae'n cynnwys electronau rhydd **4 a** mwy; gwerth U y ffenestr yn fwy na gwerth U y wal oedd yno **b** byddai

■ 3.12 (tudalen 75)
1 a aer oer yn suddo oherwydd darfudiad **b** dim darfudiad oherwydd ni all aer gylchredeg **c** oherwydd darfudiad **ch** symud tuag i fyny yn y dŵr dwysach, oerach **2** oherwydd darfudiad **3 b** 12 °C **c** 7 munud

■ 3.13 (tudalen 77)
1 a a b du pŵl **c** gwyn **2 a** B **b** C **3 a a b** gwyn yn adlewyrchu pelydriad yr Haul **c** du yn amsugno pelydriad yr Haul

■ 4.01 (tudalen 85)
1 B ac C **2** cryno-ddisgiau, systemau ffôn, llawdriniaethau **3** celloedd solar yn cynhyrchu trydan **4** 300 000 km/s

■ 4.02 (tudalen 87)
2 a na fyddech **b** byddech **3 a** 20 m **b** 7.5 m

■ 4.03 (tudalen 89)
2 darn 20c ddim yn yr un safle â'i ddelwedd **3 a** diemwnt **b** gwydr **c** y pelydryn yn plygu llai yn y llun ar y chwith, dim newid ar y dde **4 a** fioled **b** coch

4.04 (tudalen 91)
1 ar gyfer adlewyrchiad mewnol ar ongl fwy na hyn, does dim pelydryn plyg **2 b** na fyddai; ongl gritigol dŵr yn fwy na 45° **3 a** cludo negeseuon ffôn, endosgop **b** adlewyrchydd ar gefn cerbyd

■ 4.05 (tudalen 93)
1 a ardraws **b** 20 mm; 6 mm; 15 mm
2 ton 1: 32 m/s; ton 2: 32 m/s, 2 m; ton 3: 32 m/s 32 Hz **3 a** B **b** A **c** C **ch** B

■ 4.06 (tudalen 95)
1 a lleihau; newid cyfeiriad **c** adlewyrchu **2 b** diffreithiant **c** llai o ddiffreithiant

■ 4.07 (tudalen 97)
1 a isgoch **b** uwchfioled **2** yr un buanedd, teithio trwy ofod gwag **3 a** uwchfioled **b** isgoch **c** microdonnau **ch** pelydrau gama **d** isgoch **dd** goleuni **e** pelydrau gama **4** 3 m

■ 4.08 (tudalen 99)
1 analog yn amrywio'n barhaus, curiadau digidol yn cynrychioli rhifau **2** gwneud signalau'n fwy **3 a** curiadau goleuni neu isgoch **b** gwell ansawdd, gallu cludo mwy o setiau o wybodaeth **c** cludo mwy o signalau, colli llai o bŵer **4** tonnau hir yn diffrithio mwy na VHF **5** eu hadlewyrchu gan yr ïonosffer **6** 0.33 m

■ **4.09** (tudalen 101)
1 a 10 mm b byddai 2 a dirgryniadau
b gwactod c tonnau hydredol ch gwasgedd

■ **4.10** (tudalen 103)
1 awyren, meteoryn 2 a 330 m b 660 m c 3300 m
ch 33 m 3 gallai, llai o atsain yn yr ystafell wely
4 a 0.1 s b 140 m

■ **4.12** (tudalen 107)
1 a traw A yn is na thraw B b B 2 a Y b Y c W
ch W 3 a 0.5 m b 165 Hz

■ **4. 14** (tudalen 111)
1 sain ag amledd uwch nag y gall clust ddynol ei
chlywed 2 a mesur dyfnder dŵr b mesur amser
adlewyrchu'r curiadau uwchsain 3 a mwy diogel
i'r fam a'r baban b chwalu'r cerrig yn yr arennau
4 glanhau, profi am nam mewn metel 5 a curiad
canol ymhellach i'r chwith b curiadau canol a de
ymhellach i'r chwith 6 a llai cryf b lleihau'r
bwlch rhwng y rholeri c bydd cryfder yr uwchsain
yn cynyddu, felly bydd signalau yn gwneud y
bwlch yn fwy

■ **4.15** (tudalen 113)
1 a tonnau P; cyrraedd gyntaf b tonnau S
2 plygiant oherwydd newid buanedd wrth i
ddwysedd y graig newid 3 a B; dim ond tonnau P
sy'n teithio trwy'r craidd b 3000 km c ni all
tonnau S fynd trwyddo

■ **4.16** (tudalen 115)
1 y cyfandiroedd yn ffitio fel jig-so 2 patrymau
creigiau a ffosiliau, lledu gwely'r môr 3 darnau
enfawr o gramen (a mantell uchaf) 4 a wrth
ffiniau platiau, lle mae'r gramen yn symud mewn
perthynas â chramen arall b cramen yn wan ac
wedi cracio wrth ffiniau platiau 5 ceryntau
darfudiad yn y fantell

■ **4.17** (tudalen 117)
1 craig dawdd 2 a a b tuag at ei gilydd c heibio
i'w gilydd 3 effaith wresogi ffrithiant 4 creigiau'n
poethi 5 maint y grisialau

■ **5.01** (tudalen 123)
1 cerrynt 2 a copr b PVC 3 a cell b generadur
4 a unrhyw ddwy ddyfais prif gyflenwad b dril
trydan, cymysgydd bwyd c haearn smwddio, tostydd
5 maent yn cynnwys electronau rhydd 6 a 3 awr
b £1 (100c)

■ **5.02** (tudalen 125)
1 U 1.8 A, W 0.76 A 2 a cyfeiriad cerrynt
confensiynol b terfynell dde yn +; llif electronau
yn groes i gyfeiriad confensiynol
3 a 3 A b 3 A c 3 A 4 a 40 C b 40 s c 5 A

■ **5.03** (tudalen 127)
1 a C b A; cael ei ddefnyddio yn y bwlb
2 4 V, 6 V 3 a 6 V b 9 J c 3 J 4 a B b A c 1000 C
ch 12 000 J

■ **5.04** (tudalen 129)
1 23 Ω 2 rhes gyntaf 4 Ω, ail res 1 A, 4 Ω;
3edd res 0.5 A, 4 Ω
3 a 4.4 A b 1.2 Ω c 1.9 Ω ch 2.4 Ω; ar 5 A

■ **5.05** (tudalen 131)
1 bwlb yn fwy llachar; llai o wrthiant yn y gylched
2 a gwrthydd goleuni-ddibynnol (LDR) b deuod
c thermistor 3 B 4 a 2 Ω b 4 Ω 5 tuag yn ôl;
gwerth foltedd/cerrynt yn uwch

■ **5.06** (tudalen 133)
1 foltedd llawn ar draws y ddau, switsio ar wahân
2 B mewn cyfres, lleill yn DIFFODD; C mewn
paralel, llall yn dal i OLEUO 3 a U b Y
4 a A CYNNAU, B CYNNAU b A DIFFODD,
B DIFFODD c 8 V ch 8 V

■ **5.07** (tudalen 135)
1 a 1 Ω b 15 V c 3 A ch 0.5 A d 2 V 2 a 3 A b 6 A
c 9 A ch 1.3 Ω 3 a 2 A b 6 A

■ **5.08** (tudalen 137)
1 a byw b daearu c byw ch niwtral d daearu
dd niwtral 2 o'r top: (3), 13, 3, 3, 13, 3 3 gwifren
i'r bwlb yn fyw hyd yn oed pan fo'r switsh wedi'i
ddiffodd; atal y casyn rhag mynd yn fyw

■ **5.09** (tudalen 139)
1 foltedd llawn ar draws y ddau, switsio ar wahân
2 ffiwsys (neu dorwyr cylched) 3 a torri'r gylched os
yw'r cerrynt yn mynd yn rhy fawr b gellir ei ailosod
5 c.e. yn mynd yn ôl ac ymlaen; c.u. yn mynd un
ffordd 6 cerrynt yn mynd yn ôl ac ymlaen 50 gwaith
yr eiliad 7 diffodd y soced, tynnu'r plwg
8 a W b Y

■ **5.10** (tudalen 141)
1 a 1150 W b 11 2 A 460 W (dril), B 690 W
(tostydd), C 92 W (peiriant stereo) 3 a A 0.46 kW,
B 0.92 kW, C 1.15 kW, Ch 0.023 kW, D 0.046 kW
b A 2 A, B 4 A, C 5 A, Ch 0.1 A, D 0.2 A c A, Ch,
D angen 3 A; B, C angen 13 A
4 a 2 A b 12 W c 4 A ch 48 W

■ **5.11** (tudalen 143)
1 J, kJ, kW awr 2 a 1000 W, 3600 s, 1 kW awr,
3 600 000 J b 3 600 000 J 3 A 0.5 kW awr,
B 1.5 kW awr, C 3 kW awr, Ch 24 kW awr
4 tad Donna 5 a £1 (100c) b 10c c 2c
6 £84 (840c) 7 720 J

■ **5.13** (tudalen 147)
1 a atynnu b gwrthyrru c atynnu 2 a cymryd
electronau oddi ar y llawes b gwefrau sy'n atynnu yn
nes na gwefrau sy'n gwrthyrru

■ **5.14** (tudalen 149)
1 a gwreichion wrth roi tanwydd yn yr awyren
b daearu 2 a cael eu gwthio i lawr b argraffydd
chwistrell inc c cael eu tynnu i fyny

■ **5.15** (tudalen 151)
1 atomau (neu grwpiau o atomau) gwefredig
2 a yn codi b aer yn cael ei ïoneiddio
3 electroplatio

■ **6.01** (tudalen 157)
1 cyrchu'r gogledd, cyrchu'r de 2 a a b pôl de
3 defnyddio cwmpawd (neu naddion haearn)
4 a polau gogledd yn y top, polau de yn y gwaelod
b oddi wrth ei gilydd, polau de yn gwrthyrru
c dur yn aros wedi ei fagneteiddio, nid felly yr haearn

■ **6.02** (tudalen 159)
2 a A; y lleiaf o droadau a dim craidd b B; dur yn
aros wedi ei fagneteiddio yn barhaol (defnydd
magnetig caled)

■ **6.03** (tudalen 161)
1 a copr b haearn c byddai'n aros wedi ei
fagneteiddio ch fel bod cerrynt yn llifo trwy'r coil
ac nid trwy'r magnet d mwy o droadau, mwy o
gerrynt dd cildroi'r maes magnetig 2 a coil yn
cau'r cysylltau, cwblhau cylched y modur
b byddai'n rhaid i'r switsh ymdopi â cherrynt
llawer uwch 3 a maes magnetig yn tynnu ar y
darn haearn b llai o droadau yn y coil

■ **6.04** (tudalen 163)
1 a B b grym cryfach c cildroi'r grym ch tuag i
fyny 2 gwifren yn dirgrynu 3 a effaith droi ar y
coil b symud llai c i osgoi gorgynhesu'r wifren,
dadwefru'r batri ch rhagor o droadau yn y coil

■ **6.05** (tudalen 165)
1 a brws b cymudadur c coil ch brws
d cymudadur 2 magnet cryfach, mwy o droadau
yn y coil 3 a grym i fyny ar un ochr, grym i lawr
ar y llall (cyfeiriad cerrynt yn ddirgroes) b coil yn
troi'r ffordd arall c ni fydd y cyfeiriad troi yn
newid ch fertigol

■ **6.07** (tudalen 169)
1 a cildroi'r cerrynt b ac c dim cerrynt
2 a anwythiad electromagnetig b o'r top:
nodwydd... ddim yn symud, yn symud i'r chwith,
yn symud ymhellach i'r dde c darlleniadau
uwch ar y mesurydd

■ **6.08** (tudalen 171)
1 Miliamedr, Amperau, Gogledd, Negatif, Eiledol,
Troadau 2 a coil yn llorweddol b mae'n torri
llinellau maes gyflymaf c coil yn fertigol ch nid
yw'n torri llinellau maes 3 a cerrynt uwch
b cerrynt uwch, amledd uwch c wrth i'r coil droi,
yr ochrau yn symud i fyny ac i lawr drwy'r maes

■ **6.09** (tudalen 173)
1 a C b Ch c B ch B d A
2 a 10:1 b 46 W c 46 W ch 0.2 A d nid yw'r maes
magnetig yn newid

■ **6.10** (tudalen 175)
1 a i droi tyrbinau b i oeri dŵr c lleihau'r cerrynt
yn y ceblau ch newidyddion ond yn gweithio â c.e.
2 a rhwydwaith cyflenwi trydan b 5 c Trefuriau,
Aberheli ch 50 MW d 150 MW dd 100 000 000 J
e 5000 A f 250 A

■ **7.01** (tudalen 183)
1 a electron b proton c niwtron ch electron
d niwclews dd electron 2 rhes gyntaf, 11, 22, 23;
ail res 13, 14, 27; 3edd res 38, 52, 90; 4edd res 27,
33, 60 3 a $^{226}_{88}$Ra b $^{235}_{92}$U c $^{16}_{8}$O ch $^{12}_{6}$C 4 a A lithiwm;
B thoriwm; C lithiwm; Ch boron b A ac C

■ **7.02** (tudalen 185)
1 mae niwclews ym model Rutherford 2 a lle
gwag yw atomau yn bennaf b mae rhai
gronynnau alffa yn bownsio oddi ar y niwclews

■ **7.03** (tudalen 187)

1 carbon-14 2 canfod pelydriad alffa, beta, gama
3 creu ïonau (gwneud i atomau golli neu ennill
electronau) 4 **a** gama **b** alffa **c** beta **ch** gama
d alffa **dd** beta **e** gama **f** gama **ff** alffa **g** gama
5 ymbelydrol: niwclysau ansefydlog gan atomau

■ **7.04** (tudalen 189)

1 nwy radon o'r ddaear 2 mae radon yn ymbelydrol
3 **a** alffa **b** nid yw'n treiddio trwy groen 4 **a** 2 gyfrif
yr eiliad **b** 26 cyfrif yr eiliad **c** gama

■ **7.06** (tudalen 193)

1 radiwm-226 2 **a** dadfeilio'n digwydd ar hap
b oherwydd pelydriad cefndir **c** 3 munud 3 **b** 50 s
c 50 s **ch** 50 s 4 **a** 8 diwrnod **b** hanner oes ïodin yn
fyrrach, felly'r actifedd yn gostwng yn gyflymach

■ **7.07** (tudalen 195)

1 **a** isotopau ymbelydrol **b** sylweddau olrhain,
radiotherapi 2 radiotherapi, profi metelau am
graciau 3 **a** mae'n atal alffa yn llwyr, nid yw'n
atal gama o gwbl **b** canfod llai o beta
4 **a** ychydig bach o ddefnydd ymbelydrol y gellir
dilyn ei drywydd **b** edrych sut mae'r thyroid yn
gweithio **c** bron dim ymbelydredd ar ôl ymhen
ychydig ddiwrnodau 5 **a** mae llai **b** cynnyrch
dadfeiliad potasiwm-40 **c** oedran y graig

■ **7.08** (tudalen 197)

1 **a** niwclysau yn ymhollti **b** cyfres o
ymholltiadau sy'n parhau i ddigwydd
2 **a** rhyddhau gwres mewn adweithydd niwclear
b ffrwydrad bom niwclear
3 ymbelydrol iawn, hanner oes hir gan rai
4 **a** 143 **b** 144 **c** 3

■ **8.01** (tudalen 205)

1 **a** 1 diwrnod **b** 28 diwrnod **c** 1 flwyddyn
ch 28 diwrnod 2 **a a b** nos **c** dydd 3 adlewyrchu
golau haul 4 planed yn ymddangos fel petai'n
symud mewn perthynas â'r sêr

■ **8.02** (tudalen 207)

1 adlewyrchu golau haul 2 Mercher, Gwener,
Mawrth, Plwton 3 yr un ateb â 2 4 Mercher
5 **a** Mawrth, Iau, Sadwrn, Wranws, Neifion, Plwton
b pellach o'r Haul 6 **a** Gwener; poethach na
Mercher, ond pellach o'r Haul 7 Mawrth ac Iau;
amser orbit rhwng amseroedd y ddwy hyn
8 **a** disgyrchiant **b** Gwener **c** Y Ddaear

■ **8.03** (tudalen 209)

1 Gwener 2 darnau o graig a rhew 3 orbit eliptig
yn mynd â hi ymhellach allan 4 dim arwyneb
solid 5 fflach o oleuni yw meteor; meteoryn yn
cyrraedd y ddaear 6 **a** X **b** X **c** Z **ch** llwch a
nwy yn llifo oddi arno **d** adlewyrchu golau haul

■ **8.04** (tudalen 211)

1 **a** teithio dros wyneb y Ddaear i gyd **b** i gadw ei
buanedd **c** cyfathrebu, mordwyo, ymchwil
2 **a** mynd i'r gofod pell **b** disgyn yn ôl i'r Ddaear
3 orbit geosefydlog, felly'r lloeren mewn orbit ar yr
un gyfradd ag y mae'r Ddaear yn troelli 4 **a** A **b** B

■ **8.05** (tudalen 213)

1 hydrogen 2 **a** hydrogen **b** ymasiad niwclear
c heliwm 3 **a** system sêr **b** ein galaeth **c** patrwm
o sêr yn yr awyr **ch** y pellter mae goleuni'n ei
deithio mewn 1 flwyddyn 4 nac ydynt; maent ar

wahanol bellter o'r Ddaear 5 **a** 15 000 000 °C
b 100 biliwn **c** 100 000 blwyddyn goleuni
ch 8 munud **d** 4 blwyddyn goleuni
dd 9 miliwn miliwn km

■ **8.06** (tudalen 215)

1 **a** cwmwl enfawr o nwy a llwch **b** disgyrchiant **c**
4500 miliwn o flynyddoedd **ch** planedau a lleuadau
2 **a** seren goch enfawr **b** 6000 miliwn o
nawr **c** bydd y craidd yn mynd yn gorrach gwyn
3 **a** ffrwydrad anferthol seren ddwys **b** seren
niwtron 4 pelydrau X o'r nwyon mae'n eu tynnu i
mewn 5 presenoldeb elfennau trwm iawn yng
Nghysawd yr Haul

■ **8.07** (tudalen 217)

1 **a** 5 miliwn **b** 5 **c** 15 biliwn **ch** 15 biliwn
2 **a** tonfeddi goleuni yn mynd yn hirach
b galaethau'n symud oddi wrthym
3 galaethau'n symud oddi wrth ei gilydd,
pelydriad cefndir o bob cyfeiriad 4 disgyrchiant
5 10 000 miliwn o flynyddoedd

■ **PP1** (tudalen 225)

1 **a** C **b** A ac Ch **c** B 2 **a** 16 Nm **b** 12 Nm **c** na
fydd; clocwedd **ch** 1 N

■ **PP2** (tudalen 227)

1 **a** llai **b** mwy; sylfaen lai
2 **b** 1 m **c** 100 N m **ch** 100 N m **d** 100 N

■ **PP3** (tudalen 229)

1 **a** tensiwn – rhaffau, cynfas; cywasgiad – polyn crib,
polion unionsyth; plygu – pegiau, polyn crib
b plygu'n barhaol **c** ymestyn; ymesyn llai
2 **b** 40 mm **c** ar 48 mm estyniad; ymestyn yn
barhaol **d** 3.9 N **dd** 2.8 N

■ **PP4** (tudalen 231)

1 arwynebedd mwy, felly llai o wasgedd
2 3 Pa 3 **a** 100 Pa **b** 50 Pa 4 **a** 200 Pa **b** 100 N
c mwy

■ **PP5** (tudalen 233)

1 pedair gwaith y gwasgedd gwreiddiol
2 **a** 8000 mmHg **c i** 1330 mmHg **ii** 2660 mmHg
ch llinell syth 3 **a** 12 m^3 **b** 15 m^3

■ **PP6** (tudalen 235)

1 **a** 5000 kg m/s **b** beic modur **c** car
2 4 N 3 400 N 4 4 m/s

■ **PP7** (tudalen 237)

1 **a** 2 s **b** 50 m/s **c** 100 m 2 **a** ffrithiant o'r teiars
b i, ii, a iii mwy **c** mynd yn syth ymlaen

Atebion i gwestiynau diwedd pennod

Pennod 1 (tudalen 16)

1 metr, m; cilogram, kg; amser, eiliad; cerrynt, A;
gradd Celsius, °C, neu celfin, K; m^2; cyfaint;
grym, N

2 **a** 1000 **b** 1000 **c** 1 000 000
ch 4 000 000 **d** 500 000

3 **a** 3 m **b** 0.5 kg **c** 1.5 km **ch** 0.25 s
d 500 ms **dd** 750 m **e** 2500 g **f** 800 mm

4 24 cm^3, 4 cm, 10 cm, 5 cm

5 **a** t, g,; **b** m, km **c** cm^3, ml **ch** s
d kg/m^3

6 **a** W: 0.1 m^3, Y: 0.05 m^3 **b** 800 kg **c** Y
ch W: petrol; Y: dŵr

Pennod 2 (tudalennau 48-49)

1 disgyrchiant, cyflymu, gwrthiant aer, disgyn
ar fuanedd cyson

2 **a** 5 m/s^2 **b** 3000 N **c** i oresgyn grymoedd
ffrithiant

3 **a i** rhwng y traed a'r rhew **ii** rhwng y rhew
a'r bobsled **b** gwneud eu hunain yn llilin
c i stopio

4 **a** amser adweithio, tywydd

5 **a** arafu **c** cyflymu **c** buanedd cyson
ch llilinio ac iro

6 **a** 10 **c** 3 s **ch i** disgyrchiant **ii** gwrthiant aer
iii tuag i lawr **iv** hafal **d** buanedd terfynol is

7 **a** 2 m/s **b** 1.5 m/s^2, −1.5 m/s^2 **c** 10 m/s^2

8 **a** 0.2 m/s^2 **b** 0.2 kg **c** 200 000 N

9 **a** Jên **b** Emma **c** 5 s **ch** 7 m/s **d** cynyddu
2 m/s bob eiliad **dd** 1.5 m/s^2 **e** 12 m

10 **a** uchel **b** uchel **c** uchel **ch** isel **d** uchel
dd isel

11 **a** cyflymiad, buanedd cyson, arafiad, llonydd,
cyflymiad, buanedd cyson

Pennod 3 (tudalennau 80-81)

1 **a** gwydr dwbl, ynysiad yn y to, ynysu waliau
ceudod, carpedi a haen dan y carpedi, pethau
i rwystro drafftiau **b** i'r aer gael newid ar
gyfer awyru

2 **a** 24 000 J **b** 2000 J **c** 150 J, egni potensial
disgyrchiant

3 **a** 20 J **b** 2 500 000 J **c** 1250 J; gwres

4 **a** cinetig **b i** ffrithiant **ii** gwres

5 **a** 500 N **b** 10 000 J **c** trydanol i botensial
disgyrchiant **ch** 1000 W neu 1 kW **d** 20 000 J
dd ffrithiant, pwysau'r bwced **e** bwced
ysgafnach, iro

6 **a** 40 000 kg **b i** 1 MJ **ii** 2 MJ; holl egni
potensial yn cael ei newid yn egni cinetig
c 1.2 MJ **ch** llai o alw

7 **a** amsugno'n dda **b** atal colled gwres
c cerrynt darfudiad **ch** mwy o olau haul
d 2 kW **dd** 5 m^2 **e** i nid yw'n llygru
ii anghyson

8 **a** 'siaced' am y tanc; gwydr ffibr/ewyn
b gwresogi'r tanc cyfan gan fod dŵr poeth
yn codi oherwydd darfudiad **c i** 1000
ii 3000 J **iii** 1 260 000 J

9 **a** dim llygredd **b** egni anghyson **c** sŵn, hyll

Pennod 4 (tudalennau 118-119)

1 **b** 325 m/s **c** 3 m/s

2 adlewyrchiad mewnol cyflawn

3 **a** B cryfach **b** C traw uwch **c** B **ch** C
d 1.5 m **dd** 440 Hz

4 **a i** 20 kHz **ii** W **b i** sganio baban yn y groth
ii llai peryglus **iii** glanhau

5 **a** tonfedd **b** amledd **ch i** radio, micro-
donnau **ii** uwchfioled, pelydrau gama
iii isgoch, micro-donnau

6 **a** mae tonnau hydredol (e.e. sain) yn dirgrynu
yn ôl ac ymlaen, mae tonnau ardraws (e.e.
goleuni) yn dirgrynu o ochr i ochr **b** mae'r
buanedd yn newid gan fod y dwysedd yn
newid **c** ni all tonnau S deithio trwy'r craidd
hylif **ch** o'r amserau teithio, gellir cyfrifo eu
pellter o'r canolbwynt, a thrwy hynny
ddarganfod y canolbwynt.

7 **b** newid cyfeiriad

8 **b i** traw uwch **ii** sain gryfach **iii** tôn
gwahanol

Pennod 5 (tudalennau 152-153)

1 **a** amedr **b** gwrthydd newidiol **c** foltmedr **d** 0.79 A **dd** 8 Ω **e** cynyddu

2 **a** cyffredin: 0.1 kW, egni isel: 0.02 kW **b** 20 kW awr **c** 100 kW awr **ch** £8 **d** gwres

3 **a** 2 A **b** 12 W **c** 6 J **d** 2 C

4 **a i** S_1 **ii** S_1 ac S_2 **b** 8.5 A **c** 13 A **ch** Y **d** diogelwch **dd** glas **e** brown **f i** cryfder ffiws yn rhy fawr – efallai na fydd y nam yn chwythu'r ffiws **ii** ynysiad dwbl

5 **a** electronau (–) yn cael eu gwrthyrru gan y derfynell negatif **b** rhoden yn cymryd electronau (–) oddi ar y lliain, fel bod mwy o wefrau + na – arno **c** mae'n cynnwys electronau rhydd

6 **a i** paralel **ii** 4 A **iii** 2 A **iv** dim effaith **b i** cyfres **ii** 3 V **iii** diffod

7 **a** egni trydanol i egni gwres a goleuni **b** 2 kW **c** casyn **ch** gwifren fyw **d** 8.3 A **dd** 13 A **e** cerrynt rhy fawr **f** ei diffod

Pennod 6 (tudalennau 178-179)

1 **c** defnydd magnetig meddal, e.e. haearn

2 **a** 60 V **b** 0.8 A **c** 100 % effeithlon **ch** maes magnetig llonydd **d i** cynyddu'r foltedd ar gyfer ceblau uwchben **ii** lleihau'r foltedd ar gyfer ceblau uwchben

3 wrth i'r cerrynt newid cyfeiriad yn ddi-baid, mae'r grym magnetig ar y coil yn newid cyfeiriad yn ddi-baid, gan achosi i'r craidd ddirgrynu a chynhyrchu tonnau sain

4 **a** electromagnet **b i** nodwydd yn symud **ii** nodwydd yn llonydd **iii** nodwydd yn symud i'r cyfeiriad arall **c** newidydd **ch** rhoi'r magnet i mewn **d** byddai'r craidd wedi ei fagneteiddio yn barhaol

5 **a** generaduron; glo, olew, nwy; egni cemegol i egni trydanol **b** llai o golled egni **c** diogelwch **ch** foltedd yn lleihau, newidydd gostwng **d** newid foltedd gan ddefnyddio newidyddion **dd** 12 V; gostwng

6 **a** magnet cryfach, mwy o droadau yn y wifren, troi'n gyflymach **b** cyfeiriad y cerrynt yn newid yn ôl ac ymlaen yn ddi-baid

Pennod 7 (tudalennau 200-201)

1 **a** creigiau, e.e. gwenithfaen, gorsafoedd pŵer niwclear **b** 520, 200, 140, 80, 50, 20, 0, 0 **ch** 3ydd **d** 8.0 mm

2 **a** ymholltiad **b** dechrau rhagor o adweithiau **c** mae'r egni a ryddheir yn gwresogi dŵr i wneud ager sy'n gyrru tyrbinau a generaduron **ch** claddu'n ddwfn dan ddaear

3 **a** 1 biliwn **b** 5.6 biliwn **c** 4.6 biliwn o flynyddoedd **ch** gronynnau alffa **d** electronau cyflym **dd** rheoli ansawdd wrth wneud papur

4 **a** gronyn alffa **b** niwclews **c** yr amser i hanner y sampl ddadfeilio **ch i** 400 cyfrif yr eiliad **ii** 100 cyfrif yr eiliad

5 **a** electronau **b** tiwb Geiger-Müller **c** llai **ch** alffa yn methu mynd trwy bapur, papur ddim yn effeithio ar y cyfrif gama

6 **a** 7 positif, 7 niwtral, 7 negatif **b** yr un elfen ond gwahanol nifer o electronau

7 **a** 2 broton a 2 niwtron **b** electron **c** ton electromagnetig **ch** niwclews **d** tiwb Geiger-Müller **dd** cerdyn **e** plwm

8 **a** cyfradd gyfrif yn codi; crynodiad uchel o ddefnydd ymbelydrol **b** gama; angen llawer o bŵer treiddio

Pennod 8 (tudalennau 220-221)

1 **a** 12 **b** gallant weld wyneb y Ddaear i gyd **c** tirfesur **ch** byddai'n rhaid i ddysglau lloeren ar y Ddaear newid cyfeiriad trwy'r amser/colli cysylltiad **d** cyfateb i gyfradd droelli'r Ddaear, felly mae'n ymddangos bod y lloeren yn llonydd yn yr awyr

2 **a** Iau **b** Plwton **c** Mercher **ch** Iau **d** 0.2 blwyddyn Daear **dd** poethach yn agosach at yr Haul

3 **a** lleuad **b** Cysawd yr Haul **c** meteoryn **ch** comed **d** galaeth **dd** uwchnofa

4 **a** cwmwl o nwy a llwch **b** disgyrchiant **c** ymasiad **ch** cawr coch **d** corrach gwyn

5 **a** ac **c** gweler t. 214 **b** rhyddhau egni potensial disgyrchiant **c i** cynyddu yn y donfedd **ii** symud i ffwrdd ar gyflymder mawr **iii** damcaniaeth y glec fawr

6 **a** seren **b** lleuad/planed **c ii** symud ar draws sêr **ch i** gwrthrych mewn orbit o gwmpas planed **ii** lloeren dywydd **iii** Lleuad

7 **a** talp o rew, llwch a nwy **b** eliptig **c** ymhell o'r Haul

8 **a** B **b** B **c** A **ch** uwchben yr un lle ar y Ddaear **d** cysylltiad cyson

---

Atebion i'r rhagor o gwestiynau dull arholiad (tudalennau 238-245)

1 **c** 80 km/awr

2 **a** 10 m/s² **b** gwrthiant aer **c** grymoedd cytbwys **ch** parasiwt wedi agor **d** arafiad **dd** buanedd terfynol

3 **a** bwlb **b** batri **c** cell solar **ch** microffon **d** uchelseinydd **dd** llosgi nwy

4 **a** ni ellir ei chael yn ôl, gellir ei chael yn ôl **b** olew, nwy **c** llanw **ch** dim llygredd, costau uchel ar y dechrau

5 **a** 0.1 A **b** 0.4 A

6 **a** 24 W **b** 240 J **c** trydanol i wres i oleuni

7 **a i** 3 A **ii** 3 A **iii** 5 A **iv** 13 A **b** ymdoddi

8 **a** niwtral **b** byw **c** melyn/gwyrdd **ch** diogelwch **d** ffiws

9 **a i** £1.26 **ii** 4.2c **iii** 7c **b** rhwydwaith o beilonau a cheblau yn cludo egni trydanol o'r gorsafoedd pŵer i gartrefi

10 **a** amedr **b** 2 A **c** 4 A **ch** 6 A

11 **a** gwrthydd newidiol **b** switsh **c** amedr **ch** foltmedr **dd** 4ydd **e** ydy **f** 8 Ω

12 **a** egni trydanol i egni gwres a goleuni **b** 36 J/s **c** 3 A **ch** 4 Ω

13 **a** 12 km **b** 40 munud **c** 24 awr **ch** arafach, graff yn llai serth

14 **a** 5 **b** 2 Hz **c** 10 cm/s

15 **a** egni potensial disgyrchiant **b** 15 000 J **c** ffrithiant **ch** 750 W

16 **a i** pwyntydd 10 rhaniad i'r chwith **ii** pwyntydd ddim yn symud **iii** pwyntydd fwy na 10 rhaniad i'r chwith **b** maes magnetig yn croesi'r coiliau gan anwytho cerrynt ynddynt

17 **a** gwres yn llifo o le poeth i le oer **b** dargludiad **c** darfudiad **ch** ynysydd wal geudod, e.e. gwydr ffibr

18 **a** 40% **b** gwres yn cynhesu dŵr, gan gynhyrchu ager, sy'n troi tyrbinau a generaduron **c** Y Grid Cenedlaethol

19 **a** adlewyrchiad mewnol cyflawn **b** endosgop

20 **a** tonnau P, tonnau S **b** ton â dirgryniadau yn ôl-ymlaen **c** tonnau â dirgryniadau o ochr-i-ochr **ch** tonnau S **d** tonnau S

21 **a i** canol dydd **ii** canol nos **iii** gwawr **iv** machlud **b** 24 awr, yn fras

22 **a** A: beta, B: alffa, C: gama **b** alffa a beta **c** alffa **ch** tiwb Geiger-Müller

23 **a** elastig, sbring, batri **b** egni cinetig **c** gellir ei chael yn ôl

24 **a** trydanol, gwres, cinetig **b** 1 Uned **c** 9c

25 **a** C **b** micro-donnau, isgoch **c** tonnau radio, goleuni gweledol

26 **a** ffrithiant rhwng gwaelod y sled a'r rhew **b** treulio yr arwyneb, gwresogi

27 **b** adlewyrchiad mewnol cyflawn **c** 90°, 180° **ch** adlewyrchydd ar gefn cerbyd

28 **a** 6000 J **b** egni potensial disgyrchiant **c** 600 W **ch** egni cinetig **d** gwres

29 **a** tonnau seismig cynradd **b** P: ardraws, S: hydredol **c i** cynyddu; dwysedd craig y fantell yn cynyddu **ii** lleihau yn sydyn; tonnau'n symud o solid i hylif

30 **a** glo, olew, nwy **b** ffurfiwyd o weddillion planhigion ac anifeiliaid ers talwm **c** buont yn ymffurfio am filiynau o flynyddoedd ac ni ellir cael rhagor yn eu lle **ch i** ychwanegu CO_2 at yr atmosffer **ii** ychwanegu SO_2 at yr atmosffer **d** gwynt, llanw, trydan-dŵr

31 **b** i'r chwith, yn erbyn y symudiad **c** iro **ch** 25 J

32 **a** buanedd cyson **b** llonydd **c** 10 m/s **ch** 6 m/s

33 **a** 4 **b** 8 **c** 5 **ch** protonau **d** atyniad trydanol atom (neu grŵp o atomau) sydd wedi i colli **ii** ennill un (neu fwy) o electronau

34 **b** orbit pegynol isel – tirfesur arwyneb y Ddaear, orbit geosefydlog – cyfathrebu **c** grymoedd disgyrchiant

35 **a** A: niwtral, glas, B: daearu, C: byw, brown **b** ffiws; yn 'chwythu' (gwifren yn ymdoddi) os yw'r cerrynt yn mynd yn rhy fawr **c** haen arall o ynysydd e.e. casyn plastig **ch** 3 A

36 **a** goleuni neu isgoch, uwchfioled, pelydrau X, micro-donnau **b i** tonnau isgoch **ii** tonnau radio **c** defnyddiau ymbelydrol

37 **a** tonnau sain ag amledd uwch na 20 kHz **b** mwy diogel **c** 0.011 m

38 **a** egni cemegol **b** rhywfaint o'r glo heb losgi, gwres o'r glo poeth yn dianc, gwres o'r ager poeth yn dianc, colli'r gwres gyda nwyon gwastraff **c** coed

39 **b** amser i hanner y sampl ddadfeilio **c** 5 munud **ch** 213 cyfrif y munud

40 **a** rhaid i'r pelydryn daro wyneb mewnol y defnydd ar ongl sy'n fwy na'r ongl gritigol **ch** defnyddir bwndeli o ffibrau mewn endosgop i weld y tu mewn i'r corff

41 **a** aer poeth yn codi uwchben rheiddiadur pan fo aer oerach yn suddo, felly mae'r gwres yn cael ei gario o amgylch gan yr aer sy'n cylchdroi (darfudiad) **b** mae du yn dda am amsugno pelydriad thermol **c** byddai, ond byddai'n cymryd mwy o amser; mae gwyn yn adlewyrchu pelydriad thermol **ch** defnyddio gwydr dwbl (dwy haen ag aer yn y canol)

Mynegai